Chinese Frontier
and Literature

中文学术前沿

第五辑

《中文学术前沿》 编辑委员会 编

ZHEJIANG UNIVERSITY PRESS
浙江大学出版社

《中文学术前沿》编辑委员会

目　录

夏承焘研究

夏承焘先生早年学术道路试探 …………………………………………………… 钱志熙（ 1 ）
论夏承焘的词学渊源及其对常州词派的扬弃 …………………………………… 朱惠国（13）
夏承焘诗史研究初探 …………………………………………………………… 刘青海（24）
论 20 世纪 50 年代夏承焘先生时事诗词中的心路历程 ………………………… 陶　然（36）
近三十年夏承焘研究述论 ……………………………………………………… 胡可先（43）

诗赋研究

2007—2011 年陆游研究指数述略 ……………………………………………… 郑永晓（59）
关于陆游的夜雨诗
　　——以“夜里听雨”的主题为中心 ………………………………… ［日本］三野丰浩（66）
韩国“酒赋”与中国有关赋作之比较 …………………………………………… 詹杭伦（74）

汉语史研究

《切韵》三等韵 ABC
　　——三等韵分类及其声、介、韵分布和区别特征拟测 ……………………… 黄笑山（83）
多音字“重”及其声调三分问题 ……………………………………………… ［日本］水谷诚（93）
会话书《骑着一匹》系列”研究 ………………………… 汪维辉　［韩国］朴在渊　姚伟嘉（101）
《世说新语》中的“有”字句
　　——以“空间/时间存在句”为中心 ………………………………… ［日本］松江崇（119）

文学史论

中国现代性文学史观念的奠基意义与先天不足
　　——以胡适“文学史观”为中心的考察 ……………………………………… 南志刚（130）
视阈拓展与实践局限
　　——论海外汉学对新时期以来当代文学史写作的影响 …………………………… 刘　杨（139）
论文学史的人学本体 …………………………………………………………… 朱首献（146）

域外视野

"后现代"视野中的拉美魔幻现实主义 ……………………………………… 许志强(154)

《思绪之狐》：休斯的一个诗学起点 ……………………………………… 凌　喆(159)

青年时代的鲁迅(1902—1909) ………………………… ［斯洛伐克］马利安·高利克(167)

求是创作论坛

青春的诗学
　　——评莫洛的"叶丽雅"系列散文诗 ……………………………………… 吴红涛(182)

一个"闯入者"的大爱情怀
　　——莫洛和他的诗文 ……………………………………………………… 孙良好(189)

诗国的流浪汉
　　——简论莫洛的诗歌、散文诗创作 ……………………………………… 马大康(193)

附：莫洛年表 ……………………………………………… 孙良好　吴红涛整理(197)

夏承焘先生早年学术道路试探

钱志熙

内容提要：夏承焘先生早年接受新式师范教育,同时又在世纪初旧学环境中接受传统学术的全面训练。他早年治学是从规仿清人经史子集研究的格局开始,在小学与史学、子学方面有尝试研究的成果。在学术传统方面,是同时接受乾嘉学派与浙东史学的治学理念与方法,同时也预流现代的学术。其在现代学者中,基本上是属于国故整理一派,与以南高、东南大学为中心的学术群体有一定的联系。严州教学时期,选择词学为专攻,并确立通盘研究的计划,逐项推进;但其早年的经世致用、博涉多通的学术兴趣仍未改变,其个人心态上,词学研究常与宋史研究、学术史研究发生矛盾。由于实际上偏重乾嘉治学方法,使夏氏没有充分发挥他在辞章、义理及史学方面的特长,完成词学全盘计划中的词史、词学史著述。研究夏氏的早年的学术发展道路,对我们今天的学人在选择专攻方向,较好处理博与专的关系有借鉴作用。

关键词：夏承焘;词学;乾嘉学派;浙东学派;博与专

夏承焘先生以其在词学研究与词体创作方面的巨大成就,被推为一代词宗。但夏氏的学术研究不仅局限于词学,他早年在经史诸子等多个领域尝试研究,并形成以宋史与学术史为重点的研究计划。将近而立之年,选择词学为专攻,但并未完全放弃早年的研究计划,并受 20 世纪上半期活跃兴盛的社会科学与人文科学学术风气的鼓荡,对词学之外的其他文史学领域也充满了研究的兴趣。但他最后在学术史的确立的位置,还是一个以词学为专精、同时在整个古代文学的研究与教学领域都取得丰富的成就的古代文学研究专家。夏氏所走的这条学术道路,是时代与个人的多种因素的综合作用的结果,其以高度的辞章之艺为基础,文史方面的深厚积淀和多方面的学术经验为前提,对词学进行专精深入的研究,有为并世学人所不及之处。但是,从个人的学术发展道路来看,夏氏所走的学术道路,是比较曲折的,甚至是充满着个人选择上的矛盾。在博涉的兴趣与专攻的治学原则之间不断调停斟酌的作法,几乎可以说成了夏氏学术的一个特点。他所确立的几个重要的学术研究方向,如宋史、学术史研究与词学研究之间,既有相成之用,但也不无相克之处。诚然,对这个复杂问题,浅陋如笔者,是无法做出合理的解释的。但从夏承焘研究本身,以及对今天的学人的启发来看,研究夏氏的学术发展道路是有必要的。这其中,博与专,丰厚的人文学养的积淀及广泛的学术兴趣与学术专攻之间的关系,尤其是笔者所感兴趣的。

一

要比较深入地探讨夏承焘的学术道路,不能不从他早年求学的经历入手。夏先生"自十余岁辄学为日记",但其已经公开发表的《天风阁学词日记》是从 1928 年 7 月 20 日开始的,此前日记尚未发表,早年文稿也多未整理问世,这为我们研究其早年的治学道路增加了很多困难。吴无闻先生在夏先生去世后所著《夏承焘教授学术活动年表》（以下行文中简称《年表》）①，以及吴蓓先生近年发表的《夏承焘早年日记述略》②（以下行文中简称《日记述略》）一文，提供日记中的部分资料，可谓弥足珍贵。

　　夏先生是 20 世纪的同龄人，他是在上世纪初新旧学交汇的求学环境中走上自己的学术道路的。他六岁从顾悒石发蒙，后就读林家私塾、养正小学、永嘉第一高小等学校，与郑振铎同学，至十四岁考入省立温州师范，十九岁毕业③。从入读高小与师范的学历来看，他可以说是传统的文史学者中最早接受新式教育的一代人。晚清经学大师、教育家孙诒让创立的温州师范，禀承永嘉学派经世致用思想、呼应时代风气④，在课程设置上"中学为体，西学为用"，西学占了很大比重，其中如教育学、心理学、西洋史、英文、化学等课程，都是属于西学、或者说新学的范畴的。这从其培养的人才后来分布于社会科学与自然科学的多个领域也可看出。⑤ 夏承焘先生之所以在学术上不守旧、及时接受新学，并且对外国文学始终保持浓厚的兴趣，在文化观念上也有比较开放的心态，兴趣广泛，与他早年所受的这种新式的师范教育经历是分不开的。我们可以说，夏先生在求学道路的起点上，就与纯粹接受旧学教育的前一辈学者有所不同，已经具有比较典型的新学背景。夏氏具有博涉特点的治学风格，与其早年在师范院校接受多学科教育、并曾经以中、小学教育为终生职志的经历也不无关系。师范教育与一般的大学专业教育有所不同，它的专业性并不很强，但对知识面的要求比较广。所以师范教育与一般的专业教育，自有博涉与专精之不同。另一点，即是对于教书育人、传道授业的特殊重视。他在 1917 年 11 月 18 日的日记中写道："以三十年修教育学，以十年图阅历天下各国，采其教育方法及风俗民情，然后毕生躬行教育事业"，并说："处事以百折不回之坚忍心，务达我教育事业之目的。"⑥对于教学的一贯重视，可以说是夏氏重要特点。夏先生门下名家、大家之多，分布领域之广，是我们已经熟知的事实，这与夏先生的教育精神与方法是分不开的。他之所以被称为教育家，并非虚泛之誉。这一点恐怕是得益于早期师范教育的积极影响，也是我们今天高校专业教育所缺乏的。

　　世纪初中师教育的新学体制经过夏氏自觉的消化，并且通过后来对西学、新学的不断汲取，使其学术无论从精神与方法来看，都足以预流 20 世纪中深受西方学术影响的主流学术。他虽然不治西学与新学，但对社会科学、文艺学的新成果、新方法是尽量积极汲取的。这方面的证据，《天风阁学词日记》中随处可见，如"阅鹤见祐辅《思想·山水·人物》（鲁迅译）不忍释手"（1928 年 8 月 17日），"阅《现代名人传》，屡有感动，我即不能为爱迪生、爱因斯坦、麦苏士，独不能为泰戈尔、甘地耶？"（1928 年 11 月 1 日）"见胡适译拜伦《哀希腊诗》一首，甚爱之"（1928 年 11 月 1 日），"灯下阅刘大杰德国文学概论、论歌德篇"（1928 年 12 月 14 日），"阅日本内畸作三郎《近代文艺的背影》，王璧如译"（1928 年 12 月 11 日），"阅伍光建译法国大仲马《侠隐记》四五回，持较《水浒传》，究相差甚远"（1928 年 12 月 19 日）。这是他 1928 年 8 月到 12 月阅读外国典籍的情况，还不包括同时阅读的多种时人词学之外的学术著作，如柳诒徵《中国文化史》、胡适之《白话文学史》，还有许多与词学无关的文史论文。这种情况，并非某一时间的独特表现，而是贯穿他的整个学术生涯。夏先生对新

① 吴无闻：《夏承焘教授学术活动年表》，载《夏承焘教授纪念集》，中国文联出版公司 1988 年版，第 211 页。
② 吴蓓：《夏承焘早年日记述略》，周笃文等主编：《全国第二十四届中华诗词暨夏承焘吴鹭山先生学术研讨会论文集》，第 227－254 页。
③ 吴无闻：《夏承焘教授学术活动年表》，上书第 211 页。
④ 永嘉学派在温州地域沿承的学术传统在近、现代温州学人的新旧学交替中起到积极作用，尤其是经世思想与近现代温州自然科学与人文、社会科学的转型中起到重要的作用，这是一个值得深入研究的问题。
⑤ 据有关文献调查，地质学家南延宗、昆虫学家任明道、文史学家陈经（竺同）、苏渊雷、胡颂平等都是十师的毕业生。
⑥ 吴蓓：《夏承焘早年日记述略》，上书第 239 页。

学、西学及西方文学及文艺理论作品之博览，是今天一般的古代文学学者所远远不能及的，在他同时代的古代文学研究家中恐怕也是少见的。具体的证据《天风阁学词日记》中随处可见。可以说，他是在一种渊博、开放的学术态度与学术追求中，完成其专精的词学事业的。他是如何在旧词学中融会新知，是值得我们研究的。

二

从另一方面来讲，现代词学研究的奠基者夏承焘，又可以说是从世纪初、典型的旧文学环境中成长的，他早期的基本角色可以说是博涉经史的诗人与词家。这在夏先生这一辈学者，并不能说是罕见的，但藉助地域内浓厚的创作风气，以及其业师张震轩、林鹍翔及慎社、鸥社的诗友，加上个人的努力与天才，其早年在诗词艺术方面的成就之卓越，在同代学人中可谓凤毛麟角。其词艺得到朱彊村的点拨，又被叶恭绰选入《广箧中词》，古近体则被陈衍《石遗室诗话》摘录，并得到很高的评价。这为他后来的词学研究奠定了最坚实的基础，他在古典文学的各个领域的教学与研究方面之所以进出自如、游刃有余，与其辞章功夫之深是分不开的。年辈稍后于夏氏的饶宗颐先生也是以高度的辞章之艺为其领域广阔的文史研究的基础。传统的辞章之艺对古代文学甚至一般文史研究之重要性，恐怕也是一个值得探讨的问题。

夏承焘先生早年就读私塾，接受传统的教育，进入温师之后，因个人爱好兼有张震轩等精通旧学的师长的引导，在课业之外，比较系统地习读儒家经典，温习《四书》、《五经》，自述十三经除《尔雅》外，皆曾熟读成诵。张震轩即张棡，入邑庠为学使潘衍桐、徐致祥所赏，刊其文入《浙江试读》，"并诏七属诸生以棡读书为法"。后被孙诒让延请为孙氏诒善祠塾讲课。① 《张棡日记》1915 年 5 月 1 日条记载为洋楼书塾诸生订《自强斋》学约，单日习四书、《左传》、《毛诗》、《周礼》、《史记》、《通鉴》、《国策》，双日课古文（《古文辞》、《经史百家钞》）、辞章诸艺，并坚持记日记、短札、临帖。② 夏先生的早年的课业，受张棡的影响应该是比较明显的。他曾为文怀张震轩先生，称"予学字学词，皆张师启之"。③ 作于 1916、1917 年的日记，频繁记载温读经书的程课，如"读罢四书全本"（1916 年 4 月 8 日）、"《周易》已重温三次，虽皆曾经背诵，然除《系辞传》及《说卦》、《杂卦》诸篇外，实皆未尽顺口也。"（1917 年 8 月 17 日）、"温《左传》数卷，每篇虽皆背读十余次，犹另星散落，欲求十分顺熟，殊堪难也"（1917 年 8 月 13 日）。日记中还说到读经计划，"予意拟读完三十经，以为读书根本"（1917 年 9 月 15 日）④。自宋儒以来，以经学为读书、治学、制行之根本，即所谓"六经根柢"，夏先生正是按照这种观念来读经的。除了经之外，夏先生在史与子方面，也有过比较系统的学习，并且重视小学，熟读段玉裁的《说文解字注》等清人《说文》学著作。其在小学方面的功底，实属深厚。对此吴蓓有这样的论述："虽然经、史、子、集都在夏承焘的博览范围之内，但青年时代的夏承焘，还是沿承了清儒的理念，将治经、治史放在'正途'的位置。而小学做为研经的基础，遂格外得到夏承焘的重视，其中尤以对《说文解字》的研读最具代表性。"⑤这个说法是完全符合夏先生早年读书、治学的基本方向的。从作为正式的学术研究来看，夏先生早年曾经从事过小学方面的研究，其于 1929 年致邵潭秋的信中说："秦中数载，治小学及宋儒思想，皆无一成"，⑥又《年表》载 1927 年 7 月，作《说文通论》、

---

① 俞雄选编：《张棡日记·前言》，上海社会科学出版社 2003 年版，第 1 页。
② 《张棡日记》，第 192 页。
③ 《夏承焘集》第六册，第 449 页。
④ 转引自吴蓓：《夏承焘早年日记述略》，同前书第 228 页。
⑤ 《夏承焘早年日记述略》，同前书第 231 页。
⑥ 《夏承焘集》第五册，第 114 页。

《说文广例》。① 又《天风阁学词日记》1929 年 2 月 7 日条记载："与呆明繙《说文》,欲依双声或叠韵求字义,东冬韵皆有大、多、高义,支韵皆有小、碎、直、尖等义,元韵有远义,诸如此类,分部移录,亦可成一书。嘱呆明着手为之。"李呆明浙江瑞安人,是夏氏早年关系最密切的朋友,三十早夭,有甲骨文研究的著作,为夏先生所保存。② 又《学词日记》1935 年 10 月 24 日条:"阅报,黄季刚卒,有义贯一书未成,谓审音可知义,如洪、夏、恢皆训大,江淮河汉海及华恒衡霍皆有大义。予曩尝思拆开《经籍篡诂》依字义另成一书,亦此意。徐益修先生释小、释曲诸篇可取法。"③日记中像这样属于语言学的内容还有很多。可见夏氏的学问出于清人经学,其在传统的小学即文字、音韵、训诂等方面的功夫,在他后来的词学研究中是起到作用的。他的《"阳上作去""入派三声"说》、《唐宋词字声之演变》、《四声绎说》等论文,都是得益于深厚的音韵学功底。其对姜白石旁谱的研究,也是建立在其在文学与语言学方面的扎实功夫之上的,王延龄先生认为白石旁谱破译工作包含着"文学与语言的理论与技术"④。可见显示深厚的小学功夫、运用传统语言学的技术与方法,是夏氏词学的一个特点。老一辈学者语言、文学不分家的治学特点,在夏先生的身上体现得很突出。夏先生的嫡传弟子任铭善、蒋礼鸿两位著名的语言学家,平生读书、治学与夏先生关系紧密,他们也是走夏先生那样的经史子集博涉的道路,最后选择以语言学为专精,这与夏先生的影响不无关系。夏先生重视小学,对他们应该是有影响的,夏氏还经常在自己的著作中引用两位学者在语言学方面的成果。如《四声绎说》一文在论述四声与五音的关系时,就引用"予友任铭善"之说。⑤ 我们可以说,夏先生的治学,是从规仿清人经学、小学开始的。晚清时期的温州地区,乾嘉经学仍然十分流行,地方上经师很多,孙诒让更是一代大师,张震轩则亲受孙氏之学。夏先生正是在这样的背景下走上学术道路的。

三

夏先生开始尝试学术研究,应该是在他二十岁师范学校毕业后开始的。传统学术研究,亦即著述之业。夏先生对学术研究的基本理解,也是将其作为一种著述的事业来看,著书是夏氏一生最大的兴趣。这种表现其实是比较传统的,与现代学术将研究的根本性质定位于一种问题的解决有所不同。从现在所能见到的材料来看,他在任桥小学任教时,有《学诗偶谈》、《学愚斋笔记》之著,虽然我们现在还无从见其内容,但可以说这类早年的作品,实为其有意著述之始。这时期对夏氏走上学术研究道路有积极影响的一件事情是 1920 年暑假的南京暑期学校学习。吴无闻先生的《年表》对此有记载:"五月……乘海轮离温经上海至南京高等师范暑期学校学习,教师有胡适、梅光迪等……七月,作《墨子哲学长处和短处》语体文……八月,自南京经宁波、上海返抵温州。"⑥胡适、梅光迪都是新文化运动的早期重要人物,但又是主张兼融新旧的,用新方法、新思维研究传统的文化。梅氏还是《学衡》派的主将,夏氏的学术倾向与《学衡》派最接近,是属于整理国故一派的。他的同乡前辈学者林公铎也是属于《学衡》派的,夏氏与他有过接触。⑦ 这些问题都值得研究。胡适、梅光迪大概是夏氏最早接触的新派学者。《张榈日记》1920 年 11 月 21 日条记:"夏生承焘来谈南京、苏州事",

---

① 《夏承焘教授纪念集》,第 222 页。
② 《张榈日记》记载 1934 年 6 月 4 日在夏承焘先生之江大学寓见李呆明夫妇像、呆明篆书条幅,并容庚作序的龟甲文手稿。
　上海社会科学院出版社 2003 年版,第 508 页。
③ 《夏承焘集》第五册,第 403 页。
④ 《夏承焘教授纪念集》第 59 页。
⑤ 《夏承焘集》,浙江古籍出版社,第二册,第 423 页。
⑥ 《夏承焘教授纪念集》,第 215 页。
⑦ 《天风阁日记》1934 年 11 月 26 日条记载"记大石桥十号访林公铎,尚记昔年海晏同舟事。"《夏承焘集》第五册,第 338 页。

其中记载了夏先生对此行的看法："又言胡适之在南京演说，语尚中肯，谓人必须先蓄根柢乃可言新文化，而西国罗素先生新来中华演说，其主张则劝中国宜以保粹为主义，新文化潮流总觉太急躁也。"①在后来的词学研究中，夏先生对胡适之的词学、俗文学研究都有比较多关注，在有关词的源流方面，胡适及受胡适影响郑振铎的词起源说，对夏氏有所影响，但夏氏又以专门词学家的学识对胡氏的词学提出一些批评的意见。② 另外一点，这次听课也是夏氏与南高、东南大学的学者建立关系之始。南京高等师范（1912—1920）是东南师范教育的重镇，师资雄厚，并且兼融中西，其中王伯沆、柳诒徵、陈中凡等旧学精深而又有新学气象与格局的宗师，其对东南学术的影响极为深远。后来与夏先生同事的王驾吾、胡士莹都是南高的学生。南高后改东南大学，夏先生的好友，一生在治学上与其桴鼓相应的曲学家王季思，就在 1925 年就读东南大学中文系，并从吴梅先生治学。夏氏从吴梅问学，也始于此期。又《学词日记》1928 年 9 月 22 日记载："借来柳诒徵《中国文化史》六册，东南大学讲义。"次日日记又载："阅柳诒徵《中国文化史》，可为予《中国学术大事表》参考。"东南大学教授吴梅更是东南词曲之学的现代奠基者，夏氏在进入词学专攻之后，在词乐研究方面一直向吴梅问学。从这些地方可以看到，夏先生与南高、东南大学有一定的渊源关系。1934 年 11、12 月份，夏氏侍父游览南京，遍访唐圭璋、陈匪石、汪辟疆、林损诸人，并在曹纕衡席上见柳诒徵。或许可以这样说，对于主要是从温州地方的旧学环境中成长起来的夏承焘先生来说，南高、东南大学的学者群是他较早接触的大学文史学者群体。

无论是夏承焘的诗词创作，还是其学术研究，西安五年都是很重要的时期。从创作上讲，这时期是其独具个性的创作风格开始形成的时期。尽管他自己说"秦中数载，治小学及宋儒思想，皆无一成"③，但从学术道路来讲，此期是其学术意识自觉、学术理想确立的重要阶段，也是其开始在现代的学术刊物上公开发表研究成果的时期。④ 可以说到了这个时期，夏先生的身份，已经由一个单纯的文人墨客转变成为职业性的学者，并且开始从规仿清人学术到预流当代的治学风气。关于夏先生西安五年中在经、史、诸子及性理之学方面的治学情况，吴蓓的《日记述略》根据其早年日记及相关论著遗稿，做了比较全面的介绍，对于我们了解夏先生早期学术研究活动有很好的参考价值。

夏氏早期的学术活动有几个特点，从学术思想来讲，学以致用的特点明显。这个致用，从内在来讲，究明修身养性、敦品励行之学；从外在来讲，究明经世致用之学。从学术的格局来讲一是领域广；二是计划宏大。以下我们尝试从这几个方面来概括夏先生的早期学术活动：

从发展逻辑与实际的经历来看，我们发现，最早也是比较长久地吸引夏氏学术兴趣的是宋明理学，亦即性理与义理之学。夏氏原为辞章之士，由辞章而转性理，在文人中是有一定的普遍性的。有学者论此云："大抵才华之士，早岁则喜吟诗，暮年则喜谈道，所谓少年词章，晚来理路。"⑤晚清以来文人治性理之学的，更不在少数。但夏先生的由辞章之士专注于性理之学，从思想发展的逻辑来讲，是由其青年时期修身养性的内在需要发展出来的。夏承焘就读的温州师范学校，课程中有修身一门，校长姜伯韩极重此门课程。⑥ 姜伯韩治教育学，著有《欧洲教育史大纲》⑦。他同时崇尚儒教，

---

① 《张㭎日记》第 283 页。

② 《天风阁学词日记》1928 年 8 月份记载阅读胡氏《词选》、《白话文学史》，8 月 4 日有作胡适一信。1929 年 9 月 14 日的日记中记载阅读《小说月报》所载郑振铎《词的起源》一文，对其"胡夷里巷之曲，乃词之二大来源"的看法表示赞同。这也是夏氏后来经常阐述的词源之说。

③ 《夏承焘集》第五册《天风阁学词日记》第 144 页《致邵潭秋》。

④ 《年表》载 1924 年 6 月，《民铎杂志》五卷四期发表《五代史记解题》一文。《学词日记》1928 年 8 月 30 日记为《民铎杂志》九卷四号，并说年是周于同代投的，夏先生本人对此文的发表并不满意。

⑤ 张舜徽：《清人文集别录》卷十一《天真阁集五十四卷、外集六卷》，中华书局 1963 年版，第 304 页。

⑥ 吴蓓：《夏承焘早年日记述略》，同前书第 236 页。

⑦ 《张㭎日记》第 297 页 1921 年 10 月 19 日条记载："伯韩乃示予所撰《欧洲教育史大纲》二册，系商务印书代印。"

民国六年曾欲上书教育部变更祭孔典礼，国文教师张棡为其翻阅《策学备纂·礼制门》中的一切祀孔典礼。① 姜氏以出身寒微而重治行、得时誉，著有《道德概论》一书，为十师师生所推崇，后为暨南大学校长。② 夏承焘的恩师张棡，更是传统儒者，尊孔重礼教，思想趋于守旧，但对新知识并不排斥。这些因素再加上早年习读儒经，可知夏氏早年是服膺儒术的，以儒者持身的。其由习经而重制行，由重制行而欲治宋明理学，可谓顺理成章。据吴蓓的翻阅，"在西安的数年日记中，有关修身的日记占有较大的比例"，曾著《省身格》检查平日的行为，自省近于苛刻。其1923年2月9日的日记记载："（近来）多读性理书，欲以躬行心得为诸生倡。每日课其为日记，订功过格，颇有兴起者。""区区之志，惟求寡过于身，为一谨饬之士。在一校则化一校，一乡则化一乡，一家则化一家。希不虚此生于人世。"③他正是在这样的思想中走向宋明理学，对二程、朱熹、王阳明等思想家的著作发生浓厚的兴趣，并用传统理学家方法治学。在诸家中他对于阳明心学尤多心得，常视为体悟心性之归宿。这时期，他甚至懊悔从前溺于词章，虚费岁月。1922年12月13日的日记中写道："拥被观阳明年谱，有会心处辄欲起舞。读书学圣人真人间第一等学问，从前沉溺溺词章，可怜可惜。"④阳明早年也是辞章之士，夏氏对此犹感亲切。他在早年也曾对西方哲学有过阅读，曾以自己的体会比较苏格拉底的道德哲学与阳明知行之说，得出两家似同而实异的结论：

　　　　苏氏知行合一说：人欲实行道德者，在知道德于人之为善；其不知为善者，以不知善之为善。彼知而行犯之者，未可谓真知；知己之得而求其利，我未见其人也。与阳明说似同实异。（1921年12月19日日记）⑤

　　阳明的"良知"是心性本体之知，虚灵圆觉，应物而自生，超越于世俗功利之上。苏氏之知善而能行，是一种利害之观，必以认识到善即利而始能行之。虽然其以善为利与世俗的自私自利不能等同来看，也是站在人类的立场上的，但毕竟是一种功利之说。夏氏由此发现苏格拉底知行之说与阳明知行之似同而实异，可证其对于性理之学的体悟已经达得很深的境地。不仅看到苏氏哲学与阳明心学之不同，其实也已经看到西方哲学在道德论上与儒家思想在根本上的差异。可见后来新儒家一派常说的中西哲学会通，夏先生早年也已有所实行。除了宋明理学外，他似也曾较多地涉猎内典。夏先生号瞿禅，在之江大学时，学生曾向他请教此号的含义，他说自己因长得清瘦，双目瞿瞿。并说："禅并非一定是佛法。禅也在圣贤书中、诗词文章中，更在日常生活中。"⑥这番话虽似平淡，却有很深的儒佛会通的功夫在里面。夏先生学习佛禅的具体情况我们不大清楚，但对一个对宋明理学具有浓厚兴趣、对人生真谛充满探索愿望的青年学人来说，涉览佛经禅录，也是很自然的事情。他的自号瞿禅是在什么时候？笔者尚未能遍检夏氏文集求之。但据《张棡日记》1926年4月29日，有"偕夏瞿禅赴府庙街某宅访符笑拈大令"一条，其时夏先生27岁，已从西安游归，在瓯海公学、十中任教。⑦ 可见夏先生自号瞿禅，是在27岁以前。这时可能是他由治阳明心学并进而研究禅学的时期。《年表》并载1925年9月，足成旧作《洒周自金陵书来劝究内典作此答之》一诗。洒周即陈竺同，永嘉人，夏氏在十师的高班同学，曾在支那内学院从欧阳竟无学习。⑧《天风阁学词日记》

① 《张棡日记》，第225页。
② 《张棡日记》1917年5月1日条记载黄群、刘饶宽来师校演讲有关道德人格的主题，并称姜校长《道德概论》大有益于师校教育，望此书速刊行以为诸生矜式。见本书第230页。
③ 吴蓓：《夏承焘早年日记述略》，同前书第240页。
④ 吴蓓：《夏承焘早年日记述略》，同前书第242页。
⑤ 吴蓓：《夏承焘早年日记述略》，同前书第235页。
⑥ 琦君：《春风化雨——怀念恩师夏承焘先生》，载《夏承焘教授纪念集》，第155页。
⑦ 吴无闻：《夏承焘教授学术活动年表》，同前书第220页。
⑧ 周梦江：《怀念陈竺同老师》，《温州读书报》2009年1月13日。

1930 年 11 月 6 日条,"接适君复,知陈竺同洒周在复旦讲南北曲及佛教文学。"①陈竺同劝其究内典,可见其平素在佛学方面下过功夫。夏氏在宋明理学及佛学方面虽未见专门论著,但从《学词日记》中看,他对宋明理学与佛学的兴趣持续终身,中年时期,曾研读《阅藏知经》、《大乘起信论》等多种佛典。我们研究夏氏学术,对其在性理与义理方面的深厚修养应该特别重视。

夏氏早年的著述,贯穿子、史、集三部,其以经世致用为目的的特点是比较明显的。1920 年 21岁时在南京高师暑期学校,受胡适等人启发,用语体文作《墨子哲学长处和短处》,是其尝试子书研究之始。其之所以能在较短时间内写成这样的论文,大概还是因为早就已经阅读《墨经》。其师张楣曾向孙诒让问学,夏承焘阅览《墨子间诂》也是很自然的事。在西安时期,夏氏对子书作过比较系统的阅读。据吴蓓介绍,其所藏遗稿中有《慎子、尹文子、公孙龙子、吕氏春秋劄记》、《扬子法言》劄记、《读荀子界说》等。尤其是《读荀子界说》,夏先生自称是"予之著作破题儿",其界说荀、孟性说之异同,兼用新学的一些概念,在方法上受到梁启超《读孟子界说》的影响。由于深厚的旧学功底,精通典籍,夏先生对胡适等人"好为系断加以粗忽,遂至厚诬古人"有所批评,其《荀子界说》也是针对胡适的一些观点而发的。②

在史学方面,夏承焘的经世特点更加明显。他认为:"我国古学之须研究者,一为通史,一为性理。史可识治乱大体,性理乃立品之本。"③此语可以帮助我们了解夏氏最早的学术实践,为何选择理学与史学为两大重点,并且终身未曾真正放弃。自南宋以来,史学即是浙学的重心,并且据章学诚之言,浙东史学渊源于服膺象山心学的甬上诸子,后来精通章学的张尔田氏与夏氏的通信中,也指出这一点。④ 夏氏理学、心学与史学兼治,与浙东学术的传统也是一脉相承的。从史学思想与方法上看,夏氏受章学诚的影响相当深,这个问题值得专门讨论。夏氏新婚之夜携《文史通义》入房避客。⑤ 1925 年西安任教时期,曾著《章实斋学案》。⑥ 1940 年曾开《文史通义》课。⑦ 他自称:"治学则最早得力于汉学师承记、文史通义二书。"⑧其所作《中国学术年表》、《中国学术地表》以及学派专史《关学师承表》等,是深受章氏重视表、谱的史学思想的影响。1934 年 12 日 19 日的日记,受章实斋强调"人表"的重要性、认为表非比类征实之学的思想启发,对宋史研究计划作了一番调整:"予思治宋史,先从表着手。成宋史表一书,先从文学、理学着手。文学先从词人着手,作词人系年表。理学先从永嘉着手,作永嘉学系年考,则年来辛勤搜集之词人遗事,不致废弃。又实斋所谓史学别录,予亦久有此意。"⑨又受章实斋《史学别录例议》启发,欲用其法治宋史,札宋史及宋人文集笔记为一书,曰《宋史别录》,并考证其异同,另为一编《宋史考异》,罗致其关系风俗制度者,别为一编,曰《宋史别志》。⑩ 从传统的影响来看,夏承焘先生是深受浙东学派影响甚至可以说是浙东学术的直接的继承者。其治学之奥秘正是引浙东史学入词学,入文学史学。

夏先生早年的经史诸子研究,在格局上还具有领域广,计划宏大的特点。从涉及面来看,经史子集,四部殆遍。夏氏是从旧学营垒中走过来的,中国传统的治学,向来不划定区域,兼综群学。与夏先生同时代的其他学者也有这个特点,最典型的如蜀中学者刘咸炘,也是深受章学诚的影响,其

---

①《夏承焘集》第五册,第 165 页。

②吴蓓:《夏承焘早年日记述略》,同前书第 248 - 249 页。

③吴蓓:《夏承焘早年日记述略》引 1923 年 4 月 16 日记,同前书第 249 页。

④《夏承焘集》第五卷,第 334 页。

⑤《夏承焘集》第五卷,第 172 页,《学词日记》1930 年 11 月 24 日条。

⑥《夏承焘教授学术活动年》,同前书第 219 页。

⑦《夏承焘集》第六卷,第 178 页,《学词日记》1940 年 2 月 19 日条。

⑧《夏承焘集》第六卷,第 241 页,《学词日记》1940 年 10 月 22 日条。

⑨《夏承焘集》第五册,第 350 页。

⑩《夏承焘集》第五册,第 364 页。

著述的特点也是兼综群学,著书二百三十五种,意欲弥纶整个中国古代学术。稍早于夏先生的章太炎、梁启超甚至胡适等人,也都是兼通群学的。梁氏、胡氏尤其重视用比较新的考证和史学研究方法来研究文学史与思想史,他们的治学方法对夏先生都是有影响的。夏先生一方面继承传统的经史子集不分的清儒治学方法,另一方面又受这些现代学者的影响,加之自幼勤读四部,积累丰富,其开始走上治学道路的时候,也是以博涉群学为特点。其由辞章之士而走上经史诸子研究的道路,其学术背景与渊源,是多层次的。中国古代的诗人、词家,都是同时精通经史诸子之学。宋、明以来理学盛行,许多诗文之士,也兼涉义理、性理、心性等学。晚清以来的风气,诗人、词家更是多兼通经史之学,如沈曾植、陈衍、张尔田等人,各有专精。在夏氏的学术道路上,这些人应该都是对他发生过影响的。

夏氏早年的经史诸子之学的治学实践,是其后来词学研究的基础。程千帆先生对夏先生词学与清儒之学的关系,有精辟的论述:

> 窃谓此老之于词学有不可及者三:用力专且久,自少至老,数十年如一日,平生旁搜博考,悉资以治词,比之陈兰甫之偶考声律,王观堂之少作词话而毕生精力初不在此者大相径庭,一也。以清儒治群经子史之法治词,举凡校勘、目录、版本、笺注、考证之术,无不采用,以视半塘、大鹤、彊村所为,远为精确。前修未密,后出转精,当世学林,殆无与抗手者,二也。精于词学者,或不工于作词;工于词者又往往不以词学之研究为意,故考订词章,每难兼擅,而翁独能兼之,三也。[①]

现在我们通过对夏氏早年学术的探讨,能够清楚地看到,其"以清儒治群经子史之法治词",即是用他自己早年的治群经子史之法治词。

四

夏承焘先生学术道路的一个重要转折,是在近而立之年,开始选择词学为其研究的重点。夏氏开始专攻词学,是从1927年9月赴任严州中学开始的。《天风阁词·前言》中夏氏对自己的词学研究道路有一个简单的交代,称早年学词得常州派书,略知词之源流正变,然中间舍去为他学。"其后客授严州,乃重理词学。并时学人,方重乾嘉考据之学。予稍涉群书,遂亦稍稍撷拾词家掌故。三十左右,居杭州之江十年。讲诵之暇,成词人年谱数种。"[②]关于夏氏严州开始治词的具体情况,吴蓓《日记述略》所引1927年10日4日日记中有清楚的记载:

> 拟以四五年功夫,专精词学,尽集古今各家词评,汇为一编,再尽阅古今名家词集,进退引申之。自惟事功非所望,他种学问亦无能为役。惟小学及词,稍可自勉。明正当着手为之。

又据吴蓓介绍,其于十月间搜集词话竟,并确定长期的词学研究计划。夏氏自认其专攻词学始于严州,《天风阁学词日记》从1928年7月20日开始的,就是一个标志。所谓学词日记,实为"词学日记"之谦称。7月20日这一条中说:"再繙宋史一过,查词人传作词林年谱。日来颇复厌此,以属稿将半,勉强成之。"据《日记述略》,《两宋词林年表》的撰写始于1928年3月,至此已阅四余月,而属稿将半,可见用力之勤奋。夏氏之专精词学,一时殆未旁骛,对于长期博涉经史子集、著述没有比较明确的计划、阵地屡移的他来说,这真是与从前不同的学术工作状态。态度与方法决定了工作性质,也决定了工作的成果。从这一点我也可以说,夏氏真正的学者生涯,就是从这个时候开始的。上面所引1927年10月4日日记,或者也可以称为夏氏学术发展史上的"严州之悟",其对于现代词

---

① 《词学》第六辑,程千帆:《论瞿翁词学》,华东师大出版社1988年版。

② 《夏承焘集》第四册,第113页。

学的意义，或许也可比拟阳明的龙场之悟。从这里我们可以看，在一个学者的学术发展史上，根据主客观条件，确立、寻找一个真正适合自己的专业方向，是多么重要的一件事，又是多么的不容易。

从夏氏早年崇尚的内治心性、外致世用、领域广阔、规模宏大的学术思想及初步的实践来看，词学实在只是极小的一隅。他之所以没有更早地选择词学，正是受这种传统的看法影响。经过前期的学术探索，夏氏已经熟悉古今的学术思想，对学术的认识趋于清晰。但从西安回来之后，辗转温甬等地，缺少安定的治学环境，而在故乡的几年，仍是过一种旧文人的唱酬吟咏生活。夏氏自小即立道德文章的大志，而此时近而立之年，终于在长期的探索后做出这种选择。这是服从了学术研究专门化的要求，是必须做出的一种选择。这标志着夏氏学术思想的成熟。思想与修养，需要广泛的学习与社会实践，文学家的成长，也较多地依靠博览旁通的学习方法，但是学术研究要想取得尖端的、高质量的成果，必须走专精之道。夏氏在其早期治学过程中，斟酌得最多的就是如何处理专与博的关系：

> 念治学不可旁骛，年来为词人年谱，姜白石词考证及拟作述林清话等，虽自谓不轻心掉之，然究非第一等著作，当更为精者大者，为安心立命处。日来读声韵书，又见猎心喜。第恐方面太多，不能专一耳。（1934 年 9 月 30 日）①

> 月来早晚枕上，殚心述作，头绪千万，欲为《南宋史表》，为《述林清话》，为《宋理学年表》，又欲专心治词不旁骛，苦无人为予决之。（1935 年 2 月 8 日）②

> 灯下思量作宋学系年要略。不专主理学，以年表体裁挈揽一代学术风会，并加论断。天五好宋学，他日归雁山时，可以为连业功课也。又拟扩大词史范围为词学六书：一词史，二词史表，三词人行实及年谱，四词例，五词籍考，六词乐考。草稿初具，不知何时写成。造端甚宏，甚恐精力不济。安得三数学生共成之。（1939 年 12 月 22 日）③

> 使予一生专治词学，不患无成。而近颇思骛博，欲治宋史，又欲为著述义例之书，此皆大车冥尘，非二十年不能卒业者。正恐头白可期，汗青无日。灯下阅实斋博约篇，不禁感慨！（1940 年 2 月 19 日）④

> 枕上思能成《词学志》数十卷，亦足不朽，不必骛高远治宋史。（1935 年 3 月 14 日）⑤

在他治词的前期（30、40 年代），并没有放弃早年的一些学术计划，并且不断有词学之外他认为更为"远者大者"的学术计划产生。但由于他一开始确立了词学方面的宏大计划，而在工作方法上，早期的词人年谱、白石词旁谱考证，又采用乾嘉朴学与现代实证研究的方法，所以客观上不可能再大幅度地游移在数个学术领域了。

同时，在事功与学术，甚至文学创作与学术研究之间，夏氏这个时期的思想，也逐渐明确，以学术为主要的工作。1929 年 9 月 18 日记记载："夜作子野词考证。年来读书，时有不入时之想，细思真人生，在能各发挥其一己之才性，何必婪阿附俗，强所不能。我国文学待垦植掘发之地尚多，止看其方法当否耳。不入时何足病哉，任公、静安皆独有千古。"⑥这是他基本上放弃以事功入世的一个标志。又 1929 年 6 月 7 日日记记载："自恨既往之身世，不活跃，不宜于文学。若长此以往，只得自勉为学者，将无分于作家。"⑦从这些情况，我们看到，虽然夏氏早年以辞章之艺起家，但是真正选择

---

① 《夏承焘集》第五册，第 323 页。
② 《夏承焘集》第五册，第 361 页。
③ 《夏承焘集》第六册，第 159 页。
④ 《夏承焘集》第六册，第 179 页。
⑤ 《夏承焘集》第五册，第 369 页。
⑥ 《夏承焘集》第五册，第 119 页。
⑦ 《夏承焘集》第五册，第 99 页。

词学与古典文学为其终身职业,却是在近而立之年做出的决定,这里面是有过犹豫与矛盾的。他晚年有这样的自述:"我自师校毕业后,因为家庭经济等各方面条件的限制,未能继续升学,苦无名师指点,才走了一段弯路,花费了将近十年的探索时间。"①我们说,这个十年的探索时间,可以概括夏氏学术道路这样一个历程,即从博涉、规仿传统的经、史、子、集之学到向以古典文学为专业、并以词学为专精的发展道路。

但是,作为传统的学者,夏承焘先生经世致用的学术思想是根深柢固的,在强调夏氏近而立之年选择词学为专精的明智的同时,我们也要注意到这样一个事实,尽管他的词学本身在循序渐进,按照他原来的计划在细密地推进。但专精词学本身与他的学术理想、尤其是内求性理之明,外求经世之用的学术观念之间的矛盾,还是客观存在的。这使他常给自己正在做的工作带来矛盾的心态。尤其是当正在从事的研究工作与别的学术计划产生矛盾时,常使他处于焦虑的情绪中。这也是我们研究夏氏的学者心态所应特别注意的。

<h1 style="text-align:center">五</h1>

夏氏词学从一开始,就具有通盘的计划,这个计划的要点就是全面研究词体的发展历史,创立现代词学的学术体系。他所做的具体工作,也是在通盘计划下进行。1927 年治词伊始,即拟撰述《中国词学史》(或《词学批评史》)、《历代名家词评》、《历代词话选》、《名家论词书札》四种书。稍后又有仿拟朱彝尊《经义考》作《词学考》、继张宗橚《词林纪事》作《词林续事》、《两宋名家词评传》、《两宋词林年表》等著作的构想。② 对于深受章氏"辨章学术,考镜源流"以及重视史学真义的著述思想影响的夏氏来说,以《词学史》为词学撰述之首,是很自然的。这也可以说是夏氏词学研究的最高理想。但是在承传浙东史学体大思精的史学传统的同时,夏氏又深受作为清学最高成就的乾嘉学术思想及方法、以及现代从西方传输进入的实证学术的影响。选择了从史料学、考证学入手来研究词学,其内在的逻辑是认为只有全盘地整理、研究词学文献,才能写出真正有价值的词学史。但在具体的研究工作中,夏氏的方法并非多头同时推进,而是先进行专题研究。要全面研究词史与词学史,首先要对词人做出系列的个案研究。由于词被视为小道,所以在传统的观念中,词人远不如诗人重要。从宋代以来,诗集的笺注整理、诗人年谱、传记的编撰,比比皆是,至有千家注杜之说。词集的笺注整理则远不及诗集,而词人生平的研究更是罕见。近代词学发达,但词人生平的研究仍付阙如,"夷考作家行实,以供学者知人论世之助者,自海宁王氏清真先生遗事外,亦不数觏。"③所以,夏先生的工作就从词家别集的整理与词人年谱的编撰开始。这项词学研究的基础工作可以说是终其一生。在最初十年间,着力于《唐宋词人年谱》的编撰,并整理姜夔的《白石词》。这是他一生词学研究中最重要的两个成果。其中白石词旁谱的研究,则是由词籍研究而深入词乐研究的领域,为现代的词乐研究奠定了基础。上述两项研究都可以说是带有攻尖性质了,它奠定了夏氏在词学研究上的地位。尤其是在词乐研究方面,夏氏依靠早年经学的功底,继承勘别清人的燕乐与白石旁谱研究的成果与方法,同时积极学习现代音乐史研究的成果,通过问学、通信与当世的通人专家相互研核,终至达到词乐研究的高峰。但对于夏氏整体的词学研究计划来说,这只是两种局部的工作,他自己认为"究非第一等著作"。夏氏的白石旁谱与词乐的研究,堪称是学术研究的典范性工作,对我们如何从事专题研究有启示作用。在上述工作稍能就绪后,夏先生又将重心转到词体本身的研究,

---

① 转引自吴蓓:《夏承焘早年日记述略》,同前书第 253 页。
② 吴蓓:《夏承焘早年日记述略》,同前书第 252－253 页。
③ 程千帆:《唐宋词人年谱序》,载《夏承焘集》第一册,第 1 页。

参照俞越《古书疑义举例》的体例，撰著《词例》一书。《天风阁学词日记》1932 年 1 月 2 日中详尽地制定了词例的具体例目，共达 58 例之多。如果说《词人年谱》反映的是夏氏在史学与文献学上的深厚功底，那么《词例》例目的制定，则是夏氏词学上全面功力的反映，尤其是其在词体艺术方面长期的创作经验与对历代词集的丰富的研阅成果的反映。比之词人年谱，《词例》更是词学研究的当行本色之业。1933 年《词学季刊》的《词坛消息》登载了《夏瞿禅草创词例》的消息，并介绍《词例》的体例，称其"分析之精密"，并将其与万载《词律》相比，认为"《词律》究一词之格律，此书贯穿全宋元词为一系列。如此伟大著作，甚望其能早完成。近闻初稿已大致就绪云"。[①]《词例》的主要工作方式是从宋元各家词里札出材料，这是其后近二十年间夏先生在词学方面的一项重要工作。《词例》的最后写成时间待考，据现有资料，夏氏在 1949 年整理其旧稿十五种，其中词学十种，第二种即为词例，注谓"皆未写出，在各词集书眉者，亦未札入"。[②]除了《词例》，夏先生在三四十年代的词学撰著之关乎大体者，尚有《词林系年》、《南宋词事》、《四库全书词集提要校议》、《词迻》等书，以及《乐府补题校笺》、《词源笺证》等专题研究。[③]《词源笺证》是沿白石旁谱研究而来的，是属词乐、词律的专门化学问。由这些情况可知，夏先生三四十年代的词学研究的基本进路，是由史学、文献学而进为词籍整理、校笺，进而为词乐之专深研究，进而为贯穿宋元词整体的《词例》、《词迻》的著撰。这些都是在其词学研究全盘计划下进行的。随着他的研究的推进而不断地调整，其词学研究的全盘计划也在不断调整，越来越趋于严密化、体系化。至 1935 的 12 月 19 日的日记记载："拟扩充词迻范围为词学典，四十以前拟成词学史，词学志，词学典，词学谱表四书。词学典用辞典体裁。"[④]至 1939 年 12 月 22 日的日记，"又拟扩大词史范围为词学六书：一词史，二词史表，三词人行实及年谱，四词例，五词籍考，六词乐考。草稿初具，不知何时写成。"（见前文引）夏氏词学研究的规模，可以说是空前的。同时，这个时期，夏氏古典文学的其他领域的研究，随着教学与阅读的深入，也在展开。并且多用其词学研究的方法辐射其他文学领域，如《日记》1932 年 7 月 2 日"灯下读《离骚》，拟作《离骚》辞例"。[⑤] 1935 年 1 月 24 日"下学期教《左传》，拟仿孙隷堪太史公书义法，作《左传辞例》一书"。[⑥] 应该说夏氏的词例研究的方法，并非仅仅局限于词学，它本来就来自于经学与小学，也可推广至其他体裁的研究。从这一点来讲，夏承焘的学术研究，准确来说，是以词学为核心的古代文学的整体研究。尤其在与词学相邻的诗学领域的研究成就，这是一个值得深入探讨的问题。[⑦]

  上世纪 30、40 年代，可以说是夏承焘词学研究的黄金时期。到了五六十年代，夏先生词学方面的各项专题研究也仍在继续进行，但是他在整个古典文学的教学方面投注了相当多的精力。这个时期夏氏词学的一个重要发展，就是尝试运用 50 年代流行的理论与批评模式，对词史、词家、词论进行论述。这在五六十年代，也可以说是一种预流的学术研究工作。这从夏氏词学自身的发展逻辑来说，是对早年全盘计划的落实。客观地说，夏氏虽然列了一个宏大的治词计划，并且以词学史、词史的撰述为其最终目标；但由于禀承乾嘉学派与现代实证学术的精神，其基本的工作性质是属于考证学，虽然其考证学是建立在其对词学的全面素养之上，其中包含着美学的内涵，但终究不是正面研究词史与词学史。所以他五六十年代尝试对词史、词家、词论做正面的研究，也可以说是治学

① 《词学季刊》创刊号 221 页，上海书店 1985 年影印本。
② 《夏承焘集》第五册，第 54 页。
③ 同上。
④ 《夏承焘集》第五册，第 416 页。
⑤ 《夏承焘集》第五册，第 300 页。
⑥ 《夏承焘集》第五册，第 358 页。
⑦ 刘青海的 2012 年 4 月浙江乐清全国夏承焘学术研讨会上发表《试论夏承焘的诗学思想和诗史研究方面的成就》（会议论文集）。

方法的转型，但这些研究受当时流行的理论观点与批评方法的框架约束是很明显的。从这个意义上，我们又不能说他这个时期的词学研究，还是他 30、40 年代词学史、词史研究的原有旨趣。不仅如此，他还有意识地贬低自己前期偏向于考证的词学研究方法与成果。《月轮山词论集·前言》认为自己以前词学考证工作是因小失大。① 如果纯粹从夏氏自身的词学研究宏大的计划来讲，他的这种自我评价不能算过份。夏氏早年在经史诸子方面的研究，多属宏观探讨，思辨、义理的性质很明显，而其在词体艺术方面的知与能，又非他家所比，在这种很好的主观条件下，他主要选择乾嘉学派的治学方法以治词，的确是有所偏差的。我们前面说过，夏氏同时接受乾嘉学派与浙东史学，但两者之间却是有矛盾的，夏氏的解决办法则是主要服从了乾嘉学派的学术观念与方法，而等到他尝试进行词史的理论与批评工作时，又面临了文学研究大环境的改变。他自称"解放前后，才开始写评论文字"，"解放以后，由于朋友的鼓励与教学的需要，我开始试写几篇作家作品论。我的文艺理论知识很浅薄，所以这几篇词论大都只是以资料作底子，以旧时诗话、词话镶边"。② 可以说，以他本人对词学史及词学理论与批评的标准来衡量，他对自己的这类新工作不是很满意。应该说，比较完整地表现出夏氏的词史观及词学理论与批评的高度，还是《瞿髯论词绝句》及《唐宋词欣赏》两著。但是它们都不可能视作夏氏词史与词学史研究的真正理想的著述。他词学研究计划中词史与词学史的著述，始终没有完成。

　　本文只是就纯粹的学术研究形态来探索夏承焘先生的学术研究道路，并且着重于论述其从早年的经史诸子之学向专精词学的发展情况。对于词学，本文也只取纯粹学术之一义，事实上，全面意义上的词学还包括词体创作在内。这样看来，夏氏治词是差不多贯穿他整个求学、治学生涯的。无论从广义的词学还是狭义的词学来说，夏氏的词学都是博大精深的。本文对夏先生词学研究的探讨，不但肤浅，而且漏略太多。对于夏氏词学历程的全面探讨，只能待之于来日。

2012 年 7 月 27 日初稿

（作者单位：北京大学中文系）

---

① 《夏承焘集》第 2 册，第 239 页。
② 《夏承焘集》第 2 册，第 240、241 页。

论夏承焘的词学渊源及其对常州词派的扬弃

朱惠国

内容提要：由于师承以及词学大环境等因素，夏承焘与常州词派有一定渊源，并在词的比兴寄托、源流正变、推尊词体等问题上受其影响，不可避免地带上常州词学的色彩。但夏承焘对常州词学并非被动接受，而是有所甄别，有所选择，总体上采取一种取其精华，去其糟粕的科学态度，并在此基础上形成自己的词学特色。

关键词：夏承焘；常州词派；词学；扬弃

夏承焘先生（为行文方便，以下称夏承焘）为当代词学三大家之一，对中国现代词学的构建与发展做出巨大的贡献。[①] 有学者将夏承焘的词学成就归为六个方面，其中，词学论述是十分重要的一个方面，值得关注与研究。但从这几年的研究状况看，大部分的研究者比较关注夏承焘词学观念的基本倾向与表达方式，着重对《瞿髯论词绝句》、《月轮山词论集》以及夏承焘的部分词集序跋进行归纳与阐释，而对夏承焘词学思想的渊源、构成情况，学术意义以及对中国现当代词学的独特贡献则涉及不多，殊为遗憾。

夏承焘的词学活动历时较长，持续到上世纪的 80 年代，但就其词学思想的形成，则主要是二三十年代。[②] 这一时期中国社会形态的转换初步完成，与此相应，社会文化观念，包括词学观念，也发生重大变化。中国传统词学受到西学，尤其是以胡适为代表的新文化思潮的冲击，呈现出新旧交替的特征。在此过程中，夏承焘与龙榆生、唐圭璋一样，既以新的观点和手法区别于朱祖谋、吴梅等传统词学家，又以扎实的词学功底不同于胡适等偏重宏观研究一路的词学家，表现出中国现代词学家的基本特征。因此，梳理夏承焘词学思想中新旧两方面的渊源，考察其对旧词学的改造、融合，并形成现代词学的过程，不仅对研究夏承焘本人有意义，而且对研究整个中国现代词学也有重大参考价值。

考虑到夏承焘与胡适以及新文化的渊源也是一个比较大的题目，须专门研究，本文仅探讨夏承焘与常州词派的关系，考察其对传统词学的继承、改造与融合，以就教于方家。

一、夏承焘的师承及其常州词派渊源

常州词派产生于晚清的嘉道时期，此后风靡整个中国词坛，因此晚清民初的词学家，大部分都与其有千丝万缕的联系，并或多或少受其影响。夏承焘是自学成才，曾感叹一生未遇名师，因此从

---

① 吴战垒先生在总结夏承焘的词学成就时，归为六个方面：一是开创词人谱牒之学；二是对词的声律和表现形式的深入研究；三是词学论述；四是诗词创作；五是治词日记；六是培养人才。详见《夏承焘集》第一册《前言》，浙江古籍出版社、浙江教育出版社 1997 年版，第 2－5 页。以下所引《夏承焘集》均为此版本，不再注明。

② 上世纪 50 年代，夏承焘先生写了数量较多的词论文章，如《月轮山词论集》、《唐宋词欣赏》中的文章，主要作于这一时期，这时词学观点与二三十年代有所差异，但这些差异主要是时代的特征，具有普遍性，而并非夏承焘自身词学思想的重大调整。

直接的师承关系看,他与唐圭璋等不同,受传统学术的影响相对要小一些。但在其词学生涯中,他又以林鹍翔为师,后者对其走上词学研究的道路,乃至词学观念的形成,有着重要影响。因此他与常州词派依然有较深的渊源。《天风阁学词日记》1942 年 4 月 10 日有如下记载:"逸群嘱予作学词经历,拟稿如次:予年十五六,始解为诗。偶于学侣处见白香词谱,假归过录。试填小令,张震轩师见之,赏其调笑令结句:鹦鹉鹦鹉,知否梦中言语二句。民国十年廿二岁,林铁尊师来宦瓯海,与同里诸子结瓯社,得读常州张、周诸家书。略知源流正变。林师尝以所作请质于况蕙风、朱彊村二先生。"①此段文字后来稍作修改后,作为"前言"收入《天风阁词集前编》,除个别文字的调整外,主要改动有三处:一是将"予年十五六",改为"予年十四五",二是将"民国十年廿二岁"改为"一九二○年",三是删去有关"张震轩"的话。前两处修改估计是日记中的记录有误,略作修正,使其更加准确,第三处修改则说明作者对林鹍翔的记忆十分深刻,进一步突出其在自己词学生涯中的引导作用。因此要梳理夏承焘的词学思想,有必要考察林鹍翔的词学渊源。

林鹍翔,字铁尊,号无垢居士,浙江吴兴人。生于 1871 年(清同治十年),卒于 1940 年。关于他的词学经历,《天风阁学词日记》1938 年 9 月 4 日有如下记载:"予问师治词经历,谓民国二年四十余岁,在东京学生监督处时,有吴、冯二同事好此事,冯君曾亲见半塘老人,每作必邀翁和,乃熏染为之。作书请益于古微先生,先生好谦,乃转求于蕙风先生。民国九年宦瓯海时,犹时时请益于两公,距初学才六七年耳。又谓:古微先生无一语不真。此语殆师自道。予师两翁,岂仅词哉,岂仅词哉。"可见林氏词学是以朱彊村、况蕙风为师,沿着王鹏运一路而来。夏敬观也说:"吾友吴兴林君铁尊,朱古微之高第弟子也。……夒笙,亦君所从问字师也。"②显然与后期常州词派一脉相承。夏承焘《半樱词续集序》也提到林鹍翔的词学渊源:"越日,(林鹍翔)复语予治词经历,备述渊源所自,求索之艰,累数百言,洗然无片辞之饰。"又说:"师之于词,固取径周吴而亲炙彊翁者。今诵其伤乱哀时诸什,取诸肺肝,而出以宫徵,真气元音,已非周吴所能圉。"③取法周、吴,正是彊村一派重要的词学主张与词学特征。至于"诵其伤乱哀时",则与常州词派的"词亦有史"观念完全一致。一般认为,常州词派之所以能在晚清风靡一时,正与他们重视社会功能的词学观密切相关。而"出以宫徵",严于声律,则是彊村为首的后期常州派的主要特征。因此,将林鹍翔归入彊村一派,完全符合事实,夏敬观将他视为朱彊村、况蕙风的弟子,也非虚语。

夏承焘与林鹍翔的交往,起于林氏观政瓯海时期。其时林鹍翔的词学活动十分频繁,曾先后加入了慎社和瓯社。慎社由梅冷生发起,郑姜门、吴性键、林默君、沈墨池、郑远夫等多人加入,成立于 1920 年 5 月 30 日。取名"慎社",是因为"瓯江又名慎江"。慎社出版社刊,仿照南社做法,分文、诗、词三类,下附社友通讯处,名曰"交信录"。总共出了四辑。1921 年,慎社举行第三次雅集,增社友 14 人,林鹍翔便是其中之一。据梅冷生回忆,"林的本意在于教我们填词,他认为温州在南宋时词学很盛,如卢祖皋(蒲江)、薛梦桂(梯飚)等人均有极大成就,应在这时重振风气。"④《慎社集》第三辑中收录了林鹍翔的词作二十八首。后来梅冷生、夏承焘决定向林鹍翔学词,建议再成立一个词社。林鹍翔表示同意,并提供经费,将积谷山下东山书院重修,在山腰添造一间楼房,作为"永嘉词人祠堂",在此设立词社,取名"瓯社"。林鹍翔任社长,社友有梅冷生、夏承焘、郑猷、王渡、龚均、黄光、郑曼青、曾廷贤、徐锡昌、严琴隐共 10 人。大家奉林鹍翔为师,由林对社友习作进行辅导。夏承焘多次提到的瓯社唱和,即指此。据夏承焘回忆,当时"尝举瓯社以倡词学,唱酬之雅,无虚月也",

---

① 夏承焘:《天风阁学词日记》,见《夏承焘集》。以下凡在文中已说明日期的,不再注明出处。
② 夏敬观:《半樱词续序》,林鹍翔:《半樱词续》,1938 年铅印本。
③ 《夏承焘集》第 6 册,第 46－47 页。
④ 见《梅冷生集》,上海社会科学院出版社 2006 年版,第 93 页。

活动十分频繁，并在多年后"独念永嘉承平从游之乐,恍如隔世"①,留下深刻印象。此为夏承焘词学生涯的起始点。

如夏承焘在《天风阁词集前编》"前言"中所说,林鹍翔当时自己学词"才六七年耳","犹时时请益于两公",因此他除了亲自指导社友作词,还"尝以所作请质于况蕙风、朱彊村二先生",使瓯社一开始就与处于主流地位的朱彊村、况蕙风产生联系,受其影响。《天风阁学词日记》1929 年 10 月 27 日记录夏承焘第一次与朱彊村的通信,开篇即回忆此段经历:"七八年前,林铁尊道尹宦温州时,曾承其介数词请益于先生,并于林公处数见先生手教。"由此开始单独与朱彊村通信与交流,逐步走向词学的中心舞台。据《天风阁学词日记》记录,从 1929 年 10 月至 1931 年底朱彊村去世,两人信件往来共有十余封,这批宝贵的词学文献均保存在《天风阁学词日记》中,后又经吴无闻先生注释,分两次发表在《文献》杂志上。值得一提的是,夏承焘的《瞿髯论词绝句》也是在与朱彊村的通信中,受其鼓励,开始形成系列②。夏承焘对朱彊村比较佩服且尊崇,《天风阁学词日记》中有不少阅读朱彊村著作的记录,如 1929 年 6 月 17 日:"阅《彊村语业》,小令少性灵语,长调坚鍊,未忘涂饰,梦窗派固如是也。况夔生题林铁尊半樱簃填词图云:'数词名,当代一彊村。余音洗筝琶。'推尊至矣。"虽是引况周颐的话,但推尊的意思还是有的。又 10 月 27 日与朱彊村的第一次通信,认为:"海内仰止,惟有先生。""惟念自半塘、蕙风、静安诸公先后雕谢,先生亦垂垂老矣。绪风将坠,绝学堪忧。"当时夏承焘 29 岁,尚未成名,而朱彊村已是词坛领袖人物,与之通信,固然有客套的成分,但"半塘、蕙风、静安诸公先后雕谢,先生亦垂垂老矣"的现状,以及"绪风将坠,绝学堪忧"的担忧也是实情,因此"海内仰止,惟有先生"也并非纯然的虚誉。

可见,从夏承焘的词学师承看,从王鹏运到朱彊村、况蕙风,从朱、况两人到林鹍翔,再通过林鹍翔影响到夏承焘,这条大致的线索还是比较清晰的。若论夏承焘的词学渊源,与常州词派依然有密却的关联。这其实也是晚清民初词学家的普遍状况。

但是夏承焘并未被常州词派的词学观所牢笼,这除了夏承焘同时也受新文化思想影响,词学观的构成具有多元性特点外,也与他对当时守家法,辨宗派的做法十分反感有关。《天风阁学词日记》1942 年 4 月 10 日记叙他自己的词学经历,特意强调:"若夫时流填涩体、辨宗派之论,尤期期不敢苟同。"以后这段话一字不差,全部收入《天风阁词集前编》的"前言"。此外,他本身对常州词派的认识也有一个逐渐深化的过程。这点在他对况蕙风及其《蕙风词话》看法的变化过程中,表现得比较清楚。查《天风阁学词日记》,有多处论及《蕙风词话》与况蕙风的词作,不妨列举数条:

　　1929 年 2 月 6 日:灯下阅《蕙风词话》,间参己见,笔之于上,渐有悟入处。拟遍阅《彊村丛书》及《四印斋所刻词》,着手效况翁为之,留待十年后见解较老时,再是正之。

　　1929 年 2 月 16 日:阅况夔生《玉栖后词》,皆怀妓作,好处可解甚少。不知由予学力未到耶,抑况翁此编本非其至耶?此编王鹏运曾劝其勿刻,而况不听。序中且极诋郑叔问,所谓某名士老于苏州者也。

　　1931 年 2 月 19 日:昨阅《蕙风词话》。

　　1936 年 2 月 14 日:阅《蕙风词话》。

　　1936 年 2 月 17 日:阅《蕙风词话》完。

---

① 夏承焘:《半樱词续集序》,《夏承焘集》第 6 册,第 46－47 页。

② 《天风阁学词日记》1930 年 10 月 22 日:"偶成论词小诗(目空欧晏,青兕词坛),奉博一哂,请海则不敢也。"(吴无闻在《文献》1981 年第 8 辑《词学研究通信(下)》中注云:〔目空欧晏〕系论李清照词的七言绝句,见夏承焘的《瞿髯论词绝句》。〔青兕词坛〕系论辛弃疾词的七言绝句,见夏承焘的《瞿髯论词绝句》)又:夏承焘《瞿髯论词绝句前言》:"予年三十,谒见朱彊村先生于上海。先生见予论辛词'青兕词坛一老兵'绝句,问'何不多为之',中心藏之,因循未能着笔。"两则材料稍有不同,或夏先生晚年记忆有误,当以日记所记及书信为准。

　　　1936年2月20日：接孟劬(张尔田)快函……又谓《蕙风词话》,标举纤仄,堂庑不高。重拙指归,真是欺人语。

　　　1947年2月13日：读况蕙风词,多酬应率意之作,不如彊村之精严。彊村有过晦处,蕙风有过滑处。蕙风自谓,自交半塘,得知体格,交彊村乃严声律。

这几条从时间上看,大致集中在四个时段：第一个时段是29年2月,一条是写其读《蕙风词话》有"悟入"处,并表示打算效其手法,点评《彊村丛书》及《四印斋所刻词》中的词作。另一条则对蕙风词集《玉楸后词》表示不同看法,并对况周颐的为人亦有非议。第二个时段是31年2月,只一条,记录夏承焘再次阅读《蕙风词话》。第三个时段是1936年2月,共三条,前两条记录他第三次阅读《蕙风词话》,后一条是记录张尔田的来信内容,其中涉及《蕙风词话》,批评其"标举纤仄,堂庑不高",甚至说"重拙指归,真是欺人语"(张尔田原文为"直欺人语")文后抄录张尔田来信原文,其中有"愚昔年即不以为然,而彊老推之,殊不可解。彊老与蕙风合刻所为词曰《鸳音集》,愚亦颇持异议。"等语。日记虽是客观记录,但记录此信是在夏承焘第三次阅完《蕙风词话》后的第三天,而无一句评论,颇耐人寻味。第四个时段是1947年2月,主要比较朱彊村、况周颐两家的词,以为况不如朱。其实这种看法也表现在他的《瞿髯论词绝句》中,其论朱彊村、况蕙风两首分别为：

　　　论定彊村胜觉翁,晚年坡老识深衷。一轮黯淡胡尘里,谁画虞渊落照红。

　　　年年雁外梦山河,处处灯前感逝波。会得相思能驻景,不辞双鬓为君皤。

吴无闻"题解"：(朱彊村)"谓他的词应是唐宋到近代数百年来万千词家的殿军";(况周颐)"此首词前两句谓情能伤神,后两句反其意"①。对彊村评价极高,而对况周颐则主要着眼其情词。可见夏承焘对况蕙风的看法确有逐步深入的过程。

二、"有寄托"与"无寄托"：常州派寄托理论与夏承焘的比兴寄托观

　　　夏承焘对常州词派理论的扬弃,在"寄托"问题上表现得最为典型。"寄托"是常州词派的核心观点之一,也是其理论的主要特征。夏承焘与其他民国词人一样,不可避免地受到此种理论的影响,但他的特点是在吸收寄托理论的合理要素时,能辨析、批判其中的非理性因素,显得比较客观与合理。这在他《天风阁学词日记》1941年9月1日的一段记录中体现得最为明显：

　　　过吴眉翁谈词,谓北宋已有寄托,东坡"我欲乘风归去"为不忘爱君。王安礼"不管华堂朱户,春风自在杨花"为诮安石。予意诗人比兴之例,其来甚古,唐五代词,除为歌妓作者外,亦必有寄托。惟飞卿则断无有。后人以士不遇赋说其菩萨蛮,可谓梦话。常州派论寄托,能令词体高深,是其功,然不可据以论词史。

其实就吴眉孙话语本身而言,比较接近早期常州词派的言论,过于坐实。这种情况在民国词家中比较常见。但夏承焘并没有就此作评论,而是对唐宋词的寄托情况以及常州词派的寄托理论作了总体性评论。夏承焘的话大致有三层意思：首先承认唐宋词有寄托,以为寄托作为一种手法,自古就有,唐五代词中,除了专为歌妓作者外,"亦必有寄托";其次认为温庭筠词没有寄托,"后人以士不遇赋说其菩萨蛮,可谓梦话"。夏承焘此处所说的后人,即指常州词派的创始人张惠言。按张惠言评温庭筠《菩萨蛮》(小山重叠金明灭)："此感士不遇也。篇法仿佛《长门赋》,而用节节逆叙。此章从梦晓后,领起'懒起'二字,含后文情事,'照花'四句,《离骚》初服之意。"②张惠言论词主观性太强,

---

　　　① 《夏承焘集》第2册,第586－587页。
　　　② 《张惠言论词》,唐圭璋编：《词话丛编》,中华书局1986年版,第1609页。以下所引《词话丛编》均为此版本,不再注明。

有穿凿附会之病，因此王国维也批评他："固哉，皋文之为词也。"①就这段话而言，龙榆生也有类似的批评②，足证夏承焘"梦话"说的成立。再次是对常州词派寄托理论的历史作用作了肯定，以为使"词体高深"，但同时又指出，如果滥用寄托理论，则将违背词史的实际。这三层意思，以实事求是为原则，对有寄托、无寄托以及寄托理论的历史价值作了十分清晰而客观的阐述，集中表现了夏承焘对常州词派寄托理论的认识以及取其精华，弃其糟粕的科学态度。

于此相关，夏承焘对常州词派两位重要人物的评价也不尽相同。对于张惠言，他肯定其提高词的社会地位的努力，但同时严厉批评他的穿凿附会，以为："但他为了要提高词的地位，说了许多过分夸张的议论，如引《说文》'意内言外'一语来解释'曲子词'的'词'，说温庭筠《菩萨蛮》的内容似《感士不遇赋》，其篇法同《长门赋》，说'照花前后镜'四句即《离骚》'初服'之意，此等皆开了后来常州词人附会说词的风气。"③与此点有关，夏承焘对后人的穿凿附会同样提出批评，如《天风阁学词日记》1930 年 6 月 24 日："阅刘子庚讲词笔记，附会牵强，几如痴人说梦。张惠言尝欲注飞卿词，若成书，则又一刘子庚矣。"同年 6 月 28 日："武汉大学寄来季刊，有雪林女士考纳兰成德恋史，甚附会。"对两人的做法颇不以为然。至于张惠言论词穿凿附会的原因，夏承焘也作了十分精辟的分析。首先是"他意在立说，而往往疏于考史"，认为张氏把温庭筠上比屈原等，"都是无根臆说"④。需要指出的是，"考史"是夏承焘治词学的特色，也是其特长。程千帆以为：夏承焘"以清儒治群经子史之法治词，举凡校勘、目录、版本、笺注、考证之术，无不采用，以视半塘、大鹤、彊村所为，远为精确"。⑤ 因此他的这些批评，是在考证词人生平材料的基础上作出，十分可靠。其《瞿髯论词绝句》评温庭筠："朱门莺燕唱花间，紫塞歌声不惨颜。昌谷樊川摇首去，让君软语作开山。"⑥即着眼于他"朱门莺燕唱花间"的风格特色和"让君软语作开山"的词史地位。在议论陈廷焯《白雨斋词话》时，夏承焘再次强调这一点，认为："常州词人尊奉温、韦，提倡比兴，由重形式而走向重内容，本是他们议论可肯定处。但张惠言、陈廷焯诸人都勇于立论而疏于考核，因之多附会失实的话，这也是常州词论家共同的缺点。"⑦其次是受他经学思想的影响。夏承焘认为："张氏是清代著名的经学家……《词选》作于张氏晚年，无疑受他自己学术思想的影响。"⑧一般认为，张惠言受其学术思想的影响，主要集中在两点：其一是常州今文经学的"公羊学"，其二是虞翻的易学。⑨ 前者主要影响常州词学重功利的倾向以及发掘"微言大义"的思路，后者则更多地影响了常州词学依象寻义，穿凿附会的解词手法。现代学者对常州经学与常州词学的关系已经有了更为深入细致的研究，但夏承焘在几十年前即指出这一点，十分了不起。《瞿髯论词绝句》论张惠言："茗柯一派皖南传，高论然疑二百年。辛苦开宗难起信，虞翻易像满词篇。"⑩即指出张惠言词学受其易学的影响，解词有穿凿和生硬的毛病。

---

① 王国维：《人间词话删稿》，《蕙风词话 人间词话》，人民文学出版社 1960 年版，第 233 页。
② 龙榆生《研究词学之商榷》：例如温庭筠士行尘杂，不修边幅，已屡见于《唐书·文艺传》及诸家笔记。其所长惟在"能逐弦吹之音，为侧艳之词"。温词之风格，偏于"香而软"（《北梦琐言》）。其在词坛"开山作祖"，吾人自不容有所忽视。而张惠言《词选》，必曰"温庭筠最高，其言深美闳约"，又以其《菩萨蛮》为"感士不遇之作"，且以上拟《离骚》。张氏欲尊词体，托之"诗之比兴"，乃于温词加以穿凿附会之说，其谁信之？见《龙榆生词学论文集》，上海古籍出版社 1997 年版，第 98 页。
③ 夏承焘：《词论八评》，《夏承焘集》第 2 册，第 409 页。
④ 夏承焘：《词论八评》，《夏承焘集》第 2 册，第 409 - 410 页。
⑤ 程千帆：《论瞿髯词学》，载《词学》第 6 辑，华东师范大学出版社 1988 年版，254 页。
⑥ 《夏承焘集》第 2 册，第 518 页。
⑦ 夏承焘：《词论八评》，《夏承焘集》第 2 册，第 413 页。
⑧ 夏承焘：《词论八评》，《夏承焘集》第 2 册，第 410 页。
⑨ 参见拙著《中国近世词学思想研究》第二章"'常州学派'与'常州词派'的相互关系"、第三章"张惠言的理论贡献与常州词派的形成"，上海古籍出版社 2005 年版。
⑩ 《夏承焘集》第 2 册，第 579 页。

　　至于对常州词派另一理论家周济，夏承焘与其他民国词家相似，给予了比较高的评价，当然，这种评价也是建立在实事求是的基础之上。从常州词派本身的发展过程看，张惠言留下的词学文献并不多，而且受经学的影响较深，他的贡献，主要在于形成一个词派，并为词派的核心理论提供了基本元素。真正使常州词派理论形成体系，并变得更加合理的，是周济。因此夏承焘对周济的评价也是围绕这一点展开。他在《词论八评》中论及周济的《宋四家词选目录序论》，以为："他这篇自序发展张惠言《词选序》的意思，提出'词非寄托不入，专寄托不出'之说，却可以说是清人词论里的精辟见解。"①按一般理解："词非寄托不入"，是对张惠言寄托理论的继承与肯定，而"专寄托不出"，又在一定程度上解决了常州派解词过于坐实，以致穿凿附会的弊病。有寄托而不专意于寄托，这种思路与夏承焘词学思想大体上相似，因此夏承焘给予高度评价。当然，除了这种理论上的融通与合理外，夏承焘对周济的高评，更是基于其论词的客观，不附会。早在 1936 年 6 月发表的《〈乐府补题〉考》中，夏承焘专门谈到这一点："清代常州词人，好以寄托说词，而往往不厌附会。惟周济《宋词选》，疑唐珏赋白莲，为杨琏真迦发越陵而作，则确凿可信。予惜其但善发端，且犹未详究《乐府补题》全编。爰寻杂书，为申其说，并以补前人考六陵遗事者之遗也焉。王沂孙、唐珏诸子丁桑海之会，国族沦胥之痛，为自来词家所少有。宋人寄托之词，至此编蔚为大宗。表而出之，诚词史一大掌故，不但补前修考六陵遗事之遗而已也。"②按周济有关唐珏赋白莲的文字见之于他的《介存斋论词杂著》，原文为："玉潜非词人也，其《水龙吟》'白莲'一首，中仙无以远过。信乎忠义之士，性情流露，不求工而自工。特录之，以终第一卷。后之览者，可以得吾意矣。"③《介存斋论词杂著》是周济记在《词辨》前的评论文字，因此夏承焘所说的《宋词选》是指《词辨》，而非《宋四家词选》。周济以为，唐珏并非专门词人，但由于亲自参与了诸陵埋遗骨，树冬青的壮举，所作《水龙吟》"赋白莲"一首，感情忠厚，寄托遥深，王沂孙都难以远过。但周氏"善发端，且犹未详究《乐府补题》全编"，十分可惜。夏承焘"爱寻杂书，为申其说"，对《乐府补题》作了详尽的考证，以事实证明唐珏赋白莲确为杨琏真迦发越陵而作，因此周济所谓"寄托"一说，确凿可信。

　　可见，夏承焘对常州派的寄托理论并非简单的接受或者排斥，而是有所甄别，有所扬弃，确切地说，对张惠言过于坐实，以至于穿凿附会的寄托说，基本上加以否定，而对于周济那种比较合理，比较融通，又有一定史实依据的寄托说，则加以肯定和吸收。

　　夏承焘在 1958 年写的《〈楚辞〉与宋词》一文中，对寄托说的基本原理与合理性作了很好的阐发：

　　　　不过以艺术性质论，太质直、太严肃的正论庄语，有时候不适宜于作艺术表现的。以艺术的效果论，借用人类基本情愫的男女之爱，来申述作者个人某种情感，那就是把自己个人的情感变作一般人的情感，会使人更易于了解、感受。据《左传》、《论语》这些书里的记载，收在《诗经》里的民间情歌，可以成为论政治、讲外交以及儒家说理的材料，也是这个道理。④

这种思想对夏承焘的词学研究与词的创作均有十分明显的影响。如他在《谈有寄托的咏物词》一文中，将咏物词分为三类，以为"第三类最可贵，即是有寄托的咏物词"。⑤并对这类作品作了高度评价。又如《冯延巳和欧阳修》一文中，在谈到冯延巳的《谒金门》"杨柳陌"时，认为："这是一首写爱情的词，但是言外之意，可能别有寄托，不单是写相思之情。……'起舞不辞无气力'两句，……可能是寄托'士为知己者死'的意思，是士大夫阶层的思想感情。"又说"冯煦谓冯延巳'俯仰身世，所怀万

---

① 《夏承焘集》第 2 册，第 411 页。
② 《夏承焘集》第 8 册，第 60 页。
③ 唐圭璋：《词话丛编》，第 1636 页。
④ 《夏承焘集》第 8 册，第 112 页。
⑤ 《夏承焘集》第 2 册，第 719 页。

端,缪悠其辞,若显若晦'(《阳春集》序)就是说冯延巳词颇多'旨隐词微'之作"。[①]在谈到欧阳修《蝶恋花》("庭院深深")时,认为:"这首词虽然表面上是写一个女子的苦闷,但他的寓意不限于此。从屈原《离骚》以来,就以美人香草寄托君臣,后代士大夫以男女寄托君臣的诗歌,指不胜屈。欧阳修这首词也是属于这一类。"[②]值得一提的是,这两篇文章都作于上世纪50年代,说明夏承焘对词有寄托的认识在解放后并没有改变,相反,在重视文学作品思想内容的大背景下,反而有了一定程度的加强。

至于词的创作,夏承焘也一定程度上运用比兴寄托的方法,《天风阁学词日记》1941年6月19日:"夕听声越酒后谈文……又谓谭复堂评蒋鹿潭词赋高于比兴,作词寄托深晦者,皆比兴之弊。近托季思阅予词,谓亦有此病。"6月24日:"季思为予阅词甚精细,信甚感之。"说明"阅词甚精细"的王季思已经看到了这一点。

三、"如水生冰"与"冰泮为水":常州派正变理论与夏承焘的源流正变观

如上所述,夏承焘《天风阁学词日记》1942年4月10日记叙了自己的词学经历:"民国十年廿二岁,林铁尊师来宦瓯海,与同里诸子结瓯社,得读常州张、周诸家书。略知源流正变。"由此可以确定,夏承焘在源流正变这个词学上最基本、也最重要的问题上,最初是受常州词派影响的。

词学正变的争议最初可以上溯至宋代,大致有两条发展线索:一条围绕词的风格展开,即以婉约为正,还是以苏、辛为代表的豪放为正。这条线索由于是一种词的美学风格之争,不涉及社会价值观,展开得比较充分。另一条则受诗学上正变观的影响,围绕词的内容展开,即倡导一种雅正的词风,而将软媚艳俗词风视为变体。这两条线索虽有一定程度的缠绕,但两者之间的大体区分还是比较清楚的。常州词派论正变,则有将两条线索合而为一的倾向。

张惠言的正变观集中体现在他的《词选序》中。他回顾了词的发展历史,将词人分为两类,即"正声"和"杂流"。"正声"主要指唐代词人,其中又以温庭筠为代表,所谓"温庭筠最高,其言深美闳约",另外,宋词中"张先、苏轼、秦观、周邦彦、辛弃疾、姜夔、王沂孙、张炎渊渊乎文有其质焉"自然也属正声。"杂流"则分为两种情况:一类是五代时期"君臣为谑,竞变新调"的作品;另一类则是两宋时期柳永、黄庭坚、刘过、吴文英等的一些作品。这些作品虽有某方面的特点,"以取重于当世",但又"有一时通脱放浪之言出于其间"。[③]我们由此可以看出,张惠言所指的正声,虽有指词体原初风貌的意思,但主要还是指那些有"微言大义"以及"渊渊乎文有其质"的作品。区分的标准偏重于词的内容,而风格的因素是十分微弱的,至少他将苏轼、辛弃疾均归入"正声"之列。但我们如果研究他《词选》的选目,情况似乎又并非完全如此。《词选》共选词人四十四家,116首词作。其中唐词三家,共20首,五代八家,共26首,宋词三十三家,共70首。唐代词人中入选数最多的是温庭筠,这与他"温庭筠最高"的说法一致,但两宋词人中入选最多的却是秦观,选了10首,这10首均无特别的"微言大义"。显然,这又与他"序"中"正声"的标准有别。可见,张惠言"正声"的标准,除了内容要素外,还有一个重要因素,就是词的风格,只不过这种风格并非简单的婉约与豪放,而主要是指美而不艳、哀而不伤的庄雅词风,要求符合儒家诗教所说的中和之美。这样的词作虽无"微言大义",但仍可归入"正声"之列。

周济关于正变问题的论述主要见之于他的《词辨》以及相关的序和词评。《词辨》附录:"向次

① 《夏承焘集》第2册,第648页。
② 《夏承焘集》第2册,第649页。
③ 张惠言:《词选序》,唐圭璋:《词话丛编》,第1617页。

《词辨》十卷：一卷起飞卿，为正；二卷起南唐后主，为变；名篇之稍有疵累者为三、四卷；平妥清通，才及格调者为五、六卷；大体纰缪、精彩间出为七、八卷；本事词话为九卷。庸选恶札，迷误后生，大声疾呼，以昭炯戒为十卷。"①对词的正变作了比较明确表述，其中"一卷起飞卿，为正；二卷起南唐后主，为变"的思路，与张惠言"五代之际，孟氏、李氏、君臣为谑，竞变新调，词之杂流，由此而起"②的看法比较接近。与此相关，他对温庭筠的评价也与张惠言比较接近："皋文曰：'飞卿之词，深美闳约。'信然。飞卿酝酿最深，故其言不怒不慑，备刚柔之气。"③看重的也是"深美闳约"和"不怒不慑"的中和之美。但他对两宋词人的评价则与张惠言不同，《词辨自序》："自温庭筠、韦庄、欧阳修、秦观、周邦彦、周密、吴文英、王沂孙、张炎之流，莫不蕴藉深厚，而才艳思力，各骋一途，以极其致。"④与张惠言视为正声的两宋词人相比，少了张先、苏轼、辛弃疾、姜夔四人，同时增加了欧阳修、周密、吴文英三人。很显然，周济在正变问题上更强调风格因素，也更注重婉约一派。"自序"末尾处说："南唐后主以下，虽骏快驰骛，豪宕感激稍漓矣。然犹皆委曲以致其情，未有亢厉剽悍之习，抑亦正声之次也。"这与他在宋词"以极其致"者名单中去除苏、辛的思路是一致的。

理清了常州词派张惠言、周济两家的正变观，再来考察夏承焘的正变观，就可以看出他们之间的联系与区别了。简单地说，夏承焘一定程度上受到常州词派正变观的影响，但又有自己的特点。

在夏承焘已经面世的文献中，1933 年发表于《词学季刊》第一卷第二号上的《红鹤山房词序》是阐述其正变观最清晰、最完整的一篇文章。该文写成于 1931 年 6 月 15 日，原题《剪淞阁词序》，是应吴江金松岑所请，为其词集所做的序。查金松岑《天放楼诗季集》，此书附有《红鹤词》，因此金松岑词集很可能原名"剪淞阁词"，后改为现名。序不长，摘要如下：

> 论词以温、韦为正，苏、辛为变，虽常谈，亦至论也。夫词蜕于诗，而非诗之余。迹其运化，如水生冰。其初兴也，灵虚要渺，不涉执象。温、韦所作，虽晖露莹珠，不切于用，固天下之至宝也。柳永、秦观，稍稍铺叙，犹未违其宗。范仲淹、王安石，乃浸寻以之咏史怀古矣。至苏轼、黄庭坚，则禅机诨俚，纵横杂出，不复可被声律，所谓"句读不茸之诗"。虽云质文通变，势不能终古为温、韦，然昔之求蜕于诗者，至此复与诗合其用，犹冰泮为水，神象复浑矣。故词至苏轼而大，亦至苏轼始渐离其朔，不谓之变可乎。⑤

首句"论词以温、韦为正，苏、辛为变，虽常谈，亦至论也"在日记的原文中为"世士论词，以温、韦为正，苏、辛为变，曩尝讥为固见也，然详绎之，亦未尝无说焉"。如此修改，除了文字更加简练外，语气也更为坚定。这里"温、韦为正，苏、辛为变"的提法与张惠言、周济等观点既同又不同。所谓同，是三人均以温、韦为正，所谓不同，是张氏将苏、辛视为正声，至周济才将两者放入"变"体，但周济在《宋四家词筏》中，又将辛弃疾列为四家之一，视为领袖一代的词家。而夏承焘则直接视为"变"。说明夏承焘的正变之说，主要着眼于风格要素，与常州词派将风格、内容融合起来的做法有所区别，更接近于传统的正变观。从上述引文来看，夏承焘立论的主要依据是词的传统定位与功能。他认为"词蜕于诗，而非诗之余"，是两种既有联系，又完全不同的文体，因此其体性特点和社会功用也不尽相同。他在文中以水、冰为喻，作了十分生动形象的阐发：冰由水凝结而成，但又区别于冰，是两种不同的物质。温韦的词就如最初的冰，虽"不切于用，固天下之至宝也"，而词发展至苏轼、黄庭坚，虽然社会功用增大，但"昔之求蜕于诗者，至此复与诗合其用，犹冰泮为水，神象复浑矣。"也就是说，重新泯灭了诗词的界限，如同冰重新化为了水，"故词至苏轼而大，亦至苏轼始渐离其朔，不谓之变

---

① 唐圭璋：《词话丛编》，第 1636 页。

② 张惠言：《词选序》，唐圭璋：《词话丛编》，第 1617 页。

③ 周济：《介存斋论词杂著》，唐圭璋：《词话丛编》，第 1631 页。

④ 周济：《词辨自序》，唐圭璋：《词话丛编》，第 1637 页。

⑤ 《夏承焘集》第 8 册，第 240 页。

可乎"。因此结论是：温韦是冰，是正体，苏、辛则化冰为水，是变体。从这里可以看出，夏承焘基本上是从不同文体的角度来看诗词之别，并不涉及词的社会价值评判。因此他以苏辛为变的观点与他推尊苏、辛的词学观并不矛盾。

从词学史的角度看，夏承焘的观点更接近于陈师道、李之仪、李清照，以及四库馆臣的观点，而与常州词派的观点不尽相同，尽管他在正变问题上一开始是受后者影响的。

从此观点出发，夏承焘对金松岑的词"夷犹婉约，沨沨动人"，"与其诗文若出两手"表示理解与赞赏。并勉励他虽有"恢奇奔肆之才，雅近苏、辛"，而"若其词之醇深骚雅，追撵周、姜，则无假于承焘之辞赞也"。① 同样道理，他 1947 年 6 月 7 日《天风阁学词日记》所记《章夫人词集题词》一文，对章太炎夫人反驳章太炎轻视词体，以为词能"二三百字之颠倒往还，而无不达之情，宁非其圣处"的观点表示赞赏，并对其词"婉约深厚，沨沨动人"加以鼓励。

但须说明的是，上述观点只是夏承焘对词正变问题的看法，这与他自己的创作追求并非完全相同。就夏承焘自己的创作而言，他比较喜欢"奇逸高健"的风格②，他在 1931 年 7 月 2 日《天风阁学词日记》里明确说自己："好驱使豪语……梦窗素所不喜，宜多读清真词以乐之。"又在 1942 年 4 月 10 日记录自己的学词经历时说："早年妄意合稼轩、白石、遗山、碧山为一家，终仅差近蒋竹山而已。"此中稼轩、白石、遗山的词风都比较硬朗，这与他形成"奇逸高健"的词风不无关系。

还需说明的是，夏承焘 1961 年在《词论八评》论及周济《介存斋论词杂著》时，再次针对《词辨》的选目，谈了对正变的看法："现在我们看他'正变'两卷所选各词，就有许多不可了解之处：如把李煜九首、苏轼一首、辛弃疾十首、姜夔三首、陆游一首都列在'变'体里……而周邦彦九首、史达祖一首、吴文英五首，大都是遣兴、咏物、应歌之作，却录入卷一'正'体中。……大概他是专问作品的声容是否'庄雅''中正'，而不问他的思想内容和社会意义的。"③又有以内容论正变的倾向，这估计是受当时大背景的影响。至于对周济正变标准的议论："大概他是专问作品的声容是否'庄雅''中正'，而不问他的思想内容和社会意义的"，则正可倒过来说明夏承焘对常州词派的熟悉。常州词派确实是将"庄雅""中正"作为正变的重要依据，夏承焘一语中的；如没有常州词学的功底，是很难作出如此精准判断的。

四、"倡优戏弄"与"志士情怀"：常州派尊体理论与夏承焘的词体功用观

常州词派受常州学派的影响，涉世，注重社会功用是其明显的特征。事实表明，也正是这一点，使常州词派能够在晚清动荡的社会状况下得以迅速发展，成为一种主流词学。因此在常州词学的理论中，尊体，即提高词的社会地位，增强词的社会功能是非常重要的一条，常州派强调寄托，倡导正声，均于此相关。

常州词派创始人张惠言在《词选序》中即要求词"极命风谣里巷男女哀乐，以道贤人君子幽约怨诽不能自言之情"，以为"盖《诗》之比兴，变风之义，骚人之歌，则近之矣"。④ 将词与《诗经》、《离骚》拉上关系，为之寻找一个高贵的血统。虽然词为"诗三百"后裔的话语宋代就有，到清代愈益强化，但像常州词派那样强调则比较少见，其尊体的意图十分明显。如果说张惠言的尊体只是一种理论倡导，那么周济对尊体的理解与倡导则更加具体。他提出了"词史说"，即"诗有史，词亦有史，庶乎

① 《夏承焘集》第 8 册，第 240 页。
② 参阅周笃文先生《奇逸高健的〈天风阁词〉》一文，载《词学》二十四辑，华东师范大学出版社 2010 年版，第 193 页。
③ 《夏承焘集》第 2 册，第 411－412 页。
④ 张惠言：《词选序》，唐圭璋编：《词话丛编》，第 1617 页。

自树一帜矣"。① 要求词与诗一样反映社会,干预社会,所谓"感慨所寄,不过盛衰:或绸缪未雨,或太息厝薪,或己溺己饥,或独清独醒,随其人之性情、学问、境地,莫不有由衷之言。见事多,识理透,可为后人论世之资"。② 词史说在晚清及民国影响很大,对提高词的社会地位、增强词的社会功用的确起了不小的作用。

常州词派这种尊体意识对夏承焘的影响是非常明显的。当然这里还有一个重要背景,就是夏承焘生长的二三十年代也是一个动荡时代,这种生活环境使他容易与常州派理论家产生心心相印的感觉,加深对尊体说的理解与接受。我们先看夏承焘 1948 年为邵潭秋《词心》所作的序:

> 词之初起,托体至卑,《云谣》《花间》,大率倡优侩士戏弄之为。常州词人以飞卿《菩萨蛮》比董生《士不遇赋》,或且已上拟屈《骚》,皆过情之誉也。后主、正中,伊郁惝恍,始孕词心。两宋坡、稼以还,于湖、龙川、须溪之作,沉哀激楚,乃于《匪风》、《下泉》不相远。盖身世际遇为之,非偶然矣。夫有身世际遇,乃有真性情。有真性情,则境界自别。……词虽小品,诣其至极,由倡优而才士而学人,三百年来,殆骎骎方驾《诗》《骚》而已。彼犹以闺襜初体卑视词者,读邵氏书(指邵潭秋《词心》——引者注)其亦知所反哉。③

夏承焘认为,词体社会功用的强化有一个过程,作为配合燕乐歌唱的小歌词,其在产生之初"托体至卑",只是"倡优侩士戏弄之为",因此张惠言将温庭筠《菩萨蛮》类比董仲舒的《士不遇赋》,甚至上拟屈原的《离骚》,并不符合事实。这里体现了夏承焘实事求是的精神以及对常州词派理论的正确态度。序文的重心是在后面,夏承焘认为,自南唐君臣之作,"词心始孕",词体乃大,而到苏轼、辛弃疾,乃至张孝祥、陈亮、刘辰翁等人的作品,则与《诗经》名篇"不相远"了。因此"词虽小品",而"诣其至极,由倡优而才士而学人,三百年来,殆骎骎方驾《诗》《骚》而已"。显然,这与常州词派尊体说的思路十分接近,甚至个别用语也比较近似,本质上是对尊体说的接受与阐释。所不同的是夏承焘强调词体社会功能逐步发展的过程,理出一条"由倡优而才士而学人"的线索,更加符合词体发展的实际。序文最后对当时"犹以闺襜初体卑视词者"提出批评,认为当他们读了邵潭秋的《词心》,"其亦知所反哉"。须指出的是,虽经常州词派的努力,人们对"小歌词"的看法有所改变,但在传统文人的潜意识里,诗尊词卑的观念并没有完全消除,如上引《章夫人词集题词》一文中,章太炎就"尝笑词人为词,颠倒往还,不出二三百字,讥其体应卑于诗"。因此夏承焘的序文除了表达自己对词体功用的看法外,还有一定的现实意义。

夏承焘的词体功用观在其 1947 年所写的《文芸阁先生年谱序》里表达得更为详尽。先看序文:

> 昔张之洞为读史绝句,有曰:"射策高科语意差,金杯劝酒颤官花。斜阳宫柳伤心后,成就词坛一作家。"论者谓其拟芸阁为张于湖,盖以词人小之。予谓之洞殆未覩芸阁之论词人耳。芸阁尝自叙其词,以照天腾渊,溯古涵今,骋八极,综百代,为此道之极致。以其所称,坡、稼以外,难为余子,词人何损乎芸阁哉。芸阁身丁桑海,郁积奇抱,其词滂沛绵邈,非浅率者所能窥。钱子钧沉出幽,使其坠绪眇论,往往得印证于其词,即其词,仿佛见芸阁之学之全焉。昔吾乡水心先生,尝称陈龙川每成一词,辄自叹曰:平生经济之怀,略已陈矣。今读其《中兴论》、上孝宗诸书,议论固无异乎其词也。芸阁之学,不知视龙川何若。要不得但以于湖之科第拟之。读钱子谱,乃知芸阁之所以为词人,盖非之洞所能重轻。之洞之论,固不足以尽芸阁,亦乌足以尽词人哉。④

---

① 周济:《介存斋论词杂著》,唐圭璋编:《词话丛编》,第 1630 页。
② 周济:《介存斋论词杂着》,唐圭璋编:《词话丛编》,第 1630 页。
③《夏承焘集》第 8 册,第 251 页。
④《夏承焘集》第 8 册,第 250 页。

文芸阁即文廷式,字道希,号云阁(亦作芸阁),别号纯常子。近代政治家,也是著名词人,晚清四大家之一。曾与汪鸣銮、张謇等被称为"翁(同龢)门六子",是帝党重要人物。文廷式论词强调比兴寄托,推尊词体。所存150余首词,大部分为中年后所作,感时忧世,风格遒劲。夏承焘序文从张之洞读史绝句切入,认为张之洞不仅以词人小视文廷式,且不了解文廷式对词的理解,文氏"尝自叙其词,以照天腾渊,溯古涵今,骋八极,综百代,为此道之极致",于诗并无差异。他"身丁桑海,郁积奇抱",且所感所忧,一寄于词,因此其词"滂沛绵邈,非浅率者所能窥"。这里清楚地表现了夏承焘自己对词的看法,即词可以用来反映词人的身世与情感,可以表现重大的社会内容,与诗是一样的,因此"词人"的称号"何损乎芸阁哉"。为了进一步证明这一观点,夏承焘又以陈亮为例,他引叶适之语,"称陈龙川每成一词,辄自叹曰:平生经济之怀,略已陈矣。"可见其词涵容了他的"平生经济之怀",与他《中兴五论》等"上孝宗诸书"是一样的。

作为补证,我们再来看夏承焘写成于1940年1月的《宋词系》"前记":"卢沟桥战役起,予方寓杭州纂《乐府补题考》,书成而杭州陷。顷者避地沪渎,寇氛益恶,惧国亡之无日,爰取宋人词之足鼓舞人心,砥砺节概者,勾稽史事为之注,以授从游诸子。"[①]用选编宋词来"鼓舞人心",抵抗日寇,这是夏承焘词体功用观的一种实践。虽然类似做法在中外并不鲜见,梁启超也在其《饮冰室诗话》中提倡过,但就夏承焘而言,其思路、观念与常州词派的尊体意识仍有相通之处。

五、结　语

从以上的论述中,我们大致可以的得出以下几条结论:

其一:由于师承以及词学大环境等因素,夏承焘与常州词派有一定渊源,并在词的比兴寄托、源流正变、推尊词体等问题上受其影响。由于上述问题均为词学理论的核心观点,是构成词学思想的主要因素,因此夏承焘词学观念的形成,不可避免地带有常州词学的色彩与特点。这其实也是晚清民国时期词学家的重要特征,带有一定普遍性。

其二:夏承焘对常州词学并非被动接受,而是有所甄别,有所选择。他承认常州词派寄托理论的合理性,并将此融入自己的词学体系,但同时又反对常州派,尤其是早期常州派论词的穿凿与悬空,要求考史以证词,实事求是。在词的源流正变问题上,他与常州词派的观点总体上相近,承认温韦的正宗地位,但他否认温词的所谓"离骚初服之意",更注重于从词的原初面貌与体性特点来论正变,形成了自己的特色。他与常州词派一样,非常注重词的社会功用,但对词体功用的发展、演变过程有比较清醒的认识,并注意将词的功用与词人的身世、人品相联系。总之,他对常州词派的理论采取了一种扬弃的科学态度。

其三:夏承焘对常州词派理论有所甄别,有所选择,并在此基础上形成给自己的词学特色。此种情况在晚清民国,尤其是民国词家中具有典型性,从一个侧面展示了以常州词派为代表的中国传统词学在社会转型背景下,逐步衰弱、变形,并被吸收、融合到现代词学中的完整过程。换个角度看,这也正说明中国现代词学主要是从传统词学的基础上转型而来,具有中国传统文化的主导性基因,此点与中国现代小说、戏曲理论主要从西方移植而来的情况正好相反。

(作者单位：华东师范大学中文系)

---

① 《夏承焘集》第3册,第479页。

夏承焘诗史研究初探[*]

刘青海

内容提要：夏承焘先生的《天风阁学词日记》记载了他平生学诗、研诗、教诗的经历,保存了大量的诗史方面的论述,具有丰富的理论内涵和很高的学术价值。夏氏的诗史研究,既有对于从汉魏到唐宋诗史的源流演变和绝句发展史的精到论述,也包括对诗歌史上陶潜、杜甫、李商隐等重要诗人及其作品的专题研究,洵为 20 世纪诗史研究方面的重要专家,应当引起学术界的足够重视。

关键词：夏承焘；诗史研究；陶诗；杜诗；李义山诗

作为一代词宗,夏承焘先生在词学理论及词史研究方面所取得的成就,已经得到学界的广泛注意,而他在诗学理论及诗史研究方面所取得的成就,却鲜为学界所知。笔者在《夏承焘诗论初探》一文中,对他以主性情、宗风雅、求平淡、主创新、重写实为基本内容的诗学理论已有专门论述。本文想要集中探讨的,则是夏氏在诗史研究方面所取得的成就。

夏先生虽然在诗史研究方面没有专著,但其《天风阁学词日记》记载了他平生学诗、研诗、教诗的经历,保存了大量的诗史方面的论述,具有丰富的理论内涵和很高的学术价值。夏氏的诗史研究,既有对于诗史源流正变和绝句发展史的精到论述,也包括对诗歌史上重要诗人及其作品的专题研究。他对诗史上的名家如陶潜、谢灵运、杜甫、韩愈、白居易、李商隐、苏轼、黄庭坚、陈师道、陈与义、陆游、龚自珍、黄仲则、江弢叔等人的创作都有过评论,其中对陶、杜的研究投入的精力最大,成就也最多,尤其值得研究者注意。本文以其《天风阁学词日记》中诗史方面的论述为基本材料,尽量结合他自己古近体诗创作方面的实践,尝试对夏氏的诗史研究作一比较全面的论述,以此就教于学界方家,并希望引起学界对作为诗史研究者的夏承焘的关注。

一

夏承焘先生自 1930 年执教之江大学,之后三十年几乎都在高校讲授古代文学,多次讲授《诗经》、诗选、古诗选、韵文选、《乐府诗集》、杜诗、陶诗、诗史、文学史等诗歌方面的专门课程,在长期的教学实践(包括备课及与同行疑义相析、与学生教学相长等)中,逐渐形成他对诗史的独特看法。我认为,他在诗史研究方面的成就,主要集中在三个方面:一是对从汉魏到唐代的诗史流变及唐诗与六朝诗高下的研究,二是对唐宋诗流变的研究,三是对绝句的发展史的研究。

对从汉魏到唐代的诗史流变及唐诗与六朝诗的高下,夏氏有自己独特的看法。1930 年秋,夏氏在之江大学讲授古诗选课。其 10 月 19 日日记云:

> 讲古诗选,予主五言诗至杜甫始大成。魏晋之作,究鲜佳者。嗣宗咏怀诗,止"独坐空堂上"一首可诵。四言诗嵇康赠秀才入军,止"目送""手挥"八字。忧愤诗若落杜老手,必惊心动

---

* 本文为上海师范大学重点学科建设古典文献学阶段性成果。

魄，而全篇无一动人语。张华励志，"仁道不遐，德辅如羽"、"复礼终朝，天下归仁"诸语，下开击壤集一派，腐语而已，不足称诗。安仁悼亡较佳，而亦有可删之句。章太炎必谓唐人不及汉魏，殊不可解。此时只一渊明，独有千古。余子皆须三唐陶镕也。（1930 年 10 月 19 日）①

这段话涉及三个重要问题，分别是杜甫集大成之说、驳章太炎"唐人不及汉魏"说、认为六朝诗除渊明外皆须三唐陶熔。下面分别论述之。

第一，夏氏主五言诗至杜甫始大成。以杜诗为集大成，元稹、宋祁已有此意，及苏轼、秦观始有"集大成"之语，②严羽《沧浪诗话》云："少陵诗宪章汉魏，而取材于六朝，至其自得之妙，则前辈所谓集大成者也。"③此后几成定论。夏氏大成之说，当以上述"集大成"说为本。然诸人之说，其立论又各有所本，郭绍虞校释已有辨析。夏氏曾序胡才甫《沧浪诗话笺注》，从下文对汉魏诗的评点来看，其立论的标准也和严羽一样，主要着眼于诗歌艺术，与严羽不同的地方则是对汉魏诗的褒贬有别。在夏氏看来，五言诗的艺术到盛唐方造极，而以杜诗为大成。同时，此论也是对胡适"五言诗体至阮籍始正式成立"之说的一个回应。胡适认为："五言诗体，起于汉代的无名诗人，经过建安时代许多诗人的提倡，到了阮籍方才正式成立。阮籍是第一个用全力做五言诗的人，诗的体裁到他方才正式成立，诗的范围到他方才扩充到无所不包的地位。"④所论甚简要，但也不无可议之处，至少以此数标准衡量五言诗，阮籍也未必就是最合适的人选。因此夏氏在该书初版的 1928 年 9 月 4 日札记中表示"不敢尽信"。在 1949 年 4 月发表于《国文月刊》第 78 期的《读长恨歌》一文中，夏氏重提其集大成之说，以杜诗为沉郁顿挫风格之集大成者，以白居易为婉转轻扬风格之集大成者："汉魏六朝以来之古诗，可分二派：其一沉郁顿挫，至杜甫集大成，《北征》为其代表作。其一婉转轻扬，流为初唐四杰，如卢照邻《长安古意》、骆宾王《帝京篇》、刘希夷《代悲白头吟》等皆是。白氏可谓集此派之大成，《长恨歌》殆可为代表作。"⑤可见夏氏对杜甫诗歌史地位的一个基本的考察点仍是传统的集大成说。但是对"集大成"的具体所指有他自己的理解。

第二，驳章太炎"唐人不及汉魏"说。章氏此说主要见其《辨诗》：

> 古诗断自简文以上，唐有陈、张、李、杜之徒，稍稍删取其要，足以继《风》《雅》，尽正变。夫观王粲之《从军》，而后知杜甫阜圉也；观潘岳之《悼亡》，而后知元稹凡俗也；观郭璞之《游仙》，然后知李贺诡诞也；观《庐江府吏》《雁门太守》叙事诸篇，而后知白居易鄙倍也。淡而不厌者陶潜，则王维可废也；矜而不逮者谢灵运，则韩愈可绝也。要之，本情性限辞语，则诗盛；远情性喜杂书，则诗衰。⑥

章太炎先生的诗论，秉持传统的宗经厚古之说，标榜汉魏诗歌的古朴，视中唐以后的文学为衰世文学。但就方法而言，论唐诗不如汉魏诗，列举汉魏人一二名篇与唐人相较，其具体的高下且不论，这种以偏概全的方法则颇可议。夏氏论汉魏诗不如唐诗，也用列举的方法，对阮籍《咏怀八十二首》、嵇康《四言赠秀才入军诗》、《幽愤诗》、张华四言《励志诗》、潘岳《悼亡诗》等皆一一指瑕，尤其是批评嵇康而以杜甫为比，疵议张华而以下开宋人击壤派相责，可谓针锋相对。从所举的具体作品及语境来看，夏氏此论主要针对的是文人诗的发展史，认为汉魏文人诗艺术不如唐诗成熟，至于汉魏乐府

---

① 本文所引日记，皆据《天风阁学词日记》，《夏承焘集》（浙江古籍出版社、浙江教育出版社 1997 年版 8 册本）第 5—7 册。为避烦琐，只注日期。

② 陈师道《后山诗话》："子瞻谓杜诗韩文、颜书左史，皆集大成者也。"秦观《韩愈论》："于是杜子美者，穷高妙之格，极豪逸之气，包冲淡之趣，兼峻洁之姿，备藻丽之态，而诸家之作所不及焉。然不集诸家之长，杜氏亦不能独至于斯也。"

③ 严羽：《沧浪诗话·诗评》第二四条，郭绍虞：《沧浪诗话校释》，人民文学出版社 1961 年版，第 171 页。

④ 胡适：《白话文学史》第五章《汉末魏晋的文学》，上海古籍出版社 1999 年版，第 45 页。

⑤ 此文后收入夏承焘：《词学论札》，《夏承焘集》第八册，第 182 页。

⑥ 章太炎：《国故论衡》中卷《文学七篇·辨诗》，上海古籍出版社 2003 年，第 90 页。

则另有评价。要之,二人站在各自不同的立场上,其观点都有合理处。但需要指出的是,夏氏没有看到汉魏的文人诗也具有唐诗所没有的独特审美价值,例如苏轼就指出诗至盛唐李杜,"古今诗人尽废,然魏晋以来高风绝尘,亦少衰矣"①。胡适与章太炎年辈都高于夏氏,在当时文坛上影响很大。胡适对白话文的提倡、重民间文学等观点对夏氏早年颇有影响。章太炎论诗主性情,认为性情与学问(辞语、杂书)之间有消长关系,这与夏氏"文字工而性情隐"(1940 年 8 月 12 日)的看法也略同。从夏氏对胡适和章太炎观点的辨正我们可以看出,他在诗学和诗史方面的思考在 30 年代就已经成熟了。

第三,夏氏认为,六朝诗人除渊明外,都需三唐陶熔。他从主性情的诗论出发,认为好诗应该曲折如意地达人性情。所以对汉魏名作多有不满之语,认为《悲愤诗》当令读者心魄俱动,《励志诗》当掷地作金石声。以性情论诗,落实到具体的艺术上,就是要追求兴象与风神的统一。以此为标准来衡量汉魏诗,阮籍《咏怀诗》深于兴寄,而风神不免微乏;嵇康《赠秀才入军诗》本于情兴,而风神有所不逮。嵇康《忧愤诗》精彩殊乏,张华《励志诗》腐语可厌。汉魏六朝诗人中,唯渊明无一字不见性情,所以独有千古。夏氏不但对六朝诗歌的总体评价不高,而且对其中历来为论者所推许的的建安诗歌,亦致不满:

> 昔人谓晋后始有佳句,其实建安时已然。建安时曹氏父子薆养下,始有单纯文人,始有应酬文字。下趋六朝,日就下流。(1942 年 12 月 28 日)

严羽《沧浪诗话》云:"汉魏古诗,气象混沌,难以句摘。晋以还方有佳句。"②清人许学夷亦主此说。夏氏曾序友人胡才甫《沧浪诗话笺注》,这里的昔人应即严羽。夏氏建安时已有佳句的观点,明人胡应麟已为先声,对此许学夷《诗源辩体》早有辨驳:"(前略)子建'高台多悲风'等,本乎天成,而无作用之迹,作者初不自知耳。如子桓'丹霞夹明月'等语,乃是构结使然。必若陆士衡辈有意雕刻,始可称佳句也。"③二说相较,似以许说为优。应酬文字不可一笔抹杀,《夏承焘诗论初探》一文已论,此处不赘。

对唐宋诗史之流变,夏氏也有他自己的一些重要判断。这主要见于其 1936 年 6 月《为胡才甫作沧浪诗话笺注序》:

> 六代以还,诗流大别有二:盛唐王、孟之于李、杜,中唐姚、贾之于韩、孟,此沧浪所谓词理意兴之分。若江河之殊派,不可合也。于是以唐音标赤帜者,有吾乡四灵。四灵揭橥意兴,其祈向在姚贾。洎沧浪出,又进而倡盛唐。虽往往敷扬李杜,然其主妙悟,拈镜花水月之喻,宗旨固在王孟。盖反江西词理之弊以归意兴,与四灵初无二致也。……自来词理、意兴二者,本互为成亏,必谓有李杜韩孟而可无王孟姚贾,岂通论哉。沧浪固诗家之别子,胡君又沧浪之功臣。(1936 年 6 月 26 日)

严羽以词理意兴论历代诗歌之流变,认为:"南朝人尚词而病于理,本朝(宋)人尚理而病于意兴,唐人尚意兴而理在其中,汉魏之诗,词理意兴无迹可求。"④夏氏就此发挥之,认为即唐诗中,亦有词理与意兴之别:盛唐王孟与李杜相较,中晚唐姚贾与韩孟相较,前者重意兴而后者重词理。宋代诗歌,江西诗派学老杜,尚词理而病于意兴。之后的永嘉四灵和严羽主张妙悟,同样都是标举意兴,以矫江西诗派之弊。其不同在于,四灵所法,在晚唐姚贾一派;严羽所法,则在盛唐王孟一派。

夏氏以词理、意兴论唐宋诗的发展流变,是他对唐宋诗史所下的一个重大结论,充分显示出夏

① 苏轼:《书黄子思诗集后》,《苏轼文集》卷六十七,中华书局 1986 年孔凡礼点校本,第五册,第 2124 页。
② 严羽:《沧浪诗话·诗评》第十条,郭绍虞:《沧浪诗话校释》,第 148 页。
③ 许学夷:《诗源辩体》卷三第一一条,人民文学出版社 1987 年版,第 47 页。
④ 严羽:《沧浪诗话·诗评》第九条,第 148 页。

氏作为诗史家的识力。它对严羽的词理意兴论是一个很重要的补充，同时也是纠偏。严羽论诗，一味妙悟，于传统的风骚精神未免失坠；夏氏论诗，主性情，宗风雅，强调对民生苦痛的表现。二人的诗论存在着根本的差异。他曾说："严氏论诗，亦止诗辨以禅论诗，以妙悟为当行本色一节，'夫诗有别材，非关学也'一节可取。其余诗体一篇、诗法一篇、诗评一篇、诗证一篇，皆无独得议论。"（1929年2月15日）由此可见，他对严羽论诗的得失是很清楚的，因此才能突破严羽"妙悟说"而道出其诗论的本质。夏氏的诗论与严羽异途，也表现在他自己的诗歌创作的具体取径上：他不喜晚唐姚合一派[①]中年以后律体学陈后山与陈与义，古体学好昌黎、东坡、山谷、放翁，多属词理一派，所取正与严羽异途。他在序末评严羽为"诗家之别子"，正是不满于其对风骚正统的背离。由此亦可见出，夏氏主性情、宗风雅的诗论二者是密不可分的，缺一不可。至于二人在一些具体问题上的认识差异，如夏氏认为汉魏诗不如唐诗、严羽"谓'谢灵运之诗，无一篇不佳。颜不如鲍，鲍不如谢'[②]，尤不可解"（1929年2月15日），反在其次。

　　夏氏对绝句的发展史有过深入研究，曾撰述《论绝句》五六页（1957年10月25日），且有编《唐绝句选》一书的计划（1955年12月30日），后又应青年出版社稿约，拟与盛静霞合选《唐宋绝句选》（1958年5月9日）。他对绝句的起源和演变的论述，集中见于其《论杜甫入蜀以后的绝句》一文[③]。该文将绝句区分为民间歌谣体与文人体，认为南北朝民间歌谣中的五、七言四句体即后代五、七绝的滥觞；夏氏指出，这种绝句后来为六朝贵族所模仿，成为文人绝句，就不复民歌本色；盛唐李、王绝句虽然高出六朝文人绝句，但也与民歌本体有相当大的距离；只有杜甫入蜀以后的绝句，恢复到了六朝民歌本体。通过上述对绝句发展源流演变的追溯，夏氏认为杜甫入蜀以后的绝句正是恢复了绝句的民歌传统，而非像有些古人认为的那样是"以律为绝"的"变体"。

　　夏氏还对唐宋绝句的艺术价值及其在整个绝句发展史上的地位进行了精到的论述。他在历代绝句中，最重唐宋绝句。认为和宋绝相比，还是唐绝成就更高，因"宋诗理致较唐诗显露，此其所以不及唐绝浑成处。唐人绝句，积千百年以来学力精华乃成此珍宝。"（1950年3月1日）这里夏氏用"浑成"这一重要的审美范畴来概括唐绝的特色，应该说是很恰当的。所谓浑成，联系夏氏主性情的诗论，其实就是能见性情，不雕镂，不破碎，而见性情之真、之纯、之正。以杜牧为例，其诗好发议论，有"说尽"之病，夏承焘最喜其《赠别》诗"多情却似总无情"一首，因其"三层转折，写出妓女身份"（1950年8月8日）。可见浑成在艺术上的重要表现，是讲含蓄，宛转摇曳，而不许说破说尽。宋绝虽不如唐绝浑成，但夏氏认为，"宋绝中有理致者"，乃"为唐绝后另辟一境者"（1943年6月21日），这又见出夏氏论诗主创变的观点。夏氏《天风阁诗集》三百篇，绝句占五分之三，其中佳作纷纷，亦多从宋绝化出而自成新境。如《湖楼纪事》其三《春工》："蝴蝶飞来入小诗，日华五色在蛛丝。世间微物天安置，各赞春工不自知。"[④]正如徐朔方先生所评，"不是抽象思维，却有耐人寻味的理趣"[⑤]。更为出色的是《西湖杂诗四十四首》中"别有诗心画不成，听人吹笛过西泠。梦中严濑茫茫绿，枕角吴山宛宛青"（其十三，第95页），"断云别我向西峰，绕过孤山却又逢。正有一诗无觅处，杖头飞堕凤林钟"（其六，第94页）诸首，在理致之外，兼具饱满的情兴，可以说是熔铸唐宋绝句而自出机杼的佳作。

　　夏氏评绝句，风韵是又一重要标准。如其评元人萨天锡之《西湖竹枝词》"湖上美人调玉筝，小莺飞度绿窗棂。沈郎虽病多情在，倦倚屏山不厌听"一首，谓"风韵乃尔。此等境界，俗士何能为役哉"。（1929年8月27日）

---

① 《天风阁学词日记》：午后圈选唐诗晚唐姚合一派，此派令人气闷。（1960年8月28日）
② 严羽：《沧浪诗话·诗评》第一一、一三条，第153、157页。
③ 此文最初发表于《文学评论》1962年第3期，后收入《月轮山词论集》，《夏承焘集》第二册，第457－464页。
④ 《天风阁诗集》，《夏承焘集》第四册，第103页。以下引诗出此册者，为免繁琐，只标页码。
⑤ 徐朔方《不是抽象思维，却有耐人寻味的理趣——喜读〈天风阁诗集〉》，《夏承焘教授纪念集》，第32页。

此外，夏氏还指出，"就诗歌体式而言，七绝清空，胜古律词华过富，反损性情"（1947 年 6 月 7 日）。这也是夏氏以性情论诗的又一重要论断。夏氏以能见性情为标准来衡量五七言古近体诗，认为七绝具有古诗和律诗所不具备的优势，这个看法可以说是极富创见的，有助于我们理解为什么古近体诗的诸多形式当中，后世只有七绝最为普及且仍能有名作传诵人口。

总之，无论是对汉魏到唐宋诗史发展的论述，还是他对五言诗体和绝句体发展演变和艺术价值的精到把握，都显示出夏氏作为成熟的诗史家的精深功力。

二

夏承焘先生的杜诗研究，与他的诗史研究是同步的。其 1928 年 9 月 4 日读胡适《白话文学史》札记可以视作一个起点。从他对胡适《白话文学史》的评介，我们可以很具体地了解他对从汉魏到唐代这一段诗史的看法：

> 阅胡适白话文学史完。此书搜集甚富，颇多新见解。（中略）全书当以……十四章杜甫为最佳。至谓……白话诗四来源：一民歌，二嘲戏诗，三歌妓之引诱，四传教与说理(页二二二)，如杜甫兵车行诸篇明白反对时政三百篇后不曾有(页三二五)，所谓宋诗，只是作诗如说话而已(页三五五，又四一四)，以诗为第二生命，是杜甫后新风气(页三七五杜诗云：至亲惟有诗，艳心死有归。)，则不敢尽信。（中略）胡氏谓："杜甫以前诗皆不严肃不真挚"，似见天宝乱后文学之特色章，然若苏李河梁、子建赠白马王彪、仲宣七哀等，岂可一概论耶？

夏氏赞胡适论杜甫一章写得好，在对杜甫的评价方面，二人的看法有不少相似的地方，或者说他多少受到了胡适的一些影响也不为过。比如胡适强调时代巨变对诗人的影响，认为安史之乱惊破了一些人（当然也包括杜甫）的太平迷梦，让他们觉醒，变得深沉、严肃。[1] 夏氏也一再地说："非有安禄山，逼不出杜甫。杜甫如无禄山，亦俱为朝叩富儿门暮随肥马尘龌龊士流耳。"（1942 年 12 月 28 日）"老杜若少年遇此大变，亦不成大家。杜之境遇，乃一部唐诗之缩影。"（1943 年 4 月 26 日）胡适说"老杜作律诗的特别长处在于力求自然，在于用说话的自然神气来做律诗，在于从不自然处求自然"，[2]夏氏认为"杜诗佳者，直接风骚，皆清空如话，若三吏、三别、同谷七歌、北征、彭衙行皆是"（1940 年 5 月 10 日）。但夏氏强调的是经营之极然后出以自然，所以他不能同意胡适"所谓宋诗，只是作诗如说话而已"。胡适看重杜甫晚年的"小诗"，它"用自由的绝句体，不拘平仄，多用白话"，"替后世诗家开了不少法门"[3]，夏氏说"唐人多以口语入诗，杜尤夥颐，前人评泊，每误认为炼字琢句，须为一湔洗也"，或亦受此影响。但他对杜甫晚年诗的总体评价是比较低的，认为佳者不过十之一二。

从 1934 年开始，夏氏连着两年在之江大学讲授杜诗专题课。因此 1933 年秋可以视作是他杜诗研究的正式起点。此后他几乎每一两年就有关于杜诗的研究计划。这些计划虽然只部分实现了，但从中也可以见出他对杜诗研究所投注的精力。现按照年代顺序，择其要者，按年代罗列如下（着重号为笔者所加）：

一、"拟为杜诗纂例，开明年专家诗课程。"（1933 年 9 月 17 日）

二、"拟为杜诗释例，须引汉魏六朝为说，以见何者为杜自创之例，何者是沿古人。须先熟读汉魏六朝诗。"（1936 年 2 月 24 日）

---

① 胡适：《白话文学史》，上海古籍出版社 1999 年版，第 185 页。

② 胡适：《白话文学史》，第 211 页。

③ 胡适：《白话文学史》，第 208 页。

三、"欲作杜诗典籍志，蒐罗自来关系杜诗各书，于温州经籍志得三四种，他日可廓充为杜诗志。"（1936 年 9 月 9 日）此计划甚为宏大，所以夏氏前一日诗句有"只愁用破一生心"之叹。次年一月于金陵中学程会昌处得知已有杜诗目录，此计划遂作罢。

四、嘱项运亨作杜诗声调谱为毕业论文。（1941 年 6 月 7 日）夏氏颇留心杜诗之双声叠韵、绝句第三声叶韵（1934 年 9 月 25 日）及"杜律句脚三声隔用之例"（1941 年 6 月 3 日）。

五、枕上思作杜诗吹求。（1942 年 12 月 3 日）七年后又作"诗人指疵杜甫一篇计划，大纲，以此为诗人论之附庸，每一大家扬其瑜亦指其瑕，期其能对后人有益。"（1949 年 4 月 6 日）

六、拟作杜甫详传。"拟于广陆放翁年谱外，再为详传一篇。李、杜、苏、陆皆须有详传。"（1944 年 2 月 29 日）

七、"念杜甫民间生活经验之丰富，诚自来诗人所少有。俟稍后，拟写一书，名从工农兵看杜甫。"（1951 年 1 月 27 日）

八、（人民日报三月十一日冯至关于中国文学遗产一文）"中有涉及杜诗数节，忽有感触，写成杜诗中之人民语言一文之大纲。"（1951 年 3 月 14 日）此文 26 日写成一稿，30 日重改一过，改题为论杜甫的提炼人民语言。此文由邓广铭转与冯至，后觉文字多不妥。或未发表。

九、拟作诗人的生命力。"重校旧稿杜诗杂札一篇，为定名曰诗人之生命力。"（1951 年 9 月 9 日）"拟作一小书，名诗人的生命力，记杜甫、陈师道、陆游、辛弃疾四家，用柏林斯基及罗曼罗兰论诗与生命力语发端。"（1952 年 1 月 8 日）

十、"拟杜诗的发展观之大纲，欲以杜为标准，批评全部中国诗。"（1952 年 1 月 22 日）

十一、"理旧稿，拟作杜诗探源一文。"（1952 年 5 月 14 日）

十二、晨告天五，可为杜诗通笺。（1953 年 9 月 2 日）

十三、填北京中国作家协会寄来古典文学部调查表，一九五四年计划著作杜诗七论、白居易讽谕诗笺等。（1953 年 12 月 29 日）

十四、思为一书，比较杜甫、白居易之人格诗品。（1954 年 1 月 22 日）

十五、为研究生拟杜诗部分专题计划：夔州以后诗研究、杜诗中见诗骚影响。（1954 年 9 月 14 日）

十六、拟札各家诗与杜甫、白居易诗可印证者，为杜诗旁证、白诗旁证。（1955 年 5 月 16 日）

十七、枕上忽发兴为杜甫、白居易、陆游三剧本。（1959 年 3 月 6 日）写杜甫剧本大纲。（3 月 9 日）

十八、云从谈杜诗"伤心""肠断"二辞，即成札丛一条。可为杜诗方言考。（1959 年 3 月 18 日）

十九、（课上）杜甫无暇讲，思写一论文说其取之人民、还之人民。乐府诗。（1959 年 4 月 5 日）

二十、夕外语系李世茂来，谈作杜甫影剧……又谈作李杜诗辞典……（1960 年 8 月 30 日）

廿一、傅庚生杜甫诗论谓钱笺杜诗见解比浦氏读杜心解高，谓浦只是封建奴才，此等可为专文申之。（1960 年 10 月 30 日）

廿二、近欲为碧溪诗话作注，可并入杜诗札丛。（1960 年 12 月 27 日）

廿三、艺术提高非短时间事，如能将文学史中写新内容之过程写一文，甚可为借鉴之资，可由杜诗、辛词、湖海楼词等大家着手。（1965 年 1 月 28 日）

上面这些计划，方面极广，包括目录学、作家生平研究、作品笺注整理、艺术的渊源流变、杜诗研究史等诸多方面，显示出夏氏在杜诗研究方面广泛的兴趣。如果都能一一实现，无疑是古代诗史研究方面的重大成果。然而受到精力和时代的诸多限制，许多计划未及着手，或尚是手稿，[①]已经发表的只有一小部分，除作品赏析之外，有交游考、辨体以及杜甫研究史论多种：

一、《说杜甫的〈月夜〉诗》，《浙江日报》1962 年 5 月。

[①]　据其日记，1951 年 4 月 13 日写杜诗论第二篇约三四千字，1960 年 11 月 6 日为教研室写杜诗论稿讲稿约一万三千字。

　　二、《评黄彻〈䂬溪诗话〉之论杜诗》，《文学遗产》1961 年 3 月，《山西大学学报》1979.1。

　　三、《杜甫与高适》。1965 年完稿。

　　四、杜诗札丛（一）读书破万卷（二）儒学与文学（三）用方言（四）吴体（五）妇人在军中（六）杜甫无海棠诗（七）食盐（八）地图，曾单行出版，又分期刊载于《文学研究》一、二期，《文学遗产增刊》七辑。

　　五、《评冯至杜甫传》。载浙江图书馆《图书与文化》1952 年 1 月。

　　六、《论杜甫入蜀以后的绝句》。《文学评论》1962 年第 3 期。

　　七、《论杜诗与刘长卿诗》。似未发表。

　　这些论文的作法，夏氏自谦"大都只是以资料作底子，以旧时诗话、词话镶边"。① 但因为作者既是诗人又是诗史家，所以谈诗论文往往能别具只眼。例如其《论杜甫入蜀以后的绝句》一文就能不囿于前人成见，指出杜甫入蜀以后的绝句不同于盛唐之处，正是其变化盛唐的独创之处，由此部分地澄清了明人对杜甫"以律为绝"的误解。应该指出的是，夏氏的这种创见和他一贯重视文人诗的民间文学源头这一诗歌观念是分不开的。其《杜诗札记》中的《用方言》和《吴体》两条，都是这种诗歌观念应用于杜诗研究的产物。而他对民歌源头的重视，又和他宗风雅主创新的文学思想是一体的。

　　夏氏对杜诗的推许，一方面着眼于艺术，以杜诗直接楚骚；②这主要是就艺术论的。另一方面，他更推许杜诗中所体现出的性情，言"陶、杜、苏、陆之作，令人如置身其侧而见其游观食息焉，聆其謦欬唱叹焉。文字尚友之乐，盖无以逾此。读他家集有蒙然不得其情貌者，则诗之高下可知矣。"③他由此认为，"以文字技巧窥屈骚、杜诗、辛词，皆是罪过"（1950 年 3 月 29 日）。因为杜诗中表现出很强烈的"儒家仁民爱物思想"，"求之古人诗中殊甚少"（1953 年 3 月 29 日），并且有很强的艺术感染力。其《咏杜甫》诗云："潭岳千年骨已尘，诗中歌哭尚如新。"又 1957 年《太常引》下片："少陵老矣，秋风茅屋，换了一人间。风雨任连山。有广厦千间万间。"（第 339 页）都可以看出他对老杜性情之醇、人格之高的推重。

　　但他对杜甫也不是全无疵议，例如他站在主性情的诗歌立场上，批评杜诗中"应酬牵率之作，乃用事、用辞采，而性情则替矣"（1940 年 5 月 10 日）。此外，他对杜甫晚年诗评价是比较低的，认为"手笔颓唐，多不成语，佳者十之一二而已"（1940 年 8 月 14 日）。对杜甫的夔州诗，前人褒贬不一，推崇者如黄庭坚，认为"皆不烦纯削而自合"④；朱熹则认为"说得郑重烦絮，不如他中前有一节诗好"⑤，各有其立场。夏承焘此评，主要应该还是不满于其晚年律体过于讲究用典和声律，而少"清空如话"之作。

三

　　夏承焘先生的陶诗研究，最早可以追溯到 1930 年秋他始执教之江大学时。他在古诗选课上论述文人五言诗的发展，认为汉魏不及唐人，"此时只一渊明，独有千古。余子皆须三唐陶镕也"（1930 年 10 月 19 日）。夏氏论诗主性情，而陶诗能写性情之真，"令人如置身其侧而见其游观食息焉"，宜其对陶诗艺术给予高度评价。渊明为六朝诗人之冠，这也是宋代以来古今诗论家的公论。同年 11 月底，其论诗绝句《张华集》首有"兰室风帘若恨多，闲情一赋又如何"之句（1930 年 11 月 24 日），对

---

①　夏承焘：《月轮山词论集·前言》，《夏承焘集》第二册，第 240 页。
②　"楚骚以后浣花吟，乾道间人有赏音"，见 1936 年 9 月 8 日日记。
③　《清闻斋诗集序》，《夏承焘集》第八册，第 252 页。
④　黄庭坚：《与王观复书》，《宋黄文节公全集·正集卷第十八》，《黄庭坚全集》，四川大学出版社 2001 年版，第 470 页。
⑤　宋人黎靖德编《朱子语类》卷第一百四十《文学下》，中华书局 1999 年王星贤点校本，第 3326 页。

于被萧统憾为"白璧微瑕"的《闲情赋》，也从写性情的角度加以肯定。

此后十年，可以视作他对陶诗研究的酝酿期。此期他虽然罕有论述，但从其诗词作品中多用渊明典故，可见他对渊明诗作和性情的涵泳之功，更可以见出他对渊明其人及诗作中流露出的性情之真、人品之高的景仰。如其 1929 年赠池仲霖《临江仙》词有"一笑弦歌满南海，归来两袖风清。忆从乡里识渊明。门前五株柳，犹似汉南青"之句（1929 年 3 月 17 日），赞美池仲霖辞官归里的清操，此为其诗词中用渊明事之始。1931 年作《清平乐》词上片有"门前五柳，晋宋慵回首"句（1931 年 11 月 19 日），赞美朱强村在乱世中出处不苟，是赞朱，也是评陶。1933 年作《送之江大学成业诸生》云："渊明有豪语，所惧非饥寒。愧以昂藏身，而有腼腆颜。田园日招我，适野趣弥繁。非云乐肥遁，将欲振凋残"（第 25 页），又以渊明安贫乐道的人格勉励诸生。"非云"二句，更指出渊明的归隐田园，不可作一般的隐遁看，而是有惩于当时士林中浮华奔竞的风气，欲有所振起。他忧愤于所处之世"人间八表同昏"（《临江仙》，第 140 页），对渊明的固穷守节产生了强烈的共鸣，一再在诗中抒写东篱之乐：

> 东篱败朵，倘会得悠然，看山犹可。（《台城路》，1934 年，第 138 页）

抗战爆发后，又屡以渊明咏荆轲事入诗，自嘲已不能抛去故业，投笔从戎，当为高贤所笑：

> 笑心事年年，校书马队，听角鸥群。（《木兰花慢》，1936 年，第 297 页）

> 欲续渊明咏荆轲，相怜马队校书人。（1937 年 10 月 16 日）

> 客怀消黯登楼赋，梦里无吾土。相怜马队校书人，共仰荆轲歌罢胆轮囷。（《虞美人》，1938 年，第 303 页）

此时"横流欲到看山身"，战火眼看就要烧到家乡，夏氏为避寇，辗转沪上、瞿溪，为此屡引渊明东篱、北窗典故以寄慨：

> 衣裳迎客从颠倒。不作安排情更好。一编来就北窗风，翁与红暾同起早。（《玉楼春·呈湛翁》，1937 年，第 144 页）

> 花枝犹作太平看。乃尊前，雨风寒。栗里东篱，甲子此何年。（《江城子》，1938 年，第 149 页）

> 卷叶劝酬家酝，休问。门外几斜阳。人间无此北窗凉，晋宋倦思量。（《荷叶杯》1939 年，第 305 页）

由上述分析可见，这十年中经历的世变，让夏氏对渊明的人格、诗品有了更加感性的体认。他在 1941 年讲授陶诗，自是教学需要，但对他个人而言，则正可谓水到渠成。

1941 年，夏承焘在之江大学讲授陶诗专题，这可以视作他研究陶诗的正式起点。他拟仿丁晏《曹集诠评》例，为《陶集诠评》。此期的陶集阅读，都围绕这一计划展开。具体来说有以下三个方面：一是搜集版本，排比异文。"其异文皆耐细思。当时语不可尽解者，须翻世说诸书考之。"（1941 年 8 月 2 日）试举一例，他指出陶诗《读山海经诗》中"形夭无千岁"句，"决为舞干戚之误。以下首'臣危'、'钦䲹'亦用二事，章法相同。（1941 年 11 月 21 日）这是用内证的考释方法。二是对原文加以笺释，思"陶诗经各家注解，殆已创痏遍体，须有人为下澡雪之功。"（1941 年 8 月 5 日）三是对陶诗加以圈评，"推求其诗旨，比度其不易索解者"。（1941 年 9 月 23 日）如评陶公"衣沾不足惜，但使愿无违"二句，以为"此岂真风雨哉"（1943 年 6 月 4 日），指出陶诗此处是用比兴手法。

抗战爆发后的政治局势非常复杂，士人的立身行事一着不慎，就可能名节尽毁。夏氏常以渊明的出处不苟自励，如其《过无锡国专望仲联，承作一诗题饯行照片为赠》诗有"绝纽山川有古春，还家无恙义熙人"之句（1942 年 3 月 25 日），为自己与渊明同为不屈节的"义熙人"而感到欣慰。1944 年，夏氏于"龙泉夜读《中州集》，念靖康、建炎间北方故老，当有抱首阳之节者，遗山不录生存，遂不传一字，感近事"作《洞仙歌》，中有"千载幽并几奇士，任琼华艮岳，自换斜晖，都不管、栗里山中甲子"句(1944年2月2日),也是以不屈节视渊明的。又其《鹧鸪天·示无闻》(1942年,第166页)云:"歌乞食,和停云。南朝出处共谁论。可知误尽高流事,正坐吾曹恕醉人。"更是以渊明之高洁,责问当世不能共赴国难、犹然醉生梦死者。这些都见出他对渊明人格的崇仰。

在诗词创作方面,此期夏氏对陶诗的化用也日见功力,而时有奇句。如其屡用渊明《停云》诗意而能变化生姿,表达出乱世中人对亲情的特殊眷恋:

> 楚些慢相招,正昏昏八表。(《征招》,1932年1月3日)
> 招手停云还独唱,人间八表同昏。横流欲到看山身。(《临江仙》,1936年夏,第140页)
> 一梦孤槎横海,九州平陆成江。(《木兰花慢·半樱师挽词》,1940年,第307页)
> 犹有孤筇兴,长吟八表昏。(《林子有翁七十》,1941年8月13日)
> 劫墨千山,停云八表。尊前犹许温言笑。(《踏莎行改稿》,1941年8月18日)

其《蝶恋花》(1942年3月26日)化用陶诗《连雨独饮》"云鹤有奇翼,八表须臾还",创造出"我有家山东海岸。八表飞还,奇翼林间满"这样的奇句,真可谓神来之笔。这也是夏氏诗歌学陶之成就的明证。

解放后,夏氏又思在前人基础上,为制作陶集详谱(1955年5月11日)及陶诗集笺,"注重分析陶之思想情感,不重考证,须尽读晋书、南史及并时诸人集"。(1956年6月17日)在翻阅《资治通鉴》义熙六年卢循浔阳之战时,他发现"渊明此年九月在浔作西田获早稻诗,竟如在世外"。因撰写论文《孙恩与陶潜》,指出东晋六朝文人诗对当时社会苦痛罕见表现这一文学史现象,应该说是一个比较重要的发现:

> 东晋六朝两三百年的历史,也是一部规模相当大的"相斫书",可是那时文人诗篇里反映人民被战争驱役杀戮的苦痛的却非常之少;这不但陶潜一家如此,我们读东晋六朝全部文人诗,差不多十九如此。大概这些作家们,很鄙视这些黑暗龌龊的社会现实,以为是不堪污其笔墨的!杰出的大家陶渊明可能也不例外。建安时代曹王的乐府遗风,到了这时,真是"陵夷殆尽"了!于此,我们不得不惊叹陈子昂、杜甫诸家继承建安文学传统的伟大意义。"(《陶潜与孙恩》)[①]

虽然其中的原因,倒不一定如夏氏所说,是因为当时包括陶渊明在内的六朝文人觉得"不堪污其笔墨"。六朝文人诗脱胎于乐府,在六朝主要以吟咏情性为本,并无担负表达社会苦痛功能的自觉。而且,六朝的政局过于黑暗兼变动不居的现实,也不允许文人自由地表现时政。陶潜的诗歌虽然书写的是一己之怀,但并不能就据此认为抛弃了建安文学的传统,相反他倒是在东晋一代文人中比较能够保持建安文学直抒胸臆、慷慨咏怀的精神的。夏氏此论,不免有苛求古人之嫌。对此明人许学夷的看法反而要通达一些:

> 靖节诗,惟拟古及述酒一篇中有悼国伤时之语;其他不过写其常情耳,未尝沾沾以忠悃自居也。赵凡夫云:凡论诗不得兼道义,兼则诗道终不废也。如谈屈宋陶杜,动引忠诚悃款以实之,遂令陈腐宿气浡然而起。且诗句何足以概诸公?即稍露心腹,不过偶然,政不在此时诵其德业也。[②]

不过,夏氏这种观点,以当时的背景来看,却是很难得的持平之论。1958年1月,茅盾《夜读偶记》在《文艺报》第1期上开始连载,陆续在2、8、10期上刊出。茅文提出中国文学史中存在着现实主义与反现实主义的斗争。此后北京师范大学中文系三年二班第一组同学以此观点为依据,提出陶渊

---

① 原载《光明日报》1959年9月13日,收入《文学遗产》编辑部编:《陶渊明讨论集》(中华书局1961年版)后。后收入夏承焘:《词学论札》,《夏承焘集》第八册,第301页。
② 许学夷:《诗源辩体》卷六第二三条,第104页。

明"基本上是反现实主义的诗人"，引发校内大讨论，并将讨论意见发表于 12 月 21 日《光明日报》副刊《文学遗产》，由此引起全国范围的讨论，夏氏所任教的杭州大学也不例外。夏氏此文正在这一背景下写成的。此外，夏氏还绘制了《陶渊明行迹图》(1956 年 6 月 16 日)，并且拟论"陶公说劳闲之旨"(1952 年 4 月 22 日)。

解放后，不再有外族的压迫，也不需忍受战争的威胁，夏氏欣喜于"老来奇事见河清"(《六年》诗，1956 年 1 月 22 日)，其诗词也一扫解放前的沉郁。如其《太常引》上片云："亭亭塔影拥烟峦。诗境在高栏。云出鸟飞还。好唤起渊明共看。"(1957 年，第 339 页)檃栝渊明诗意，却是前所未有的轻松。他和苏联陶诗专家艾德琳的交往，允为当时的一段佳话。夏氏的数首赠诗，都用了渊明典故，而颇得点化之妙。其造语之平易自然，允为得渊明、香山一脉真传矣。

> 渊明曾到海东隅，长路为饥驱。孤山千树梅边柳，问何如栗里幽居。一事诗家遗憾，此翁不识西湖。　前番笠屐画成图，有兴再来无？白公堤上哦诗到，更不须满舞容欷。唤起曼殊小小，与君同访聱苏。(《风入松苏联艾德林译香山诗成，顷复来北京研习陶诗，寄小词，邀其重游杭州》，1957 年 3 月 9 日)

> 诗囊酒袂，得得西来意。谁道龙门千万里。只在香山句里。　扬帆一笑凌江。风狂雨横无妨。会得悠然心事，这回身到柴桑。(《清平乐再为艾德林教授题卷》，1956 年，第 338 页)

> 孤筇双屐，栗里还彭泽。烂熟白家长庆集，不是陶公生客。　推敲拈断吟髭。负他鸟去云归。到眼只余一笑，南山正满东篱。(《清平乐再题艾德林教授卷》，1956 年，第 338 页)

从上面的论述可知，夏氏不但推崇渊明在艺术上高超的造诣，而且雅重其为人的出处不苟，固穷守节，而这两个方面是和谐地统一于渊明的诗歌当中的。古今诗论家，对渊明的诗歌艺术和高风亮节几无异辞。夏氏的陶诗研究，也不着重于提出自己的创见；而是通过自己对陶诗的研究和学习，对渊明的人格和艺术加以体认。这种体认带有很强的实践的特征，不但涵泳其艺术，而且学习其为人，因此是整体性的。这和渊明人生哲学的实践性和整体性是同一的。

四

夏承焘先生的李义山诗研究，是以对义山诗的研习为起点的。他早年曾"手抄义山诗数百首"(1929 年 6 月 13 日)，"寝馈其间四五年"(《天风阁诗集·前言》)。这四五年，据吴无闻辑《夏承焘教授学术活动年表》，大约是 1916 年到 1920 年之间。其 1966 年《丙辰诗草》，乡先辈李仲湘以为"甚似义山诗"。其中为陈啸秋、李仲湘等人所赏诸联如"玉魄是香终是祸，红颜多色总多愁"(《落花》)，"一木难支宋社稷，三年空哭汴梁州"(《文丞相祠》)，"西江花草英雄泪，南渡山河割据休"(《江山一览亭怀古》)数联，[1]句法风格都近义山。1917 年投寄《瓯括日报》的《闲情》诗七绝十首有"年华无限东风泪，岂为伤春独断肠"句，正从义山无题诗中化出。从上面这些例子都可以看出，他对义山诗的风格揣摩得是很深透的。他后来在日记中曾提到，自己之所以"颇不喜诵飞卿诗"而"曾手抄义山诗数百首"，乃是因为"嫌温不能自成家数"。从这里我们可以看出，夏氏对李义山诗的一个重要评价，就是义山诗能"自成家数"。但另一方面，他对义山诗也是有所批评的。如其：1919 年 4 月翻阅旧年诗词草，"每嫌诗境卑卑，无元龙百尺气概，未知是否学力未到或境遇所致，要之哀易入靡，非少年所当作也"[2]。"哀易入靡"虽为自警，也可以说是对义山诗风的一个批评。

此后大约二十年间，都可以视作是对义山研究的漫长酝酿期。这一阶段从创作来看，与早年的

---

① 吴无闻辑：《夏承焘教授学术活动年表》，《夏承焘教授纪念集》，第 212－213 页。
② 施议对：《心潮 诗潮 与时代脉搏一起跃动——夏承焘先生旧体诗试论》，《夏承焘教授纪念集》，第 69 页。

精心模仿相比，呈现出对义山诗风的自觉疏离。只有在涉及少年风怀的作品中，才会不期然地阑入早年精熟的义山诗风。如其怀故友《过呆明居》绝句（1932 年 6 月 29 日），有"让山未老风情尽，泪落《燕台》扇背诗"之句，即用李商隐《燕台》诗序中义山因其从兄让山朗读其《燕台》诗而得到少女柳枝的爱慕之事，而以义山自比，实100含少年时一段情事。①《蝶恋花·有寄》（1939 年，第 306 页）"瘦骨新来无一把"，亦用义山《偶成转韵七十二句赠四同舍》中"玉骨瘦来无一把"句，抒写相思情怀。全首都受义山影响的，则有《临江仙·感事》词与七绝一首：

　　　掩恨墙东通一顾，西家愁黛齐深。两难鞶笑是春心。问年羞锦瑟，同命惜文禽。　　　消息蓬山无定准，多生误信瑶琴。花间旧约梦中寻。两鬓仍鬖鬢，双泪费沉吟。（《临江仙·感事》，1936 年，第 141 页）

　　　淡淡高城见晓河，更无双雁但云罗。江湖一枕秋前雨，莲子生时幽恨多。（1929 年 6 月 1 日）

《临江仙》一首，"墙东"、"春心"、"锦瑟"、"蓬山"等，都是义山诗中常见的字面和意象。七绝一首，化用义山诗意十分明显，首句用《板桥晓别》"回望高城落晓河"，末句用《春雨》"万里云罗一雁飞"，尾联用《暮秋独游曲江》"荷叶生时春恨生，荷叶枯时秋恨成"。整首诗的艺术略显直露，但"莲子生时幽恨多"一句颇有韵致，夏氏自己也比较喜欢。其 1950 年《里湖看荷示屡平》绝句又用此："水仙祠畔旧闻歌，莲子生时幽恨多。修到水禽都并影，白荷花底看银河。"（1950 年 8 月 26 日）所寄托的情怀相似，艺术上则更加幽微超逸了。

　　从上引诸例可以看出，夏氏在转学韩杜、黄陈之后，受义山诗学的影响主要表现在风情之作上，而这也正是义山在诗学上最独特的造诣所在。此外，这一阶段，夏氏也关注学界的义山诗研究并有所评泊，如其认为苏雪林《李义山恋爱事迹考》"据义山诗集，考得其曾与女道士名宋华阳者及宫嫔卢飞鸾、轻凤姊妹恋爱，且考得其地其时，繁征博引，共四万余字。虽小品之作，无关宏诣，然依其说以读李诗，较胜旧注家若冯浩辈之穿凿谈寓言"（1929 年 3 月 20 日）。又指出张尔田《玉溪生年谱会笺》"间伤太繁，笺亦不免附会"（1930 年 12 月 25 日），吴乔《西昆发微》"解义山无题诗，皆为令狐楚父子作，有不尽然者"（1941 年 4 月 22 日）。"一篇锦瑟解人难"，义山诗向来以迷离惝恍难以确解著称，因此在研究史上以冯浩为代表的"穿凿谈寓言"一派颇有市场。夏氏在研究方法上，明确标举实证，反对穿凿索隐；在行文上力求简洁，反对繁琐考证，这些都见出他作为诗史研究者的识力。

　　1942 年春，夏氏曾为之江学生讲曾国藩《十八家诗钞》中的李义山七律一百一十七首。这可以视作是夏氏李义山研究的正式起点。这一阶段的研究，主要还是对诗意的索解。夏氏对义山诗既然精熟于心，揣摩有年，对前人研究成果也多有吸收，所以其讲解也多能超其象外，得其环中。如其谓义山《嫦娥》和《东阿王》同一寄托，皆为就婚王茂元之女而发（1940 年 7 月 25 日，1942 年 6 月 10 日），可谓只眼。义山受恩令狐楚父子，而后就婚王氏，被视为背恩负义，此后仕途沉浮，对令狐绹屡有陈情，而始终不能得其宽贷。其于王氏虽恩情甚笃，然对自己就婚王氏而致处境更加艰难是有刻骨体验的，也不能说全无悔意。《东阿王》"君王不得为天子，半为当时赋洛神"二句，历来聚讼纷纭，而以吴乔"悔婚王氏"之说最为近实。夏氏因此触发，认为《嫦娥》"嫦娥应悔偷灵药，碧海青天夜夜心"二句，乃托咏嫦娥以自伤。相较怀人、咏女冠之说以义山为代言者，此说本于传统的知人论世，兼能发绝句"浑成"、"曲折"之妙，可谓切中肯綮之论。

　　解放后，夏氏长期为本科生、研究生讲授文学史。此期的研究，一方面是继续了解前人的研究成果，如其日记中有一条是说"夕阅汪方湖论李商隐诗②，用力甚勤。因念温李不可并论"（1954 年

---

① 王季思：《一代词宗今往矣——记夏瞿禅（承焘）先生》（《夏承焘教授纪念集》，第 18—29 页）亦忆及此，主人公即夏承焘《菩萨蛮》"酒边记得相逢地"一首所忆。
② 所指当为汪辟疆长文《谈李义山的诗》，见《汪辟疆文集》，上海古籍出版社 1988 年，第 185—214 页。

1月29日）。同时也构想了具体的研究计划，如"思唐牛李党争与李义山事，冯浩注李诗、张尔田撰李年谱皆应改作，拟有暇成李商隐诗质疑一书"。（1959年10月20日）而这一阶段最重要的成果，则是他在历代李商隐研究的基础上，对义山七律的艺术特色进行了具有创造性的概括：

> 李商隐律诗有一个缺点，是组织性不强，尤其是"无题"几首，它的起结和中间各对句，往往可以互相拆换。举"来是空言去绝踪"和"凤尾香罗薄几重"两首作例，我们若定前一首为"甲"，后一首为"乙"，把它的起结和中间各联互相拆换，可以写成为另一首：
>
> 凤尾香罗薄几重，碧文圆顶夜深缝（乙）。
>
> 身无彩凤双飞翼，心有灵犀一点通（甲）。
>
> 曾是寂寥金烬暗，断无消息石榴红（乙）。
>
> 嗟余听鼓应官去，走马兰台类转蓬（甲）。
>
> 读起来好像和原作并没有多大差别（其余八句另写作一首，也复如此）；除第三、第六两句重复两个"无"字是一点小毛病外，语气文理也似乎没有不通顺的地方。张炎《词源》说吴文英词"如七宝楼台，碎拆下来，不成片段。"我说李商隐这类诗却像小儿玩具七巧板，可以随意拼凑。这在他人律诗里是少有的。李商隐诗有许多应肯定的地方，这个缺点却也应该指出。[①]

这段话见于夏氏1959年4月《京旬游记》。当时夏承焘在京参加科学院文学研究所召开的文学评论第一次编委会。4月9日，何其芳来谈李商隐，指出李是世界文学史上有创造性的作家，其无题诗也不是没有内容的作品。毛主席好读三李诗，值得深思。上面这段论述正是对何其芳谈话的一个回应，在肯定李商隐艺术的前提下，指出其"律诗似七巧板"的特点。夏氏认为，这是李商隐七律的一个缺点，应该指出。应该说，夏氏对义山七律艺术特色的这一概括是相当精炼、准确的，同时显示出夏氏作为诗人敏锐的艺术感受力和作为诗史研究者的识见。半个世纪之后，王蒙旧话重提，指出义山无题诗在艺术上的"跳跃性，可重组性，非线性"[②]的特征，虽然是站在肯定义山诗的立场上，但其所论并未出夏氏的范围。

夏氏的李商隐研究，相对其陶杜研究来说，投入的热情和精力都要少得多。其对黄仲则、龚自珍、王渔洋诸家的研究也有类似的情况。之所以会形成这种差异，与夏氏主性情宗风雅的诗论有很大关系。李商隐诸人诗歌中所表现出的性情，皆不能望陶杜之高、之纯、之正，宜乎夏氏对后者的热情更高。1937年6月，夏氏与顾雍如游黄山，既登天都，遂无余勇攀莲花，以雍如劝促，卒陟其巅，作诗示雍如。其末联云："义山中路因循感，恨不相携莲顶来。"（1937年6月25日）虽是用典，言下颇以义山终生"中路因循"为憾，亦一证也。

本文主要利用《天风阁学词日记》中大量的诗论和诗史方面的材料，尝试对夏氏的诗歌诗史研究作出比较全面的论述。但限于篇幅，主要只论述了夏氏对陶、杜、李商隐的研究，他对其他唐代诗人如白居易及陆游等宋代诗人的研究则只有暂付阙如。从以上初步的论述来看，在诗史研究方面，夏承焘先生也是20世纪的重要专家，应当引起学术界的足够重视。

（作者单位：上海师范大学人文与传播学院）

---

① 《天风阁学词日记·京旬游记》，《夏承焘集》第七册，第1080—1081页。
② 王蒙：《双飞翼：混沌的心灵场——谈李商隐无题诗的结构》，三联书店1996年版，第104页。

论 20 世纪 50 年代夏承焘先生
时事诗词中的心路历程

陶　然

内容提要：夏承焘先生以"一代词宗"名世，然实诗词兼擅。其词之创作高峰当在 20 世纪 30 年代前后，清健幽雅之气，几可上攀姜、张，颇胜其时之诗作。晚岁填词，则多疏朴醇雅之风，近朱、厉诸子，而其诗歌创作却渐趋炉火纯青，几抵无意不可入之境。盖填词须性情而作诗重涵养，古今名家，往往如是。夏先生的诗词作品，经其手订结集，有《天风阁诗集》《夏承焘词集》及《天风阁词集》诸种①，另外其日记中未刊诗词作品数量亦复不少。兹拟以其在 50 年代所作时事诗词为主，略加评述。此所谓"时事词"，特指夏先生创作中与当时的政治局势、事件、有鲜明时代特色的个人经历等方面相关的作品，与一般的咏怀、写景、叙事之作不同，它们可以比较明显地反映出当时一代知识分子在特定时局背景下的心路历程。

关键词：欣逢盛世；自愧"原罪"；热情讴歌；怀疑失落

一、"老来奇事见河清"

新中国成立伊始，夏承焘先生和当时绝大部分爱国知识分子一样，对于新中国的诞生抱持着满腔的热情和期望。他们这一批文人在其前半生中，经历了军阀混战、强寇入侵、内战频仍等无数的乱局，对于国家衰弱与民生凋弊之危难有深切刻骨的感受，旧政权的黑暗腐朽使他们彻底失望，而新政权初期的勃勃生机和清廉风范，使他们从心底里萌生出欣逢盛世的无限感慨，他们在故书中所读到的、从幼年时就期盼着的天下一统、国富民强的时世，竟然在年近半百时得以实现，那种欣慰喜悦之情在其诗词作品中自然有由衷的展现。1949 年 5 月 3 日杭州解放后，夏先生有《杭州解放歌》一诗云：

半年前事似前生，四野哀鸿四塞兵。

醉里哀歌愁国破，老来奇事见河清。

著书不作藏山想，纳履犹能出塞行。

昨梦九州鹏翼底，昆仑东下接长城。

首联感慨半年前时局之乱，次联写由乱而治的欣喜。后四句字面上是写拟作出塞壮游的豪兴，实则是反映了诗人在新的时局下不甘于雕章琢句、而欲奋发有为的激动心情，这和唐人"宁为百夫长，胜作一书生"、"莫嫌旧日云中守，犹堪一战立功勋"的心态是颇有相通之处的。试将这等诗句与此前一、二年所作之"悬瓢容对啸，揽镜已繁丝"（《答婉鹓雏》）、"达人观死生，入城与出城"（《达人》）、"黄

---

① 《天风阁诗集》，吴无闻注，浙江人民出版社 1982 年版。《夏承焘词集》，湖南人民出版社 1981 年版。《天风阁词集》，吴无闻注，百花文艺出版社 1984 年版。以上三种，浙版《夏承焘集》第四册均予收入。

尘短烛愁闻角"(《和姚鹓雏赠诗两首》其二)诸句相对观,则诗人心境的变化了然可鉴。

　　事实上,在新中国成立之前,夏先生的立身行事,以及他从各种途径了解到的信息,就已经种下了这种特殊心理的机缘。在 40 年代,作为爱国知识分子,夏先生对于反抗黑暗统治的学生运动是极为支持的,屡屡声援和保护进步学生,从反抗时局黑暗的角度,他与新政权本来就有共鸣。在 1949 年 2 月 2 日的日记中,他写道:"微昭示斐云来书,谓燕京、清华皆已解放,教授薪水提高,折合金圆八千元。"①同年 2 月 5 日的日记中云:"早与妇乘校车往校,领暂发薪一千三百余元,不足买斗米一银元(今日银元值一千三百五十金圆券)。……林彪部队已进北平,军纪甚好。学生沿路歌舞,一西籍记者谓在中国廿五年未尝见此动人场面。"这两条日记很生动地透露出夏先生当时的心理活动。作为乱世中的文人,所求者不过一是生活有基本的保障,二是社会不致过于动荡。对于学者来说,满足这两个条件,才有静心从事学术研究的可能性。旧政权经济的崩溃彻底摧毁了大学教授们的优裕生活,相比之下,北平高校教授在新政权下薪水得以提高这一事件,就有了明显的象征意义和吸引力了。其次,解放军进入北平的严明军纪和受到夹道欢迎以至于西方记者都为之赞叹的消息,更让夏先生他们对于新时代的到来充满了期望。这种期望的心情在 2 月 8 日的日记中有明确表达:"予生十九世纪之末年,此五十年间,世界文化人事变故最大。……今年我国激变尤大,予之后半生,殆将见一前千年所未有之新世界。记此自庆。"而此时距离杭州解放尚有整整三个月时间。

　　这些因素使得夏先生和当时其他许多知识分子一样,对于新政权不但毫无拒斥心理,并且自觉接受了新的思维方式,对旧政权采取了完全抛弃、毫不留恋的姿态。他在 1950 年 6 月 23 日所作《清平乐》词下片有"胆破方知是梦,当头白日青天"之句,正与小序所云"刺国民党军也"相应。新旧政权的更替,对于夏先生来说是自然而然的、令人振奋和期盼的。和陈寅恪等文人不同,夏先生在新中国建立前后的诗词作品中完全没有遗老心理和违己交病的忧虑,诗人的天真坦诚之心反而显露无余,这种心态应该说是他 50 年代前后诗词创作中的主流方面。

二、"汗下令人惭月俸"

　　进入新时代的旧文人,首先面临的即为思想改造和自我否定。对此夏承焘先生实际上已有心理准备。1950 年 8 月 16 日,他在日记中谓:"新局势于吾辈虽不利(将否定吾辈),而大局远景甚好。"又谓"吾人出身于自私虚伪之小资产阶级,应如何配合此时代革命之道德"云云。这说明他在接受新政权所给定的阶段成分的同时,将改造自身、奉献时代已经内化为自觉意识。故同日又记云:"旧时代教育,皆为造就资产阶级弟子而设,成效不好,由此辈旧灵魂积习已深,将来学校为工农子弟开门,造就此辈新灵魂,当另有新气象。以占全世界人口四分之一之中国民族,脱二千年来黑暗之束缚,此新时代之教育,一二十年之内即可有成效。吾人生当其时,应如何自庆自勉,不辜负此大时代。"因此在建国初期的思想改造运动中,夏先生以非常开放和真诚的心态解剖着自己的思想,这在其参加嘉兴土改时所作杂咏十二首中体现得十分明显。1950 年 12 月 28 日至 1951 年 1 月 10 日,夏承焘先生和浙江大学中文系师生同赴嘉兴真西乡参加土地改革运动,他坦承"居乡见闻,皆平生所未有",故"作杂咏十二首"。这一组诗歌比较集中地反映了当时知识分子心理中普遍具有的某种"原罪意识"。如其四云:

　　　　田头三五牧牛儿,能唱是谁养活谁。

　　　　汗下令人惭月俸,耳明为汝悟风诗。

这种"惭"感,无疑正来源于当时阶级分野的判定。因此他在乡村中感受到心灵的洗涤,在和工人、

① 浙江古籍出版社、浙江教育出版社联合出版《夏承焘集》第七册《天风阁学词日记》,本文所引夏先生日记,均出自该书。

农民的接触中逐渐产生对旧我的否定。当时的工作组长姜师傅是箍桶匠出身,夏先生诗中则云:"老姜自歉是粗才,一语令人心眼开。近觉读书真细事,工夫日炙雨淋来。"(其二)半生读书生涯,在新社会中皆成"细事",其价值尚属虚悬,而真正的"工夫"却在体力劳作之中体现,这正是当时旧知识分子心理的真实写照。同样,"野叟胸怀坦坦途,家常闲话胜奇书"(其三)、"芒鞋泥脚最干净"(其五)等句,也反映了这种心态。因此,从诗歌创作角度而言,杜甫关注现实、关怀民生疾苦的诗歌传统,因其与新时代的要求在某种程度上的契合,很自然地就成为夏承焘先生此刻创作的主要导向。如"少陵三昧无多子,写到黎元笔有神"(其十)、"稍稍民间阅苦辛,小诗脱手讶纷纶"(其十一)、"能同大众共生涯,自有吟情出好怀"(其十二)等句所标举者,皆不离此意。直至1958年尚有《记老农语》诗云:"好风如扇雨如簾,赤日如焚也不嫌。若非老农谁能说,今日田头汗水甜。"[①]

三、"诗翁击壤颂丰年"

　　新中国成立初期万象更新的气息,让夏承焘先生这一辈旧知识分子激动不已,他们真诚地认为中国历史上最伟大的时代到来了。人民当家作主,时代蒸蒸日上,对此,他们自然绝不会吝惜赞美之辞,他们发自内心地歌颂着新时代和新气象。1951年10月夏先生赴安徽参加土改,前后填有《满江红》三首、《洞仙歌》等词,颇可映证其此时的心境。如:

　　　　童延客,忙箕帚。翁肃客,罗浆酒。话翻身村史,烟光抖擞。九地蛟鼍移穴去,千年奴隶当家后。送照天映海万红旗,风如吼。(《满江红·皖北土改》)

　　　　何处歌声,红旗下、秋涛怒吼。看工农、共挥热汗,同开笑口。画地能教豺虎伏,滔天敢纵蛟龙斗。……他日赓歌传酒客,今朝鞭石驱山手。问诗翁、击壤颂丰年,重来否。(《满江红·皖北五河县治淮》)

　　　　淮泗名都,惊打面、风沙漠漠。问赤手、何人敢犯,蛟龙牙角。百战徒夸天设险,千年共怨邻为壑。幸同君、洗眼见河清,今非昨。(《满江红·访五河县治淮工农》)

受到这种时代气息的感染,他对于自己的后半生也有了全新的规划,他决定充满热情地投身到新时代的建设中,为国家的兴盛和自己的理想而有所作为,1951年8月所作寿友人五十的《满江红》词序中云:"江南解放时,予年五十,尝镌一印,曰人生五十是开端。"又词上片云:"五十开端,趁未老,共君抖擞。正眼前、乾坤旋转,风云奔走。万世一遭犹旦暮,百年方半休辜负。唤青瞳、脱胎换骨人,为君寿。"此词明显借鉴南宋辛弃疾寿韩元吉词的气魄,表达了要在新时代中脱胎换骨的愿望,以不辜负此"万世一遭"的盛世明时。

　　在整个50年代的诗词作品中,可以看出,夏先生从思想到行动上都是力图紧跟时代的。这期间所作的时事诗词数量也较多,涉及到当时不少政治事件。如1950年12月22日,他参加了杭州市教育工作者为抗美援朝、保家卫国而举行的游行示威活动,并作有白话诗四首,其二云:"昨日里对你金银'救济',明日里要你肝脑涂地。口口声声讲情分,作好作歹送上门。后门麦克阿瑟,前门司徒雷登。"其四中亦有"肯听话奉还庚子赔款,不识相请吃原子炸弹"之语,均表达了对当时美帝国主义的批判。这组白话诗在内容和形式上都显示出紧跟时代的特征。又1953年9月,夏承焘先生赴京出席全国高等师范教育会议,途中过长江时正值中秋之夕,遂有《水调歌头》词:

　　　　对酒不须劝,听我浩歌声。百年能几今夕,一笑大江横。天上本无风雨,扫却人间云雾,万象自空明。散发照江水,此兴冠平生。　　二三子,歌慷慨,兴飞腾。当年击楫豪气,醉里共谈兵。指点白鸥起处,想像红旗无数,万舸夜南征。回首卅年事,烽火满彭城。

---

　　① 见《天风阁学词日记》1958年9月2日条。

下片"想像"二句正指数年前"百万雄师过大江"的壮举。此词豪迈奔放,兴致无前,有苏辛余响,新时代所激发出的逸怀浩气显露无余。

在 50 年代前期,各种政治运动尚未大规模开展时,夏承焘先生等一批旧知识分子作为著名的专家学者,总体来说生活比较安定,政治上也受到礼遇。因此他们对于新政权及其缔造者们都怀有特殊的崇敬之意。1950 年 12 月 27 日,夏先生在报纸上读到朱德的几首诗,觉得颇好,遂作绝句一首云:

> 莫笑蛾眉不入时,谁能臭腐化神奇。
>
> 数篇新听民间诵,毛泽东词朱德诗。

1953 年国庆节,夏承焘先生参加了天安门观礼活动,他在日记中感叹说:"今日日夕所见,为平生未有之大场面。"而且他还详细描绘了当时所见到的国家领导人:"予以望远镜看毛主席、朱总司令、周总理、刘少奇、李澜、李济深,皆了了。毛主席、朱总司令皆黄色呢衣,刘、周皆黑衣。主席丰腴,胜影片照像,所见态度雍容,时时抚视其手表,散会时与朱司令步至大楼两侧,挥帽向众致礼。望远镜中又见游行之少年男女经主席台前,全神注视之目光和擎花欢呼之神情,令人感奋。"后来他还作有《好事近》词亦写天安门国庆节观礼事:

> 拥上旭轮高,云阵万旗同色。动车飙车过处,起鸽领似雪。　　花枝如海沸歌来,花底笑涡活。看取国家朝气,在学童双颊。

"国家朝气",正是夏先生在旧中国所没有感受到的,而在新时代却遍布于整个社会,直至"学童双颊"。对这个伟大时代的歌颂,夏先生是真诚的。

四、"人间海水正群飞"

20 世纪 50 年代,正是新中国飞速发展、大干快上的时候,建设成就以日新月异来形容并不过分。夏承焘先生的时事诗词中,对此有不少的反映。同时,作为著名的学者和文人,夏先生亦难免因种种原因而创作一些应时应景的作品。业师吴熊和先生曾提及,当年但凡有重大事件,《浙江日报》等媒体或学校往往希望夏先生创作一两首诗词,若领导不便,就通过作为弟子的吴熊和先生向夏先生提出,夏先生总是欣然承命。今检《天风阁学词日记》,有不少这方面的记载,实可互相印证。如:

1957 年 9 月 11 日,应"《浙江日报》国庆节征文",作《太常引·武汉长江大桥通车》词:

> 人间天上两星桥。江汉正秋宵。黄鹤不须招。看人比江楼更高。　　红旗舞处,人民事业,千古浪难淘。容我伴诗豪。挟白月飞过怒涛。

同年 10 月 15 日,"《浙江日报》王志义来催稿,当写小词与之"。遂作《太常引》二首:

> 人造卫星颂,为苏联十月革命四十周年纪念作
>
> 人间海水正群飞,北国一星辉。雷电失神威,听堕箭如啼饿鹞(二句指美国雷神号导弹火箭)。　　老妻早计,同游月窟,拍手问何时。昨梦话邻儿,梦去挂星球绛旗。
>
> 十月十一夜九时八分人造卫星过杭州
>
> 晴秋万鹤破空来,兵气阵云开。劫火恼余灰,记天狗声如坠雷(前月长畸广岛集会悼念原子弹死难者)。　　为谁竚立,中宵风露,西北首重迴。劝汝十分杯,看飞绕昆仑万回。

读此二词,会令后人颇感奇怪,夏先生作为从事古典文学研究的知识分子,居然对于当时美国导弹的型号、苏联卫星经过杭州的时间乃至日本纪念死难者的集会均十分关注和了解。实际上,经历过

那个时代的人们都会了解,在整个社会的泛政治化、泛时事化面前,任何人都是难以逃避的①。

事实上,从 50 年代乃至 60、70 年代,夏先生诗词中这类作品不绝如缕。如:

1957 年 4 月 25 日,苏联最高苏维埃主席伏罗希洛夫访问杭州,夏先生记道:"各报馆来求为欢迎伏老诗,为作数首。"此日为《浙江日报》、《杭州日报》、《浙江工人报》分别作有绝句,共四首。中有"好招泰岳坚盟誓,共挽黄河洗甲兵"、"苍颜英概世无双,来缔同心漆与胶"、"和平柱石海之东,欧亚如今峙两雄"等反映中苏友好之句。

1960 年左右作《菩萨蛮·访桐君公社》词,下片有"老农谈干劲,胜我夸吟兴。锄耙代刀枪,月光当太阳"之句,这正是"大跃进"时代的反映。同年还有《踏莎行·梅家坞公社》诸词。

1964 年,有《菩萨蛮·新安江水电站》词。新安江水电站于数年前建成。

1965 年,有《临江仙·题女民兵照片》词:"飒爽英姿谁画出,晓妆梳掠初成。如今何必话倾城。风前一挥手,百丈地雷鸣。 故旧相逢应不识,天安门下游行。众中忽起浩歌声。撼山还动地,她是女民兵。"此词亦明显受到毛泽东 1961 年所作的那首著名的《为女民兵题照》诗的影响。

1965 年,作《小重山》词,上片有"儿歌好,处处唱雷锋"之句。同年尚有《清平乐·赠乒乓球诸健将》词:"红旗似画,横海惊无霸。天外风雷闻叱咤,飞出一丸掌下。 健儿身手登坛,老翁热泪偷弹。起看九州光气,万千红紫江山。"

1971 年,作《好事近·一九七一年十一月廿一日,中国代表团出席联合国大会,予于是日留须纪念》词,其中有"捧出昆仑新旭,有万旗红拥"之句。

1975 年,有《一九七五年五一节喜闻西贡解放题常云画马》,与抗美援越时局有关。

1976 年,作《筇边和周苏两教授》诗,中有"筇边昨夜地天旋"及"快意乍闻收雉雄"诸句,指粉碎"四人帮"事。

直至 1980 年,尚与吴无闻先生合作了《减字木兰花·鉴真法师塑像回国纪念》词,中有"杖锡千家,环海都开友谊花"之句。这与 70 年代末、80 年代初提倡中日友好的政治局势也是相应的。

平心而论,这一批作品中,虽不乏感慨深沉、豪兴干云的佳作,但也有个别勉强成篇的趁韵之作,而且在当时人心目中就有不同的看法。1957 年 12 月 18 日,夏承焘先生应《浙江日报》之约,作有《减兰》词云:

> 十二月十六日阅报,巴黎公众挺身抗议北大西洋公约组织会议,反对在法国领土设置美国导弹基地,感奋作此

> 一夫振臂,马赛歌声雷动地。月影花街,忍见昆池化劫灰。 双星天际,四海欢声书数纸(布尔加宁致函各国呼吁和平)。削面东风,恼杀西来一病翁(谓艾森豪威尔)。

事实上,在 16 日的日记中,对此事全无记载,因此词序所谓"感奋作此",其实也只是虚笔而已。此词写定后,夏先生曾给中文系盛静霞、徐步奎二先生看过,并在日记中记下了他们的评价:"静霞爱予以旧文体写新社会,步奎则谓远不如予旧作。"盛先生是从内容出发的评价,徐先生是纯艺术性的评价,两者的评价标准不同,自然结论迥异。

命题之作难佳,从古皆然。但不论艺术水准如何,夏承焘先生的这些时事作品是一个时代的写照,更是当时知识分子之真实心境和感受的实录。因此,它们不论是从当代词学史上来看,还是从现代知识分子的命运史上来看,均有其重要的价值。

---

① 1956 年,印度尼西亚总统苏加诺访华,至杭州,陈毅及浙江省长沙文汉迎接。当时夏先生亦随学生列队往众安桥欢迎(《天风阁学词日记》1956 年 10 月 12 日);又 1957 年,苏联最高苏维埃主席伏罗希洛夫来杭访问,夏先生亦往湖滨迎候,并参加欢迎宴会(《天风阁学词日记》1957 年 4 月 25 日)。举此二事,余可知矣。

五、"昨日绛帐称绝学"

50 年代的夏承焘先生和其他许多旧知识分子一样,一方面对新的时代完全认同并热情讴歌,另一方面并没有放弃自己的学术理想。他积极从事学术研究,制订了很多科研计划,并开始培养研究生的工作。夏先生这时正值盛年,是其学术研究和诗词创作均已成熟的时期,《唐宋词人年谱》、《唐宋词论丛》等重要著作也逐渐完成。他努力想要跟上新时代的步伐,试图在学术研究中反映新的文艺观和思想观,解放前夏先生的论文风格是谨严精核、一丝不苟,有清代朴学遗风;而解放后他虽然费力,但也很努力地写作了一些偏于评论的论文和普及性的文章。他的许多著述计划都有鲜明的时代特征,例如在 1951 年 1 月 28 日的日记中他写道:

> 念杜甫民间生活经验之丰富,诚自来诗人所少有。俟稍暖,拟写一书,名《从工农兵看杜甫》。

而这一天晚上,他所读的书是《钢铁是怎样炼成的》。现在看来,这些著述计划有的的确没有太多的学术价值,有时不免令人有"幸好没有写成书"的感叹。但若因此而去批评夏先生这一代文人的"趋时",亦未免过于苛求,那是对他们当时内心那种热切和真诚的不尊重。

1957 年的"反右"运动是这一代知识分子在建国后的第一道险坎。夏先生亦曾参与"向党提意见"的座谈会①,好在当时校、系领导颇有护持之意,得以过关。但好友任铭善(心叔)先生被打为"右派"对夏先生是有一定震动的。7 月间,各级批判任先生的揭发会陆续召开,夏先生屡屡"中夜醒,为心叔事失眠"②。这一过程在其已刊诗词中基本没有体现,而在部分未刊诗作中尚可略窥其心迹。

1958 年 5 月,当时的浙江师范学院在"大跃进形势鼓舞下……开展了一次史无前例的共产主义教学改革运动,运动从翻箱倒柜、检查教学、写万言书开始,步步深入,到学生向教师献礼、小组辩论、大会辩论"。以夏承焘先生为代表的"古典文学教学中,美化古人、崇拜古人,颂古非今,'超阶级'观点,'真实论',形式主义,烦琐的考证等等资产阶级思想、观点到处泛滥"③的状况受到批判。实际上,在此之前的 3 月份,就已有针对夏承焘提意见的大字报在学校张贴④,数日后,他作有《和王驾公(看学生大字报)》诗云:

> 四十年来病痛中,谩夸谈笑起春风。
>
> 鲁戈在手凭君看,要放斜阳作晚红。

这场运动虽主要涉及的是教学环节,没有进一步延展到政治或人身迫害,但对于半生以来从事教育工作的大学教授们来说,却基本上是摧垮了他们藉以安身立命的自信。夏先生不得不在《检查》中自我批评道:

> 我从前只爱好那些造句精巧的修辞美丽的作品,限于形式方面。认为也有思想性差的而艺术技巧高的作品。……我对自己古典文学教学工作常有悲观失望情绪,……马列主义的水平太低。此外,生活经验也太缺乏,几十年来过的是庸庸碌碌的书斋生活,严重地脱离社会现实。⑤

在外部高压下的这种全盘自我否定,是让夏先生痛心的,在心灵底层也是不甚心服的,甚至有一定

---

① 见《天风阁学词日记》1957 年 5 月 21 日条。
② 见《天风阁学词日记》1957 年 7 月 9 日条。
③ 并见浙江师范学院整风办公室编《批判集》(中文系卷),1958 年 9 月内部刊印。
④ 见《天风阁学词日记》1958 年 3 月 24 日条。
⑤ 《再跨前一步——夏承焘先生的第一次检查》,见《批判集》第 122 页。

的抗争之意。当然,这种想法在当时的政治环境下无法直接表达,但他在《检查》中也坦承自己"虽也想改变,但旧习气太深,改不过来",这未必不是一种姿态的表达。其实当时夏先生有一首未刊绝句诗,写的才是其真实的心态:

> 聒不知耻几老儒,琐琐虫鱼滥著书。
>
> 昨日绛帐称绝学,今朝广众训聱奴。

"昨日"、"今朝"的对比,显现出当时部分学生对待老先生们的盛气凌人的现象,令人慨叹。而诗中自有一种骨鲠之气,正是真性情的流露。

60年代尤其是在"文革"开始后,夏承焘先生在政治上受到冲击和严酷迫害,他与杭州大学林淡秋校长同被批判,当时号称"林夏战役"。但就是在这种境遇下,他也仍然没有完全屈从于政治现实,有些未刊诗词作品今日看来颇有"反动"之嫌,如1968年,毛泽东鼓励"青年人要敢想、敢说、敢干,振奋大无畏的创造精神,不要被名人、权威吓倒"的讲话发表于8月30日的《人民日报》。其后夏先生曾有一绝句云:

> 敢想容易敢说难,说错原来非等闲。
>
> 一顶帽子飞上头,拿他不动安如山。

知识分子群体噤若寒蝉的心态在此诗中表露无遗,而出之以谑语,更有一种悲凉之意。这时的夏承焘先生恐怕已对现实有了更为清醒的体认,建国初期的政治热情已渐渐消减。这不仅是夏先生个体的心理转变,也是当时许多文人共同的心理转折。

总体来看,从夏承焘先生作于50年代的时事诗词中,大体可以窥出欣逢盛世、自愧"原罪"、热情讴歌、怀疑失落,这样一条完整的心路历程。夏先生在"文革"期间的日记,部分散佚或尚未整理,相信随着这些材料以及未刊诗词作品的陆续面世,后人对于他曲折的心路历程会有更为透彻的理解。

（作者单位：浙江大学中文系）

近三十年夏承焘研究述论

胡可先

内容提要：夏承焘先生是 20 世纪最为杰出的词学家之一，是现代词学的开拓者，被誉为"一代词宗"、"词学宗师"，同时也是学术通人。近三十年来，有关夏承焘研究，取得了不少成就，首先突出表现在词学研究方面，诸如探讨夏先生词学研究的发展阶段，词学研究的渊源，词史、词论、词乐、词谱、词调以及词学批评方法等等；其次是对于夏先生的代表著作如《唐宋词人年谱》等专书的研究；再次是对于夏先生诗词创作的研究。但对于夏先生的学术和创作的研究，也还有不平衡的地方，如对于他的诗学研究成果较少，对于他与 20 世纪学案的研究和其学术思想的研究也还有很大的开拓空间。

关键词：夏承焘；学术地位；词学成就；专书研究；诗词创作；学人交往

夏承焘（1900—1986），字瞿禅，别号瞿髯，浙江温州人。1900 年 2 月 10 日出生，1918 年毕业于温州师范学校，任教于西安中华圣公会中学（兼西北大学讲师）、瓯海中学、温州中学、宁波第四中学、浙江省立第九中学，1930 年起任之江大学国文系讲师，未几升教授，1941 年任国文系主任，后为浙江大学龙泉分校教授，抗战胜利后任国立浙江大学教授。建国后任浙江大学、杭州大学教授；中国科学院文学研究所兼任研究员，中国科学院浙江分院语言文学研究室主任兼研究员；《文学研究》杂志编委、《词学》杂志主编等。1986 年 5 月 11 日逝世于北京。

夏承焘 30 岁以后主攻词学，弘博精深，对我国词学的发展起了重大的推进作用。1930 年夏先生到之江大学任教，自此以后，坐镇杭州，在半个世纪的时间里，一直主持东南词学讲席，与海内词家、学人声气相通，治词授业，多所建树，成为蜚声国内外的一代词学宗师。他一面继承历代词学之长，一面对传统词学作了多方面的开拓与创新，以考信求实的态度研究词体、词乐、词律和词史，大大扩展了词学研究的领域，为词学走向科学化、系统化与理论化的轨道作出了突出贡献。

夏承焘的著作，已出版者有《唐宋词人年谱》、《唐宋词论丛》、《唐宋词欣赏》、《姜白石词编年笺校》、《月轮山词论集》、《韦庄词校注》、《龙川词校笺》、《放翁词编年笺注》，以及《天风阁学词日记》、《瞿髯论词绝句》、《夏承焘词集》、《夏承焘诗集》等三十余种，未出版者尚有《词例》等。

近三十年来，学术界对于夏承焘先生的研究，一直甚为繁盛，研究论文已超过百篇。1988 年，中国文联出版社公司出版了吴无闻编纂的《夏承焘教授纪念集》，2010 年 9 月，在浙江乐清召开了"全国第二十四届中华诗词暨夏承焘吴鹭山学术研讨会"，2012 年在乐清召开了"全国夏承焘学术研讨会"，会议都编写了论文集，这些都标志着夏承焘研究集中关注的丰硕成果。

一、"一代词宗"及其学术地位

夏承焘先生是 20 世纪最为杰出的词学家之一，是现代词学的开拓者，他的一系列词学研究著作，堪称词学史上的丰碑，胡乔木同志曾多次赞誉夏承焘先生为"一代词宗"、"词学宗师"，夏先生逝世时，覆盖其身的也是缀有"一代词宗"四个大字的一面红旗。夏承焘先生的"一代词宗"地位也由此盖棺论定。

　　夏承焘先生逝世之后,王季思以《一代词宗今往矣》为题写了一篇纪念文章,发表于 1986 年 8 月 16 日香港的《文汇报》,其中记载他电告吴无闻夫人时对夏承焘的评价:"一代词宗,芳流海外,等身著作,光照人间。人生到此,可以无憾。"[①]唐圭璋《瞿禅对词学之贡献》认为:"我国词学发展至晚清,又呈复兴之势,其词坛复兴基础有二:一是大量词学丛书之涌现,如王鹏运《四印斋所刻词》之精刻,朱孝臧《彊村丛书》之精校,还有吴昌绶《双照楼景刊宋元本词》以及陶湘《续刊景宋金元明词》的影印。二是卓越词人辈出,如王鹏运、朱祖谋、况周颐、郑文焯、文廷式等,各树一帜,自臻高妙。瞿禅在此有利的基础上,进一步专攻词学,继往开来,为发扬祖国优秀的文学遗产做出了巨大的贡献。"[②]程千帆《论瞿翁词学》认为:"窃谓此老之于词学有不可及者三:用力专且久,自少至老,数十年如一日,平生旁搜博考,悉资以治词,比之陈兰甫之偶考声律,王观堂之少作词话而毕生精力初不在此者大相径庭,一也。以清儒治群经子史之法治词,举凡校勘、目录、版本、笺注、考证之术,无不采用,以视半塘、大鹤、强村所为,远为精确。前修未密,后出转精,当世学林,殆无与抗手者,二也。精于词学者,或不工于作词;工于词者又往往不以词学之研究为意,故考订词章,每难兼擅,而翁独能兼之,三也。"[③]顾学颉在《今日永嘉见盟旗——记夏承焘先生》一文中说:"夏先生是当代的一位词学大师,著作甚富。"[④]周笃文《词坛泰斗,学海名师——夏承焘先生诞辰 100 周年纪念》[⑤]认为,夏先生把毕业的精力倾注到词学研究和人才培养上,他的词学研究,突破了传统的诗文评点之模式,而把它纳入严格的科学的体系中去,他在谱牒、词乐、词律以及诗词创作上都能另辟蹊径,开一代新风。千古词坛,波澜相接,夏先生的贡献是不可磨灭的。施议对写了有关夏承焘先生的一系列文章,如《一代词宗与一代词的综合——民国四大词人之一夏承焘》、《一代词宗与一代词的综合》、《夏承焘与中国当代词学》[⑥],其《夏承焘与中国当代词学》以为,作为"一代词宗"的夏承焘先生,是在新旧交替的历史背景下开始其治词生涯的,他的治词业绩随着 20 世纪以来词学的发展而发展,并为其增添了新的内容,即所谓继往开来,他对于建设中国当代词学具有举足轻重的作用。该文的第三部分以"一代词宗"标目,以为夏先生独特的词学建树表现在三个方面:第一,先生在词学考订上的独特建树,对于中国词学建设所起的作用将是无法估量的;第二,先生在词学论述方面的独特建树,是具有一定超时价值的;第三,先生的词体创作,在当代词坛是一般作者所无法企及的。其《一代宗师与一代词的综合》并作具体说明:"一九六二年十二月十三日,胡乔木致函夏承焘教授,曾以'一代词学大师'见许。就个人词学造诣看,自是当之无愧。而就其对于一个世纪的词学发展看,我以为,对于夏先生的评价,除了'一代词宗',仍须添加六个字——'一代词的综合'。一代词宗与一代词的综合。"[⑦]施议对还在《词学的自觉与自觉的词学》中评论夏承焘说:"就整个词学事业来看,因其才华、性情、襟抱,非同恒流,往往不抗不争、兼收并蓄,以至于'转益多师为汝师',其所成就之绝代功业,却无可估量。这就是说,夏氏不仅为尊体派传人,而且为今词学典范;不仅为'一代宗师',而且

① 《夏承焘教授纪念集》,第 18 页。
② 《夏承焘教授纪念集》,第 15 页。
③ 程千帆:《论瞿翁词学》,载《词学》第 6 辑,华东师范大学出版社 1988 年版,第 254 页。
④ 《瞭望周刊》1994 年第 45 期,第 37 页。
⑤ 《紫金岁月》2000 年第 2 期(增刊),第 71 - 73 页。
⑥ 《一代词宗与一代词的综合——民国四大词人之一夏承焘》载于《文史知识》2009 年第 5 期至第 9 期连载,第 85 - 91 页,第 130 - 135 页,第 72 - 77 页;第 89 - 97 页;第 107 - 114 页。《一代词宗与一代词的综合》载于《词学》第 25 辑,第 168 - 191 页;《夏承焘与中国当代词学》载于《中国文学研究现代化进程》,北京大学出版社 1996 年版,第 521 - 541 页,又载于《词学》第 12 辑,华东师范大学出版社 2000 年版,第 188 - 207 页。
⑦ 《词学》第 25 辑,第 191 页。

为一代词之综合。夏承焘三个字，将永远成为今后词学的标记。"①郑小军《词学史上的里程碑——读〈读夏承焘集〉》②认为，他承晚清词学复兴之余绪，借鉴科学的研究方法和现代理念，凭其深厚的学养和求真务实的学风，锲而不舍，以毕生之力，在词人年谱、词论、词史、词乐、词律、词韵以及词籍笺校诸方面均取得突破性成果，构筑起超越前人的严整的词学体系，拓展了词学研究的疆域，提高了词学研究的总体水平，时论誉为"一代词宗"，可谓实至名归。郑小军《一代词宗的杰出贡献——〈夏承焘集〉评介》③又说，夏承焘先生作为杰出的词家，既是传统词学的总结者，亦是现代词学的开拓者和奠基者。他的一系列著作无疑是词学史上的里程碑，20世纪优秀的学术文化成果之一。

夏承焘先生的学术成就是多方面的，他的诗文研究也取得了突出的成就。刘青海《试论夏承焘的诗学思想和诗史研究方面的成就》（《2012年全国夏承焘研究会论文集》）④，认为夏先生作为一位诗论家和诗史研究者的成就鲜为学者所知。这也限制了对夏氏成就的全面、深入的了解。而夏先生的《天风阁学词日记》记载了他平生学诗、研诗、教诗的经历，保存了大量的诗论，对于诗歌本体、诗史的源流正变以及重要诗人的创作成就、艺术得失都有重要论述，具有丰富的理论内涵和很高的学术价值。夏先生之所以获得20世纪的宗师地位，又与其学术精神密切相关的。欧明俊《论夏承焘的学术精神》（《2012年全国夏承焘研究会论文集》）从八个方面进行了探索：一是执著精神，二是谦虚精神，三是自省精神，四是严谨精神，五是批评精神，六是超越精神，七是担当精神，八是夏承焘的学术精神对当下学术研究的启示。

二、对夏承焘词学的研究

词学是由诗学分离出来的一门专业学问，兴起于两宋，盛行于清朝。旧词学长于词的外在形式的考订与词集校理，而疏于词史与词学理论的系统研究，因此历代词学著述虽然繁富，研究路子却不免逼仄，难得融会贯通之要旨。进入20世纪以后，词学研究才逐渐步入科学、系统、现代化的轨道，取得了多方位的成果。夏承焘先生正是现代词学家的杰出代表。他承晚清词学复兴之余绪，借鉴科学的研究方法与现代理念，结合其深厚的传统学养与扎实的考订功夫，锲而不舍，精勤探索，以毕生之力，在词人年谱、词论、词史、词乐、词律、词韵以及词籍笺校诸方面均取得了突破性成果，构筑起超越前人的严整的词学体系，拓展了词学研究的疆域，提高了词学研究的总体水平。⑤ 更为重要的是，夏承焘先生系统开创了词人谱牒之学，奠定了现代词学之科学基石。"晚清词学，长于订律而疏于考史，先生则以词学与史学结袿，进而为论世知人之事。他博览群书，究心寻检和校核唐宋词人的年里事迹和创作背景等，积岁月而成《唐宋词人年谱》十种十二家，由此词人行实得称信史。"⑥故而夏承焘先生的词学，代表了一个历史阶段的研究水平，具有继往开来的学术意义。

（一）夏承焘治词的阶段

夏承焘先生与世纪同龄，而20世纪是风云变幻的时代，也是大师辈出的时代，他的治学求索过程，既与时代变迁相关，更取决于个人的经历，因而有一些论著从探讨其不同阶段入手。施议对《夏

---

① 《词学》第17辑，第220页。
② 《中国图书评论》2000年第11期，第9-10页。
③ 《天府新论》2000年第6期，第93-94页。
④ 按，《2012年全国夏承焘研究会论文集》为2012年4月26日至28日在浙江乐清举办的"全国夏承焘学术研讨会"的交流论文，特予以说明。
⑤ 参郑小军：《词学史上的一座里程碑：读〈夏承焘集〉》，《中国图书评论》2000年第10期，第9页。
⑥ 吴战垒：《夏承焘集前言》，《夏承焘集》第1册，浙江古籍出版社、浙江教育出版社1997年版，第2页。

承焘与中国当代词学》将夏氏治学求索分为三个阶段:第一是探索阶段(1920—1929),此时对于学问具有初步设想,并上下求索,思路宽广;第二是创造阶段(1930—1949),1930年到之江大学任教,标志着夏先生治学的一大转折,由探索期转向创造期,认定目标,专致治词,乃以尊体自命,以前辈为师承,并自勉为学者;第三为发展变革阶段(1949—1986),这一时期又可以划分为三个具体阶段,即批判继承阶段(1949—1965)、再评价阶段(1966—1984)、反思探索阶段(1985年以后),其中“文革”前的十七年,先生治词是卓有成效的,“文革”十年当代词学虽留下一片空白,然先生仍将全部心力放在历代词人身上,新时期以后,先生刊行大批著作,走上了词界最前列。对于夏先生词学研究具体时段进行深入探讨者,也有专门的研究论著。胡可先《20世纪30年代夏承焘先生的词作和词学》①,先从师友关系入手,探讨其与朱祖谋、张尔田、龙榆生的词学交流与相互影响。进而总结这一阶段的词学贡献在于:首先,夏承焘治词以知人论世为要,致力于词人年谱的编纂;其次,夏承焘治词与治史的矛盾,扩大了词学研究的堂庑和格局;再次,夏承焘的词学研究,与浙东、浙西学术紧密地联系在一起;最后,夏承焘30年代的一些词学研究设想,为以后的词学研究也打开了通路。陶然《20世纪50年代夏承焘先生时事诗词中的心路历程》②,具体分析了在50年代特殊的背景之下夏承焘先生的具体思想表现和取得的艺术成就,分析客观,颇富启发性。

(二) 夏承焘词学的渊源

夏承焘先生治词堂庑广大,既对于前辈学人有所继承,又开启了现代词学的新途径。胡可先《20世纪30年代夏承焘先生的词作和词学》认为,王鹏运、郑文焯、况周颐、朱祖谋等清季四大家主盟词坛,开启了近代词学的格局,夏承焘与清末四大家具有直接或间接的交接,因而其词学研究受他们的影响很大,尤其是受到朱祖谋的影响,此其渊源之一;夏承焘出生于永嘉,自幼受到浙东学术的熏陶,后又将浙东浙西学术融为一炉,使得他的词学研究局面大开,他以史治词,创立词学谱牒之学,未始不是浙东学派治学精神在词学研究方面的实践,此其渊源之二。朱惠国《论夏承焘的词学渊源及其对常州派的扬弃》(《2012年全国夏承焘研究会论文集》)认为,由于师承及词学大环境因素,夏承焘与常州词派有一定的渊源,并在词的比兴寄托、源流正变、推尊词体等问题上受其影响,并形成了自己的特色。文章从四个方面展开:“夏承焘的师承及其常州词派渊源”、“‘有寄托’与‘无寄托’:常州词派寄托理论与夏承焘的比兴寄托观”、“‘如水生冰’与‘冰泮为水’:常州派正变理论与夏承焘的源流正变观”、“‘倡优戏弄’与‘志士情怀’:常州派尊体理论与夏承焘的词体功用观”。龙小松《词学研究之转关——再评夏承焘先生的词学贡献》③认为,夏承焘先生将史学引入词学研究,不仅纠正了常州词派词学批评牵强附会、任意主观的不良风气,开创了词学谱牒之学,而且转变了词学研究的旧风尚,推进了词学研究由经学治词向史学治词的转型,自此词学研究走向了全新、客观、科学的道路。

(三) 夏承焘的词史研究

夏承焘的词史研究,主要体现在其词人谱牒之学的创造。曾大兴《夏承焘的考据之学与批评之学》④认为,夏承焘的成就首先在于《唐宋词人年谱》的编纂,形成了治词的一套独特的方法,且取材丰富,态度严谨。除此而外,夏承焘还有续编年谱的计划,即在原来十编的基础上还加上十四种,但

---

① 《全国第24届中华诗词暨夏承焘吴鹭山先生学术研讨会论文集》,中国文联出版社2011年版,第163—185页。

② 《全国第24届中华诗词暨夏承焘吴鹭山先生学术研讨会论文集》,第216-226页。

③ 《中国石油大学学报》(社会科学版)2008年第3期,第84-87页。

④ 《浙江大学学报》(社会科学版)2008年第3期,第81-88页。

因文革而未能实施。夏氏词人谱牒之学的意义在于：通过考证和鉴别，判断有关史料和作品的真伪；通过排比史料，梳理有关事件的来龙去脉与有关作品的写作背景，展示诗人的人生轨迹、创作历程及风格演变；通过叙述词人的家世和交游，勾勒词人生存和创作环境的大致轮廓。词人谱牒之学所使用的那种点线结合、纵横结合、文史结合、内证和外证结合、作家本体与作品本体结合的方法，是传统词学走向现代化、科学化和系统化的一个重要标志。胡永启《夏承焘先生的词学成就》①，也就夏氏已完成的词学著作和词学研究构想两个方面进行了评述，旨在丰富夏氏整个词学研究的思想。

（四）夏承焘的词乐研究

词体文学本来是倚声填词的音乐文学形式，后来随着词乐的散佚，才逐渐变为纯粹的文学形式，故而词乐研究为唐宋词研究的核心所在，夏承焘先生在词乐研究方面的开拓，也奠定了现代词乐研究的基础。王延龄《天籁人声，尽在抑扬吟咏中——夏承焘先生的词乐研究》②认为，夏先生的词乐研究首重乐律，其重点问题有如：姜白石词谱的整理和破译；宋燕乐调法、徵角调、调名体系等重要问题的阐释；中国古代音乐旋宫转调、八十四调、二十八调、十七调问题的考证等几大方面。夏先生对于姜夔白石旁谱的破译是百年来燕乐谱学的重大突破，它起燕乐绝响复振于今世；夏先生词乐研究的主要对象是姜夔和张炎等宋季词人，这些词人的研究和创作成果主要是总结了燕乐发展的历史成就，并开启了后世南北曲的先声；姜夔著《词说》张炎著《词源》，合倡清空高远的理论，而其实践则是同在词的领域，这种词风也刚好受到当时乐风的影响，词乐词律的古典化刚好与词风的古典化相一致，表里统一，当非偶然。曾大兴《夏承焘的考据之学与批评之学》③则延续了王延龄的论点并进一步展开，认为夏先生在声韵之学方面颇多创获，在字声研究方面也最为细致，他关于四声问题"不破词体"和"不诬词体"的意见，客观公允，被词界人士奉为定律。张毅《关于词乐与词律研究》④，则认为继吴梅之后，任二北和夏承焘是在词乐研究领域卓有建树的专家，夏承焘的《姜白石词谱说》其内容涉及白石旁谱的形式，各调的用法，译旁谱的方法，校勘旁谱的方法等面，并就前人考订讹误之处作了考鉴。他的《白石十七谱译稿》将白石歌曲的十七谱全部由宋工尺译为今工尺，使之成为可以探知的词学文献，为研究宋词音乐提供了可靠的材料依据。

（五）夏承焘的词学批评研究

彭靖《开拓者给我们的启示——试说夏承焘先生在词学上的贡献》⑤，认为夏先生的贡献：第一，把词的理论建设和创作实践结合起来；第二，在理论方面，把辞与情的研究和声与情的研究结合起来；第三，在创作方面，把进步的具有重大的现实、历史意义的内容与精巧而富于变化的艺术技巧结合起来。戴立《论夏承焘的词学批评思想》（2009 年浙江工业大学硕士学位论文），则重点关注五个方面：夏承焘词学批评的对象，即词作、词人、词史；夏承焘词学批评的方法，即"以意逆志"法、"推源逐流法"；"以诗词论词"；"创作实践与批评理论的结合"；"夏承焘词学批评的价值"。从而在综合的层面上对夏承焘的词学批评起到了一定的推进作用。曾大兴《夏承焘的考据之学与批评之学》⑥认为，夏承焘具有词内看词和词外看词的综合功夫，其批评之学之所以能做到断制稳当而又

---

① 《中州大学学报》2009 年第 6 期，第 30 - 33 页。

② 《夏承焘教授纪念集》，第 58 - 63 页。

③ 《浙江大学学报》（社会科学版）2008 年第 3 期，第 81 - 88 页。

④ 《忻州师范学院学报》2002 年第 1 期，第 1 - 7 页。

⑤ 《夏承焘教授纪念集》，第 35 - 48 页。

⑥ 《浙江大学学报》（社会科学版）2008 年第 3 期，第 81 - 88 页。

生动有趣,就因为他早年为了撰写词人年谱,考察词乐与声韵,做过许多校勘和考订工作,在词内看词方面当得起"精确"二字;他又阅读了历史、政治、宗教、美学、心理学、文学和文艺理论方面的中外名著,扩大了学术视野,具备了词外看词的知识、眼光和本领。曹辛华《论夏承焘先生的词学批评贡献》(《2012 年全国夏承焘研究会论文集》)认为,按照当代通行的词学文献学、词学理论与批评的二分法,"词乐之学"、"词律之学"、"词韵之学"、"声调之学"四者均是词体体制的考辨与评判,"批评之学"则涉及词学各方面的理论阐释与批评。曹文对这两个方面进行了较为详细的论述。王红英《夏承焘词作综论》①,在大文学史观的视野下对夏承焘的词作进行分析,并得出在大文学史观的统摄下,现代旧体诗词进入文学史是一种必然趋势的结论。首先对夏承焘的词作按类型和年代进行整理并分为六类:感世伤怀、吟咏新生、山水名胜、人生抒怀、题赠唱答及其他;其次综述夏承焘词作的创作历程并分为四个时期:20 世纪初至"九·一八"事变前、1931 年至新中国成立前、1949 年至"文革"前、"文革"时期及之后四个阶段的创作;再次总结了夏承焘词作的艺术成就;最后探讨以夏承焘为代表的旧体诗词作家进入中国现当代文学史的可行性。

三、对夏承焘诗学的研究

相对词学而言,对夏承焘诗学的研究较为薄弱,论文也较少。刘青海《试论夏承焘的诗学思想和诗史研究方面的成就》(《2012 年全国夏承焘研究会论文集》)一文,从五个方面探讨了夏氏的诗学思想以及在诗史研究方面的成就:一是夏承焘先生的诗学思想具有极为丰富的理论内涵,包括主性情、宗风雅、求平淡、主创新、重写实等具体内容;二是夏承焘先生主创变的诗学思想,小而言之,就是主张诗歌创作要自成一家面目,大而言之,就是要通过自己的理论摸索和实践,寻求中国诗的新出路,主创变是和重写实联系在一起的;三是夏承焘先生在诗歌史方面有一些很重要的观点,对诗史的源流演变有很深入的研究,如主五言诗至杜甫始集大成,驳章太炎"唐人不及汉魏"说,以为六朝诗人除渊明外,都须三唐熔铸;四是夏先生的诗史研究,还包括对诗歌史上重要诗人及其作品的专题研究,诸如陶潜、谢灵运、杜甫、韩愈、李商隐、苏轼、黄庭坚、陈师道、陈与义、龚自珍、江弢叔都有评论,尤以对陶渊明和杜甫的研究投入的精力最大,其杜诗研究是与他的诗史研究同步的;五是夏先生的陶诗研究,不但推崇渊明在艺术上高超的造诣,而且雅重其为人的出处不苟,固穷守节,而这两个方面是和谐地统一于渊明的诗歌中的。

四、对夏承焘著述的研究

(一) 专书研究

1.《唐宋词人年谱》

《唐宋词人年谱》是夏承焘最有代表性的著作,唐圭璋《瞿禅对词学之贡献》说:"瞿禅专为词人做年谱,翻检群书,校核事迹,积岁月而成《唐宋词人年谱》十种十二家,开创词人年谱之先例。所著有唐五代韦端己、温飞卿、冯正中、南唐二主年谱,宋代有张子野、二晏、贺方回、周草窗、姜白石、吴梦窗等。书中无李清照、周邦彦、辛弃疾者,因俞正燮有《易安居士事辑》、王国维有《清真先生遗事》、邓广铭有《辛稼轩年谱》及《稼轩词编年笺注》等,故不赘及。此十编年谱,详尽无遗,为研究词

---

① 温州大学硕士学位论文 2011 年。

学者提供极其宝贵的丰富资料。"①王兆鹏《词学史料学》称："今人所撰的词人年谱或年表,体例更加完善,资料也更丰富。比如夏承焘先生所著《唐宋词人年谱》,以多次修订,是最为学界推崇的年谱著作。虽然其中也有一些失考之处,但资料之丰富扎实,考证之谨慎严密,已为学界所公认。"②边家珍《夏承焘与〈唐宋词人年谱〉》③一文指出,《年谱》所收集的材料相当丰富,除了官史、杂史、通鉴、四库提要等常见之书以外,还参考了唐、五代、两宋、元、明、清各代著述共三百余种;近现代人的许多考证成果和重要的论点,如朱祖谋、陈思、刘毓盘、张尔田、杨铁夫、陈寅恪、顾学颉等的著作,都搜罗颇备,兼采众长;《年谱》在辨别词作真伪上有突出的贡献;《年谱》可以使人们认清词人作品产生的历史文化背景,以便正确地理解作品的内涵;《年谱》对于词学批评亦有重要意义。日本学者清水茂《评夏承焘〈唐宋词人年谱〉》④,认为"此书更接近于完璧,今后我们在研究词这一文学样式时,这部书将是必备的基本参考书之一"。傅璇琮《一件难忘的小事——缅怀夏承焘先生》,则专门叙述了与《唐宋词人年谱》相关的一件往事,即《唐宋词人年谱》"承教录"中有关傅璇琮提供《乐静集》材料事。"读到夏先生的《承教录》前记,联系宋人叶梦得所云'古之君子不难予攻人之失,而难予正己之是非',更感到夏先生做学问的君子之风"⑤。从中体现出"夏先生对后辈的淳淳善诱,又能采其片善,正体现了他虚怀若谷的风范,真使我永志于心"⑥。

2.《唐宋词论丛》

《唐宋词论丛》是夏承焘先生另一部代表作,其取径与《唐宋词人年谱》有所不同。胡可先《词学研究取向之省思:重读夏承焘〈唐宋词论丛〉》(《2012年全国夏承焘研究会论文集》)认为,夏承焘先生《唐宋词论丛》中有关词律、词谱、词韵等与词乐相关的研究,重点在于探讨唐宋词的音乐特质,抓住了唐宋词研究最核心的问题,且能阐幽发覆,剖析入微。长期以来,研究夏氏词学成就,多侧重于其词人谱牒之学,以《唐宋词人年谱》为其标的,而对于其体内层面的研究,虽有不同程度的涉及,但较之夏氏以史治词的论述,终嫌过少。因而以《唐宋词论丛》为评述对象,着重对夏氏有关词学研究体内层面的成就进行简要的梳理,同时对于《论丛》中涉及较多的词籍也加以探究。

3.《天风阁学词日记》

唐圭璋《瞿禅对词学之贡献》说:"瞿禅有《天风阁学词日记》,今存日记从一九一六年正月初一日始,数十年来,虽历经沧桑,然日记未尝一日中断,诚为可贵。所写日记,除有读书、撰述、诗词创作、友好过从、函札磋商等事迹外,还提出了治词的宏伟广阔的课题,为个人努力方向,奋进目标,同时也为治词学者开辟了生疏的渠道,拓宽了研究领域。"⑦散木《读夏承焘先生的日记》⑧则称,除对一部中国词史的领教之外,还有感受到金针度人的温馨,把它作为励志的图书也是可以的;在这部具有历史价值的日记里,我们可以读到别的地方读不到的东西,而感受到鲜活的历史的存在,尤其是它的第三册,树立了中国知识分子一部心灵炼狱的个案,深浸其中,你会对共和国历史上的许多风风雨雨、知识分子们又是如何跌跌撞撞走过那深渊,取真正的"同情之了解"。李剑亮《夏承焘词学成就探因——其论其〈天风阁学词日记〉的价值》⑨,以日记为依据,探讨了夏氏词学成就的成因

① 《夏承焘教授纪念集》,第15-16页。

② 《词学史料学》,中华书局2004年版,第23-24页。

③ 《光明日报》2007年6月7日。

④ 《清水茂汉学论集》,中华书局2003年版,第543-548页。

⑤ 《当代学者思想文库·傅璇琮卷》,万卷出版公司2010年版,第450页。

⑥ 《当代学者思想文库·傅璇琮卷》,第448页。

⑦ 《夏承焘教授纪念集》,第17页。

⑧ 《读书》2004年第3期,第97-98页。

⑨ 《浙江海洋学院学报》2000年第2期,第1-7页。

在于创作与研究并重,词内成就与词外功夫两个方面。李剑亮《夏承焘〈天风阁学词日记〉的学术价值》①,认为从记录这一漫长的研究历程的日记来看,夏承焘先生的治学道路有一个明显的轨迹,那就是创作与研究共发展,其日记的学术价值就在于:记述诗词创作与词学研究的历程,记述其重要的学术交往,记述其学术理想,反映了他的研究方法、研究成果和学术思想,因而具有独特的词学文献价值。杨海明《夏承焘先生在艰辛环境下的勤奋治学——读〈天风阁学词日记〉第三册》②,叙述了夏承焘日记记载了1948年至1965年的教学、社交、科研和思想生活情况,其中反右斗争和“文革”的内容最值得阅读,夏先生在治学的崎岖艰辛过程中勤奋执着的精神充溢其中,因而使人受到鞭策和启迪。刘庆云《读夏承焘〈天风阁日记〉杂谈》③认为,读其日记首先感受最为深切的是夏承焘先生的人格魅力;其次夏先生的词学研究其所以取得不同凡响的成就,与其具有独立思考的学术精神密切相关;再次日记涉及的人物多达数百,夏先生以其亲历亲见,以其生动的笔触、形象的描绘,让我们了解许多学者、诗人、词人的生活细节,感知其性情与风采;最后山水描写曾是夏先生日记的一项重要内容,可谓笼万象于笔端,物物皆有灵气。从中也可以看出日记中具有重要的词学史价值、历史学价值、文化史价值和文学史价值。吴蓓《夏承焘早年日记述略》④概述了夏承焘1916年至1920年之间的内容,并通过早年日记进行考察,从读书、修身、治学三个方面揭示了夏先生早年的学术成长过程,同时这一部分日记尚未正式出版,因而也具有重要的文献价值。陈美林《〈天风阁学词日记〉中的章太炎汤国梨》⑤,通过日记以反映他们三人的相互因缘。章氏为一代儒宗,夏氏为一代词宗,汤氏亦擅诗文,三人同为浙江人,分处苏、杭两地,夏氏与汤氏常在杭州聚首,章氏最后长眠于杭州,夏氏于北京逝世后亦归葬于千岛湖。故梳理日记中三人的情况,颇有意义。文章还根据作者的亲身经历,与日记的相关记载相印证,甚至指出其中的遗漏和疑误之处,颇有助于日记的阅读与理解。

4.《瞿髯论词绝句》

夏承焘先生的《瞿髯论词绝句》,以传统的以诗论词的形式,评骘词人之创作,兼有诗歌创作和词学评论两大功能,故甫一出版就引起了学术界的重视。最早对《瞿髯论词绝句》加以评论者,应该是杨牧之先生,杨氏作《千载流派我然疑——〈瞿髯论词绝句〉读后》⑥,揭示了《瞿髯论词绝句》是夏先生在“文革”逆境中的产物,它曾是作者的寄托和伴侣,难怪夏先生对它如此钟情。该书的重要价值在于勾勒出了一部简明的词的发展史,其重要准则就是强调写词要有“真情实感”,同时也注意艺术形式问题。钟振振《谈夏承焘先生〈瞿髯论词绝句〉的一点感想》⑦说,夏承焘先生是当代词学大师,对于词学,从词史、词论、词派到词人词作品评,都有许多真知灼见;又是当代著名的诗人、词人,其诗词创作,兼有学人之诗词与诗人之诗词二者之所长,独步一时。其《瞿髯论词绝句》一百首,就是这两大特点的完美结合与充分显现。刘青海《论夏承焘〈瞿髯论词绝句〉中的词学观》⑧,认为《瞿髯论词绝句》实可视为自唐代敦煌词到晚清词之源流正变的简明词史,从中可窥见夏氏作为词史研究者与词人的词学观。夏氏强调词的民间起源,体现出诗词一脉的词学观,认为对词作高下的评判,当以反映社会生活之深度和广度为标准,这一观念就整个词史而言,体现出一种革命性。夏氏

---

① 《中华词学》第3辑,东南大学出版社2002年版,第274 - 285页。

② 《中国韵文学刊》2005年第1期,第21 - 24页。

③ 《全国第24届中华诗词暨夏承焘吴鹭山先生学术研讨会论文集》,第106 - 115页。

④ 《全国第24届中华诗词暨夏承焘吴鹭山先生学术研讨会论文集》,第227 - 254页。

⑤ 《钟山风雨》2009年第4期,第22 - 24页。

⑥ 《读书》1980年第10期,第45 - 49页。

⑦ 《全国第24届中华诗词暨夏承焘吴鹭山先生学术研讨会论文集》,第88 - 90页。

⑧ 《中国韵文学刊》2011年第1期,第97 - 102页。

沿着常州词派推尊词体的思路,而持论更加谨慎有据,着眼于内容境界,不同于常州词派主要着眼于兴寄的表现方法上。陈祖美《试析夏老的几项警策之论及其对后学之沾溉》①,拈出"密州三曲月经天"、"易安心事岳王知"之句,以说明论词绝句八十余首,无论对词人的身世或作品,几乎无不堪称点睛之笔,十分契合陆机《文赋》之所云"立片言而居要,乃一篇之警策",即以精炼扼要而又含意深切的动人之诗句,恰当地概括其人其作。朱存红、沈家庄《别存境界,自成一家——夏承焘瞿髯论词绝句刍议》②,就三个方面论定其价值:一是该书所体现的词学观点和原则在于"知人论世,文史结合","人品重于词品,弘扬爱国精神","强调有真情实感","标举苏辛词派,批评软媚词风","内容和形式并重";二是论词的方法和技巧在于"篇幅不定,因人制宜","既有总体把握,又有不同角度的具体分析","探讨源流,比较异同","摘句评词";三是对该书的总体评价,"精心结撰的一组作品"、"一部简明的词史","词学论述研究成就的提纲"。林玫仪《〈瞿髯论词绝句〉初探》③以为,《瞿髯论词绝句》是一部极有意义的著作,虽然只有七言绝句一百首,却纵论千年词坛之流派,品评百辈词学之优劣,言简意赅,见解独到;尤其重要的,此书"言在耳目之内,情寄八荒之表",夏氏不足为外人道的心声都寄寓在这百首绝句中,是了解其词学与思想的重要资料。进而重点探讨其内在意蕴在于重人品,重气节,论词观点包括关于柳周词的评价,苏辛苏优劣论,诗词分合问题,《满江红》作者问题等最具争论性的四个方面。

(二) 对夏承焘著述的文献整理

1997 年出版的《夏承焘集》,是夏承焘著述整理的结集,也是夏承焘研究史上的大事。该书由词学专家吴熊和、吴战垒先生系统整理,据夏先生生前著作定本严格校订,成为当时最为完备的夏先生著作集。该集共八册,第一册《唐宋词人年谱》,第二册《唐宋词论丛》、《月轮山词集集》、《瞿髯论词绝句》、《唐宋词欣赏》,第三册《姜白石词编年笺校》、《龙川词校笺》、《宋词系》,第四册《天风阁诗集》、《天风阁词集前编》、《天风阁词集后编》,第五册《天风阁学词日记(一)》,第六册《天风阁学词日记(二)》,第七册《天风阁学词日记(三)》,第八册《词学论札》。《夏承焘集》甫一出版,就引起了学术界的极大重视。郑小军《一代词宗的杰出贡献——〈夏承焘集〉评介》④,通过对《夏承焘集》的评介,简要叙述了夏承焘的学术经历,词坛地位,以及对于后代词的开拓意义。⑤ 郑小军《词学史上的里程碑——读〈读夏承焘集〉》⑥,也对于《夏承焘集》进行了综合中肯的评价。

对于夏承焘著述未刊稿,以及未成书著述的研究,是文献整理的一个重要方面。陶然《规模宏阔,金针度人——记夏承焘先生未及成书的著述》⑦,对于夏先生未及成书的著述进行了分类梳理,词学类有年谱及编年事辑、词学考证、词集整理和词人研究、词选及普及读物、词话词谱及其他;诗学类有杜甫诗及其他;史学类有宋史及其他;语言音韵类等。而《唐宋词人年谱续编》及《词林系年》、《词学考》,则是夏先生宏大的词学研究计划当中最重要的几部。这样的梳理对于夏氏未刊书稿的整理和其学术研究,都具有一定的指导意义。卢礼阳《夏承焘先生未刊手札考释》⑧,发掘出温州市图书馆所藏而八卷本《夏承焘集》未收的《冷生先生师友信札》十三通,其中致梅冷生十一通,致

---

① 《全国第 24 届中华诗词暨夏承焘吴鹭山先生学术研讨会论文集》,第 91 - 101 页。

② 《文艺评论》2011 年第 6 期,第 104 - 108 页。

③ 《第一届词学国际研讨会论文集》,"中央研究院"中国文哲研究所 1994 年版,第 457 - 482 页。

④ 《天府新论》2000 年第 6 期,第 93 - 94 页。

⑤ 《词学》第 17 辑,第 220 页。

⑥ 《中国图书评论》2000 年第 11 期,第 9 - 10 页。

⑦ 《古典文学研究》2003 年第 5 期,第 3 - 11 页。

⑧ 《文献》2012 年第 1 期,第 95 - 106 页。

慎社一通,复曹昌麟一通。又从夏承焘未刊日记《书卷养寿室日注》中辑得夏氏致梅冷生一函。这批手札有落款而无年份,作者对此逐一考证,并加编次。这批手札的公布,对于了解夏承焘先生早年与故里学人的交游,以及与慎社、瓯社、午社等文学社团的渊源,与籀园图书馆的关系,都具有重要参考价值。陶然《洞仙歌——夏承焘先生诗词手迹研究小札之一》(《2012年全国夏承焘研究会论文集》),通过夏氏对《洞仙歌》一词修改的实例,说明夏氏所作初稿与最终发表之定稿,在词作的文字和创作心态上的有着重大差异,倘能就更多的手迹进行类比性研究,总结其规律,当可为夏先生诗词研究开辟一个新的视角。这也启迪我们在以后的夏氏遗文的整理中,手稿影印和整理标点是应该同时并举的。周笃文《侍读札记》(《2012年全国夏承焘研究会论文集》),记录了1975年至1986年侍从夏先生期间有关学术上的所见所闻,颇有启迪后学之效,尤其是文后附有《夏承焘先生佚作二十六首》,是从夏先生写给作者的八十余通手札函件中辑录的,对于《夏承焘集》的补遗和夏氏诗词的研究都具有重要作用。

与夏氏著作整理相关者,还有《夏承焘年谱》的编纂。夏先生的再传弟子李剑亮穷数年之力编纂了一部《夏承焘年谱》,由光明日报出版社2012年出版。剑亮兄还曾将年谱的主要部分刊载于《词学》第24辑。该辑在《后记》中称:"为纪念夏承焘先生诞辰一一〇周年,本辑特发表周笃文先生的《奇逸高健的〈天风阁词〉》,吴蓓先生的《夏承焘早年日记述略(上)》,李剑亮先生的《夏承焘年谱》。剑亮治此谱多年,他现在给我们的这份年谱,实际只是一个简谱,我们很希望能早日读到他的占有材料详尽,如实展示夏先生一生学术风貌的《夏承焘年谱》专著。"

五、对夏承焘创作的研究

(一) 词体创作

对于夏先生的词体创作,研究者特别注重夏词的特点,类别和创作阶段。是水《想落天外,硬语盘空——读〈夏承焘词集〉》[1],概括了夏先生词作的一大特色是无首不奇,无句不健,无韵不响,无字不炼,避熟、避雅,诗和词应该力求雅驯,但作词一味求雅,便会陷于餖飣;夏先生的词还有一个特点就是每首词的起句往往喜用逆笔倒插,矫健异常,大有想落天外,硬语盘空的气势。周笃文《奇逸高健的〈天风阁词〉》[2],将夏承焘先生的词作分为解放前后两个阶段,无论数量与质量,夏先生应是20世纪当之无愧的词坛巨擘,他的词能够摄取山谷的瘦硬、白石的清刚,复参以东坡、稼轩的雄旷与宏肆,折衷刚柔、含纳豪婉,以健笔写奇情而独放异彩的一代巨匠,而奇创性、深折和理趣则是夏词超越前人的显著特点。钱志熙《试论夏承焘的词学观与词体创作历程》[3],从文人词史的角度把握夏承焘的词学观与其词体创作历程,并把夏词分成三个阶段从五个方面加以探讨:第一,夏词艺术成就的取得,与20世纪词坛风气是分不开的,他在晚清诸大家之后,仍然能够对词风与词境作出某种新的发展,这不仅仅是利用了20世纪历史与文化的新因素,更是词体本身的活力的体现;第二,夏承焘在诗词创作方面是一个早熟的天才,早年风格绮丽,其词体创作作始形成个人风格是在西安时期,自觉将自己的创作转向以辛弃疾、元好问为代表的一派,他在严州中学任教的桐庐时期,比较自觉地学习白石、碧山一派,创作充满了江湖情调、写景清空入神的山水词;第三,抗战时期到1949年解放之前,是夏承焘词体创作中的最重要的时期,也是奠定其在当代词坛重要地位的关键

---

[1] 《夏承焘教授纪念集》,第56-57页。
[2] 《中国韵文学刊》2011年第1期,第93-96页。
[3] 《中国韵文学刊》2011年第1期,第82-92页。

时期，他的词艺达到炉火纯青的境地，创作出一种将家国时事之忧与山水风光奇特地结合在一起的词风，代表了夏词艺术的成熟；第四，夏词在抗战与三年内战时期，词风与词境都有很大的发展，由于时世背景的相近，他自然地吸取南宋辛、陈诸家的豪放词风，并形成豪放伉爽中兼有沉郁气质的夏氏词风；五是解放后至文革开始之前，创作一系列高歌猛进的作品，艺术成就还是相当高的，继承的辛、陈的风格，文革中受冲击之后的创作，恢复了早年吟咏自适，从容淡定的风致，在艺术与思想感情上都富有老境之美。夏氏之词不仅继承宋词、清词的艺术传统，而且成功创造了现代人特有词境，在词风上也有所创新。胡可先《20世纪30年代夏承焘先生的词作和词学》①则专门以20世30年代的夏词作为研究断限，总结出如下的特色：第一，以气象为指归，追求浑成；第二，胎息于姜、周，神骨超绝；第三，融诗情于词境，含蕴深邃。夏先生的词作，是融贯众长而自成一家的，融东坡、稼轩的气象，取白石、清真的神韵，总清季词学的余绪，开辟了词作的新时代。夏先生的词体创作，与他的词学研究融为一体，在20世纪初期学人之词独步于词坛的时候，他的词又迥拔于学人词之上。陶然《20世纪50年代夏承焘先生时事诗词中的心路历程》②，通过夏先生时事诗词的评述，旨在研究50年代特殊背景之下夏承焘先生的具体思想表现和取得的艺术成就，以窥见夏氏欣逢盛世、自愧"原罪"、热情讴歌、怀疑失落，这样一条完整的心路历程。刘梦芙《夏承焘〈天风阁词〉综论》（《2012年全国夏承焘研究会论文集》），则较为全面地概括了夏承焘《天风阁词》在内容和艺术方面的贡献，前者表现为爱国情怀与民族气节，山水风物和人文，后者贬梦窗而崇辛、姜，合稼轩、白石、遗山、碧山为一家，至晚年更是开拓新境，无愧"一代词宗"之誉。还有一些论文研究夏氏特定题材的词作，李剑亮《夏承焘先生的农村诗与农村词》③，研究对象的夏氏的农村诗词，时段是20世纪五六十年代，他以真挚的情怀，优美的文笔，为时代为历史留下了可贵的篇章。刘梦芙《浅淡夏承焘山水词》④，以为夏氏占三分之一的山川名胜之词，雄奇与清夐兼而有之，非但描祖国山河之壮丽多彩，且融入词人在不同时代之深厚情怀，意境之超妙，成就之杰特，于20世纪百年词坛高树丰碑。李剑亮《〈金缕曲〉：夏承焘先生在〈词学季刊〉上发表的第一首词》⑤，考证了这首词的本事、创作过程和版本情况，并通过对该词的详细疏解以考察夏承焘先生创作、修改此词时的心路历程和心理变化。

（二）诗歌创作

夏先生在创作上是诗词兼擅的，同时因为侧重研究词学的因素，他的词作也比诗作更胜一些，相对而言，对于夏氏诗作的研究成果也就没有词作研究繁盛。徐朔方《不是抽象思维，却有耐人寻味的理趣——喜读〈天风阁诗集〉》⑥，拈出夏氏不在诗律上见功夫的一些平淡作品，以说明只有具有深厚的功力，艺术圣殿之门才会对人开启，但是艺术不等于功力，诗人不妨博学，诗词却不宜带有博学的印记。施议对《心潮、诗潮与时代脉搏一起跃动——夏承焘先生旧体诗试论》⑦，以为夏先生的旧体诗作，描绘了夏先生六十年来所经历过的各种生活场境，从许多侧面，展示了这一时期社会历史风云变幻的图画；这些诗篇，凝结着夏先生与国家、民族命运休戚与共的炽热情感，体现了夏先生对于生活的信心和希望；这些诗篇，内容丰富，风格多样，技法圆熟，很值得学习。其艺术成就是

---

① 《全国第24届中华诗词暨夏承焘吴鹭山先生学术研讨会论文集》，第163-185页。
② 《全国第24届中华诗词暨夏承焘吴鹭山先生学术研讨会论文集》，第216-226页。
③ 《舟山师专学报》1997年第4期，第24-27页。
④ 《合肥师院学报》2004年第1期，第87-89页。
⑤ 《夏承焘教授纪念集》，第204-215页。
⑥ 《夏承焘教授纪念集》，第32-34页。
⑦ 《夏承焘教授纪念集》，第64-78页。

多方面的，首先，善于铺叙，富于联想，具有磅礴气势；其次，用事精切，点铁成金，构成完美艺术形象；第三，虽小却大，虽小却好，具有独特艺术造诣。钱志熙《试从江郑重翻手，倘是风骚观面时——论夏承焘先生的诗学宗尚与各体诗的创作成就》（《2012 年全国夏承焘研究会论文集》）认为，夏氏与专攻词体的一些词人不同，其在创作上向来是诗词并重的，其词风也受到了他本人诗风的明显影响。夏氏善学古人，积极预流近现代旧体诗的风格与流派，同时又能破弃门户之习，戛戛独造，形成自家面目。具体表现在：夏承焘先生的诗词创作，是在新旧文化交替的时代中开始的，同时受地域文化与文学风气的影响也是很明显的；夏氏古近体诗创作，重视取法与门径，善于学习古人，以法于上，对前辈与时贤也都积极汲取，但又不主故常，没有门户习气，对艺术有比较通达的认识；夏先生的诗各体具备，具备古代大家的格局，七律与七古都是学古人而能变化，自具风格，七绝更是出入宋清诸家，渔洋神韵，定庵风怀，时能汲取，晚年学习江弢叔，从平易中求隽永，五言稍逊七言，但其五古体写景诸作，能远追陶谢，近学江西诸家，风格清俊。胡迎建《试论夏承焘先生诗作兼及对今人的启示》[①]，认为夏先生的诗作内容丰富，风格多样，富有书卷气，可谓兼诗人之诗与学人之诗于一身，并从五个方面加以阐述：一是重交谊，互切磋，以谦虚之心与人交往唱和，方能互为切磋而成大家；二是重游历，壮诗境，经山历水，登山临水，有助于诗境之壮阔、笔力之纵横，为其诗增加了奇气，锻炼了奇句；三是择门径，入能出，致力于韩愈、黄庭坚、陆游，并入而后出；四是明体式，讲章法，根据不同的题材与内容，选择不同体式，运用不同方法写出优秀的篇章；五是重句法，炼奇字，其诗耐思耐诵而有味，与炼句炼字有关，讲求句法以求劲健，讲求炼字以求奇警。

六、夏承焘与学人关系的研究

夏承焘先生与 20 世纪学人关系的研究，是学术研究的大课题，就已有成果而言，这一研究虽然刚刚起步，但无论就时段而言，还是就内涵而言，都已形成了一定的格局，展现了可喜的发展态势。

夏承焘与朱祖谋　胡可先《20 世纪 30 年代夏承焘先生的词作和词学》[②]以为，20 世纪 30 年代正是新旧词学的交替碰撞时期，而词学钜子，遍在东南，王鹏运、郑文焯、况周颐、朱祖谋等清季四大家主盟词坛，开启了近代词学的格局，加以王国维、胡适与传统词学截然不同的路径，给清末民初的词学增添了新的风采。夏承焘先生始至之江大学任教的 30 年代前后，四大词家已凋零殆尽，仅朱祖谋与其有短暂的交接，故夏承焘先生虽承四大家的余绪，而对其影响最大者，洵推朱祖谋。夏承焘虽与朱祖谋交往时间甚短，但受朱氏却甚大。首先是与朱祖谋正式交流之前，就在两个方面受朱氏的影响：一是在温州师范学校就读时，因其师林铁尊创立瓯社，并将学子习作寄与上海的朱祖谋评点，夏先生也从中受益；二是阅读朱祖谋作品，进而推尊其词作与词学。其次是通过与朱祖谋的交往，得以与清末民初的主流词人群体进行深层的交流，从而在创作与研究两个方面得到境界的提升。再次是在质疑问难，以及整理刊行词学著作过程中，对于朱氏的词学成就和特点有着本质的了解，因而推动自己对于词学境界的进一步开拓。故而在近现代词学史上，朱祖谋堪称传统词学的集成者，而夏承焘则成为现代词学的开拓者。

夏承焘与张尔田　胡可先《20 世纪 30 年代夏承焘先生的词作和词学》[③]以为，对于夏承焘而言，张尔田堪称前辈学人。二人的交流，范围颇广，概括言之，约有五个方面：其一是词体创作的交流，张尔田与夏承焘往来论学时，也常以词作相互寄赠；其二是张尔田在与夏承焘的论学过程中，对

① 《中国韵文学刊》2011 年第 1 期，第 103－110 页。

② 《全国第 24 届中华诗词暨夏承焘吴鹭山先生学术研讨会论文集》，第 163－185 页。

③ 《全国第 24 届中华诗词暨夏承焘吴鹭山先生学术研讨会论文集》，第 163－185 页。

于清季词学四大家也是有所批评的；其三是张尔田与夏承焘的词学交流，以讨论撰写词人年谱为多；其四是张尔田在与夏承焘讨论词人年谱编纂的过程中，还涉及到校勘问题，其中有关《温庭筠集》中人名的理校颇有启迪意义；其五是对于当时的词学趋向，以及与其他学人的关系，是二人探讨的重要问题，这也与张尔田的特殊身世有关。

夏承焘与龙榆生　胡可先《20 世纪 30 年代夏承焘先生的词作和词学》①，对于二人的关系进行了考察，夏承焘与龙榆生结交，始于 1929 年 10 月。当时作为暨南大学教员的龙榆生，通过李雁晴转给夏承焘一函，愿与缔交。20 世 30 年代的词学界，夏承焘和龙榆生各有所长，二人且相互合作以推进词学研究，对于词学发展，意义重大。夏承焘与龙榆生的交往，最值得称道的有如下两件事：第一，夏承焘为龙榆生《东坡乐府笺》校正书稿并作序；第二，龙榆生和夏承焘切磋词作。有时夏承焘作词，函寄给龙榆生后，龙氏对于夏词作出批评，夏氏亦自反省。1940 年，龙榆生被汪伪政府任命为立法院委员，兼任中央大学教授，并兼任汪精卫的家庭教师。其后二人关系有所变化。词学朋辈当中，夏承焘过从最密且论词最深者，莫过于龙榆生。龙榆生是朱祖谋的私淑弟子，先教授于上海，再供职于南京，后安身于广州，与当时的词坛钜子往来频繁，夏承焘先生的词学师友，很多是也是通过龙榆生的介绍而结识的。

夏承焘与陈寅恪　楼培《夏承焘与陈寅恪——以〈天风阁学词日记〉为线索》②，论述义宁陈寅恪为夏承焘先生的君子之交，考察夏先生心目中的陈寅恪以及双方后来的交往，并涉其他相关学人，既略窥两位词学宗师和史学大师的平生风义，亦稍稍蠡测时事激荡下的现代学术。文章就"私衷渴慕未奉手"、"艰苦卓绝致不朽"、"君子切磋更神游"、"暮年一晤非容易"、"山雨欲来风满楼"五个方面展开，对于夏氏与陈寅恪交往的详细经过及其中富涵的学术史意义进行了深入的挖掘与探析。

夏承焘与钱钟书　楼培《夏承焘与钱钟书——以〈天风阁学词日记〉为线索》③，以《天风阁学词日记》为线索，勾勒夏钱两先生交往的雪泥鸿爪，以考察现代学人与学术之一斑。该文主要部分为"《日记》中的钱基博"，"夏承焘与青年钱钟书"，"《唐宋词人年谱》与《宋诗选注》"。需要指出的是，该文对于夏氏批评钱氏的文字未曾涉及，如《天风阁学词日记》1953 年 9 月 8 日写道："阅钱锺书《谈艺录》，其逞博处不可爱，其持平处甚动人。"④实则钱氏逞博之处，不仅《谈艺录》有之，《管锥编》、《宋诗选注》等皆可见，夏氏一语中的，自当拈出，以为读钱氏著作之鉴。

夏承焘与钱穆　楼培《缘悭一面的浙大先贤：夏承焘与钱穆——以〈天风阁学词日记〉为线索》⑤，考察夏承焘眼中的钱穆在学术界崛起到闻名的影响，分析了两位学者与浙大的渊源，以及和《思想和时代》的关系，从一个侧面展现了现代学术生态中学人与大学、学术与媒体等多方面的互动及钱穆学术转变的历程，展示了特定时代学人的生命史和学术史踪影。特别值得强调的是二人在浙江大学校史上留下了不可磨灭的贡献，是浙江大学人文学科的前辈先贤。

夏承焘与谢玉岑　钱璱之《记夏承焘的七十二封手札》⑥，记载了发现夏承焘写给谢玉岑手札七十二封的全过程，从中可以看出夏承焘一方面通过广泛而热切地寻访师友，千方百计地搜求资料，另一方面通过书札交流词学研究的意见，探讨诗词创作的艺术，再一方面突出表现珍视友谊，珍惜人才的情怀。沈迦编撰的《夏承焘致谢玉岑手札笺释》⑦，收录 1927 年至 1935 年夏承焘致谢玉

① 《全国第 24 届中华诗词暨夏承焘吴鹭山先生学术研讨会论文集》，第 163－185 页。
② 《中国文化》第 33 期(2011 年)，第 168－180 页。
③ 《中国文化》第 35 辑(2012 年)，第 132－141 页。
④ 《夏承焘集》第 7 册，第 344 页。
⑤ 《江南大学学报》2012 年第 2 期，第 60－66 页。
⑥ 《镇江师专学报》1986 年第 4 期，第 5－9 页。
⑦ 北京图书馆出版社 2011 年版。

岑信札 62 封,加以夏承焘致钱名山 4 封,致郑曼青、顾颉刚、胡小石、刘节、容庚、张孟劬、钱仲联各 1 封,共 73 封,这是夏承焘与谢玉岑交往的重要见证。书札中涉及到当年的词学专家有朱彊村、吴梅、吴昌绶、任二北、龙榆生、周梦坡、唐玉虬、蔡松筠、叶恭绰、唐圭璋等人,故而成为了解当时文坛状况的重要史料。该书还附录了钱璱之《记夏承焘先生的七十二封手札》,以及沈迦《永嘉佳日——谢玉岑在温州的时光》。

夏承焘与朱生豪　朱洪斌《夏承焘与朱生豪的师生情谊》[①],叙述了译界奇才朱生豪曾为夏氏弟子,《天风阁学词日记》里记载了一些二人交往的动人片断。1930 年就读于之江大学的二年级学生朱生豪选修了夏先生开设的部分课程,课后参加了夏先生任社长的"之江诗社",由此结下了师生之谊。在夏氏眼中,年方弱冠的朱生豪无疑是天资聪颖,天才超卓的青年,甚得夏氏器重,称其"在余师友之间,不当以学生视之"。1933 年朱生豪大学毕业,进入世界书局工作,担任《莎士比亚全集》的翻译工作,二人亦常有书信往来,诗词唱和。朱生豪英年早逝,仅三十二岁,翻译界失去了一位奇才,夏氏极为伤痛。朱生豪的译笔在当时学界已获得公认,这对于逝者(朱生豪),还是生者(夏承焘),都是莫大的宽慰。

夏承焘与刘永济　刘庆云《夏承焘与刘永济先生之交往述略》(《2012 年全国夏承焘研究论文集》),叙述夏、刘二人的交往始于 20 世纪 30 年代,先是书信来往,相互寄赠论著。刘永济长夏先生十三岁,故二人关系介于师友之间。抗战之间二人失去联系,至五六十年代又恢复联系。二人之交往就治学而言,于同气相求之外,亦无妨于异见之研讨。夏刘二先生之交谊持续二十余年,直至"反右"事起,遂致中断。其间之学术交流、异见之事,在二十世纪词坛上,亦可谓一段佳话。

夏承焘与吴鹭山　南航《天风浩荡光风长——夏承焘吴鹭山半世纪交往记略》(《2012 年全国夏承焘研究论文集》),勾勒了半个世纪之中二位先生的交往,最早是 1932 年的"温州诗坛三风"的首次聚会,三风即梅冷生,号劲风,夏承焘,号天风,吴鹭山,号光风,其中梅冷生年最长,此后即开始了长达半个世纪的交游唱酬。在一次谢池小集上,夏承焘将其与吴鹭山的友情定位为李杜之交,因为二人相差十一岁,与李杜相同。其后吴鹭山即在 1944 年的温州沦陷过程中,回温州与夏承焘相聚。夏承焘与吴鹭山作为忘年之交,后来在 1974 年夏承焘与吴无闻结婚,无闻为吴鹭山之妹,故二人又成为姻亲。2010 年,乐清举办了《全国第二十四届中华诗词暨夏承焘吴鹭山先生学术研讨会》,表现了全国学术界、诗词界对于夏承焘和吴鹭山的集中关注。

夏承焘与徐步奎　李剑亮《从〈天风阁学词日记〉看夏承焘与徐步奎之学术交往》(《2012 年全国夏承焘研究论文集》)以为,在 20 世纪的中国学术史上,浙江大学的夏承焘和徐步奎分别以词学研究和小戏曲研究,奠定了各自的学术地位。两位学者曾是师生,又是同事,相互之间,持续交往几十年。交往之初的 1947 年,夏承焘四十八岁,徐步奎二十四岁,随着交往的深入,二人的学术个性也越来越鲜明地表现出来,至 60 年代,最终以一次会议上的语言冲突而暂告段落。他们的交往,对于本身以及现代学术研究都具有相当重要的意义,他们两人的许多学术成果,便是两个互交往,相互研讨的结果。

七、现状评述与研究展望

(一)词体文学外部研究和内部研究的关系

就词体文学研究而言,可大致分为体内和体外两个层面,体外层面包括词人、词籍、词源、词派

---

① 《博览群书》2009 年第 3 期,第 114—116 页。

等,体内层面主要是词调,包括词律、词韵、词谱等,且都与词乐相关。前者有助于知人论世,后者有助探询词的特质。唐宋词作为音乐文学,具有"倚声制词"的特性,这种音乐文学呈现出特定的声韵、格律和体式。而南宋灭亡之后,词乐也随之散佚无存,随着音乐性的丧失,词体由本来的音乐文学形式一变而为纯粹的传统文学形式。词与音乐的关系,是唐宋词与元明清以后词作的分界线。因而要探讨词的起源、词的特质、词的发展演进,就必须在词乐上下功夫,否则就泯灭了作为音乐文学的词与作为纯粹文学的词的界限,也就在一定程度上消解了唐宋词所独具的特质。南宋末年词乐散佚之后,词乐的研究经过了较为曲折复杂的过程:首先是在宋代音乐之词到清代徒词的复兴过程中,元明时期词体规范的缺失;其次是清代学者试图从词体格律整理方面重新建立起词体的规范,这以万树的《词律》和王奕清的《词谱》为代表;再次是 20 世纪前期词乐研究的一度繁盛,吴梅、任中敏、夏承焘成为引领风潮的卓有建树的词学名家,其代表性著作即为吴梅的《词学通论》、任中敏的《词曲通义》和夏承焘的《唐宋词论丛》;最后是 20 世纪后期以来,音乐层面的词乐研究渐趋消歇,而以理论的探讨和文献的考释占据了词学研究的主流,这样的研究,对于元明清时期作为纯粹文学形式的词学研究推进是很大的,而对于作为音乐文学的唐宋词研究,其核心主体却在逐步消解,这是颇为令人担忧的现象。基于此,我们既重视夏承焘《唐宋词人年谱》在词史与词人谱牒学方面的贡献,并进一步研究夏氏的《唐宋词论丛》和《月轮山词论集》等相关论著,梳理夏氏在词律、词韵、词谱、词乐等方面的重要贡献,有助于促进唐宋词研究向词体文学的音乐属性和主体特质回归。

（二）夏承焘著述文献的全面整理

1997 年出版的《夏承焘集》共八册,为我们研究夏承焘及其学术贡献提供了既丰富又珍贵的材料,十余年来,有力地推进了夏承焘研究的进展。但因为当时的条件所限,这一全集尚未能称为足本,其一是因为相关文献的收录并不完全,其二是有些材料当时也不适宜公开发表,如"文革"之后的日记,涉及到相关的人事非常复杂,当时公布也有可能产生一些意想不到的问题。但随着时间的推移,有关夏承焘的一些新的材料也不断被发现,据我所知大要有以下几种:一是夏承焘的重要著作《词例》,《夏承焘集》没有收录《词例》,而现在原稿保存在夏先生之子吴常云手中,吴氏并复制两份交给周笃文先生保存和吴蓓女士整理;二是新发现的夏先生的遗文甚多,如傅宇斌有《辑夏承焘论书诗一通》①,刊登在无锡国学专科学校的《国专月刊》1937 年第五卷第五期,内容为"论诗学与陈光汉书",如"论诗品之高下,总以性情、胸襟、气象为准,文字乃其筌蹄",可见研究夏先生的诗学之一斑。又如周笃文先生公布的《夏承焘先生佚作二十六首》,沈迦编撰的《夏承焘致谢玉岑手札笺释》,共收夏先生的信札多达七十三通,朱则杰有《夏承焘先生集外诗一首》,这些都是夏承焘先生的重要著述;三是集本漏收的夏承焘先生日记的增补,这在吴蓓《夏承焘早年日记述略》中已作了较为详尽的叙述。

因为夏先生的著述,有不少手稿本传世,其手稿往往还有初稿和定本的差异,故而对于夏先生全集的整理,应该就两个层面进行:一是在原来《夏承焘集》的基础上整理出一部搜罗全面的足本,成为夏承焘著述的百科全书;二是对其重要手稿进行影印出版,这样可以使学者们了解到夏先生著述的原始面目,从而展开深入的研究,即如上文所举陶然通过夏氏对《洞仙歌》一词修改的实例,说明夏氏所作初稿与最终发表之定稿,在词作的文字和创作心态上的有着重大差异,为夏先生诗词研究开辟一个新的视角。

在夏先生全集足本的整理过程中,《词例》的整理是一项巨大的工程,该书是夏氏借鉴俞樾《古书疑义举例》而专门进行词学研究的著作,用数十年之力积数千条之多,或记于稿纸,或记于字条,

---

① 《江海学刊》2010 年第 6 期,第 196 页。

或札于书眉然后过录出来,和夏氏的其他著述相较,既规模庞大又较为零散,因而整理具有相当的难度。我曾经就此请教吴熊和先生,他说上个世纪编纂《夏承焘集》的时候,尚缺乏整理的条件,而现在电脑普及,文字输入方便,编辑技术提高,整理《词例》是可行的,也是必要的,但整理仍有很大的难度。同时因为《词例》是夏氏极其重要著作之一,且为未刊稿,学术界期待已久,故在全面整理以成定本之前,可以影印出版,以供学术界利用。

(三)研究的系统建构与深化

夏承焘先生是"一代词宗",也是一位学术通人,他著述宏富,涉及的领域极为广泛,而就目前的研究来看,各方面的研究成果并不平衡,重视其词学而忽视其诗学,重视其学术而忽视其创作,重视其文学而忽视其思想,甚至仅就其词学研究而言,重视其词史研究而忽视其词乐研究。进入新世纪以来,夏承焘研究的系统建构与深化已成为学术界亟待关注的问题。

1. 夏承焘治学历程研究

夏承焘先生一生处于风云际会的 20 世纪,既经历新旧交替的时代,政治的转型和学术的变新交织在一起,造就了夏承焘既继承晚清四大家的词学余绪,又开启新时代词学新篇的继往开来的地位,又因为时代的复杂性使得夏氏在治学道路上徘徊彷徨,产生过治史和治词的矛盾等,更因为抗日战争、新中国成立、"文革"动荡等重要的政治转关,对于学术产生的巨大影响,使得夏氏很多著述愿望不能实现。通过这些时段的研究,有助于了解作为"词学宗师"的 20 世纪的标志学人的成长过程和治学历程,为后代学者提供有迹可循的治学道路。

2. 夏承焘学术思想研究

近三十年的夏承焘研究,体现了重视学术研究而忽视思想研究的特点,而夏承焘先生不仅仅是一位学者,他自己也并不甘心仅仅做一位学者,而是一位思想家,在他的学术体系当中,是呈现出自己的思想取向的。其中突出的方面就是在其学术体系当中贯穿着的浙东学派的学术思想。夏先生是永嘉人,浙东的地缘从小就在他的思想上打下了深深的烙印,夏先生的词学研究,实际上是将清代浙东学派的以史治经发展到以史治词,重视实证,反对空疏,以此为基础,对于其他的词学流派进行了选择性的审视和汲取,如对于常州词派的态度就是如此。吴熊和先生《追怀瞿禅师三首》之二云:"温韦诸家考信难,词人十谱笔如磐。浙东史学开新派,班马也应额首看。"自注:"唐宋词人年谱十种,为词史奠基,近世文史名著也,以史学治词学,始于王国维《清真先生遗事》,师则继之为集大成者。""浙东史学开新派"为我们研究夏承焘先生的学术思想指明了向上一路。

3. 夏承焘与 20 世纪学案研究

夏承焘先生与 20 世纪的学术交往频繁,即以《天风阁学词日记》记载,就不下数百人之多,如果以此作为研究对象,关合 20 世纪不同阶段的政治转型和学术变迁,可以写成一部内涵深厚丰富的"20 世纪学案",而迄至目前,这方面的研究还非常薄弱,进入研究者关注视野的仅有十余人,而且即使这十余人,也是从交往的角度研究其个案的,缺乏对于世纪学术大视野的宏观概括和描述。当然,这项研究具有很大的难度,不仅是全面展开研究不易,即使是个人的专题研究也很难,如对于夏承焘与张尔田、马一浮等学人的关系,如果研究者本身缺乏文史哲贯通的功力和视野,甚或连他们的著作都难以读懂,是很难把握他们的学术和思想精髓的。因此,能否将这一课题研究深入下去,也是检验新世纪学人学术功力和学术境界的标志。

(作者单位:浙江大学中文系)

2007—2011 年陆游研究指数述略[*]

郑永晓

内容提要：近年来，学界对作家作品流播及其对后世影响力的研究与评估越来越重视。可惜这种研究多停滞于描述性层面，而在微观领域，用力未深，未能以科学量化的标准对重要作家的影响给予指数化的论定。本文考察 2007—2011 年间国内 248 种核心期刊所发表的有关南宋诗人陆游研究论文的状况[①]，通过统计分析得出研究指数，再以指数为起点，回溯研究历史、分析研究现状、探讨研究趋势。将统计学和计算机科学等方面的技术引入人文科学，以指数的形式比较科学地对陆游研究现状作出判断与评估，在一定程度上实现了技术与心智的结合，应具有一定的应用意义与社会价值。

关键词：核心期刊；研究指数；陆游研究

作为南宋著名诗人的陆游，无论是生前还是身后，都赢得了广泛的赞誉。南宋以来，作家、评论家、文学史研究者有关陆游的研究成果都颇为丰富。陆游的诗、词、笔记、史学著作等对后世有深远的影响，这一点无需论证；当代学术界对陆游这样重量级的作家予以特别地关注与研究，也无需论证。但是，陆游研究与其他同等级别的作家相比，哪位作家得到学术界的关注度更高？陆游研究与中小作家研究相比，其关注度究竟高（低）出多少？在研究陆游的众多学术成果中，哪方面的研究正受到越来越多的关注？哪些学者的研究量多且受人关注程度较高？尝试回答这些问题正是作家指数研究的主要宗旨。

下文尝试考察 2007—2011 年间学界有关陆游研究的状况，通过对研究指数的分析，筛选核心学者，考察研究动态。

其方法是采取定时、定刊、定量、定性相结合的方式，比较详尽地研究分析 2007—2011 年间纳入考察视野的 249 种期刊上所发表的所有论文，从中提取出与"陆游"相关的所有信息，利用"引用因子"、"下载因子"、"期刊因子"等进行自动及人工干预，得出研究论文自身的指数，实现对数据库中所有论文指数的排序，以得出论文影响力的数值大小。

笔者于 2012 年 1 月 30 日，对五年间的陆游研究情况进行考察，在选定的 249 种刊物中，以"陆游"、"放翁"、"剑南诗稿"等为关键词进行检索，共检出 101 篇论文，其中直接以陆游及其作品为研究对象者 66 篇，以陆游为部分研究对象或者主旨不在研究陆游但论文内容部分涉及陆游者 35 篇。下文即以此 101 篇文章为考察对象，对此略作说明。

---

* 本文是中国社会科学院"数字文献学实验室"——"中国历代作家年度研究指数报告"的一部分。

① 本文所言 248 种核心期刊是依据北京大学、南京大学、中国社会科学院各自的核心期刊评估体系综合而成。考虑到作为陆游故乡的绍兴在陆游研究中的特殊地位，陆游家乡的刊物《绍兴文理学院学报》在刊发陆游研究成果方面的特殊作用，因此将 5 年来发表于《绍兴文理学院学报》的论文也一并计入统计分析之列，并将该刊的"期刊因子"数值暂定为 1，故实际统计的期刊共 249 种。

	题名	作者	单位	文献来源	发表时间	统计时间	在线天数	被引频次	下载频次	引用因子	下载因子	期刊因子	综合指数
2	天放奇萃角两雄——陆游与元好问诗歌比较论	胡传志	安徽师范大学中国诗学研究中心	北京大学学报	2010-7-20	2012-1-30	559	0	188	0	1.00894	2.445	6.454
3	诗显而词隐 诗直而词婉——从陆游、辛弃疾、姜夔的咏梅诗词解读诗词互渗	许芳红	淮阴师范学院文学院	山西大学学报	2011-11-15	2012-1-30	76	0	39	0	1.53947	1.054	5.593
4	陆游的村居心态及其田园诗风的嬗变	刘蔚	江苏省社会科学院	浙江社会科学	2009-11-15	2012-1-30	806	0	154	0	0.5732	1.74	5.313
5	词学视野下的陆游诗歌	许芳红	淮阴师范学院文学院	学海	2011-1-20	2012-1-30	375	0	74	0	0.592	1.628	5.22
6	陆游《钗头凤》是"伪作"吗——兼谈文本中"宫墙"语意象的诗词互证	高利华	绍兴文理学院	学术月刊	2011-4-20	2012-1-30	285	0	39	0	0.41053	1.801	5.212
7	论唐宋词对南宋诗的渗透——以范成大、陆游、姜夔为中心的初步探讨	许芳红	淮阴师范学院	文学遗产	2008-11-15	2012-1-30	1171	2	370	0.0171	0.94791	1.218	5.183
8	陆游养气说的诗学阐释	骆晓倩;杨理论	西南大学文学院	西南大学学报	2008-5-10	2012-1-30	1360	0	136	0.0147	0.3	1.767	5.082
9	同岑异苔:陆游、杨万里诗坛地位考索	韩立平	华东师范大学中文系	浙江学刊	2010-5-15	2012-1-30	625	0	76	0	0.3648	1.715	5.08
10	商贾精神和南宋陆游诗歌创作的新变	陈书录	南京师范大学文学院	南京师大学报	2007-1-25	2012-1-30	1841	1	213	0.0054	0.34709	1.684	5.037
11	论宋代南渡诗歌的历史地位	顾友泽	南通大学文学院	文学评论	2011-11-15	2012-1-30	77	0	29	0	1.12987	1.855	4.985
12	陆游诗研究综述	李建英	北京青年政治学院	新疆师范大学学报	2009-9-30	2012-1-30	852	2	319	0.0235	1.12324	0.819	4.966
13	读《亘古男儿——陆游传》有感——兼论学术界的"伪作"	陈桥驿	浙江大学	浙江学刊	2009-9-15	2012-1-30	867	0	62	0	0.21453	1.715	4.93
14	陆游记梦诗的创作动因探析	夏宇	重庆工商大学科研处	甘肃社会科学	2008-1-25	2012-1-30	1476	0	187	0	0.38008	1.529	4.909
15	虎头食肉亦非豪——陆游的儿首饮酒诗	张宗子		读书	2010-10-15	2012-1-30	472	0	145	0	0.92161	0.965	4.887
16	《放翁逸稿》误收委仲立诗考辨	韩立平	华东师范大学中文系	江海学刊	2010-5-10	2012-1-30	630	0	36	0	0.17143	1.705	4.876
17	陆游《钗头凤》韵读的音义考析	万献初	武汉大学文学院	文学遗产	2008-3-15	2012-1-30	1416	0	269	0	0.56992	1.218	4.788
18	陆游"史笔山水"的写实品格与形态	王志清	南通大学文学院	中州学刊	2007-9-10	2012-1-30	1603	1	102	0.0062	0.19089	1.565	4.762
19	陆游诗学理论初探	林颜瑜;吴玲	福建师范大学文学院	东南大学学报	2007-12-20	2012-1-30	1502	2	157	0.0133	0.31358	1.338	4.665
20	陆游诗歌的效果史——兼论"中兴四大家"	墙峻嵫;张远林	南京大学中文系;长江文艺出版社	江汉论坛	2007-2-15	2012-1-30	1810	2	193	0.011	0.31989	1.28	4.611
21	实证与理论并重 严谨与灵动共存——纪念陆游诞辰885周年暨陆游与鉴湖国际研讨会学术总结	真莉锋	南京大学文学院	绍兴文理学院学报	2011-1-28	2012-1-30	368	0	72	0	0.58696	1	4.587
22	论陆游写景诗的人文色影	真莉锋	南京大学文学院	社会科学战线	2011-09-01	2012-1-30	151	0	19	0	0.37748	1.207	4.584
23	陆游双面形象及其诗文形态观念之复杂性——陆游入蜀诗与《入墨记》对比解读	吕肖奂	四川大学中国俗文化研究所	绍兴文理学院学报	2011-1-28	2012-1-30	368	0	66	0	0.53804	1	4.538
24	"先生诗律擅雄浑"——陆游接受梅尧臣的一个独特视角	杨理论;骆晓倩	西南大学文学院	社会科学战线	2008-12-1	2012-1-30	1155	0	107	0.0173	0.27792	1.207	4.502
25	论陆游蜀中诗之"兵魂"	倪海权	哈尔滨师范大学文学院	北方论丛	2011-7-15	2012-1-30	199	0	36	0	0.54271	0.954	4.497
26	陆游川陕时期诗歌抒情特色	吕辉	陕西师范大学文学院	人文杂志	2007-1-15	2012-1-30	1831	0	111	0	0.18187	1.311	4.493
27	论陆游的道教信仰与爱国思想	卢晓辉	南京师范大学文学院	河北师范大学学报	2009-1-15	2012-1-30	1110	0	218	0	0.58919	0.893	4.482
28	陆游词论与词的传播研究初探	焦宝	《社会科学战线》编辑部	绍兴文理学院学报	2011-1-28	2012-1-30	368	0	50	0	0.45732	1	4.457
29	论《放翁词》的"创词"和"压调"之作	陈祖美	中国社会科学院文学所	文学遗产	2008-9-15	2012-1-30	1232	1	84	0.0081	0.20455	1.218	4.431
30	杜陵诗在得其骨 笑置湖老荒此身——陆游镜湖词析论	许芳红	淮阴师范学院文学院	绍兴文理学院学报	2011-7-28	2012-1-30	187	0	26	0	0.41711	1	4.417
31	中国武夷山陆游国际学术研讨会召开	汤江浩	福建师范大学文学院	文学遗产	2008-05-15	2012-1-30	1355	0	90	0	0.19926	1.218	4.417
32	陆游及其诗词八百年来的影响和被接受简史——以清末至当代一百年为中心	刘扬忠	中国社科院文学所	绍兴文理学院学报	2011-1-28	2012-1-30	368	0	45	0	0.36685	1	4.367
33	《放翁家训》成书时间、真伪、校勘价值考辨	马泓波	西北大学法学院	史学月刊	2011-1-10	2012-1-30	386	0	10	0	0.07772	1.287	4.365
34	对《老学庵续笔记》真伪的质疑	刘亮	上海大学文学院	上海大学学报	2009-9-15	2012-1-30	867	0	45	0	0.15571	1.194	4.35
35	陆游隐逸词的地域人文渊薮	高利华	绍兴文理学院	绍兴文理学院学报	2011-3-28	2012-1-30	309	0	34	0	0.3301	1	4.33
36	纪念陆游诞辰885周年暨陆游与鉴湖国际研讨会		绍兴文理学院	社会科学战线	2010-12-1	2012-1-30	425	0	14	0	0.09882	1.207	4.306
37	陆游《钗头凤》新解	陈祖美	中国社科院文学所	名作欣赏	2011-2-1	2012-1-30	354	0	130	0	1.10169	0.2	4.302
38	稽山鉴水颐文豪——《亘古男儿·陆游传》目耕纪要	陈祖美	中国社科院文学所	绍兴文理学院学报	2011-9-28	2012-1-30	125	0	10	0	0.24	1	4.24
39	回归历史情境来观察——从陆游接受史的角度理解钱钟书《谈艺录》的陆游批评成就	张毅	沈阳建筑大学	前沿	2010-2-25	2012-1-30	704	0	130	0	0.55398	0.673	4.227

序号	篇名	作者	单位	期刊	发表日期	统计日期							
40	陆游会稽山诗论析	赵宏艳	浙江越秀外国学院	绍兴文理学院学报	2011-05-28	2012-1-30	248	0	18	0	0.21774	1	4.218
41	陆游"尚意"的书法艺术及其传世作品	刘侃	绍兴博物馆	绍兴文理学院学报	2009-3-28	2012-1-30	1039	3	43	0.0289	0.12416	1	4.153
42	从陆游诗作看南宋时期绍兴的农业发展	肖养荞	绍兴文理学院美术学院	绍兴文理学院学报	2007-2-28	2012-1-30	1797	2	82	0.0111	0.13669	1	4.148
43	论《黄庭经》对陆游的影响	张振谦	暨南大学中文系	北京理工大学学报	2011-2-15	2012-1-30	349	0	36	0	0.30946	0.828	4.137
44	关于《沈园二首》的次序及异文问题	余祖坤	北京师范大学文学院	绍兴文理学院学报	2008-9-28	2012-1-30	1219	1	47	0.0082	0.11567	1	4.124
45	论放翁词与三国事	陈桂声	苏州大学文学院	苏州大学学报	2009-1-20	2012-1-30	1105	0	53	0	0.14389	0.937	4.081
46	浅论陆游晚期诗歌创作的特点	崔凯	四川大学文学与新闻学院	天府新论	2009-6-15	2012-1-30	959	0	100	0	0.31283	0.744	4.057
47	入幕边塞:陆游接受岑参的新契机	刘春霞	广东广播电视大学文法系	山西师大学报	2010-1-25	2012-1-30	735	0	85	0	0.34694	0.681	4.028
48	山盟虽在 锦书难托——陆游《钗头凤》词赏析兼论其本事	范新阳	淮阴师范学院中文系	名作欣赏	2008-9-1	2012-1-30	1246	0	328	0	0.78973	0.2	3.99
49	张镃《南湖集》成书考	曾维刚	兰州大学文学院	文学遗产	2011-9-15	2012-1-30	138	0	34	0	0.73913	1.218	3.957
50	陆游南郑期间诗歌创作风格变迁及其诗学意义	王伟	陕西理工学院文学院	名作欣赏	2011-8-1	2012-1-30	182	0	45	0	0.74176	0.2	3.942
51	中兴诗人对柳宗元诗歌的接受——以陆游为例	杨再喜	湖南科技学院中文系	兰州学刊	2009-11-15	2012-1-30	806	0	82	0	0.30521	0.635	3.94
52	论陆游序文中的文论思想	赵永平	广西师范大学文学院	理论月刊	2010-8-10	2012-1-30	538	0	39	0	0.21747	0.704	3.921
53	重释"尽拾灵均怨句新"——论陆游与屈原的关系及陆诗"怨"的特点	张毅	复旦大学中文系	兰州学刊	2008-4-15	2012-1-30	1385	1	105	0.0072	0.22744	0.635	3.87
54	浅谈私人藏书家陆游	王树平	西南民族大学	天府新论	2009-6-15	2012-1-30	959	1	34	0.0104	0.10636	0.744	3.861
55	陆游碑志文史料价值辨正	李强	复旦大学中文系	兰州学刊	2007-8-15	2012-1-30	1629	1	118	0.0061	0.21731	0.635	3.858
56	《剑南诗稿》版本考述	王永波	四川省社会科学院文学研究所	中华文化论坛	2011-11-25	2012-1-30	67	0	4	0	0.1791	0.667	3.846
57	从陆游的"戏作"看其诗歌创作的幽默调侃风格	王德明	广西师范大学文学院	中国文学研究	2008-4-30	2012-1-30	1370	1	106	0.0073	0.23212	0.581	3.82
58	论陆游的佛教思想	伍联群	四川大学文学与新闻学院	船山学刊	2007-04-25	2012-1-30	1741	7	215	0.0402	0.37048	0.333	3.744
59	梅花三弄别样情——陆游、王安石与卢梅坡咏梅诗之比较	刘建龙	山西财贸职业技术学院	名作欣赏	2007-4-1	2012-1-30	1765	0	310	0	0.52691	0.2	3.727
60	论朱熹山水诗的审美类型	王利民;陶文鹏	赣南师范学院;中国社会科学院文学研究所	中山大学学报	2010-1-15	2012-1-30	745	2	142	0.0268	0.57181	2.106	3.705
61	赵师侠《坦庵词》略论	曹志平	曲阜师范大学文学院	文学遗产	2009-11-15	2012-1-30	806	0	130	0	0.48387	1.218	3.702
62	"汉诗人"河上肇的文化抵抗——《资本论》日本译介者的侧面像	陆晓光	华东师范大学中文系	华东师范大学学报	2007-9-15	2012-1-30	1598	0	92	0.0063	0.17272	1.509	3.688
63	论陆游家庭亲情诗的意蕴与特色	钟一鸣;孙璐	湖北经济学院新闻与传播学系	学习与实践	2010-7-15	2012-1-30	564	0	47	0	0.25	0.391	3.641
64	众芳争妍 胜义纷呈——第四届"远东文学研究"国际学术研讨会纪要	张金耀	复旦大学中文系	天津师范大学学报	2010-9-20	2012-1-30	497	0	14	0	0.08451	1.534	3.619
65	陆游的道教信仰与爱国思想			中国道教	2009-8-15	2012-1-30	898	0	64	0	0.21381	0.364	3.578
66	"唐宋之争"与朱彝尊、查慎行宋诗观探赜	贾文胜	杭州职业技术学院	学术月刊	2011-5-20	2012-1-30	256	0	66	0	0.77344	1.801	3.574
67	三种境界	乐闻	中国社科院文学所	文学遗产	2007-01-15	2012-1-30	1841	0	213	0	0.34709	1.218	3.565
68	钱钟书两篇英文文章所引起的论争	田建民	河北大学文学院	中国现代文学研究丛刊	2007-12-15	2012-1-30	1507	0	151	0	0.3006	1.243	3.544
69	爱在离别时——《钗头凤》文化价值刍议兼谈诗歌阐释	郝俊	中山大学学生处	名作欣赏	2008-04-01	2012-1-30	1399	0	155	0	0.33238	0.2	3.532
70	从明代词选看词学观念的演变	丁放;葛旭芳	安徽师范大学中国诗学研究中心	学术月刊	2008-6-20	2012-1-30	1319	4	280	0.0303	0.63685	1.801	3.468
71	身临高处眼自阔 心怀天下别有情——毛泽东、陆游《卜算子·咏梅》词之比较	刘建龙	山西财贸职业技术学院	名作欣赏	2009-11-1	2012-1-30	820	0	65	0	0.2378	0.2	3.438
72	陆游纪梦诗成因浅析	梁必彪	武夷学院中文系	名作欣赏	2008-12-1	2012-1-30	1155	0	84	0	0.21818	0.2	3.418
73	沈园香碎	王彬	鲁迅文学院	名作欣赏	2011-6-1	2012-1-30	244	0	16	0	0.19672	0.2	3.397
74	"宋太祖誓碑"的文献地图	杨海文	中山大学学报编辑部	学术月刊	2010-10-20	2012-1-30	467	2	86	0.0428	0.55246	1.801	3.396
75	关于陆游"除军器少监"的考证	谷敏	中国人民大学清史所	船山学刊	2007-01-25	2012-1-30	1831	0	33	0	0.05407	0.333	3.387
76	奉负胸中十万兵,百无聊赖以诗鸣——读陆游《剑门道中遇微雨》诗	谢超凡	华中科技大学中文系	名作欣赏	2007-9-1	2012-1-30	1612	0	89	0	0.16563	0.2	3.366
77	一代冠冕:韩元吉的诗歌成就及其影响	韩立平	华东师范大学中文系	学术探索	2010-6-15	2012-1-30	594	0	44	0	0.22222	1.005	3.227
78	长向文人供炒栗——作为文学、文化及政治的"饮食"	陈平原	北京大学中文系	学术研究	2008-01-20	2012-1-30	1471	1	313	0.0068	0.63834	1.547	3.192
79	论张镃的诗学活动及其诗歌创作	曾维刚	兰州大学文学院	兰州大学学报	2008-07-28	2012-1-30	1281	9	66	0.0703	0.15457	1.804	3.029
80	古诗两首教学断想	周芳		苏州大学学报	2008-7-20	2012-1-30	1289	0	14	0	0.03258	0.937	2.97
81	试论宋代诗歌的倾向	刘忆萱	四川大学文学与新闻学院	天府新论	2008-12-15	2012-1-30	1141	0	70	0	0.18405	0.744	2.928
82	宋初经学与庆历新学风社会成因探析	张建民	西北大学中国思想文化研究所	江西社会科学	2008-12-25	2012-1-30	1131	1	137	0.0088	0.3634	1.416	2.788
83	高观国赠交游考	徐安琪	华中科技大学中文系	文学遗产	2009-7-15	2012-1-30	929	2	159	0.0215	0.51346	1.218	2.753

序号	论文标题	作者	单位	期刊	发表日期	统计日期	在线天数	被引频次	下载频次	引用因子	下载因子	期刊因子	综合指数
84	郑愁予《错误》还原	秦国	秦皇岛职业技术学院新闻中心	学术交流	2011-05-05	2012-1-30	271	0	52	0	0.57565	1.164	2.74
85	诗性人格与桂馥《后四声猿》杂剧	杜桂萍	黑龙江大学中国古代戏曲与宋金文化研究中心	齐鲁学刊	2011-1-15	2012-1-30	380	0	70	0	0.55263	1.182	2.735
86	两种刚柔相济的严酷美——读毛泽东《卜算子·咏梅》和《沁园春·咏雪》	孙绍振	福建师范大学人文学院	名作欣赏	2008-7-1	2012-1-30	1308	0	216	0	0.49541	0.2	2.695
87	论士人的心理构成对南宋词风的影响	张虹；付红妹	沧州职业技术学院；沧州师范专科学校	河北大学学报	2007-8-25	2012-1-30	1619	4	254	0.0247	0.47066	1.146	2.641
88	论沈德潜的宋诗观	王炜	华中师范大学文学院	武汉大学学报	2009-1-26	2012-1-30	1099	0	208	0	0.56779	1.041	2.609
89	三家《南唐书》传本考	杨恒平	暨南大学中国文化史籍研究所	古籍整理研究学刊	2007-11-25	2012-1-30	1527	2	96	0.0131	0.18861	0.387	2.589
90	唐施肩吾《三住铭》小考	汪登伟	中国道教学院	中国道教	2011-2-15	2012-1-30	350	0	20	0	0.17143	0.364	2.535
91	论毛友、毛开父子诗作及其特色	张福清	韩山师范学院中文系	南昌大学学报	2010-9-30	2012-1-30	487	0	76	0	0.46817	1.058	2.526
92	忧患之诗与安乐之诗——老舍旧体诗创作转型论	李遇春	华中师范大学文学院	福建论坛	2007-07-15	2012-1-30	1660	0	107	0	0.19337	1.27	2.463
93	宋代越地的文化家族——以明郭县是史氏和越州山阴陆氏为中心	高利华	绍兴文理学院学报编辑部	绍兴文理学院学报	2010-11-28	2012-1-30	429	0	37	0	0.25874	1	2.259
94	施宿与"以史证诗"	何泽棠	华南农业大学人文学院中文系	华南农业大学学报	2010-4-20	2012-1-30	650	0	41	0	0.18923	1.068	2.257
95	论唐庚的诗歌创作	黄之栋	浙江大学人文学院	杭州师范大学学报	2011-3-15	2012-1-30	321	0	46	0	0.42991	0.777	2.207
96	陶渊明《饮酒》诗作年考——兼论"享寿复一纪"之年代问题	邓小军	首都师范大学文学院	晋阳学刊	2007-9-25	2012-1-30	1588	2	227	0.0126	0.42884	0.656	2.097
97	崇尚杜诗，推尊宋教——《宋金三家诗选》述略	王宏林	河南大学文学院	中华文化论坛	2009-3-25	2012-1-30	1041	0	83	0	0.23919	0.667	1.906
98	从南宋文人出行记看南宋出行文化	延雄平	淮阴师范学院文学院	青海社会科学		2012-1-30	852	0	59	0	0.20775	0.636	1.844
99	论李清照对杜甫诗歌的接受	章可敦	浙江省台州学院教育学院	名作欣赏	2007-8-1	2012-1-30	1643	0	189	0	0.3451	0.2	1.545
100	历史叙事的形而上学：冯伟林的《书生报国》	许道军	上海大学文学院；巢湖学院中文系	理论与创作	2009-7-15	2012-1-30	929	2	26	0.0215	0.08396	0.439	1.544
101	孔凡礼与宋代文学研究	石钟扬	南京财经大学新闻学系	南京师大文学院学报	2007-12-30	2012-1-30	1492	0	40	0	0.08043	0.452	1.532
102	"谐"与"俗"的协奏——关于诚斋体的闲话	蔡少阳	四川大学文学与新闻学院	名作欣赏	2007-6-1	2012-1-30	1704	0	101	0	0.17782	0.2	1.378

（备注：1. 此表"在线天数"、"被引频次"、"下载频次"均以"中国知网"（www.cnki.net）提供的数据为依据。2. "期刊因子"是笔者同事刘京臣博士依据北京大学、南京大学、中国社会科学院各自的核心期刊评估体系综合而成。3. "引用因子"和"下载因子"是计算表中所列论文自发布之日至统计之日以"天"为单位的平均值，考虑到论文被引用和下载阅读数量突出反映了学界对该论文的关注度，有必要加大两个因子在综合指数中的权重，因此，表中所列引用因子和下载因子暂定为按"天"计算的平均值的 10 倍和 3 倍。4. 根据"陆游"、"放翁"、"剑南诗稿"等词汇在论文标题、关键词和内容提要中出现的位置，分别赋值 3、2、1，视实际情况取其最高值计入综合指数。5. 综合指数是上述各项数值相加得出的结果。）

浏览这个表格，我们至少可以发现这样几个问题：

第一，从事陆游研究的学者阵容比较强大，部分学者在陆游研究方面投入了较大精力。通过统计表我们不难发现，综合指数超过 4.0 以上的论文共计 46 篇，出于 39 位学者之手。其中许芳红 4 篇，陈祖美 3 篇，莫砺锋、高利华、韩立平各 2 篇，杨理论、骆晓倩合作撰写 2 篇，这七位学者当可视为近五年中研究陆游的核心学者，至少说明他们在研究陆游方面所花费的时间和精力较他人为多。刘扬忠、胡传志、刘蔚、陈书录、陈桥驿、夏宇、张宗子、万献初、王志清、林颜瑜、吴玲、墙峻峰、张远林、吕肖奂、倪海权、吕辉、卢晓辉、焦宝、马泓波、刘亮、张毅、赵宏艳、刘侃、肖养蕊、张振谦、余祖坤、陈桂声、崔凯、刘春霞等学者，虽仅有一篇陆游研究方面的论文发表在目录所列期刊上，但或者由于这些刊物本身的声望较高，期刊因子所占比例较大，或因论文下载浏览量较大，下载因子数值较高，其综合指数均超过 4.0，在一定程度上说明这些论文比较重要，或者相对而言比较受关注，同时说明这些学者在陆游研究方面也付出了较大努力。

第二，从研究内容角度观察，综合指数在 4.0 以上的 46 篇论文中，陆游诗歌研究（或兼论其文）

方面的论文21篇,陆游词研究的论文7篇,兼论陆游诗词的论文4篇,陆游诗论研究2篇,陆游思想研究2篇,陆游书法研究1篇,陆游接受史研究2篇,有关陆游研究之研究(书评)2篇,会议综述2篇,其他对《放翁家训》、《老学庵续笔记》等方面的研究2篇。很显然,学界在陆游诗歌研究方面投入的力量最大,研究成果几近半数。这说明,陆游作为一位著名爱国主义诗人的地位还是牢不可破的。同时,对陆游词的研究也比较重视,相关成果较诗歌以外的其他体裁为多。说明陆游的词作数量虽然不是很多,但在词史上有其重要地位,兼之像《钗头凤》这样知名度极高的作品,其著作权问题时有争议,那么对陆游词研究的热度就一定会继续下去。总之,通过这个表格我们可以看出,学界在陆游研究相关方面投入的力量与陆游在各类文体方面所取得的成就是相匹配的。

　　第三,指数在3.0至3.99之间的论文,其中有18篇是研究陆游之作。这些文章的综合指数略低于前述46篇,主要是由于期刊因子数值较低造成,例如其中8篇出自《名作欣赏》,而该刊的影响因子仅有0.2。但是,一个刊物的办刊宗旨、水准高低与具体某篇论文的学术价值并不能相提并论,况且期刊本身的评估体系及评估标准经常处于变动之中。因此,对这18篇文章我们也应该予以高度重视。18篇之中,9篇是围绕陆游诗歌展开的,也占这个指数段的半数,涉及陆游词《钗头凤》和《卜算子·咏梅》的赏析与研究者3篇,所占比例为诗歌研究的三分之一。另有6篇分别涉及陆游的文论、藏书、碑志、《剑南诗稿》版本、陆游的佛教思想及有关陆游"除军器少监"的考证等,这些方面的研究内容均不见于前述46篇论文中,极大地拓展了陆游研究的范围,因而也具有相当的重要性。但同时也说明,这些方面的研究属于陆游研究中的冷门领域,关注度较低,引用因子和下载因子都不是很高,再加上期刊本身影响因子较低,所以才会出现排列次序靠后的情况。

　　第四,像《名作欣赏》这样的刊物,虽然从学术角度而言,该刊属于普及性读物,纯学术价值略低,但不可否认,这类刊物的读者群体和阅读需求大于其他纯学术刊物。发表于《名作欣赏》的文章,无论是偏重于作品赏析性的文章还是偏重于分析论述性的文章,源于下载频次高而导致的下载因子数值都较高,也因此导致这些文章的综合指数比较可观。这说明,兼具学术性和普及性的文章从读者角度而言,其获得认可程度往往大于专业性较高的纯学术论文。

　　第五,综述类文章的综合指数一般较高。莫砺锋《实证与理论并重　严谨与灵动共存——纪念陆游诞辰885周年暨陆游与鉴湖国际研讨会学术总结》、李建英《陆游诗研究综述》、汤江浩《中国武夷山陆游国际学术研讨会召开》等篇章都具有较高的综合指数。这个现象说明,学者们一般将综述类文章视作快速获取某领域研究信息的便捷途径,因而会优先阅读这类文章,导致这些文章的下载因子数值较高。而从信息检索的角度而言,则是因为综述类文章较一般论文含有更多人名、地名、机构名、作品标题等易检索信息,容易被网络数据库用户查询检索出来而下载,这种特性是此前纸媒体所不具备的。

　　第六,与综述类文章有类似之处,论文内容是以两个以上作家为研究对象者,其指数一般较高。胡传志《天放奇葩角两雄——陆游与元好问诗歌比较论》,许芳红《诗显而词隐　诗直而词婉——从陆游、辛弃疾、姜夔的咏梅诗词解读诗词互渗》和《论唐宋词对南宋诗的渗透——以范成大、陆游、姜夔为中心的初步探讨》,韩立平《同岑异苔:陆游、杨万里诗坛地位考索》,杨理论、骆晓倩《"先生诗律擅雄浑"——陆游接受梅尧臣的一个独特视角》,张毅《回归历史情境来观察——从陆游接受史的角度理解钱锺书〈谈艺录〉的陆游批评成就》等论文的综合指数较高,文章标题中含有两个以上的著名作家名称应该是重要因素之一。如胡传志文将陆游与元好问进行比较,论文本身立意新颖,二者确有可资比较之处。而从数据库检索查询的角度而言,陆游和元好问都是文学史研究中的热点作家,学界中研究这两个作家的学者都会查询到这篇论文而下载阅读,其下载因子高达1.0089;许芳红《诗显而词隐 诗直而词婉——从陆游、辛弃疾、姜夔的咏梅诗词解读诗词互渗》因标题中有三个著名作家,下载因子更高达1.5394。这显然是这两篇论文综合指数高居榜首的重要因素之一。这个现象提示我们,在网络数据库主导学术资料获取与阅读的时代,比较研究、群体研究等研究目标为非单一对象的论文更易在传播中获得某种优势。

第七,并非在标题中标明研究某人某作品的论文才是对某作家作品的研究,以其他作家或作品为主要研究对象的论文中有可能部分涉及到另外的作家作品,而这些研究同样是这"另外"作家作品研究的重要组成部分。以陆游研究为例,上表中所收论文,如顾友泽《论宋代南渡诗歌的历史地位》,王利民、陶文鹏《论朱熹山水诗的审美类型》,贾文胜《"唐宋之争"与朱彝尊、查慎行宋诗观探赜》,丁放、葛旭芳《从明代词选看词学观念的演变》,韩立平《一代冠冕:韩元吉的诗歌成就及其影响》,王炜《论沈德潜的宋诗观》,王宏林《崇尚杜诗 推尊诗教——〈宋金三家诗选〉述略》,石钟扬《孔凡礼与宋代文学研究》等,除顾友泽文与陆游诗歌有比较明显的联系外,其他论文有关陆游的研究观点至少在通行的陆游研究综述类文章中是很难看到的,这实在可以看作是传统学术综述的一个盲点。而利用网络数据库的查询检索,我们发现,这些论文固然其研究重点并非陆游,但是它们也或多或少地探讨了陆游研究中的某些侧面,仅就陆游研究而言,也具有不可替代的学术价值。例如韩立平《一代冠冕:韩元吉的诗歌成就及其影响》,认为韩元吉得叶梦得指授,复影响陆游等中兴诗人,诗风薪向"腴润",对南宋诗坛"唐音"复归起了导夫先路的作用。这显然有裨于研究陆游的诗学渊源。丁放 葛旭芳《从明代词选看词学观念的演变》指出,明代著名词选《古今词统》选词数量位居前十位的词人中,辛弃疾、刘克庄、陆游、苏轼、黄庭坚分列于第一、五、六、八、九位,足见其对豪放词的推崇,对于研究陆游词作在明代的影响颇具启发意义。又如贾文胜《"唐宋之争"与朱彝尊、查慎行宋诗观探赜》一文认为清查慎行以宋诗为尊,诗学苏轼、陆游,尊宋而不废唐,兼法唐宋,以高超的创作成就使"浙诗派"呈现出独特的宋诗特质。这对于探讨陆游对清诗的影响显然也是有所帮助的。这些研究,虽非陆游研究的主战场,但其涉及陆游的研究视角和相关观点,仍具有重要启示意义。

列表中所示陆游研究的热点也可以揭示出未来若干年内陆游研究的发展趋势。首先,对陆游诗词的研究在过去的 5 年中占据着陆游研究的大半个江山,是陆游研究中的重中之重,可以想见,未来仍将延续这一趋势。第二,比较研究应视为未来陆游研究的重要发展方向之一,胡传志、许芳红、韩立平、刘建龙等人的论文揭示出无论是不同作家之间的比较,抑或不同文体之间的比较,都在一定程度上代表了陆游研究的一个重要方面,极易受到学界的关注并得到进一步发展。第三,关于陆游作品的渊源、传播与接受研究,上表中列出刘扬忠、焦宝、杨理论、骆晓倩、张毅、刘春霞、杨再喜等七位学者撰写的 6 篇论文,综合指数均在 3.9 以上,说明无论是陆游接受前人(如岑参、柳宗元、梅尧臣),或是后人接受陆游(如钱锺书),都堪称是陆游研究的热点,这种状况在未来若干年内仍将继续下去。第四,结合地域文化研究陆游的文学创作也应是未来陆游研究的一个方向。家族和地域文化研究本是近年来学术界的热门课题,但有关山阴陆氏家族的研究,上表中仅有高利华《宋代越地的文化家族——以明州鄞县史氏和越州山阴陆氏为中心》1 篇,因而显得弥足珍贵,说明这方面的研究任重而道远。吕辉《陆游川陕时期诗歌抒情特色》、许芳红《杜陵诗在得其骨 贺鉴湖老荒此身——陆游镜湖诗词析论》、高利华《陆游隐逸词的地域人文渊数》、赵宏艳《陆游会稽山诗论析》、王伟《陆游南郑期间诗歌创作风格变迁及其诗学意义》等论文,则程度不同地涉及陆游生活的不同地域与人文环境对其诗词创作的重要影响,综合指数均在 3.9 以上,受到学界较高程度的关注,说明这方面的研究仍将继续下去。

与此同时,我们也可以通过这个统计发现另外一些问题:

其一,对陆游的研究力度还远远不够。五年时间仅在核心期刊上发表了不足 70 篇论文,这对于像陆游这样级别的作家而言显然是不能令人满意的。除《绍兴文理学院学报》这个陆游家乡的学术阵地以外,5 年来只有《文学遗产》发表过 4 篇陆游研究的论文,《社会科学战线》发表过 2 篇论文，1篇会议报道。像《文学评论》这样专门的文学研究期刊仅有顾友泽《论宋代南渡诗歌的历史地位》一文中部分涉及陆游研究，严格而言未发表过一篇专门研究陆游的论文。超过三分之二的核心期刊5年间从未发表过陆游研究方面的文章。可见，学界同仁仍需加大努力力度，进一步推动陆游研究向更广且深的领域拓展。

第二，就陆游研究的各个方面而言，陆游诗歌研究热度最高，固然反映了陆游诗歌在文学史上的崇高地位，但同时也反衬出有关陆游其他方面的研究相对薄弱。例如，陆游不仅是一个诗人、词人，还是一名历史学家，陆游之史学是浙东史学的重要组成部分，而5年来核心期刊上未见一篇探讨陆游史学成就的论文。陆游的影响与接受研究虽有三篇论文，但显然与陆游的崇高地位和巨大影响相比，还远远不够。陆游在元、明、清三代都有程度不同的影响，例如元人方回及其《瀛奎律髓》对陆游的律诗有较多的选录和精当的评价，元人盛如梓《庶斋老学丛谈》有多处评论陆游的文字，然迄今对此有深度的研究还不多见。明人对陆游的评论虽相对较少，但也并非空白。清人尊宋诗，有关陆游的研究资料甚多，如晚清陈衍《宋诗精华录》选录宋诗六百八十八首，陆游入选五十三首，仅次于苏轼与杨万里而位居第三。凡此均缺乏系统的研究。关于陆游生平资料及作品的整理，属于陆游研究的基础性工作，于北山、欧小牧、钱仲联诸先生已经作了了大量工作，也需要时贤在前辈学者的基础上有所提高。这些方面的研究在5年来的核心期刊上未见踪影，不能不说是令人遗憾的。

最后有两个小问题需要特别说明：

第一，并非指数越高，就一定代表该论文的学术价值越高。本文及其所使用的方法，仅是从一个侧面考察近5年来的陆游研究，考察有关陆游研究的学术成果发布在哪些媒体（刊物）上，其被引用和阅读的情况如何，哪些学者发表了较多的相关成果，可以视作近年来陆游研究的核心学者，哪些类型的论文下载量较大，比较受人关注，等等。这些因素虽然可能与学术价值有某种程度的关联，但却不能在二者之间简单地画上等号。另外，陆游与其他作家研究指数的比较，应能够从更为宏观的视野考察学术界在不同作家研究力量方面的分布情况，限于时间，当在稍后的报告中予以探讨。

第二，关于下载量的统计是以"中国知网"提供的数据为依据。严格说来，这是一个以偏概全的方法，并不能代表某篇论文的实际阅读量。事实上，在传统纸媒体和网络并行的今天，一篇论文的传播有多种渠道。从读者角度而言，既有习惯于阅读纸质期刊的读者，也有可能通过"知网"以外的网络媒体得到阅读权限的读者，而这些阅读均无法计入"中国知网"的下载阅读量。但是，从另外一个角度而言，"中国知网"毕竟是目前最具权威性的学术产品电子版的传播渠道，该网关于引用和下载次数的统计具有相对科学性。换言之，一篇在"知网"上下载量较大的论文，应该也是事实上比较受关注的论文。

第三，笔者限于学术视野及难以定量考察等因素，近年来有关陆游研究的专著不在本文考察之列，敬希读者谅解。

（作者单位：中国社会科学院文学研究所）

关于陆游的夜雨诗

——以"夜里听雨"的主题为中心

[日本]三野丰浩

内容提要：陆游的《剑南诗稿》收录不胜枚举的咏雨诗。它们不但数量很多，而且内容和形式也丰富多采。可以说，陆游咏雨诗的世界就是整个陆游作品世界的缩图。这里，以陆游抒写"夜里听雨"的诗为中心，试论陆游夜雨诗的概貌和发展过程。

关键词：陆游；《剑南诗稿》；咏雨；夜雨；听雨；夜里听雨；焚香；作诗

前　言

南宋伟大诗人陆游的《剑南诗稿》收录不胜枚举的咏雨诗，[①]其中也有他的代表作；例如《剑门道中遇微雨》、《临安春雨初霁》、《十一月四日风雨大作》等等。陆游的咏雨诗不但数量很多，而且内容和形式也丰富多采，好像是以"下雨"为主题的变奏曲似的。可以说，陆游咏雨诗的世界就是整个陆游作品世界的缩图。至少，它们占有陆游作品世界中不可忽视的一部分。张大烛先生在《论陆游诗歌"雨"意象的审美内涵》里说："这些咏雨诗，或即雨写景，或状物抒怀，有着丰富的雨貌风情和博达的思想情怀。"[②]

可是，陆游的咏雨诗实在太多了。所以这里限定对象，以最多次出现的夜雨诗为研究题目。无论说，抒写夜雨的时候被着重的不是视觉的因素，而是听觉的因素。陆游在他的夜雨诗里屡次抒写"夜里听雨"的情况，这无疑是陆游夜雨世界的一大特征。以下，以陆游的这种作品为中心，试论陆游夜雨诗的概貌和发展过程[③]。

一、东归以前的夜雨诗（初期）

作为代表南宋的大诗人，陆游和北宋的苏轼并称为"苏陆"，其成就可以与唐代的"李杜韩白"相比。在南宋诗坛，他就是中兴四大家"尤杨范陆"之一，负有盛名。但是，与文学上的成就相反，他作

---

① 参看[日本]吉川幸次郎《宋诗概说》(岩波书店1962年版)的序章第十二节、[日本]小川环树《陆游》(筑摩书房1974年版)的一节《静寂・默想・雨》等。

② 参看《放翁新论》(海峡文艺出版社2009年版)第249页。据张先生所说，陆游咏雨诗的思想内涵主要有三种；一是"抗金复国的理想寄托"，二是"壮志难酬的情感抒发"，三是"民胞物与的情怀写照"。

③ 关于陆游的生平，主要参看《宋史・陆游传》、于北山先生《陆游年谱》(上海古籍出版社1985年版)、钱仲联先生《剑南诗稿校注》(上海古籍出版社1985年版)附录《陆游年表》等。

为官员的经历是非常不幸而不遇的。在南宋初期，秦桧等投降派掌握朝政的情况下，他果敢地主张恢复失去的国土，解放沦陷的人民，时时作诗而抒发自己的感慨和抱负。他一生坎坷的主要原因就在这里。

绍兴二十八年（1158），陆游为福州（属于福建）宁德县主簿，初入仕途，时年 34 岁。以后大约八年之间，他浮沉宦海。……乾道二年（1166）五月，陆游被罢了官，回到山阴（浙江省绍兴），时年 42 岁。[①] 以后，他在山阴过了大约四年的闲居生活。

乾道四年（1168），陆游在山阴写了五律《闻雨》，时年 44 岁：

慷慨心犹壮，蹉跎鬓已秋。百年殊鼎鼎，万事只悠悠。不悟鱼千里，终归貉一丘。夜阑闻急雨，起坐涕交流。（卷 2）[②]

在现存的陆游诗里，这首诗大概是最早抒写"夜里听雨"的作品，[③]所以在这里，从这首诗开始谈谈陆游的夜雨诗。朱东润先生的《陆游选集》（上海古籍出版社，1962 年版）收录这首诗，解释说："作者身在故乡，对于个人的前途，感觉到茫然，中间四句，不免流露颓唐的情绪。但是篇首'慷慨心犹壮'，说出思想的出发点，完全为的国家，而最后两句，更指出在急雨的夜阑，自己掉眼泪，止是为的时光已过，还没有对于国家做出应有的贡献。前后八句结合起来，正看出一位爱国志士的热情和苦闷。"夜阑人静的时候，不能入睡的诗人忽然听到外面的雨声。它触发诗人的激情，让他流泪。这里的夜雨就是诗人逆境的象征，也是诗人悲愤的表现。作为陆游的爱国诗，这首诗无疑是初期的代表作之一。可是，作为"夜里听雨"的诗，这只是出发点；因为夜雨的表现很简单，只说"夜阑闻急雨"，而且诗歌的主题并不是夜雨本身，而是诗人壮志难酬的感慨。加之，诗题也不是"听雨"（自觉地，能动地听着下雨的声音），而是"闻雨"（没有自觉地，受动地听到下雨的声音）。可见，那时候的陆游还没有自发地"听夜雨"的习惯。

乾道六年（1170）闰五月，陆游离开山阴，赴夔州通判任，时年 46 岁。十月，陆游抵夔州（属于四川）。乾道八年（1172）正月，陆游离开夔州，三月抵南郑（属于陕西），在四川宣抚使王炎的幕府任职。那时候，王炎正在准备收复长安（陕西省西安），陆游也积极参加备战。陆游呆南郑的时间不长，大概半年左右。但是对陆游来说，这段时期的生活特别充实，后来成了永远难忘的回忆。[④]……可惜好梦不长，到了九月，王炎被召回朝，幕僚星散，陆游也被调为成都府路安抚使参议官，十一月离开南郑，岁末抵成都（属于四川）[⑤]。

乾道九年（1173）春，陆游在成都写了七古《三月十七日夜醉中作》，时年 49 岁：

前年脍鲸东海上，白浪如山寄豪壮。去年射虎南山秋，夜归急雪满貂裘。今年摧颓最堪笑，华发苍颜羞自照。谁知得酒尚能狂，脱帽向人时大叫。逆胡未灭心未平，孤剑床头铿有声。破驿梦回灯欲死，打窗风雨正三更。（卷 3）

朱东润先生《陆游选集》收录这首诗，解释说："他（陆游）想到从前到过东海，去年到过南郑，生活都有意义，可是今年只能在残破的驿舍中，度这凄风苦雨的一夜。广大的沦陷区还在敌人手中，床头孤剑跃跃欲动，发出冲击的声音，但是自己只能借酒浇愁。无限的悲愤涌现纸上。"这首诗里充

---

① 《宋史·陆游传》："言者论，游交结台谏，鼓唱是非，力说张浚用兵，免归。"

② 就是《剑南诗稿》的卷数，以下同。

③ 写《闻雨》以前，陆游在福州写了七律《雨晴游洞宫山天庆观，坐间复雨》，还有其他的咏雨诗。但是，在那些作品里，还没有出现"夜里听雨"的表现。

④ 参看朱东润先生的论文《陆游在南郑》（《陆游研究》，中华书局 1961 年版）、《陆游传》（上海古籍出版社 1960 年版）的第七章《生的高潮诗的高潮》等。

⑤ 陆游经过剑门关的时候，写了七绝《剑门道中遇微雨》，时年 48 岁。这是陆游咏雨诗的杰作，可是并不是"夜里听雨"的作品，所以这里不讲。参看钱钟书先生《宋诗选注》（人民文学出版社 1958 年初版）等。

满诗人的激情,尤其是末尾两句悲愤激昂,"打窗风雨正三更"比上述《闻雨》的"夜阑闻急雨"更激烈。

淳熙元年(1174)夏,陆游在蜀州(属于四川)写了杂古《雨声》。时年50岁:

> 暑气满天地,薄暮加烦促。清风吹急雨,集我北窗竹。竹声萧萧固自奇,况得雨声相发挥。令人忽忆云门寺,半夜长松堕雪时。(卷5)

在夏天的旁晚,特别闷热的时候,忽然下起雨来了,雨滴劈里啪啦地落在竹叶上,发出美妙的声音。多么好听,多么舒服! 那样的夜雨声音,让诗人回忆自己在云门寺读书的时候……跟上述两首不同,这首诗的题目是"雨声"本身,而且在这里,诗人自觉地听着夜雨,欣赏它的声音。后来,陆游时常抒写落在各种植物叶子(竹叶、莲叶、芭蕉叶等)上的雨声,这首诗大概是最早的例子之一。不过,把它比较诗人晚年的更成熟的夜雨诗,在内容和表现上可能还有不足的地方。

淳熙四年(1177)冬,陆游在成都写了五律《枕上》,时年53岁:

> 枕上三更雨,天涯万里游。虫声憎好梦,灯影伴孤愁。报国计安出,灭胡心未休。明年起飞将,更试北平秋。(卷9)

朱东润先生《陆游选集》收录这首诗,解释说:"陆游在失眠中想到自己虽有杀敌的决心,但是没有杀敌的机会,希望明年再到前线,参加对敌作战。"看起来,这首诗的表现比较稳定,没有上述《闻雨》那样悲伤,也没有上述《三月十七日夜醉中作》那样激烈,可是作品的情调仍然低沉。带着"孤愁"的诗人不能入睡,在寂寥的夜雨中,还思谋着如何实现"报国"和"灭胡"的悲愿。这也是很有名的爱国诗。可是,作为夜雨诗来看,恐怕还没有特色。虽然开头说"枕上三更雨",但是它并不是作品的主题,只是诗人感慨的伴奏,而且这首诗没有夜雨声音的具体表现。陆游在蜀八年,还有不少咏雨诗,可是它们的特色和上述四首大同小异,所以这里不讲了[1]。

二、从东归到淳熙末年的夜雨诗(中期)

淳熙五年(1178)春,陆游奉诏还朝,离成都东归[2]。秋抵临安(浙江省杭州)召对,除提举福建路常平茶盐公事,暂归山阴。同年十月,陆游写了七绝《冬夜听雨戏作》,时年54岁。二首之一云:

> 少年交友尽豪英,妙理时时得细评。
> 老去同参惟夜雨,焚香卧听画檐声。(卷10)

诗人听着初冬的夜雨,回忆过去。他说:"年轻的时候,我与不少朋友交往。[3] 他们都是有抱负的才俊,我可以跟他们时常谈谈玄妙的道理。……但是现在,我年老而回到故乡,那些朋友们都离开我了,可以交往的只有夜雨了!"可见,那时候的陆游多么孤独,多么寂寞。从此以后,陆游的夜雨诗开始变化。可以说,这就是陆游夜雨诗的转折点。而我们应该注意,这首诗大概是在现存陆游作品里第一次抒写"焚香听夜雨"的作品。[4] 二首之二云:

> 绕檐点滴如琴筑,支枕幽斋听始奇。
> 忆在锦城歌吹海,七年夜雨不曾知。(卷10)

"点滴"是在陆游咏雨诗里常见的词语,就是雨滴的意思。听着滴答的雨滴声音,诗人觉得:"它

---

① 淳熙四年三月,陆游在成都写了七律《夜闻雨声》。同年九月,写了五律《暮秋》,二首之二有"听雨潇湘夜"一句。同年十月,写了七律《夜雨有感》,等等。

② 在东归途中,陆游写了七律《醉书》,其中有"高枕窗边听雨眠"一句。

③ 关于陆游的交游关系,参看孔凡礼先生的《陆游交游录》(《孔凡礼文存》,中华书局2009年版)。

④ 单独地抒写"焚香"的例子,早在入蜀以前。隆兴二年(1164),陆游在镇江写了七律《逍遥》,其中有"午坐焚香常寂寂"一句。还有乾道二年的七律《烧香》等。

们好像是美丽的音乐似的,我第一次领略了这种声音的妙处啊!"无论说,写了这首诗以前,陆游已经写了许多咏雨诗,所以我认为,这个感慨是特别值得注意的。从此以后,陆游开始更自觉地听听夜雨声音,把它看做可以治疗自己孤独的,也可以了解自己孤忠的知心朋友。可见,陆游在蜀的时候,胸怀壮志,为实现自己的理想而奋斗,还没有宁静地欣赏夜雨声音的工夫。虽然这两首诗题为"戏作",但是其感慨是很认真的。写了这些诗不久,陆游离开山阴,赴建安(属于福建)任。

淳熙六年(1179)秋,陆游离建安任,改除提举江南西路常平茶盐公事,十二月抵抚州(属于江西)①。淳熙七年(1180)四月,陆游在抚州写了七绝《雨夜》(卷12),时年56岁:"两鬓新霜换旧青,客游身世等浮萍。少年乐事消除尽,雨夜焚香诵道经。"同年八月,他又写了七绝《雨夜》(卷12):"庭院萧条秋意深,铜炉一炷海南沉。幽人听尽芭蕉雨,独与青灯话此心。"以上两首诗,与上述《冬夜听雨戏作》同工异曲。这样,诗人和夜雨之间的关系渐渐地亲密起来。淳熙七年冬,陆游奉诏回临安,为赵汝愚所劾,遂归山阴。②淳熙八年(1181)三月,有提举淮南东路常平茶盐公事新命,又为臣僚以"不自检饬,所为多越于规矩"论罢。以后,直到淳熙十三年(1186)春,陆游闲居山阴……

淳熙十年(1183),陆游在山阴写了五绝《移花遇小雨喜甚,为赋二十字》,时年59岁:

　　独坐闲无事,烧香赋小诗。可怜清夜雨,及此种花时。(卷15)

这首诗抒发闲居的乐趣,所谓"闲适细腻"方面的佳作。在日本,马克思经济学者河上肇先生的《陆放翁鉴赏》(三一书房,1949年版)也收录这首诗。这首诗只有二十字,却凝缩地表现出陆游夜雨诗的本质。虽然没有"听"字,但是诗人对夜雨的喜爱之情,溢于言外。

淳熙十二年(1185),陆游在山阴写了五言古诗《夜听竹间雨声》,时年61岁:

　　解酲不要酒,听雨神自清。治疾不要药,听雨体自轻。

　　我居万竹间,萧瑟送此声。焚香倚蒲团,袖手坐三更。

　　人苦不自觉,忿欲投陈生。起歃檐间雨,更与此君盟。(卷17)

这也是"焚香听夜雨"的诗。夜阑人静的时候,诗人焚香,袖手而听着落在竹叶上的雨声。上述《雨声》(卷5)已经抒写同样的内容,可是那首诗抒写的还是比较表面的,感觉上的喜悦。这首《夜听竹间雨声》诗,则更进一步地抒写雨声对诗人的精神和身体有怎样的功能,有怎样的效果,还抒写诗人怎样享受它,怎样欣赏它。可见,诗人和夜雨之间的关系,随着时间的经过,越来越密切。日本学者小川环树先生评论这首诗说:"这里的雨声,好像是一种万能药似的。可见,对陆游来说,雨声是除掉忧愁而提高精神的存在,他对此付与特别的意义。"③这首诗的末尾两句特别重要。诗人忽然站起来,微吸雨水而与竹为盟。据说,中国古代有"歃血为盟"的仪式。盟约宣读后,参加者用口微吸所杀牲之血,以示诚意。④这里的"歃雨",其实是代替"歃血"的行为。可见,诗人如何爱竹("此君"是竹的爱称),也如何爱雨。这时候,陆游和夜雨之间的关系已经相当成熟。

淳熙十三年(1186)春,陆游除知严州(属于浙江),赴临安,入见孝宗。这时候,陆游在临安写了七律《临安春雨初霁》,时年62岁:

　　世味年来薄似纱,谁令骑马客京华。

　　小楼一夜听春雨,深巷明朝卖杏花。

　　矮纸斜行闲作草,晴窗细乳戏分茶。

　　素衣莫起风尘叹,犹及清明可到家。(卷17)

---

① 在抚州,陆游还写了《闻雨》、《秋旱方甚,七月二十八夜忽雨,喜而有作》等听听夜雨的诗。

② 《宋史·陆游传》:"江西水灾,奏拨义仓赈济,檄诸郡发粟以予民,召还。给事中赵汝愚驳之,遂与祠。"

③ 参看小川环树先生《陆游》的《静寂·默想·雨》。原文日语。

④ 参看《汉语大词典》第6册,1461页。

这是陆游"闲适细腻"方面的杰作，尤其是三四两句脍炙人口。朱东润先生《陆游选集》收录这首诗，解释说："小楼一联，诗家认为名句，十四字一气贯注，生动有致。"这首诗不仅是陆游的代表作之一，而且是陆游夜雨诗（或听雨诗）的杰作。[①] 暮春，陆游回到山阴，七月赴严州任。……同年秋冬间，陆游在严州写了七绝《即事》：

> 组绣纷纷衒女工，诗家于此欲途穷。
> 语君白日飞升法，正在焚香听雨中。[②]（卷18）

在这首诗里，陆游表达自己的诗歌创作理论。他主张："专心雕琢诗句的诗人，好像纷纷化妆的妇女一样，那样的作法只是一条死胡同罢了。我给您谈谈向白日飞升的办法，那就在"焚香听雨"之中啊！"来到这里，陆游终于认识到"焚香听雨"就是作诗的本源。对陆游来说，雨声不仅是诗歌的材料，而且是诗歌创作本身的一大源泉。虽然这首诗只写"听雨"而没有写"听夜雨"，但是从它的内容可以看出，香火和雨声对诗人创作的重要性。[③]

淳熙十五年（1188）七月，陆游严州任满，还山阴。同年十月，陆游除军器少监，赴临安。淳熙十六年（1189）正月，除礼部郎中，七月，兼实录院检讨官。十一月，被谏议大夫何澹所劾，诏罢官，返故里，时年65岁。此后十三年，多闲居在山阴家中。

三、从绍熙到嘉定的夜雨诗（后期）

绍熙二年（1191）秋，陆游在山阴写了七古《雨声》，时年67岁：

> 雨声点滴朝复暮，中有诗人绝尘句。
> 云门咸池渺千古，断谱遗音此其绪。
> 雨声点滴夜不休，中有羁臣去国愁。
> 九疑联翩湘水秋，忠诚内激涕自流。
> 我今衰病百无念，卧对青灯吐残焰。
> 支床纳息劝寒龟，傍枕长吟笑孤剑。
> 雨声不断睡愈美，窗白鸦啼揽衣起。
> 呼儿烧兔倾浊醅，又倚胡床雨声里。（卷24）

这首诗四句一韵，是一首很独特的古体诗。"雨声"这个词语反复出现，淋漓尽致地抒发诗人在雨夜的感慨。开头四句抒写"诗人"，他听着雨声，写成美好的诗句。其次四句抒写"羁臣"，他听着雨声，悲愤而流泪，这很可能是楚国诗人屈原的形象[④]。其次四句抒写作者自己的衰老和孤独，最后四句抒写在不断的雨声中迎接天亮的情景。在陆游的许多作品里，这首诗可能不太有名，被介绍的机会也不多，可是我认为，在陆游"夜里听雨"的诗里，这首诗有一定的存在感和价值。从这时候起，陆游的夜雨诗又开始变化。

绍熙三年（1192）十一月，陆游写了七绝《十一月四日风雨大作》，时年68岁。二首之二云：

> 僵卧孤村不自哀，尚思为国戍轮台。
> 夜阑卧听风吹雨，铁马冰河入梦来。（卷26）

---

① 元人方回的《瀛奎律髓》卷17《晴雨类》也收录这首诗。参看钱钟书先生《宋诗选注》等。
② 钱钟书先生《宋诗选注》的陆游小传引用这首诗的前两句。
③ 淳熙六年，陆游在建安写了五古《夜香》，其中有"清夜一炷香，实与天心通"两句。可见，对诗人来说，夜香具有提高他的精神而让他集中于诗歌创作的作用。
④ 陆游在《哀郢》、《屈平庙》、《楚城》等作品里缅怀屈原，同情他的忧国之情。

这是陆游"悲愤激昂"方面的代表作。① 开头"僵卧孤村"交代诗人晚年的处境。年老的诗人身体已经衰弱，但是他壮志仍在，听着夜阑风雨的声音，还梦想"铁马冰河"的情景。

绍熙四年（1193），陆游写了七绝《枕上闻急雨》，时年69岁：

> 枕上雨声如许奇，残荷丛竹共催诗。
>
> 唤回二十三年梦，灯火云安驿里时。② （卷27）

前两句说，落在荷叶和竹叶上的夜雨声音特别好听，它让诗人引起诗情。后两句说，夜雨声音让诗人回忆过去。二十三年前就是乾道七年（1171），陆游在夔州通判任的那一年。"云安"是现在的四川省云阳。③ 对陆游来说，在蜀的岁月是永远难忘的回忆。淳熙十四年（1187），他在严州刊刻自己诗集的时候，把它命名《剑南诗稿》，也有纪念这段生活的意义（"剑南"是唐道名，就是"剑阁之南"的意思）。这首诗的内容，和上述《雨声》（卷5）有点儿相似，可是那时候诗人还年轻，正好50岁。可以说，随着诗人年龄的增加，在他的夜雨诗里，回忆过去的因素越来越多，抒写自己衰老的因素也越来越多。

庆元元年（1195）冬，陆游在山阴写了七绝《十月十七日予生日也。孤村风雨萧然，偶得二绝句。予生於淮上，是日平旦大风雨骇人。及予墜地雨乃止》，时年71岁。二首之二云：

> 我生急雨暗淮天，出没蛟鼍浪入船。
>
> 白首功名无尺寸，茅檐还听雨声眠。 （卷33）

这是陆游生日的感慨。诗人说："我在淮河上出生的时候，急雨暗天，海兽出没。……直到晚年，我没有什么功名，仍旧听着茅檐的雨声而睡觉呢。"来到这里，诗人终于回忆自己的诞生。我们不能确认他说的内容是不是实话，可是这不算什么问题。更重要的是，至少陆游自己那样回忆自己的诞生，而那样认识自己和下雨之间的因缘，这一点。庆元三年（1197）五月，陆游的妻子王氏去世，时年71岁。以后，陆游的生活更加寂寞。因为陆游活得很长，所以他的不少亲朋都先他而去世。④随着孤独的深化，诗人和夜雨的盟友关系越来越紧密起来。

嘉泰元年（1201）秋，陆游在山阴写了五古《夜雨》，时年77岁：

> 吾诗满箧笥，最多夜雨篇。四时雨皆佳，莫若初寒天。
>
> 纸帐白于毡，纸被软于绵。枕傍小铜匜，海沉起微烟。
>
> 是时闻夜雨，如丝竹管弦。恨我未免俗，吟讽勤雕镌。
>
> 南朝空阶语，妙出建安前。意谓夺造化，百世莫比肩。
>
> 安知梧桐句，乃复与并传。夜雨何时无，奇语付后贤。 （卷48）

这是一首总结性的夜雨诗。诗人说："我从来写的许多诗，在箱子里充满着。其中最多的就是歌咏夜雨的诗。春夏秋冬，什么时候的夜雨都有好处，可是最有风趣的，还是刚开始寒冷的时候。那时候焚香而听的夜雨声音，好像是美丽的管弦乐似的！"陆游时常以音乐来比喻雨声，参看上述《冬夜听雨戏作》其二。此外，淳熙七年在抚州写的七绝《秋旱方甚，七月二十八日夜忽雨，喜而有作》（卷12）也云："钧天九奏箫韶乐，未抵虚檐泻雨声。"古诗的后半更有趣。诗人说："可惜我还没除掉俗气，作诗的时候仍然雕啄诗句，失掉天然的风趣。"然后，他评论南朝梁代何逊和唐代孟浩然的咏雨诗，称赞它们的妙处；何逊《临行与故游夜别》云："夜雨滴空阶，晓灯暗离室。"王士源《孟浩然

---

① 张大烛先生在他的论文里把这首诗做为"抗金复国的理想寄托"的代表例而介绍。参看上述《放翁新论》250页。还有《秋雨渐凉有怀兴元》三首之三的"忽闻雨掠蓬窗过，犹作当时铁马看"等例子。

② 清人严长明的《千首宋人绝句》卷5收录这首诗。

③ 淳熙七年，陆游在夔州写的七律《自咏》有"将奈云安别驾何"一句。"云安别驾"就是陆游自己。

④ 例如淳熙十四年韩元吉和陆游女儿去世、绍熙元年五子陆子约去世、绍熙四年范成大去世、绍熙五年尤袤去世、庆元六年朱熹去世、嘉泰四年周必大去世、开禧二年杨万里去世、开禧三年张缤和辛弃疾去世等等。

集序》引孟浩然句云："微云淡河汉，疏雨滴梧桐。"这些都是陆游心目中理想的夜雨境地，这首诗无异是夜雨诗的文学论。众所周知，宋人喜欢议论，时常"以议论为诗"，陆游也不是例外。末尾两句说："夜雨什么时候没有呢？我要把奇妙的诗句传给后代。"这句话可能有两层意思。第一层意思就是，把何逊和孟浩然的名句传给后代。第二层意思就是，把陆游自己的夜雨诗传给后代。可见，诗人对历代夜雨诗的造诣很深，而且他对自己的夜雨诗也有格外的爱惜和信心。嘉泰二年（1202）六月，陆游抵临安，修撰国史。嘉泰三年（1203）四月，修史成，请致仕。五月，归山阴。① 从此以后，陆游再也不离开山阴，直到去世的那一年。

开禧元年（1205）闰八月，陆游在山阴写了七律《怀旧》，时年 81 岁：

> 身是人间一断蓬，半生南北任秋风。
>
> 琴书昔作天涯客，蓑笠今成泽畔翁。
>
> 梦破江亭山驿外，诗成灯影雨声中。
>
> 不须强觅前人比，道似香山实不同。（卷 64）

这首诗概括诗人波澜曲折的生涯，可以代表陆游夜雨诗的到达点。建安时代的诗人曹植那样，陆游用"断蓬"来比喻自己。② "琴书昔为天涯客"一句，参看上述《枕上》的"天涯万里游"一句。诗的前半说："我的半生就是为了糊口而奔走的半生。被秋风吹动的断蓬那样，到南北各地去旅游，在那里作了官。从前，我离开故乡，做了天涯的旅客。现在，我回到故乡，过着河边的渔翁一样的生活呢。"五六两句的对偶写得很有趣，"梦破"和"诗成"构成了鲜明的对比。"梦破江亭山驿外"是在蜀时期的回忆，参看上述《三月十七日夜醉中作》的"破驿梦回灯欲死"。"诗成灯影雨声中"是诗人现在的处境，参看上述《即事》《枕上闻急雨》等作品。末尾两句说："不用把我比拟过去的诗人，有的人说我很像白居易，其实，完全不一样啊！"这是富有含蓄的一句话。白居易晚年功成名遂，隐居洛阳，优游自得。与此相反，陆游直到晚年，还追求自己的理想，甘于不遇，所以这样说。③

开禧二年（1206）春，陆游写了五绝《春雨》，时年 82 岁。四首之三云：

> 胸怀阮步兵，诗句谢宣城。今夕俱参透，焚香听雨声。（卷 65）

这也是"焚香听夜雨"的诗。"参透"是透彻地认识、领悟的意思。④ 陆游自负地说："我的胸怀跟阮籍一样脱俗，我的诗句跟谢朓一样清澄。今天晚上，我焚香而听着夜雨声音，把这两种境地都透彻地领悟到了。"阮籍是魏晋之际竹林七贤的代表人物。他为人不羁奔放，不拘礼法，与自号放翁的陆游，可能有共同点。谢朓是南朝齐代的代表诗人，连唐代大诗人李白也喜爱他，思慕他。⑤ 可见"焚香听雨"的效果，终于至此！同年秋，陆游在山阴写了七绝《老学庵北窗杂书》，时年 82 岁。七首之七云：

> 龟常曳尾岂非乐，鹤已铩翎徒自伤。
>
> 造物今知不负汝，北窗夜雨默焚香。⑥（卷 67）。

这也是"焚香听夜雨"的诗。在这首诗的前半，诗人用两种动物来比喻自己，表达出两种矛盾的心情；曳尾的乌龟就是"知足安分"的象征，铩羽的白鹤就是"失意不遇"的象征。陆游一生坎坷，怀才不遇。特别是年轻的时候，奔走各地，饱受折磨。但是他晚年安居故乡，享受天寿，给后世留下了丰富的著作。这样的人生是幸福的呢，还是不幸的呢？回答这个问题是不容易的。大概诗人自己

---

① 《宋史·陆游传》："嘉泰二年，以孝宗、光宗两朝实录及三朝史未就，诏游权同修国史，实录院同修撰，免奉朝请，寻兼秘书监。三年，书成，遂升宝章阁待制，致仕。"

② 曹植《吁嗟篇》："吁嗟此转蓬，居世何独然。"

③ 不过白居易的五绝《夜雨》云："早蛩啼复歇，残灯灭又明。隔窗知夜雨，芭蕉先有声。"这首诗的风格，很像陆游的夜雨诗。

④ 参看《汉语大词典》第 2 册，844 页。

⑤ 参看李白的《宣城谢朓楼饯别校书叔云》《秋登宣城谢朓北楼》等作品。

⑥ 朱东润先生在《陆游的思想基础》里说及这首诗。参看《陆游研究》第 15 页。

也问问自己，那时候自然而然地想到"造物"①（想像上的造物主）。诗人想："我这样的命运是支配万物的造物主所决定的，为了让我写很多好诗，他故意地给我这么不好的命运。现在我明白了，他并没有背弃我呢！"这样想，诗人默默地焚香而听着夜雨声音。可见，这时候的陆游已经达到了"安心立命"的境地。也可见，直到诗人的最晚年，夜雨的声音就是诗人最亲密的知心朋友。

陆游晚年的听雨诗，还有不少。嘉定元年（1208）春，陆游在山阴写了七绝《东窗》（卷75），时年84岁。四首之二云："才薄常为世俗轻，还山力不给躬耕。即今赢得都无事，袖手东窗听雨声。"同年秋，陆游在山阴写了七绝《雨夜》（卷77）："病多渐减灯前课，老甚都忘枕上愁。一段高情谁会得，卧听檐雨泻清秋。"这些都是诗人"知足安分"的表现。写了这些诗的第二年，嘉定二年（1209）年末，陆游在山阴去世。②

结　语

综上所述，陆游夜雨诗的发展过程如下：

一、东归以前（初期）：诗人胸怀壮志，奔走各地，还没有自发地听夜雨的习惯，偶然抒写夜雨的时候也主要抒发自己的苦闷或悲愤，以欣赏夜雨为主题的作品不多。

二、从东归到淳熙末年（中期）：诗人回到故乡，在宁静的环境里领略到夜雨声音的妙处，开始自觉地抒写它。以"焚香听夜雨"为主题的作品，以后屡次出现。随着时间的经过，诗人和夜雨的关系越来越亲密，诗人终于认识到"焚香听雨"是作诗的本源。

三、从绍熙到嘉定（后期）：诗人一直闲居山阴，夜雨诗的表现又开始变化。这时候的夜雨诗，写得更自由自在，淋漓尽致。另一方面，随着诗人年龄的增加，回忆过去的因素和抒写身体衰老的因素越来越多。到了最晚年，总结自己一生的夜雨诗也出现。

陆游一生不得志，到了晚年才实现的"开禧北伐"也归于失败，受了深刻的打击，失意而去世。对那样的陆游来说，夜雨就是最亲密的伴侣。北宋欧阳修说："非诗之能穷人，殆穷者而后工也。"（《梅圣俞诗集序》）我认为，欧阳修评论梅尧臣的这句话，可以应用于陆游身上。可以说，陆游是在坎坷的一生中听着夜雨而成长的"咏雨诗人"。

后　记

为了写成这篇论文，我把《剑南诗稿》看了一遍，可是我的调查可能还不够。在这篇论文里，我主要讲了陆游抒写个人感慨的作品，并没有讲陆游关怀民生的作品（张大烛先生所谓"民胞物与的情怀写照"方面的作品），这是这篇论文的缺点。还有一点。陆游以外的宋代诗人也有很多咏雨诗，只要看看钱钟书先生的《宋诗选注》，我们就可以发现不少作品；例如苏舜钦的《淮中晚泊犊头》、曾巩的《西楼》、苏轼的《饮湖上初晴后雨》、黄庭坚的《雨中登岳阳楼望君山》、秦观的《春日》等等。此外，唐代诗人也有不少咏雨诗；孟浩然的《春晓》、杜甫的《春夜喜雨》、白居易的《夜雨》、李商隐的《夜雨寄北》等等。这篇论文主要讲陆游的夜雨诗，没有讲其他诗人的作品和陆游作品之间的关系，这也是缺点。我要把这些问题做为今后的课题。因为我的水平有限，可能还有不少问题，请大家多多指教。

（作者单位：日本爱知大学文学部）

---

① 关于"造物"，参看［日本］山本和义先生的《诗人与造物》（研文出版2002年版）。这本书主要论述苏轼和"造物"的关系，可是它的内容可以应用于陆游。

② 《宋史·陆游传》："嘉定二年卒，年八十五。"

韩国"酒赋"与中国有关赋作之比较

詹杭伦

内容提要：历史上的韩国文人与中国文人一样，有近似的生活方式，喜欢饮酒赋诗，登高作赋，因而韩国与中国都流传下来一批"酒赋"类作品。本着为中、韩古典文学研究提供"二重证据"的宗旨和思路，本文以韩国《韩国文集丛刊》中的"酒赋"与中国《历代赋汇》等文献中的有关赋作对比阅读，通过比较分析，以展现两国饮酒文化的关联特色。

关键词：韩国；中国；酒赋；饮酒文化

20 世纪以来，中国文学研究的进展一直有赖于新材料的发现与运用。王国维曾说："吾辈生于今日，幸于纸上之材料外，更得地下之材料。由此种材料，我辈固得以据以补正纸上之材料，亦得证明古书之某部分全为实录，即百家不雅驯之言亦不无表示一面之事实。此二重证据法，惟在今日始得为之，虽古书之未得证明者，不能加以否定，而其已得证明者，不能不加以肯定，可断言也。"[①]其实，不仅地下考古发现的是新材料，域外汉籍也同样是不可忽视的新材料。在 1894 年独立之前，韩国以中国为宗主国，主要接受中华文化的影响，通行汉字。保存在韩国的汉籍文献汗牛充栋，韩国文人创作了大量的汉文作品，其中与辞赋学有关的资料非常丰富，但中国学者很少阅读和利用。本着为中、韩古典文学研究提供二重证据的宗旨和思路，本文尝试将韩国的酒类赋与中国相关赋作对比阅读，通过比较分析，以展现两国饮酒文化的关联特色。

清陈元龙（1652—1736）编《历代赋汇·正集》[②]卷一百"饮食类"收录汉邹阳《酒赋》、扬雄《酒赋》、魏曹植《酒赋》（有序）、王粲《酒赋》，晋张载《酃酒赋》，唐皇甫湜《醉赋》（有序）、陆龟蒙《中酒赋》，宋苏轼《浊醪有妙理赋》（以"神圣功用，无捷于酒"为韵）、苏轼《中山松醪赋》、苏轼《酒子赋》（有序）、苏轼《洞庭春色赋》（有序）、张耒《卯饮赋》、李纲《浊醪有妙理赋》（次东坡韵）、李纲《椰子酒赋》，金赵秉文《解朝醒赋》、元好问《蒲桃酒赋》（有序），元朱德润《轧赖机酒赋》（有序）。《历代赋汇》卷十"岁时类"收有宋张耒《人日饮酒赋》。《历代赋汇》卷五十一、卷五十二"典礼类"收有陈江总《劳酒赋》、晋傅玄《辟雍乡饮酒赋》、唐佚名《乡饮赋》。《历代赋汇·逸句》卷一收录晋傅玄《酒赋》。《历代赋汇·补遗》卷十三收录晋袁山松《酒赋》。以上合计有二十三篇赋作，虽然不全（清人所编《赋海大观》可补其缺），但大致可以作为中国明代以前"酒赋"类作品的代表。

韩国民族文化推进会编辑出版的大型丛书《韩国文集丛刊》[③]，收录公元 9 世纪到 19 世纪一千年间的重要文集编成 350 册，是目前收罗最为齐备的韩国文集汇编。从韩国古典翻译院设立的韩国古典综合数据库中，可检索到《韩国文集丛刊》收录有关"饮酒赋诗"的资料有 403 条之多，其中的"酒赋"类作品有五篇，先展示如下，再取中国《历代赋汇》中有关赋作或其他书籍中相关文献加以比较。

① 王国维：《古史新证》，清华大学出版社 1994 年版，第 2－3 页。
② 陈元龙：《历代赋汇》，文渊阁《四库全书》，台北商务印书馆 1986 年影印本。
③ 韩国民族文化推进会编辑《韩国文集丛刊》及其续编，自 1988 年以来陆续由韩国景仁文化社刊行。

一、韩国闵齐仁《酒赋》与中国曹植《酒赋》

　　李氏朝鲜学者闵齐仁(1493—1549)，字希仲，号立岩，骊兴人。李朝中宗十五年庚辰(1520)丙科进士，官至左赞成。其著《立岩集》卷六有《酒赋》一篇，文云：

　　　　粤昔帝王，御世莅民。修郊庙之事，以享乎天地鬼神；作献酬之礼，以通乎列侯诸宾。玄酒肇用于厥初，真醪于是乎亦出。

　　　　其酿也，仪狄创其智，杜康进其法。糅以稻黍之米，泡以白色之水。忽雾合而云蒸，俄冰解而川沸。其气也盎然霭然，氲氲氤氤，熏心酣骨，荡情融神，驱邪秽而尽涤，归天地于一春。其味也甘余少苦，香中多烈，三重既美，九酝益绝，未及唇而齿清，才入口而心悦。故能格神人，乐宾客，扶衰养老，享祀祈福。此帝王所以颐养天下，而为天之美禄者也。

　　　　隆古已远，末流渐溢，争将百药之长，作此丧身之物。若乃殷用耽乐，沉酗不知。初焉玉杯，终滥为池。独夫自满，万民告渴。天命于周，往攻以决。及乎陈后昏荒，踵殷蹈轨。琼宫美女，穷心极意。崇饮纵乐，沉湎日夜。宿醉未醒，玉树歌罢。兹岂非侈长于富，泰生于贵，流连不已，以至颠圮者耶！

　　　　且如傲物之俦，愤世之徒。志尚广达，心隘寰区。脱略世事，漫浪江湖。托冥昏而不返，纵性命而自娱。至如一介腐儒，万里迁客。弟兄南北，风尘满目。渭水春寒，陇草秋白。忘百忧之无由，付一生于醉域。又岂非才高意远，生遭厄难，忘形曲糵，以解愤惋者耶！惟彼章台日暮，杯盘颠倒。甲第春深，弦管激噪。相携百年，共醉千日。譬蚊虫之倏过，羡贤达之足说。

　　　　呜呼！圣人节礼，饮不及乱。彼昏自荒，流而莫返。富贵而醉者，以游衍为乐；厄穷而饮者，以忘忧自适。虽忧乐之有异，则同归于溺沉。茫茫天地，悠悠古今。屈指遐思，仰面长啸。彼滔滔之皆醉，孰超然而独觉。吾将饮惟无量，禁必有节。滴小槽之香醪，拟金丹之灵药。分佳人而共不老，俯吊众醉之生灭。[①]

　　全赋可以分成五段，首段提出酿酒起源于古代帝王行祭祀之礼和外交款待宾客的需要。第二段讲酒的酿造方法，并且从"其气也"和"其味也"两个方面介绍酒能够"格神人，乐宾客。扶衰养老，享祀祈福"的功效。第三段批判后世君主如殷纣王、陈后主沉湎酒精，"争将百药之长，作此丧身之物"，导致亡国之祸。第四段评析社会上"傲物之俦，愤世之徒"酗酒的原因，认为这些人主要是以醉解愁，"忘百忧之无由，付一生于醉域"。第五段议论沉溺饮酒者，皆忘记了圣人"饮不及乱"的教训，酗酒者"滔滔之皆醉"，无人能"超然而独觉"。最后一段正面提出自己的见解，主张饮酒适量，"禁必有节"，这样就可以与佳人同乐而不老，冷眼哀悼酗酒的众人自生自灭。这篇赋采用文赋体裁，但并不回避采用对偶和排比句法，有典雅整饬的风范。柳根《立岩集序》说："公自布衣时擅名词赋，于诗文尤用工，而以典雅为主。"[②]可谓知言。

　　中国曹植《酒赋》前有序云："余览扬雄《酒赋》，辞甚瑰玮，颇戏而不雅，聊作《酒赋》，粗究其终始。"赋曰：

　　　　嘉仪氏之造思，亮兹美之独珍。仰酒旗之景曜，协嘉号于天辰。穆生以醴而辞楚，侯嬴感爵而轻秦。

　　　　其味有宜城醪醴，苍梧缥清。或秋藏冬发，或春酝夏成。或云沸川涌，或素蚁浮萍。

　　　　尔乃王孙公子，游侠翱翔。将承芬以接意，会陵云之朱堂。献酬交错。宴笑无方。于是饮

---

　　① 闵齐仁：《立岩集》卷六，《韩国文集丛刊》，第25辑，第466页。
　　② 柳根：《立岩集序》，《韩国文集丛刊》，第25辑，第393页。

者并醉，纵横謹哗。或扬袂屡舞，或叩剑清歌。或鞶嗷辞觞，或奋爵横飞。或叹骊驹既驾，或称朝露未晞。于斯时也，质者或文，刚者或仁。卑者忘贱，窭者忘贫。

于是矫俗先生闻之而叹曰：噫！夫言何容易，此乃淫荒之源，非作者之事。若耽于觞酌，流情纵逸，先王所禁，君子所斥。①

这篇赋可分为四段，首段简述酿酒之缘起，次段讲酒的特性，三段较详细描写王孙公子嗜酒状况，末段则对饮酒无节作出规诫。将闵齐仁《酒赋》与曹植此赋作一对比，便能发现，齐赋与曹赋在结构上非常近似，换言之，齐赋好似在曹赋基础上的扩充，主要是多出历代帝王酗酒亡国的一段，其他四段则命意类同。显然，闵齐仁在写这篇《酒赋》的时候，曹植赋已经烂熟于胸，成为他写作的一个雏形。宋代赋家张耒曾说："余近读曹植诸小赋，虽不能缜密工致，悦可人意，而文气疏俊，风致高远，有汉赋余韵，是可矜尚也，因拟之云。"②可见曹植赋早就是文赋作家取样的范本。

二、韩国徐荣辅《莲叶酒赋》与中国苏轼《服胡麻赋》

徐荣辅（1759—1816），号竹石，大邱人，官至大司谏。著有《竹石馆遗集》，第七册《杂著》有《莲叶酒赋》，其文云：

维莲洁性，出清水兮。天然去饰，纷可喜兮。田田其叶，翠藕擎兮。敞中而规，反宇形兮。于焉投酝，无谢盎缾兮。伐枚支持，劙绞藉兮。菡萏并蒂，香转写兮。玲珑万窍，吸沉瀣兮。芳馨四达，宿一夜兮。

不沉不挫，汁滓相将兮。匙抄溜溜，不实杯觞兮。歊膏经寸，甜蜜浆兮。水气成冻，酎清凉兮。叶则如故，不损色香兮。

碧筒象鼻，歔已侈兮。椰子生林，远莫之致兮。岂若此酿，易且好兮。清馨芳洁，吾所保兮。非醒非醴，何所名兮。愿起濂翁，共斯方兮。③

这是一篇骚体赋。全赋可分为四段，首段讲莲叶清洁的特性，次段讲莲叶酿酒的方法，三段讲莲叶酒的好处，末段自己喜爱莲叶酒的心情。这篇赋前有一段小序："藕长公作《服胡麻赋》，朱子称其得《橘颂》遗意。予因莲叶酿酒而有会焉，作此殊平平，不满人意。"

南宋朱熹编纂《楚辞后语》，对苏轼的其他赋作不取，唯取《服胡麻赋》，并阐述理由说："《胡麻赋》者，翰林学士眉山苏公轼之所作也。国朝文明之盛，前世莫及。自欧阳文忠公、南丰曾公巩与公三人相继迭起，各以其文擅名当世。然皆杰然自为一代之文，于楚人之赋有未数数然者。独公自蜀而东，道出屈原祠下尝为之赋，以诋扬雄而申原志。然亦不专用楚语，其辑之乱乃曰：'君子之道不必全兮，全身远害亦或然兮。嗟子区区独为其难兮，虽不适中要以为贤兮。夫我何悲，子所安兮。'是为有发于原之心，而其词气亦若有冥会者。它词则（否），唯此赋为近于《橘颂》，故录其篇云。"④其赋云：

我梦羽人，顾而长兮。惠而告我，药之良兮。乔松千尺，老不僵兮。流膏入土，龟蛇藏兮。得而食之，寿莫量兮。

于此有草，众所尝兮。状如狗虱，其茎方兮。夜炊昼曝，久乃臧兮。伏苓为君，此其相兮。我兴发书，若合符兮。

---

① 陈元龙编：《历代赋汇》（文渊阁《四库全书》本），卷一百，第2页上-3页上。

② 张耒：《张右史文集》（《四部丛刊初编》本），卷三，第9页上。

③ 徐荣辅：《竹石馆遗集》，第七册《杂著》，《韩国文集丛刊》，第269辑，第516页。

④ 朱熹：《楚辞后语》（文渊阁《四库全书》本），卷六，第4页。

乃瀹乃烝，甘且腴兮。补填骨髓，流发肤兮。是身如云，我何居兮。长生不死，道之余兮。神药如蓬，生尔庐兮。

世人不信，空自劬兮。搜抉异物，出怪迂兮。槁死空山，固其所兮。至阳赫赫，发自坤兮。至阴肃肃，跻于干兮。

寂然反照，珠在渊兮。沃之不灭，又不燔兮。长虹流电，光烛天兮。嗟此区区，何与于其间兮。譬之膏油，火之所传而已耶！①

苏轼的这篇《服胡麻赋》可分为五段，前有小序："始余尝服茯苓，久之良有益也。梦道士谓余：'茯苓燥，当杂胡麻食之。'梦中问道士：'何者为胡麻？'道士言：'脂麻是也。'既而读《本草》，云：'胡麻，一名狗虱，一名方茎，黑者为巨胜。其油正可作食。'则胡麻之为脂麻，信矣。又云：'性与茯苓相宜。'于是始异斯梦，方将以其说食之，而子由赋茯苓以示余，乃作《服胡麻赋》以答之。世间人闻服脂麻以致神仙，必大笑。求胡麻而不可得，则取山苗野草之实以当之，此古所谓'道在迩而求诸远'者欤？"②读这篇小序可知，苏轼此赋之前三段都在铺叙自己接受梦中道士建议，服用胡麻的故事，最后的两段则抒发议论，以为自己独立特行，与一般世人的生活取向不同。自己的人生与胡麻相似，虽然不敢像明珠在渊、长虹流电那样显赫，但也可以像膏油传火那样发出自己的一份光亮。这篇赋并没有大量借用《楚辞》的词汇，但在"苏世独立"的特性上，朱熹体认出它饶有《橘颂》的遗意。

将徐荣辅的《莲叶酒赋》与苏轼的《服胡麻赋》相比较，可知徐荣辅虽然说他写此赋是受到苏轼之赋的启发，但两赋结构不同，议论的深度也不同。徐赋并没有与苏轼一样，从"独立特行"的角度展开议论。观徐赋结尾说"愿起濂翁，共斯方兮"，相信徐赋在意境上更多地受到的是周敦儒《爱莲说》的影响。

三、韩国曹植《军法行酒赋》与中国徐寅《朱虚侯唱田歌赋》

李朝学者曹植（1501—1572），字楗仲，号南冥，是李氏朝鲜中期一位性理学大家，与李退溪齐名，他主导了16世纪庆尚右道的地域学问。韩国庆尚大学致力于南冥学派研究，于2001年10月在校内建立了南冥学馆，把学校的古书室命名为"文泉阁"，并创建了1000万字以上的南冥学古文献电子数据库。南冥曹植也是一位辞赋大家，在《南溟先生集》卷一有一篇《军法行酒赋》，其文云：

酒犹兵也，不戢将自伐矣。矧乎乐胜则乱，固宜折冲樽俎之列。

独何人兮刘氏子，堂堂气耸之如山。毅然制非常之法，以处夫非常之艰。是直拨乱反正之器，夫岂小丈夫然哉？曾乃祖之好武，慢礼义而不先。酣拔剑而击柱，夫孰宾交之秩秩。

顾家老之既亡，纷众孽之狘狘。母嚚子庸臣憨，邦之危兮杌陧。彼诸吕之睥睨，谓吾家之闺闼。与之夺之自我，又济之以杀戮。焚如突如死如，一室之内，尽是敌国。当是时也，欲以糠秕之礼而制之，比拔山其犹难。循循然俯首而听命，又非朱虚之所安。视盘筵之叫呶，等操戈而入室。奚至于相犹而已，蔓难图矣非日。差差白刃之在腰，奋一击而欲袭。

矧军令之所尚，乃汉氏之家法。是吕氏之所安，亦不忤而见许。俄一人之干令，遽首足之异处。四座相顾而失色，非但股栗而胆亦掉。亦皆曰失酒而可斩，苟犯义者何保？刘氏章者最可畏，吾等谨避而已。

昔也狼戾而虎嘷，今焉稽首而就尸。终吕氏而莫敢谁何，实由于今日之酒，使之屹然镇一

———————
① 苏轼：《东坡全集》（文渊阁《四库全书》本），卷三十三，第11页上、下。
② 同上，第10页下-11页上。

代金汤之险，视绵蕝其何似？是知人不可无义气，无义气男子可烹。

独惜夫汉家之无法，以军法而为侧。王庭非流血之地，刀巨异钟鼓之声。曷若制之以礼，君君臣臣，分如天渊。衽席之犹不可乱，而况于穆穆天子之前。体天险者，无如礼矣。人孰胜夫天哉？一介孤孙，得之则刘，失之则吕。盖亦匹夫之行矣。重叹夫无礼则国亡，刘不吕者幸矣。①

这篇赋在体裁上是文赋，在题材上是一篇咏史赋。全文可分为六段，除了首尾两段之外，都在铺叙发生在汉朝的一段故事：西汉高祖刘邦去世后，吕后专权，吕后娘家人不少人在朝中掌握了大权，这样就引起了刘氏子弟的愤怒。一次，吕后在宫中设宴，出席宴会的有一半是吕氏宗亲大臣。刘邦的孙子朱虚侯刘章怒火中烧，总想寻个发泄的机会。正好吕后命刘章作"酒监"，刘章说："臣将种也，请得以军法行酒！"得到吕后的首肯。席间，刘章叫内侍们不断为吕氏宗亲斟酒，灌得诸人东倒西歪。有一个吕氏子弟实在不胜酒力，拔腿离席而逃。刘章追赶出宫门，一剑砍下他的首级，然后禀报吕后道："有一人逃席，臣已按军法处斩！"吕后一听刘章杀了自己的娘家人，顿时气得浑身发抖，但既然早已同意"酒令如军令"，临阵脱逃之人自然应该斩首，所以吕后只得强忍下这口气，拿刘章无可奈何。②刘章的果敢行动大涨了刘氏子弟的志气，打击了吕氏宗亲的威风，成为刘氏日后夺回政权的转折关键，也在中国文化史上留下了"酒令如军令"的佳话。南冥曹植的这篇赋就是敷衍这段故事而成，他大力表彰刘章的男子汉义气，认为"人不可无义气，无义气男子可烹"。这是在结尾段来一段曲终奏雅，说明"王庭非流血之地，刀巨异钟鼓之声。曷若制之以礼，君君臣臣，分如天渊"。郑仁弘《南溟先生集序》评云："先生平日发之文词也，初不经意，而风驱雷迅，不加点改，奇辞奥意，虽宿儒或不能看透，而霜天新月之气，有心目者皆可见也。此诚美在其中，发于遣辞，自为一种趣味，初非攻文尚辞而然也。"③这种风格在《军法行酒赋》中也可略见一斑。

中国唐末五代作家徐寅有一篇同题材的《朱虚侯唱田歌赋》，其文云：

国不危无以见英智，智不周何以珍奸诡。当汉室之架乱，有刘章之崛起。于是讴甫田，拍清征。

当其吕氏窥鼎，刘宗履冰。社稷骞崩，邦家替凌。咸云吕氏必兴，刘氏不胜。虽诸将之贾勇，终按剑以未能。鲸跃海以须斩，狐居城以暂惊。旋闻玉殿穷欢，琼筵命酒。貂珰皆咸里豪贵，冠盖尽台阶宾友。贤愚但委其天命，纲纪定输于谁手。章欲刮其瑕，涤其垢。摧其凶，破其丑。掌握于龙图凤历，已断前言；纵横其地轴天枢，犹归太后。

朱虚乃誓过颍波，平妖划讹。得则赫功名于日月，失则化蓋粉于干戈。在其诚而不在其众，言于我而不计于他。于时玉爵骙，朱颜配。直气仰按，昌言切磋。曾专执采之功，多能鄙事；粗习贯珠之韵，请唱田歌。歌曰：舜之耕兮稷之植，廓民天而知稼穑。疏其苗而固其带，法于家而象于国。又曰：沮之耕兮溺之耘，灌粢盛兮除芨芬。抉蟊贼兮多稼穑，剪榛芜兮嘉穀分。取厥类兮去非类，谕于臣而象于君。想其倾海未竭，转喉未阕，众愉愉而诡谲，我愤惋而刚烈。怒声彻天地，托雅调以成声；热气煎肺肝，瞬明睟而溃血。

且以酒不罚无以肃否臧，令不正无以决存亡。宣酒令而为君令，假乐章而行国章。犯令者夸尔言而鬼尔族，亡酒者肉尔脸而血尔浆。我唱也不在深耕浅种，我志也克在乎帝业皇纲。俄而烹一吕，禁陆梁。侍坐者汗滴胆碎，傍观者心颠魄狂。吕之强倏尔而弱，刘之弱歘尔而强。不自计之，取兵之举。帝诸刘，虏诸吕。有若乎摧枯拉朽，反似乎平秦破楚。故得告功于圣祖，

① 曹植：《南溟先生集》，卷一，《韩国文集丛刊》，第31辑，第479页。
② 以上据司马迁《史记》（文渊阁《四库全书》本）卷五十一《荆燕世家》改写。
③ 郑仁弘：《南冥先生集序》，《韩国文集丛刊》，第31辑，第453页。

削平乎强御。

则知伏于诚者，须籍于英杰；切于己者，莫先乎子孙。安子孙而总英杰，故能复宗社而正乾坤。向其口不能唱，唱不能言，则国岂定而家岂存者也？余欲编田歌于乐府，上闻于至尊。①

这篇赋在体裁上是律赋，全赋可分成五段，首段介绍刘章，引入题目；次段分析形势，等待机会；三段写刘章唱田歌，言在此而意在彼；四段写刘章军法行酒令，获得翻转形势的效果；末段总结刘章“复宗社而正乾坤”的功劳。作者徐寅是辞赋大家，将其这篇赋作与南冥曹植赋作相比较，在辞藻之铺陈，以及句法整饬、音节响亮诸方面，徐赋可能略胜一筹；但在言简意赅，议论得体等方面，则南冥曹植之赋实更胜一筹。盖徐赋所谈的道理，史家早就说过，读史者人人皆知，而南冥所言则更具个性特色，有理直气壮的学者风范。

《赋海大观》卷二十四有杨兰枝、连瑞瀛和阙名三篇《军法行酒赋》，还有一篇《朱虚侯军法行酒言耕田赋》和一篇《朱虚侯军法行酒言耤田赋》，作者皆阙名。该五篇赋所涉及的内容，不出南冥曹植与徐寅赋作的范围。

四、韩国金光煜《窃酒赋》与中国东方朔《七谏》

金光煜(1580—1656)，字晦而，号竹所，安东人。官至议政府右参赞，升左参赞。所著《竹所集》卷一有《窃酒赋》，其文云：

邈仙山之奇挺兮，崛崎嶵崣兮峻极。锺二气之精华兮，涌千年之灵液。非柳子之葡萄兮，异刘公之椒栢。征至怪于齐谐兮，闻窃饮之有人。仙姿兮道骨，月表兮风神。悟三生之多累兮，愍八苦之难脱。慕赤松之清尘兮，贵真人之休德。愿承风乎遗则兮，饮沆瀣兮飡朝霞。超氛埃而高举兮，历昆仑兮窃蟠桃。飘凯风而薄游兮，爰寄形于刘室。皇厌居于法宫兮，羡往世之得一。

吸以金茎之露兮，漱以华池之泉。香之山兮闻有酒，能畀人以长延。保神明之清澄兮，精醇粹而脱颜。寻至贵而遂徂兮，于以求兮于山间。挹雪乳兮洵美且好，可一椀以通灵。超太行之石髓兮，胜栖溪之琼浆。

信至尊之攸服兮，彼何人若是乎度也。匪皇言之锡爵兮，反如酌之孔取。赪色春浓兮，饮酒壶中者耶；欲学长生兮，偷药嫦娥者耶。才一盌之一吸兮，奄皇怒之斯赫。罪岂止于出羖兮，将不贷乎金木。既式饮乎仙酒兮，皇虽杀兮臣不死；倘未蒙乎明宥兮，夫孰云此药之验异？言则是兮志则高，君亦为之翕受。竟肉骨而生死兮，播美谈兮传后。

噫！神仙之有无兮，自前古而渺茫。岂琼蘂之有征兮，一天地之亡羊。物有始而必终兮，孰久视而长存。何武皇之罔念兮，反左入于异门。财已罄于祀神兮，国亦耗于求仙。肆曼倩之窃酒兮，实寓讽于好诞。心岂在于慢上兮，要以发乎此论。辞简明而圆转兮，竟回聪于沉湎。致末年之易辙兮，悟仙术之妖惑。谁知轮台之一悔兮，由此日之纳约。

然君子之事君兮，贵犯颜而勿欺。何若人之几谏兮，昧謇谔以格非。既无及于闲邪兮，纵眷眷其奚益。与其进言于窃饮之后，曷若沃心于求酒之日。徒能玩世滑稽，而终不能引君当道，则深有愧于作醴之曲糵也。②

这篇赋是骚体，全赋可分五段，铺写的是传说中汉代滑稽之雄东方朔偷武帝酒喝的故事。首段介绍东方朔得佛、道之真传，暂寄身于汉室；次段言酒香山有美酒，可延年益寿；三段描写东方朔窃

① 徐寅：《钓矶文集》(《四部丛刊》三编)，卷二。

② 《韩国文集丛刊续编》，第19辑，第373页。

酒及其巧言辩解的过程;四段议论汉武帝求仙之非;末段叹息东方朔"徒能玩世滑稽,而终不能引君当道"。宋代罗大经《鹤林玉露》有《方朔窃酒》条:"岳阳有酒香山,相传古有仙酒,饮者不死。汉武帝得之,东方朔窃饮焉。帝怒,欲诛之。方朔曰:'陛下杀臣,臣亦不死;臣死,酒亦不验。'遂得免。方朔数语,圆转简明。意其窃饮,以发此论,盖风(讽)武帝之求长生也。"①认为东方朔之所以窃酒,是为了用"圆转简明"的言辞来讽谏汉武帝求长生之非。明代杨慎《汉文》条说:"汉兴,文章有数等。蒯通、隋何、陆贾、郦生,游说之文,宗《战国》;贾山、贾谊,政事之文,宗《管》、《晏》;申韩、司马相如、东方朔,谲谏之文,宗《楚辞》;董仲舒、匡衡、刘向、扬雄,说理之文,宗经传;李寻、京房,术数之文,宗谶纬;司马迁,纪事之文,宗《春秋》。呜呼,盛矣!"②认为东方朔的谲谏之文宗尚《楚辞》。《楚辞》中有署名东方朔的《七谏》篇,王逸解说:"《七谏》者,东方朔之所作也。谏者,正也,谓陈法度以谏正君也。古者人臣三谏不从,退而待放。屈原与楚同姓,无去之义,故加为七谏,殷勤之意,忠厚之节也。或曰:七谏者,法天子有争臣七人也。东方朔追悯屈原,故作此辞以述其志,所以昭忠信,矫曲朝也。"③由上可见,韩国学者对于东方朔不能正面直谏,更多的是予以批评。相比之下,中国学者则较多的是强调东方朔采用的是"谲谏"的方式。

五、韩国金庆余《解衣覆醉赋》与中国阙名《君臣同德赋》

韩国金庆余(1596—1653),字由善,号松厓,庆州人。官至御史。卒赠左赞成,加赠领相,谥文贞。其着《松厓先生文集》卷四有《解衣覆醉赋》,其文云:

> 丹宸日高,黼座香传。三接晋宠,百僚在前。何万乘之锦衣,覆一介之泥醉。推挟纩之深恩,托前星之重寄。桃李应谶,天表其君;化家当年,犹手视臣。驱群雄而驾胡越,万国臣妾;开王业而附太平,武力已毕。

> 尝念创业虽易,守成甚难。鸿图已建,燕谟可媛。嗣王不惠,尚赖匡救之德;辅幼摄政,居多导迪之力。凌烟廿四,谁任其责。詹事有臣,无出其右。庶光武之推心,拟汉廷之调护。

> 于时深宫昼静,万机多闲。鱼水一堂,蔼蔼其欢。歌蓼萧兮咏湛露,永今夕兮何夕;饱以德兮醉以酒,洽上下之同乐。迨汉宫之宴酣,琅舜咨之丁宁。奖输忠于魏王,眷纯臣之惟良。责中山之立孤,勉诸葛之尽瘁。

> 人不待于商颜,指羽翼之已就;感已铭于啮指,饮在□而流洒。俄玉山之自颓,缺喜气于衮冕。不瑕有伤,何锡予之。殷裳之赐,宁待在笥。汉衣之解,此其时矣。

> 锦袍一释,瑞香氤氲。披五采之陆离,加八尺之长身。云霞吐色,疑经帝女之手;黼黻辉煌,更觉尚方之宝。非素丝之五紽,异羊裘之曜曜。岂曰无衣,不如安且吉兮;岂曰无服,不如吉兮燠兮。感极章身,恩深濡首。耸满朝之观瞻,带一时之异数。岂此服之徒覆,要补衮于日后。呜呼!弊袴之藏,必待有功;襦褫之锡,报劳元戎。解御衣于臣醉,超万古之哲后。情无闲于共武,礼不衰于际遇。觊实出于中心,可服之而无斁。

> 谅此举之非常,知大事之有属。刿翦须而和药,尽毫丝之恩泽。然魏俘之□贼,非六尺之可托。何此服之未毁,误闻范于初服。赤仙李之公族,几庙社之不血。抛昔日之负荷,遂不称之人讥。惜文宗之解服,异缁衣之改为。④

---

① 罗大经:《鹤林玉露》(文渊阁《四库全书》本),卷一,第3页上。
② 杨慎:《升庵集》(文渊阁《四库全书》本),卷四十七,第6页上。
③ 王逸:《楚辞章句》(文渊阁《四库全书》本),卷十三,第1页下。
④ 金庆余:《松厓先生文集》,卷四《拾遗》,《韩国文集丛刊》,第100辑,第175页。

这篇赋在体裁上属于骈赋。全赋可分六段，详细铺叙唐太宗优抚大臣李绩的故事。据《新唐书》卷九十三《李绩传》，李绩(594—669)，原名徐世绩，唐高祖李渊赐其姓李，后避唐太宗李世民讳改名李绩。曹州(今山东菏泽)人，唐初名将，一生历事唐高祖、太宗、高宗，出将入相，深得信任。后被封为英国公，为凌烟阁二十四功臣之一。李绩原是李密的部下，李密降唐后，李绩不忘故主，不愿争功，将自己控制的户口和土地造册报送李密，由李密来献给唐朝。此举深得唐高祖赏识，认为："感故主之德，为故主推功，实为纯臣！"于是任命他做黎州总管。李绩有次生病，中医说需要用胡须烧的灰作药引，太宗亲自剪下自己的胡须给他和药治病。贞观十七年，太宗任命李绩为太子詹事，托付给他辅佐太子的重任。在太宗的宴席上，李绩喝醉了，太宗把御服脱下来，盖在他身上，以示恩宠。高宗继位以后，李绩遵照太宗的遗嘱，忠心辅佐，造就了三代君臣合德的佳话。

唐代阙名作者有一篇同类题材的《君臣同德赋》，其文云：

日若稽古巨唐，累圣重光。盛烈贯于千古，英声超于百王。

尔乃群瑞呈祥，众灵叶庆。神降休祉，天垂宝命。凤篆于是荐臻，龟书以之叠映。万姓忻东户之日，一人奏南风之咏。至矣哉！嫩无德而称焉。

臣闻非常之主，必有非常之臣。是以元凯升而唐德茂，稷离用而虞化淳。武丁梦征兮，求版筑之士；文王卜兆兮，得垂钓之宾。岂真星精之诞方朔，维岳之降甫申。故能殷周叹其多士，皇汉歌其得人。

亦有九合称齐，三分号蜀。犹传善政，尚留芳躅。方鸿翼以济时，比鱼水而敦俗。诚小国之边鄙，亦顺时而自足。岂若我圣明之有天下也，总六合以为家，笼八荒而建国。既垂拱而敷化，谅偃兵而兴德。为百代之规模，立万邦之轨则。

于是大君端冕而多暇，群臣奉职而有方。巍巍荡荡，济济锵锵。咸有一德，视人如伤。夔龙在位，鹓鹭成行。君臣同德而均美，圣母临人而永昌。岂徒超五臣而逾十乱，固将六五帝而四三皇。

小臣微浅，才智疎越。滥吹紫庭，献赋绛阙。敢同舆颂，窃为歌曰：元首明哉，股肱良哉。盛德至矣，大业广矣。我一人兮化无穷，临万国兮道既融。同心同德，君圣臣忠。子子孙孙，永代克隆。①

这是一篇律赋，按照押韵可分六段。将其与韩国金庆余《解衣覆醉赋》相比较，两篇赋谈论的虽然都是君臣合德的道理，不过韩国金庆余的赋作注重细节，描写生动；而唐代阙名作者的赋作，虽然句式整齐，音节洪亮，但总觉得有些大言无当，空洞无趣。金庆余之赋确实更胜一筹。在中国文学史上，将君臣之义写得最好的，恐怕还要数宋代范仲淹的《严先生祠堂记》，该文阐述颜先生之节与汉光武之礼，两相配合；与金庆余的这篇赋作，既写李绩之义举，又写唐太宗之礼遇，可谓异曲同工。

小 结

以上将韩国李朝时期的五篇与饮酒有关的赋与中国有关的作品作了简要的对比阅读和分析，从中可得到一些新的认识。韩国的五篇"酒赋"类作品从题材上大致可以分成两类：一类是比较严格意义上的"酒赋"，如闵齐仁的《酒赋》谈到酿酒的历史和酒的功用，以及饮酒的利弊；徐荣辅的《莲叶酒赋》谈到酿酒的材质和酿造的方法；另一类是咏叹中国历史上与饮酒有关的故事，主要讨论与治国有关的政治道理，这些赋在题材上也可以归类为咏史赋。如南冥曹植的《军法行酒赋》，讲的是如何维护刘氏正统政权的问题；金光煜的《窃酒赋》讲的是大臣如何劝诫君主的问题；金庆余的《解

---

① 《历代赋彙》，卷四十一，第4页下-5页下。

衣覆醉赋》,讲的是君臣合德的问题。相比之下,韩国赋家的赋作比中国唐代赋家的赋作说理更为深入一些,而与中国宋代以后说理的赋作接近;中国赋家的赋作则在句式与押韵的方面,比韩国赋家显得整齐和纯熟一些。从赋作的体裁上来看,韩国的酒类赋作有文体赋、骚体赋、骈体赋,中国的相关赋作则除了上三种体裁外,还有律赋。总之,韩国的酒类赋作与中国的相关赋作可谓同出一源而麦秀两歧,各自展露出绚丽的风采。

(作者单位:香港大学中文学院)

《切韵》三等韵 ABC*

——三等韵分类及其声、介、韵分布和区别特征拟测

黄笑山

内容提要：根据声韵分布和演变方向,《切韵》三等韵通常分成 ABC 几类。各类的分布和发展有异,这说明它们语音上存在不同。不同性质的韵母对与之相拼的声母有所选择,这导致了分布的差异,分布的差异又导致不同的演变。所以三等韵的分类是汉语音韵学研究的 ABC(基础)。各类三等韵尤其是重纽的语音差别何在有过较大的争议,通过反切结构分析可以看出反切上字和被切字"类相关"是介音和谐的反映,重纽 AB 两类都用 C 类反切上字的现象可用"呼读假说"来解释。《切韵》系统是由反切下字表现重纽区别的。重纽韵反切下字的舌齿音声母分成两组并与 AB 类唇牙喉分别相应,可以拟测两类三等韵介音来表示这种区分。两类三等韵介音与声母辅音的分组拟测相关联。诸家对《切韵》声母、介音、韵腹、韵尾的结构关系的理解以及不同的拟测,可用区别特征作统一关照。介音是否具有[rhotacized]特征、主要元音是否具有[back]特征、韵尾是否受 DORSAL 部位特征辖制,都直接影响着三等韵的类别、分布和发展,也影响着对声组同各种韵类关系的认识。

关键词：中古音;三等韵;重纽;介音;呼读假说;区别特征

一、《切韵》三等韵的分类

学界通常按分布(声韵配合及韵图表现等)和发展(例如唇音的轻唇化和舌齿化)把《切韵》三等韵分成几类,各类有一些不同的名称,先列如下:

一、普三韵(普通三等韵),下分两个小类:

C1. 子类韵 = 纯三等韵(纯三韵)= C 类,这类三等韵只可以有唇牙喉 11 个声母,没有舌齿音,韵图全都置于三等,故得名"纯"。

C2. 丑类韵 = 混合三等韵(混三韵)= D 类,这类三等韵可以有所有 27 个声母,韵图把齿音(庄组、章组、精组)分别置于二三四等(喻母也分三四等),故曰"混"。

二、重纽韵(寅类三等韵),重纽两类也各有名称:

A. 寅 A 类韵 = 重纽四等韵,其唇牙喉声母韵图列在四等,其唇音后来没有轻唇化,在汉越语中舌齿化了。

B. 寅 B 类韵 = 重纽三等韵,其唇牙喉声母韵图列在三等,其唇音后来保留重唇音。

重纽韵不仅可以拼三等韵能拼的所有声母,同时其唇牙喉 10 个声母(帮滂並明、见溪群疑、晓影)可以同韵、同呼重出,故称"重纽"(详下)。重纽韵的舌齿声母在韵图分布如 C2 类。所以重纽韵 AB 两类放在一起,其分布颇似普三韵 C1 和 C2 两类的合并。

---

* 本文曾在第五届中古汉语国际学术研讨会(芜湖 2005 - 11 - 04~06)上宣读,这次发表作了部分改动。

　　上述分类各家相对一致，但往往同类异名或者同名异类。本文采用 A、B、C1、C2 的分类名称，用"重纽韵"统称 A、B 两类，用"普三韵"或"C 类"统称 C1、C2 两类。

　　各类三等韵的分布和发展有异，这说明它们语音上有不同：不同性质的韵母对与之相拼的声母有所选择，导致了分布的差异，分布的差异作为不同的条件进一步导致不同的类在发展演变上的不同。所以三等韵的分类是汉语音韵学研究的 ABC。

二、重　纽

　　根据《切韵》的体例，一个韵里面的小韵（小纽），如果声相同必定韵母不同。同声同韵而不同小韵其区别在于介音，介音可能造成等第、开合的不同。例如庚韵见纽下"庚－raŋ、觥－rwaŋ、惊－riaŋ、憬－rwiaŋ"分别为开二、合二、开三、合三。不过庚韵里的二等韵跟重纽没有直接关系，下面我们以只有三等韵的支韵为例，来看其中反切形成的对立。

　　表（1）的 a 和 b 两组反切的反切上字分别相同，说明它们的声母相同（表头列出了其声纽，暂用 tr－、tsr－等表示知、庄组，拟测详下），则韵母必不同，两组反切下字"知移宜支"和"垂为危"分组显了韵母的差异，各方面的材料证明 a 组为开口、b 组为合口：

　　（1）

	澄	心	初	禅
a.	驰直知 drie	斯息移 sie	差楚宜 tsʰrie	提是支 dʑie
b.	鬌直垂 drwie	眭息为 swie	衰楚危 tsʰrwie	垂是为 dʑwie

有时候反切上字不同但可能是同类，在表（2）里 a 和 b 组相应反切的反切上字是不同的，但根据反切上字系联，"陟、竹""吕、力""即、觜""所、山""叱、昌""如、人"等上字分别同类：

　　（2）

	知	来	精	生	昌	日
a.	知陟移 trie	离吕移 lie	觜即移 tsie	釃所宜 srie	眵叱支 tɕʰie	儿如移 ȵie
b.	腄竹垂 trwie	羸力为 lwie	劑觜随 tswie	韉山垂 srwie	吹昌为 tɕʰwie	痿人垂 ȵwie

声既同类，则其韵母必不同。根据上文，我们知道用"移宜支"等反切下字的 a 组是开口字，用"为危垂随"等反切下字的 b 组是合口字。

　　有的开口小韵没有相应的合口，有的合口小韵没有相应的开口，判定开合时也可如上一样，根据反切下字归类，例如"移宜支"、"为危垂随"等下字分作两类：

　　（3）

	彻	清	从	邪	章	书
a.	摛丑知 tʰrie	雌七移 tsʰie	疵疾移 dzie		支章移 tɕie	絁式支 ɕie
b.				随旬为 zwie		

　　陈澧《切韵考》正是根据《切韵》一个同音字组（小韵）仅标注一个反切的通例，得出反切上字同类则韵必不同类，反切下字同类则声必不同类的结论。但是《切韵》有的同一个三等韵里，相同的唇

牙喉声母字，开合也相同，却仍有对立。还是看支韵：

（4）

	见	溪	群	疑	晓	影
a.			祇巨支 gie		詑香支 xie	
a'.	羁居宜 kie	敧去奇 kʰie	奇渠羁 gie	宜鱼羁 ŋie	牺许羁 xie	漪於离 ʔie
b.	槻居随 kwie	窺去随 kʰwie			隳许随 xwie	
b'.	妫君为 kwie	亏去为 kʰwie		危鱼为 ŋwie	麾许为 xwie	逶於为 ʔwie

系联反切下字可知，表（4）的 a 组和 a'组都是开口，而 b 组和 b'组都是合口。见、溪两组开口只有一类，但合口有成对的反切；群组开口也有成对的反切；疑纽、影纽开合都只有一类反切，但晓纽则开合都有成对的反切。这样的两两对立区别何在？

中古唇音是不存在开合对立的，但是在这类三等韵里同韵的唇音却仍然有重出对立：

（5）

	帮	滂	並	明
a.	卑府移 pie		脾苻支 bie	弥武移 mie
b.	碑彼为 pie	铍敷羁 pʰie	皮符羁 bie	糜靡为 mie

虽然表（5）的 a 组用"移支"等为反切下字，看似开口；但 b 组用"为羁"作反切下字，并不都是合口。两组的对立显然不在于开合，其区别何在？

在不明区别何在的时候，这样一些三等韵的唇牙喉字同韵、同开合、同声母的"重出小组（小韵）"被称作"重纽"。有些研究者一度认为这种重纽没有任何语音意义（或到中古已没有区别），所以人们就用相同的拟音来表示它们（上面表中的拟音就是如此）。但是，重纽只出现在钝音声母（唇牙喉）里，有重纽的三等韵的元音都不具[back]特征（详下），如此整齐的分布说明了重纽具有很强的系统性；而且凡有重纽的三等韵其唇音在后来发展中都保留重唇（其 A 类在汉越语和晋闻喜方言里演变为舌音），没有重纽的三等韵的唇音则发生轻唇化，不同的演变说明了其语音的差异；中古其他字书、音义书的反切也表现出重纽现象，一直到近代文献中仍有它的痕迹，这说明重纽不是《切韵》系韵书、《切韵》时代独有的现象，不是偶然重出或"纸上谈兵"。重纽的区别一定有其语音内涵。

从日本有坂秀士（1937—1939[①]）和河野六郎（1939）对重纽性质提出看法、我国周法高（1941[②]）、董同龢（1945[③]）、李荣（1956[④]）深入进行探讨以来，重纽的区别在于介音的认识已经较为明确。表（6）是诸家对重三、重四拟测的介音对立：

① 有坂秀世《评高本汉的拗音说》《国语音韵史的研究》，东京：明世堂 1944；三省堂 1957）

② 周法高《广韵重纽的研究》《六同别录（上）》，《历史语言所集刊外编》第三种，1945；《历史语言所集刊》1948 年 13：49 - 117）。

③ 董同龢：《广韵重纽试释》《历史语言所集刊》1948 年 13：13 - 32）。

④ 李荣：《切韵音系》，科学出版社 1956 年版。

（6）

重四（A类）	-j-	-j-	-i-	-i-	-i-	-i-	-i-	-i-	-i-
重三（B类）	-i-	-rj-	-rj-	-ri-	-rɯ-	-ɯ-	-i-	-I-	-ɨ-

　　总结各家的看法，可以说重纽的两类介音有类似锐钝（acute vs grave）的区别，重三韵（B）介音比重四韵（A）的介音后一点，或者少一点腭化、多一点[r]音色彩。

　　重纽的区别在于介音，那么，重四韵（A）、重三韵（B）、纯三韵（C1）、混三韵（C2）该有几种介音？在重纽韵里的舌齿音该用哪种介音？这两个问题学界都有不同的看法。

三、反切上字和被切字的类相关

（一）类相关

　　从反切入手研究，辻本春彦（1954）指出过，切上字属重纽字时，由上字定归属（上字是"匹"时例外）；切上字属普三（C）时，由下字定归属。上田正又用7项公式作概括①。上田的公式分"第一式"和"第二式"，我们简写成表（7）（"A－CA"的意思是，被切字是A类，反切上字是C类、下字是A类，余类推）：

（7）

	第一式（下字定归属）	第二式（上字定归属）	
a.	② A－CA	④ A－AA	⑤ A－AB
b.	③ B－CB	⑥ B－BB	⑦ B－BA
c.	① C－CC		

　　从第一式可以得出辻本的第二个结论：普三（C）上字组是下字定归属；从第二式可以得出辻本的第一个结论：重纽（AB）上字组是上字定归属。平山久雄把这种现象命名为"反切上字跟被切字的类相关"②。这些观察角度打破了切上字只管声母的局限，让人们认识到，切语上字也能够反映韵母的部分信息，即反映有关介音的信息。

（二）一项推论及其疑问

　　反切上字和被切字的类相关概括了众所周知的重纽反切现象：

　　一、A类、B类不互作反切上字，二、A类、B类都可用C类作反切上字。

　　既然反切上字跟被切字的类相关，重纽的区别又在于介音，上述概括就可能导致如下推论：

　　一、A和B不互作反切上字，因此B的介音跟A必不相同；二、A和B都用C作反切上字，C必定介于A、B之间；因此，A、C、B必定有三类介音③。

　　丁邦新先生就主张A、B、C三类三等韵有三类介音。

---

① 辻本春彦（1954）和上田正（1957）所论三等重纽问题，皆转引自平山久雄：《重纽问题在日本》（1995，《平山久雄语言学论文集》，商务印书馆2005年版，第25－50页）。

② 平山久雄：《切韵における蒸職韻と之韻の音価》（《東洋学報》1966，49（1）：42－68）。

③ 丁邦新：《重纽的介音差异》（《声韵论丛》，台北：学生书局1997.37－62）。

问题是,设若反切上字真的被用来兼表被切字的介音,那么用中间状态的普三(C)作上字的反切如何能够拼出重四(A)和重三(B)的不同读音?为什么明明 A、B 不同,却大量选用一个中间的 C 去模糊它们的不同呢?

"捃选精切,除削疏缓"而来的反切大概不会故意去模糊重纽的界限,所以一个可能的解释是,反切在选择韵类表示介音时本来就不太精确。反切的原则是上声下韵拼合成音,声韵界限在当时并不像现在的拼音和音标那么清楚(其实现在音系学介音属 Onset 还是属 Rhyme 也有不同观点),只要上下字能够和谐地切合出读音并表现出重纽的差别就行了。所以如果 C 类韵具有能够跟重纽两类都和谐的介音,就可以用来作这两类音的反切上字。

这个想法似乎是有道理的。但是它的基础和是反切上字能够表示介音,而这个观点来自"反切上字定重纽归属"的观察。

(三) 被忽略的事实

我们注意到上田的 7 个公式虽然正确地概括了与重纽相关的一些反切类型,但各个类型在重纽反切中的数量及所占的比重却被许多研究者忽略了。

(8)

	第一式		第二式	
	跟重纽韵无关	下字定归属	上下字皆可定归属	上字定归属
a.		② A－CA, 15/17	④ A－AA, 14/15	⑤ A－AB, 3/3 (B－AB, 3/3)
b.		③ B－CB, 98/112	⑥ B－BB, 27/18	⑦ B－BA, 0/1
c.	① C－CC, 409/xxx①			

我们把各类反切在《王三》/《广韵》中出现次数统计附在上田的 7 个公式(仍用①～⑦表示)之后,做成表(8),表中 c 行跟重纽无关,所以上田第一式的①可不计。现在重新审视表中的其他类型和数据:

表中 a 行被切字都是 A 类,反切上字也是 A 类的计 17/18 个小韵,而反切下字是 A 类的计 29/32 个小韵。

表中 b 行被切字都是 B 类,反切上字也是 B 类的计 27/19 个小韵,而反切下字是 B 类的 125/130 个小韵。

从总体数量角度观察,用反切下字能确定重纽归属的量要超过反切上字的三四倍,这对"反切上字定归属"的结论是很不利的。

上田上字定归属的第二式中④和⑥是同类自切,这是标准的"上下字(与被切字)和谐",说成上字定归属抑或说成下字定归属都没有问题,上面的计算就是两属的。

除了同类自切,剩下的⑤⑦是第一式上字定归属,②③是第二式下字定归属,两式各占两个类型,看起来旗鼓相当。但是实际上,下字定归属的②和③有百余个小韵,数量和比例上都显示了下字定归属是主要的表现方式;而上字定归属的关键性证据⑤ 只有 3 个小韵②,同时又有 3 个反例

---

① 数字是从《王三》如下韵中数出:歌三 3,鱼 20,虞 34,废 5,之 21,微 43,尤 29,盐 14,凡 14,元 60,殷 22,文 31,阳 54,东三 26,钟 33。《广韵》暂未统计。

② 上田正公式⑤只有"臂,卑义反""臂,匹义反""避,婢义反"3 个例子。

（表中用括号列出）①，至于⑦只是《广韵》的孤例，《王三》里原是用属于⑥的反切类型②。所以综合起来看，我们知道虽然反切上字可以一定程度反映重纽介音信息，但那不是实质性的，而是介音和谐的结果；《切韵》重纽的区别主要是由反切下字表现的。也就是说，至少在《切韵》反切系统里，重纽的介音是被看成属韵的。

既然重纽的介音不由上字表现，那么A、B两类都用C类作上字的实质，就不在于介音的选择，而仅是因为相同的声母出现在A、B、C类中并没有实质的区别。下面我们将谈到，AB类和C类的主要区别在于元音，A、B类的区别才关乎介音，所以没有必要给C类韵拟测第三种三等韵介音。

（四）呼读假说

可是还需要回答，为什么《切韵》A、B两类不相关却都大量用C类作上字？究竟是什么吸引A、B类反切选用C类甚至超过选用本类呢？

我认为这跟反切实质上是拼音有关。为了把声母读得清晰响亮，在创造反切的时候可能采用的是"呼读"的方法。

许多学者都讨论过，反切的大量出现应该跟外来拼音文字影响有一定关系。我们知道，梵文辅音字母的读法总是带着元音的，在《切韵》反切上字大量运用C类字可能就是一个跟这种传统相关的普遍现象。

根据陆志韦先生（1963③）的统计，《切韵》喜欢用模910④、鱼702、职316、之274、铎192、虞168、阳149、支93、尤89、歌88、脂70、唐63等韵系的字作反切上字。其实如果用早于《切韵》时代的读音来衡量，反切用字的这种倾向，似乎用鱼（铎）阳、之职（蒸）部字来的概括更合适。我们看到的这种反切用字倾向，不是隋朝或者南北朝才有的，而是在反切创制时期就已经开始形成了。徐邈（344—397）是西晋人，比陆法言（562—？）早大约二百年，其反切构造已经如此，用更早的分部标准概括，可以说反切上字是喜欢用鱼（铎）阳、之职（蒸）部字。吕忱《字林》成书早于徐邈音注一百年，其上字除了用笔画简单的字外，也集中用鱼（铎）阳、之职（蒸）部字。假如用后汉三国的分部，情况可能会更集中⑤。我怀疑在创制反切的汉代，这种倾向已经形成了。鱼（铎）阳部（还有歌部）是开口度很大的元音，反切多用它们来做唇牙喉的上字；之职（蒸）部（还有脂部）大概是比较高的元音，反切多用来做舌齿音的上字。这情形就有点像呼读梵文辅音字母，现在有一派读不送气音辅音无论清浊都加a元音发音，读送气音无论清浊都加ə元音发音（短ɐ?），这都是一种传统。

当然，"呼读假说"还有待进一步证实，但是我们从这里可以看到A、B两类都用C类反切上字可能并不是因为C类具有不同于A、B两类而又居于A、B两类之间的介音。

四、结合反切下字看重纽

上文说《切韵》主要是通过反切下字区分重纽的，反切下字除了AB类唇牙喉声母字外，还有舌

---

① "玻，匹靡反"、"蠶，匹鄙反"、"䨩，匹备反"3个反例正好抵消上田正的公式⑤。
② 《广韵》此例是"密，美毕切"，跟"蜜，弥毕切"对立，确是上字区别重纽的。但《王三》原作"密，美笔反"，跟"蜜，无必反"对立，区别在于下字。
③ 陆志韦《古反切是怎样构造的》. 中国语文，1963(5)：
④ 韵后的数字表示出现次数，下同。
⑤ 据博士生张冬磊统计，三国时韦昭存世的音切最多（辑录207条），其上字的选择倾向是C类字最多，其次是一等字，AB类上字最少。其中被切字为重纽韵的反切共31个，没有A-AB和B-BA的上字决定式，绝大部份都是B-CB以及A-CA式。反切上字倾向用之职部和鱼部字，这两类元音的切上字几乎占了90%。

齿音声母字和喻母字，在区分重纽时这些反切下字的声母类型发挥了重要作用。为了看清这一点，我们统计了《王三》和《广韵》所有的重纽切语，得出表（9）的数据（表中 A、B、C 分别为重四、重三、普三外，反切下字的声纽用 J、S、Sj、R、T、L 表示以母、精组、章组、云母、知组、来母，数字是该类型的小韵数①，"/"左边是《王三》的，右边是《广韵》的）：

（9）

	被切字为 A			被切字为 B			合计
上字为 A	上字为 C	上字 4 等	上字为 A	上字为 B	上字为 C	上字 1 等	
A - AA 14/15	A - CA 15/17			B - BA 0/1	B - CA 0/0		29/33
A - AJ 2/5	A - CJ 26/21	A - 4J 0/1		B - BJ 1/1	B - CJ 2/3		31/31
A - AS 4/5	A - CS 12/14			B - BS 1/0	B - CS 1/0		18/19
A - ASj 10/10	A - CSj 17/17			B - BSj 0/2	B - CSj 6/3		33/33
	A - C4 0/1						0/1
A - AB 3/2	A - CB /0		B - AB 3/3	B - BB 27/28	B - CB 98/112	B - 1B 1/1	132/146
A - AW 0/0	A - CR 0/0			B - BR 5/3	B - CR 15/15		20/18
A - AT 1/1	A - CT 3/4			B - BT 1/1	B - CT 9/9		14/15
A - AL 6/6	A - CL 8/7			B - BL 6/2	B - CL 26/24		46/38
合计 40/44	0 81/81	0 0/1	0 3/3	0 41/38	0 157/166	0 1/1	323/334

　　《王三》和《广韵》的情况基本一致，可以看出，以母（J）、精组（S）、章组（Sj）常作 A 类被切字的切下字，而云母（R）、知组（T）、来母（L）常做 B 类反切下字，很少例外。表（10）是例外表，其中的数字和比例是《王三》里的例外数据（表中第一列的两个数据的意思是，反切下字为重四时被切字为重四，没有例外；反切下字为重三时被切字为重三有 3 个例外，占这类反切的 2.27%，余类推）：

（10）

反切下字				被切字
重四（A）	以母（J）	精组（S）	章组（Sj）	重四
0	3（9.68%）	2（11.11%）	6（18.18%）	
重三（B）	云母（R）	知组（T）	来母（L）	重三
3（2.27%）	0	4（28.57%）	14（30.43%）	

可见舌齿音和喻母是被分成两组并对应重纽 A、B 类的，知庄组来母云母联 B 类，精章组以母联 A类，按这个分类统计《王三》的重纽，结果如表（11）：

① 表中数字与后来李秀芹博士的统计有出入，参见李秀芹《中古重纽类型分析》（浙江大学 2006 年博士论文）的有关统计。拙文《于以两母和重纽问题》（《语言研究》1996 年增刊：241－252）有不同角度的统计。这几个统计材料的差异有的源于我们先后对某几个小韵的认识不同，有的可能是点算误差，有待核查，但不影响结论。

(11)

	可确定重组类的	不可定重组类的	合　　计
上字	81 小韵(25.08%)	242 小韵(74.92%)	323 个重组小韵(100%)
下字	291 小韵(90.09%)	32 小韵(9.91%)	323 个重组小韵(100%)

从中可以看出，上字能够确定重组类别的比例只占全部重组小韵的 1/4，而由下字显示重组区别的占了 90%强(不到 10%的例外，我们另有分析，有的可看作是慧琳式反切产生的发端，即"前移"发生了①)。

以上分析说明，切上字并不能全息地反映重组介音的情况，"类相关"对于《切韵》来说，只是一种相关性，即上字的分组可能只是反切和谐的表现，不是重组区别的实质性反映。

五、两类三等韵介音

如上所说，重组的归属由下字的声母类型决定，这说明不同类型的声母后面可能跟着不同的介音。云母(喻三)总是作 B 类的反切下字，知组也倾向于作 B 类的切下字，说明这些声母所带的介音跟 B 类的介音相同；以母(喻四)总是作 A 类的反切下字，精章组也作 A 类的反切下字，它们也可能带有跟 A 类一样的介音。

按照上文表(6)各家的拟测，可以假设重组韵里 B 类有一个比 A 类后的介音，而知组云母比精章组以母腭化的程度也弱一些，这个假设说明了重组反切下字的分组及不同表现，也回答了重组韵舌齿音属于重组的哪一类的问题——精章组以母用重四(A)的介音、知组云母用重三(B)的介音。

那么对于 C 类三等韵该怎么处理呢？

上文说过，既然重组大量用 C 类上字并不是为了用上字表现介音，也就没有必要为 C 类拟测第三类介音，可以把重组韵的两类介音引入到 C 类中来。C 类的唇牙喉声母字的介音同 B 类，其舌齿音跟重组韵的舌齿音一样分作两组。这样，两类三等韵介音就出现在所有的三等韵中②。

现在的问题是，"重组"只是重组韵的现象，现在把重组的两类介音扩大到没有重组的 C 类三等韵中，这是否合理？

在我们看来，"重组"之"重"只是人们受"字母"或"声组"的限制、并把语音的对立视为"重出"的一种错误认识。例如支韵唇音"陂，彼为反"和"卑，府移反"在帮母下"重出"，开口的"奇，渠羁反"和"衹，巨支反"在群母下"重出"，等等。如果认识到《切韵》音系的重组实质上是声韵开合相同、介音有别的两类唇牙喉字，那么可以说舌齿音里也存在着同样性质的现象。把两类介音和声母结合起来看，我们就能清楚地看到《切韵》里的一个整齐的配列：

(12)

介音	唇音				舌音					齿音(腭)					齿音					牙音				喉音		
	p	pʰ	b	m	t	tʰ	d	n	l	tɕ	tɕʰ	dʑ	nʑ	ʑ	ɕ	ts	tsʰ	dz	s	z	k	kʰ	g	ŋ	ʔ h ɦ
-r(u)i-	帮ᴮ滂ᴮ並ᴮ明ᴮ				知 彻 澄 娘 来											庄 初 崇 生 俟					见ᴮ溪ᴮ群ᴮ疑ᴮ				影ᴮ晓ᴮ云
-(u)i-	帮ᴬ滂ᴬ並ᴬ明ᴬ				→					章 昌 禅 日 船 书						精 清 从 心 邪					见ᴬ溪ᴬ群ᴬ疑ᴬ				影ᴬ晓ᴬ以

---

① 这里所说的"前移"包括介音的腭化，拙文《中古三等韵ⅰ介音的前移和保留》，载《郑州大学学报》(哲学社会科学版)1995年第 1 期，第 111－118 页。

② 有关拟测的证据见黄笑山《切韵和中唐五代音位系统》(台北文津出版社，1995 年版)。

　　传统研究中唇牙喉十组 A、B 两类只用一套声组表示，又不知道对立的缘由，所以就"重纽"了；与之不同的是，舌齿音里同样性质的两类则有两套不同的声组分别表示，故而声组上就没有"重纽"问题了。上表中显示知章组的分布跟唇牙喉 B 和 A 类、喉音里的云和以母、齿音里的精和庄组有些不同（未能整齐配对），这是由于与知组配对的声母在中古以前就发生了腭化，由舌音变成了齿音章组，如果不考虑章组的阻塞性质以及其他来源（例如上古牙喉音来源等）的话，用内部分析法把知彻澄娘和章昌禅（船）日配应起来是没有问题的。这样，上表中《切韵》全部 27 个辅音声母就形成了一个整齐的局面，从表中的音位拟测我们可以看出，"重纽"并不是唇牙喉十组下的特殊分布，其语音实质也并不是什么"重"，也可以明白《韵镜》齿音三套的实质以及"来日"叫做"舌音齿"或"半舌半齿"的缘由。这整个声母系统的整齐配应，在上面说到的反切下字声组选择的反切结构分析中也可以看得很清楚。

　　需要说明的是，章组的形成使得知组在《切韵》系统的相同声母中失去 A、B 那样的对立，因此反切上知组来母多少有点摇摆在 A、B 之间[①]，但知组来母总的倾向是作 B 类的反切下字的，如果考虑知组来自带 r 的端组，来母上古可能读 * r-，这种倾向性就暗示了《切韵》时代知组来母和重纽 B 类关系的来源。

六、《切韵》韵母分类特征

　　上文说到诸家对重纽的两类三等韵介音拟测有不同，但各种拟测的共同点是，重三（B）的介音比重四（A）的介音靠后或少一些腭化而多一点 r 色彩，这反映了对两类介音有不同区别特征的认识。其实诸家拟测的中古音或《切韵》音不仅仅在介音上存在争议，声韵拟测的许多细节也很不相同。但是如果用区别特征来看诸家的拟测，就可能找到相当多的共同点，这是因为大家都是从现代方言与《切韵》系统的比较入手拟测其音值或音位的。认识到这一点很重要，这不仅可以避免在具体音值写法上的无休止的争论，更可能在一些重要问题上取得共识，在一个共同的层面上讨论历史的事实和演变。

　　现在我们就从区别特征的角度来看看《切韵》韵母系统的情形：
（13）

LABIAL	CORONAL		DORSAL			[back]
-m/p	-n/t	-j	-w	-ŋ/k	-∅	
侵　　　真			幽　　蒸　　脂			i
咸盐添　山仙先		皆祭齐	宵萧　耕清青　佳支			e
衔　　　删		夬	肴　　庚　　麻			a
			东　　侯尤			u ●
覂　　臻殷文		微	登　　之			ə ●
凡严　痕魂元		咍灰废	江冬锺　鱼虞模			o ●
谈　　　寒		泰	豪　　唐阳　歌			ɑ ●

---

① 关于知组来母摇摆在两类之间，对其归属我也曾摇摆不定过一段时间，可参见《于以两母和重纽问题》《于以两母和重纽问题》（《语言研究》1996 年增刊：241-252）。对其既作 B 类下字又作 A 类下字的摇摆现象，曾蒙平山久雄先生当面教诲，他说，这是因为知组来母没有对立的缘故。一语中的，在此鸣谢。

　　表(13)中我们用区别特征标识了我们以前所拟测的《切韵》韵母系统(举平以赅上去入)，相关的拟测证据我们在以前讨论中做过分析，诸家的系统也可以纳入这个特征系统中加以讨论，此不赘①。

　　按照我们的理解，现代特征系统中的三个部位特征 LABIAL、CORONAL、DORSAL 正对应传统的唇、舌齿、牙喉，但可用于所有的辅音、元音的分析。

　　对中古韵和韵母来说，介音、主要元音和韵尾各有一个特征对各韵的分类尤为重要。我们先来观察元音和韵尾的特征和韵类的关系。

　　表中用部位特征 DORSAL 划分了韵尾的大类，《切韵》凡二三等韵同韵、一三等韵同韵的都出现在这个大类中；一等韵开合分韵的都不在此类。

　　主要元音的[back]是 DORSAL 的终端特征之一，表中用它划分了韵腹的大类，前元音韵和非前元音韵。

　　这样 DORSAL 和[back]组成了区分韵类的纵横坐标，横坐标是主要元音是否赋有[back]特征值，纵坐标是韵尾是否受部位特征 DORSAL 辖制。两条线纵横形成一个十字线，把各韵分成四个区域。这四个区中的韵在声韵开合以及历史演变方面都有不同的特点，我们结合前面的分类再来看看它对三等韵是如何区分的：

　　根据元音是否具有[back]特征，三等韵分成两类：[back]元音都是普三韵（C 类），元音若无[back]特征的都是重纽韵（我们认为"幽、蒸、庚三、麻三"都具重纽性质，参见本页注①中的《〈切韵〉三等韵的分类问题》）；

　　根据韵尾是否受 DORSAL 特征辖制，普三韵分成两类：C1 类（纯三韵）是韵尾不受 DORSAL 特征辖制的韵，这类三等韵无 CORONAL 特征辖制的舌齿音声母；C2 类（混三韵）是韵尾受 DORSAL 特征辖制的韵，这类三等韵有舌齿音声母。

　　表(13)中没有列出前面讨论过的三等韵介音的特征，考虑到声介一致以及上古来源等因素，我认为可以拟测[rhotacized]特征来区分 A、B 两类，这样，三等韵的所有类别就清楚地区分开来了：

（14）

特征＼韵类	A	B	C1	C2
[back]元音			●	●
DORSAL 韵尾				●
[rhotacized]介音		●		

　　上述特征在表述各类不同声韵情况时也有清晰的作用，例如，元音的[back]特征还区分了一、四等韵，介音的[rhotacized]特征与声母结合不仅区分了重纽的 A、B 两类，也区分了端知两组（或知章两组）、区分了精庄两组，还区分了云以两组。

　　三等韵分类是音韵学的 ABC，是基本问题，但是有这个问题引发的讨论却是相当深入而影响重大的。错误之处，还请专家学者批评指正。

（作者单位：浙江大学中文系）

① 黄笑山《切韵和中唐五代音位系统》（台北文津出版社 1995 年版）、《中古三等韵·介音的前移和保留》《郑州大学学报》（哲学社会科学版）1995 年第 1 期：111–118)、《〈切韵〉三等韵的分类问题》《郑州大学学报》（哲学社会科学版）1996 年第 4 期：79–88)、《于以两母和重纽问题》《语言研究》1996 年增刊：241–252)、《中古二等韵介音和《切韵》元音数量》《浙江大学学报》（人文社会科学版）2002 年第 1 期：30–38)。

多音字"重"及其声调三分问题

[日本]水谷诚

内容提要：浊声母的"重"字有平声、上声、去声三种读法，分别表示不同的意义。本文考察了"重"字在中古、近代、现代音义书、字书、韵书和字典中所载的音义关系及其发展，认为"重"中古"再"义的去声音来自平声"叠、复"义的破读，其"加重、程度深"义的去声音来自上声"不轻"义的破读，两个语义派生汇合在一个去声之中。当中古浊上到近代演变成去声时，"重"从平声派生出的"再"义去声音返回原来的平声读法，而从浊上派生出的"加重、程度深"义去声音则与从浊上演变来的去声合并，因此现代"重"字的去声破读音在近代可以说被取消了。这一特殊现象启发我们检讨其他多音字在破音别义跟语音演变交织发展中的情形。

关键词：多音字；浊上归去；破读音；音义关系

一

我们观察中国语言史上"多音字"①和声调之间的关系，发现了两三个有兴味的现象。多音字里包含着一类浊声母字兼有上声和去声两个声调的破音，中古期之间有很多这类多音字，近世期以后这种多音字却变成去声一音的非多音字了②。这种多音字就是中古期用在多音字的，以后因为音韵变化，就无法用原有的破音界限来区分了。

多音字怎样关系到音韵变化、以上所说的这类多音字在音韵变化中为什么没有坚持"保守的、规范的"特点，在没有全面地考察之前，很难有确定的看法。

为解决这个问题我打算作些准备作业。我在这里首先记述有平声、上声、去声三个声调又有全浊声母的多音字"重"之简历。

二

在现代北京音里"重"有 chóng 和 zhòng 两个音。跟多音字"重"的体例一样，"重"的各个音里有不同的语义。

为了证实这点，我们就用反映普通话规范的《新华字典》(1971 年版)看一看多音字"重"之语义，如下(省略例文。下同)：

chóng　(一)重复,再　(二)层

zhòng　(一)分量较大,跟"轻"相反　(二)程度深　(三)价格高　(四)数量多

---

① 我们认为"破音"是由于声调变化导致新字义的现象。
② 这类多音字除"重"以外，还有"饭、树、近、坐、杖、上、下"等。

（五）主要 （六）认为重要 （七）言行不轻率

三

为了观察多音字"重"从前怎样辨别语义，需要看一看中国近世的字书和韵书。

首先想看总括历代字书的字书——《康熙字典》。先注意"重"字的反切，这里有三种反切①。这三种反切如下（分别用 A、B、C 表示标明。下同）：

A 柱用切＝《广韵·去声·三用》（泽存堂本、下同）柱用切

B 柱勇切＝《广韵·上声·一肿》直陇切

C 直蓉切＝《广韵·上平·三钟》直容切

这些音都是同声母。韵母也是各声调相配的韵。除了声调以外，这三种音都是一样的音节结构。

我们看这三种音的释义（不含专有名词），如下：

A（去声）厚也。轻之对也。又更为也。再也。又难也。又贵也。又尊也。又尚也。又数也。又甚也。又辎重也。

B（上声）厚也。慎也。多也。

C（平声）复也。叠也。又谷多。又多②也。又累也。

我们审视这 B 的释义，就明白 B 的释义中也有 A 或者 C 的部分释义。关于这点，在《康熙字典》里 B 的释义后边引用毛晃的话（《增修互注礼部韵略》）并有这样的按语：

> 毛氏曰：凡物不轻而重，则上声（＝B）。因其可重而重之，与再重、郑重③，皆去声（＝A）○按《说文》柱用切（＝A）厚也，即与轻重义同。《集韵》柱勇切（＝B），慎也，即与郑重义同。上去虽有二音，并无二义。古人三声通用。必谓上去异训不可通押，此宋人拘泥之过也。

从这按语看《康熙字典》的立场，是不那么重视古人怎样分用这三种音的，在这儿的重点是通古今，不承认上声有独立的语义。因此可以说，《康熙字典》"重"字的破音不是三声调的区分，而实际上是平声（＝C）和去声（＝A）的两声调区分。

用近世白话系韵书《中原音韵》（1324 年成书）进一步确认这点，"重"字东锺韵里有平声阳（＝C）和去声（＝A）两音。但是《中原音韵》里没有语义。所以不明白《中原音韵》里的多音字"重"之语义区分的详细内容④。不过，更重要的是《中原音韵》反映出在元代多音字"重"不再是三声调区分而是两声调区分的了。

依靠明代的《韵略易通》（1442 年成书）——这书也是两声调区分——也可确认多音字"重"之语义区分，其阳平的"重"（＝C 音）有"叠"的意思，而去声的"重"（＝A 音）有"多也、厚也"的意思（都是东洪韵）。由此可知《韵略易通》的多音字"重"基本上跟《新华字典》一样的⑤。

最后看近世初期的《古今韵会举要》（1297 年成书）。这部书显示出它摇动在三声调区分和两

---

① 这三种音以外，还有跟"同"同音的"重"，这是"穜"的假借。又有跟"众"同音的"重"，这也是特殊的语义（重酪，《史记》作湩酪，《说文》云："湩，乳汁也。"）。"重"的这两个音这里的讨论关系不大，下文不再提及。

② 这个释义的例文就是以后引用的例文⑤。我觉得这是因为《经典释文》里有平声的又音反切，所以《康熙字典》的编辑者把这表示"多"义的平声"重"字的当作破音。

③ 词汇史上"郑重"有"再重"（频繁）和"慎"的两个意义。表"再重"之义的时候，郑重之重是去声（A），表"慎"之义的时候，郑重之重是上声（B）。所以"再重"义的郑重之重和"慎"义的郑重之重当然不是一样的声调。

④ 叶以震校正《重订中原音韵》里有语释。但是其版本比《韵略易通》更晚，所以本文没采用。

⑤ 明初官定韵书《洪武正韵韵》是三声调区分，而各个语义是跟以下所引的《增修互注礼部韵略》一样的。

声调区分之间。例示如下：

　　C(平声上二)传容切。音与虫同。复也。《增韵》又叠也。……

　　B(上声　二)柱勇切。……厚也。善也。慎也。《增韵》重、轻之对。……○毛氏曰、凡物不轻而重，则上声。因其可重而重之，与再重、郑重，皆去声。

　　A(去声　二)储用切。……《说文》重，厚也。……一曰再也。○案，旧韵注轻重之重在上声，重再之重在去声。今按，《说文》厚也，即与轻重义同。《增韵》申明动静字，既许于上去二声通押，则重字亦合通押①。

　　加点指示的部分很值得注意，既然《古今韵会举要》去声"重"里有承认"上去二声通押"的注记，就可以说《古今韵会举要》也是持两声调区分立场的。但是"重"跟在注⑤中说过的"申明动静"同样是特殊的例子，所以我想可用这特殊例子的旁证"《说文》厚也(＝A音)，即与轻重义(＝B音)同"来说明《古今韵会举要》的主张在"上去二声通押"。总而言之，当时的"重"两声调区分可能性很大。

　　从以上分析看来，近世的韵书、字书，可以说多音字"重"一直是平声和去声的两声调区分。

四

　　那么在中古期的韵书里，多音字"重"是怎样区分声调的呢？在这儿我们利用《刊谬补缺切韵》、《广韵》、《集韵》、《增修互注礼部韵略》来考察。

《刊谬补缺切韵》(王三本)

　　C(平声三锺)直容反，□□。

　　B(上声二肿)直陇反，不轻。又直龙反直用三反("三"王一、王二作"二")。

　　A(去声三用)持用反，再。

《广韵》(泽存堂本)

　　C(上平三锺)直容切，复也，叠也。又直勇直用二切。

　　B(上声二肿)直陇切，多也，厚也，慎也。又直龙、直用二切。

　　A(去声三用)柱用切，更为也。又直容切。

《集韵》(附考正本)

　　C(平声三锺)传容切，复也。

　　B(上声二肿)柱勇切，厚也，善也，慎也。

　　A(去声三用)储用切，《说文》厚也。一曰再也。

《增修互注礼部韵略》

　　C(上平声三锺)传容切，复也，叠也。又禾名。……

　　B(上声　二肿)直陇切，轻重之重，非再重之重。凡物不轻而重，则上声。因可重而重之，与再重、郑重，皆去声。……

---

① "动"、"静"两例都是读上声时当作如字的。更请注意，《增修互注礼部韵略》这两例里收藏了切韵系韵书没有收的去声音："动，徒弄切，动之也。又董韵。凡物自动则上声，彼不动而我动之则去声。今经史中动字皆无音。居正伏睹秘书省校书式诸书，本字下虽无音，而九经子史别有音训，可引援者，亦皆点发。案，《汉书·扬雄传》清静字合作上声，颜师古协韵音去声，则动静之动，亦可作去声，合依元佑新制，许令上去二声通押。""静，疾正切，寂也，定也，和也，息也，澹也，澄也。扬雄《解嘲》爱清爱静，颜师古曰：合韵，才性反。又静也。"这儿考察的这两例，"静"是上古韵合韵的例子，"动"是一直没有特殊破音的用例，但从"静"字类推，合于元佑新制。以这样内容相违的两例为"许于上去二声通押"的根据是不可靠的。我想，这两例实际上只是把有全浊声母的上声音派入去声的例子。

A（去声　三用）储用切，再也，难也，厚也，迟也，滞也，辎重也，威尊也。……

这四部中古期的韵书都是多音字"重"以三声调区分的，更重要的是《广韵》表示各个声调有各不相同的意义。值得注意的是，《增修互注礼部韵略》的凡例显示了"重"在上声和去声上的语义区分。

然而，《集韵》上声和去声的语义中都有"厚也"的意思，去声中还特别记载这"厚也"是从《说文》引用过来的。如果从《说文》引用过来的"厚也"跟上声"厚也"一样的话，那么《集韵》也有两声调区分的可能性。从另一方面看，《集韵》也有依靠《说文》的内容为证据表明两声调区分立场的可能性。另外值得指出的是，上文说过的《康熙字典》、《古今韵会举要》都引用《说文》，这正是因为《说文》的内容就是多音字"重"成为两声调区分的论据。总之，多音字"重"的两声调区分和《说文》的"重"语义、反切有密切的关系。

五

现在我们能看到《集韵》成书以前的《说文》只有《大徐本》和《小徐本》。《大徐本》（986年）成书比《集韵》早八十年，《小徐本》比《大徐本》更早一点。这两部书的"重"字的语义如何，反切如何呢？

两部书里"重"的语义都是"厚也"，反切都是"柱用切"①。从两部书的意思来说，"厚"义的"重"是读去声的。

《大徐本》的反切周知是从孙愐《唐韵》（751年）引用过来的。但是现在《唐韵》大部分散佚了。我们不能直接依靠《唐韵》确认"重"之ABC三音是怎样分开的，所以不得已，我们根据跟《唐韵》同系统的韵书《刊谬补缺切韵》、《广韵》来推求《唐韵》里的"重"字各声调是怎样分开语义的，而这点我们想在考察别的资料以后再说。

另外，跟《集韵》同时代的《类篇》里，"重"有三个音义，其语义跟《集韵》的正相对应："传容切，复也"（《集韵》传容切，复也）、"柱用切，徐锴曰：壬者，人在土上，故为厚也"（《集韵》柱勇切，厚也，善也，慎也）、"储用切，厚也"（《集韵》储用切，《说文》厚也，一曰再也）。其中《集韵》的"柱勇切"，《类篇》成了"柱用切"，因此《类篇》三个音只有两个声调，这个"篇韵"的矛盾应该是由于北宋以来语音发生了较大的变化、而《类篇》作者未明白其间音义关系的不同所造成的错误。

六

我们把以上所说的字书、韵书中多音字"重"的语义区分分列如下（摘主要的语义，其他的意思从略），并在这儿增加上了三部书：

	A 去声	B 上声	C 平声
《刊谬补缺切韵》	再	不轻	（原缺）
《史记正义》发字例	累	尊	叠
《说文大徐本》	厚	（不明）	（不明）
《广韵》	更为	多，厚，慎	复，叠

---

① 在《大徐本》里"重"字反切之前有徐锴的话。徐锴校定的《系传》反切也是"柱用切"，因而《大徐本》的"柱用切"也有可能是从《锴本》引用过来的。但是笔者认为徐铉的反切。

续表

	A 去声	B 上声	C 平声
《集韵》	厚，再	厚，善，慎	复
《类篇》	厚	/	复
《群经音辨》①	再之	（不明）	再
《增修互注礼部韵略》	再，难，厚	轻重之重	复，叠
《五音集韵》	更为	多，厚，慎	复，叠
《古今韵会举要》	厚，再	厚，善，慎	复，叠
《韵略易通》	多，厚	/	叠
《康熙字典》	厚，更为，再	善，慎，多	复，叠
《新华字典》	分量较大	/	重复，再，层

我们能从上边的表看到如下的注目点：

第一，C 平声的语义（复、叠）没有派出别的声调。

第二，注意语义部分的“厚”和“再”，“厚”有 B 上声和 A 去声的两个声调。“再”有 C 平声和 A 去声的两个声调。

更不用说《韵略易通》《新华字典》里没有 B 之声“重”了。

七

前面我们以字书、韵书等所见的语义为主概括地考察了多音字“重”各声调的语义异同，现在为了解决《集韵》、《说文大徐本》所有的声调和语义语义疑问，我们来看看经、史等的典籍里的音释，进一步明确中古期的多音字“重”各声调的语义区分。这样进行研究，可以了解从中古音到近世音的音韵变化以前的多音字“重”实相②。

先看 C 平声之“重”，这类有“叠”义的动词用法（例文①）而又有“叠”义的名词、形容词用法（例文②、③）。

　　① 三，重刚而不中。《易·文言传·乾》（《释文》：直龙反。二-二-a③）

　　② 宫兼卷重席，设于宾左，东上。《仪礼·燕礼》（《释文》：直容反。十-十二-a）

　　③ 子之棺，四重，水兕革棺被之。《礼记·檀弓上》（《释文》：直龙反。十一-十七-a）

这些例跟现代普通话 chóng 的语义、用法一样的。

接着看上声“重”例，上声“重”的音注很少见于《经典释文》以及其他史书等。但是，我们却不能因为很少出现，就得出中古期多音字“重”里没有上声（B 音）的结论。我们这样说，是因为带着凡是破音就必有“如字”的概念。“如字”就是变成破音以前的原来音、原来意义。经籍音义除了需要注记之外，读如字的一般就没有音注。因此，音注很少很可能是这个音是当作如字的。

那么就出现了多音字“重”读哪个声调是如字的问题。我们再引用一下可以说如字一览表的

---

① 《群经音辨》据四部丛刊本，版本系统不同的畿辅丛书本的记载是“重，更为也，直龙切。再之曰重，直用切”。我认为当时多音字“重”的语义有点混乱。参照张正男《群经音辨疏证》（1973 年，台北）三十六页。

② 对于古典诗里的格律我不考虑。因为用押韵和平仄没有考察多音字“重”三声调区分。

③ 《释文》据通志堂本《经典释文》，数字等依次表示卷数、页数、表里，下同。

《史记正义》"发字例",进一步确认这点：

    重,直拱反,尊也。直龙反,叠也。又直用反,累也。

  我们看这"发字例"(以及"论音例")所收的多音字"重",就由于"又"之有无分开如字和被破音的例。依靠《史记正义》发字例,多音字"重"上声(B音)和平声(C音)的两音可以说如字。那么具体来说,上声、平声的两音之内哪个是如字呢？在这儿应该注意上声是首音。以《经典释文》的例,"如字"就是一音,如下边引用的例文⑤上声是如字。要是如字限定一音的话,多音字"重"的如字可以说上声(B音)。所以我们结论上声就是如字,因为表示上声的音注很少。

  再看看上声的用例。不过,这两例都是"重视"义的"重"。现在没有找到"轻重"义 的"重"。这"轻重"义 的"重"是比较一般性的语义,这意思的时候《经典释文》里没有音注。

   ① 茅之为物薄,而用可重也。《易·系辞上》(《释文》：直勇反。二-二十六-a)

   ② 无藏金玉,无重备。《左传·襄公五年》(《释文》：如字。又直龙反。十七-二十-a)

  从以上例看来,无论近世音以后音韵如何变化,《古今韵会举要》、《康熙字典》所说的上声语义是有点道理的。但是比较《经典释文》音注的时候,跟中古音的实际情况不一样。

  最后看去声(A音)之"重"例。从字书、韵书里看,很容易明白去声之"重"涉及多语义。我们可以分开几种语义组,分别说明每个语义组的用法。

  先看去声之"重"里有"再做"义的动词用法。

   ① 舜重之以明德。《左传·昭公八年》(《释文》：直用反。十九-九-a)(《史记·陈杞世家》《索隐》：重,音持用反)

   ② 又重之以修能。《楚辞·离骚》(《集注》：重,直用反,再也。非轻重之重。)(《补注》也同文)

  我们容易看到"再做"义的动词用法。就是,这去声之"重"后边带着表示动词的代词"之"。而且,这"重之"全体带着副词性,修饰下边的述语。在这点上,可以认为这"重之"就是副词性的成分。

  其次看去声之"重"里最多的副词"再"之义的。

   ① 有客有客,重言之者异之也。《诗·周颂·有客》郑笺(《释文》：直用反。七-二十七-a)

   ② 复已甚矣。《左传·桓公十七年》杜氏注：复、重也。本为昭公所恶而复弑君。重为恶也。(《释文》：复,扶又反。注同。一音服,则乖注意。重,直用反。十五-十二-b)

  在⑨例文里用副词"复"指出副词"重"之义。这"复"和这附去声音注的"重",可以说都是副词。《新华字典》里有"再"意思,但这种去声"重"在普通话里应该念chóng。

  要是去声"重"里只有以上所说的语义的话,那就可以简单地说,从中古音到近代音变化的时候,相关的语义部分由中古期的去声迁到近世的阳平。但是,去声"重"里不但有迁到chóng 的语义,而且还有到现在还一直念去声之zhòng 的语义。

  这念zhòng 的语义里有动词"程度深"(＝普通话"加重")的意思。

   ① 是重吾不德也。《汉书·文帝纪》颜师古注："师古曰：重谓增益也,音直用反。他皆类此。"

  还有以"加重"为派生义之副词"甚也"的意思。

   ② 子之哭也,壹似重有忧者。《礼记·檀弓下》(《释文》：直用反。十一-二十二-b)

还有名词"辎重"的意思。

   ③ 终日行不离辎重。《老子》第二十六章(《释文》：直用反。二十五-四-a)

从以上用例看来就明白去声(A音)"重"在语义、用法上分成了chóng 和zhòng。

  看过中古期音义资料里的"重"各音之语义、用法,就可以对照《新华字典》的语义而整理各种语义了：

中古期平声（C 音）是"重复"等的意思，普通话念 chóng。

中古期上声（B 音）是"跟轻相反""数量多""主要"等的意思，普通话念 zhòng。

中古期去声（A 音）是"再"等意思的时候，普通话念 chóng；是"程度深"等意思的时候普通话念 zhòng。

从第六节的表可以了解，这样的区分与《刊谬补缺切韵》、《史记正义》发字例、《广韵》的区分一致。在本节以《经典释文》为中心看过"重"各音的例子，其他史书等的音注类里没有发现跟上边的例子不一样的。因此多音字"重"的语义区分在中古期音义书里通用。

在这儿再考察《说文大徐本》里记上"厚"义的去声（A 音）的"重"。关于"重"之语义，这"厚"义可以用两个音节说成"重厚"。我们认定上面《经典释文》等音义书的"重"平声（C 音）和去声（A 音）里没有"重厚"之义。因此，我以为这"重厚"的"重"是如字，即上声（B 音）①。我认为"厚"之义只在上声的《广韵》才是对的。

进一步考一考《说文大徐本》记上"厚"义去声（A 音）的"重"。北宋初期恐怕有带全浊声母的上声流入去声的方言，我猜当时有多音字"重"两声调区分的可能性。但是《说文大徐本》没把带全浊声母上声的"是、厚、动、户"等字认定为去声字。《说文大徐本》反切的记载基本上是如字的反切。因此从以上例子看来，与其认为徐铉故意写下多音字"重"新区分的反切，我认为不如说多音字"重"当时的三声调区分已经混乱，所以他错写成了去声反切。

徐铉把"厚"义的"重"写错成去声反切的影响很大。以前说过，《集韵》马上引用这去声反切，后来《古今韵会举要》、《康熙字典》用《集韵》记载作为多音字"重"是两声调区分的一个根据。

总之，（一）由于徐铉把"重"的代表音当作是去声，终于使传统的三声调区分迁到两声调区分；（二）在近世字书编纂的时候，"重"的实际读音已经不是传统的三声调区分，而是两声调区分了，这实事引起破音学史上注目，所以编纂者积极地利用了徐铉确定的反切。从第六节的表容易明白，中古上声、去声之义到了近世都归到去声之下。由于近世字书编纂者这样机械的态度，多音字"重"里发生了没必要的混乱。

八

本论文主要以多音字"重"为中心，从音韵变化方面考察破音之消长，特别注意研究去声"重"的语义和语音发展。

为什么中古期去声"重"之义分裂普通话 chóng 和 zhòng 呢？我们从语义派生的观点看中古期去声"重"，就了解中古期去声的语义里有从平声语义派生（＝破音）的，也有从上声语义派生（＝破音）的。从普通话怎么念中古期去声"重"来看，也有线索可寻。就是用普通话念 chóng 的时候，其"再"的意思跟平声语义（重复）有关联；用普通话念 zhòng 的时候，其"加重、程度深"的意思跟上声语义（分量较大、主要）有关联。总之，中古期去声"重"可以说是"平→去"、"上→去"两个性格的破音复合体。

从音韵变化的观点看来，从中古音演变到近世音的时候，带全浊声母的上声"重"改变了声调。这变化发生的时候，去声"重"实质上取消了破音。从平声破音来的去声"重"返回原来平声"重"；从

---

① 检查《篆隶万象名义》，卷头的部音表"重"有"直陇反"（B 音）。同书第五帖重部里的"重"有"厚、多、善、难、尊、尚"之义，还有"陈龙反"（C 音）的反切。再看《大广益会玉篇》，"重"有"直陇切，不轻也，厚也。又直龙切"之词。根据《大广益会玉篇》和《篆隶万象名义》卷头反切，我认为《篆隶万象名义》重部"重"也是上声音。总之，根据以上例子可以说"厚"之义的"重"不是去声。

上声破音来的去声"重"，跟从上声变化来的去声合在一起。这内容的图表化如下[①]：

多音字"重"语义变化略图

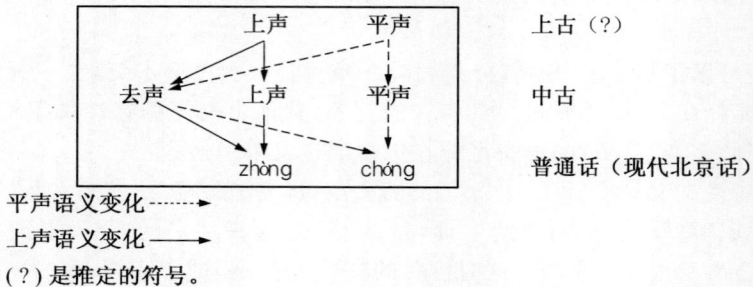

	上声	平声	上古（？）
去声	上声	平声	中古
	zhòng	chóng	普通话（现代北京话）

平声语义变化 ------→

上声语义变化 ——→

（？）是推定的符号。

　　去声"重"取消破音的情形是比较特殊的。我们应该检讨其他的音韵变化对多音字音义关系的影响。做这样检讨时，也必须用较多层次的资料对造成影响的各个方面进行研究[②]。

（作者单位：日本创价大学文学院）

---

① 在下边表里没写上古期去声多音字"重"。这去声多音字"重"古代已经存在。例如，《吕氏春秋·审为》高诱注里有"重读复重之重"之句。至于多音字"重"的平声、上声，哪个是被破音的问题，我不能马上决定。

② 关于带全浊声母的涉到上声和去声的多音字之一"厚"笔者已经发表论文。《"长""深""广""高""厚"破音考》，《中国古典研究》第二十四号（1979年6月）。

会话书"《骑着一匹》系列"研究[*]

会话书"《骑着一匹》系列"研究[*]

汪维辉　　[韩国]朴在渊　　姚伟嘉

内容提要： 会话书《骑着一匹》系列是近几年新发现的朝鲜时代汉语教科书，目前所知共有五个抄本，分藏于韩国和日本。本文推测其成书年代当在 1800 年前后。此书具有多方面的研究价值，对语言研究来说，最可贵之处在于：它是日常口语的忠实记录，完全是"原生态"的，书写形式也纯属民间的"原生态"。因此对于研究 18、19 世纪之交的东北方言具有极为重要的价值。本文从文字、语音、词汇、语法诸方面作了举例探讨，并指出了一些尚待解决的问题。

关键词： 《骑着一匹》；朝鲜时代汉语教科书；早期现代汉语；东北方言史

一、文本简介

会话书《骑着一匹》[①]系列（以下简称"《骑》系列"或"《骑》"）是近几年新发现的朝鲜时代汉语教科书，作者和成书时间均不详。目前所知共有五个抄本：

A. 《骑着一匹》抄本一册，现藏于韩国学中央研究院藏书阁。[②] 共 49 页，大小为 26 厘米×22.5 厘米。约 17500 字。漫漶比较严重，涂改较多。在每个句子的末尾加有近代韩语的词尾和助词。扉页书"丙戌七月十七日"、"再面再恼"、"三停走一停"和"骑着一匹 上下"四行字。

B. 《中华正音》抄本一册，现藏于韩国顺天大学图书馆，共 34 页，将近 20000 字。书法老到洒脱，字迹美观，但是错字和借音字较多。每个句子的末尾也加有近代韩语的词尾和助词。此抄本原为尹炯斗所藏。书末有"岁在青猴卯月念八日终誊"一行字，推测应该是道光四年（1824）二月二十八日抄写完毕的。

C. 《中华正音》抄本一册，现藏于日本驹泽大学图书馆濯足文库。在《骑》系列中，此本篇幅最短，不到 5000 字。采用《老乞大谚解》、《朴通事谚解》以来的通行体例，在每个汉字的右侧用谚文注音，每个句子的下面有谚文翻译（遇到长句写不下则写在左侧），而且是分句抄写，因此很便于阅读。这一体例跟《你呢贵姓》、《学清》（以下简称"《你》、《学》"）比较接近，可能抄写时代也相近。

D. 《骑着匹》抄本两册，现藏于韩国高丽大学六堂文库，图书号码为"六堂 C11-A1-1 /2"。此抄本分上、下两册，上册 56 页，下册 61 页，大小为 34.4 厘米×22.6 厘米。共 23000 多字。在每个汉

---

[*] 本文原题《一种新发现的朝鲜时代汉语会话书——〈骑着一匹〉》，系提交"韩国中国言语学会 2009 年学术大会"（2009 年 4 月 11 日·韩国协成大学）的会议论文。时间过去了三年多，这方面的研究资料和研究成果已经今非昔比，两位中国作者的工作单位也发生了变化。现应《中文学术前沿》之约，对原稿进行修改后发表于此，期盼得到海内外方家的指教。

[①] 标题系截取全书第一句"骑着一匹飞快大马"的前四字而成。各本标题不同，但实为同一种书的不同抄本，本文以《骑着一匹》统称之。

[②] 这是《骑》系列中最早被发现的一种，有韩国鲜文大学中韩翻译文献研究所朴在渊、金雅瑛的整理本，把全书逐段标点，配上现代汉语译文和韩文译文，后附影印本，作为"近代汉语资料丛书（15）"印行（2008 年 6 月），免费赠送相关研究机构和学者。

字的右侧用谚文注音,每个句子的左侧有谚文翻译。书名《骑着匹》是《骑着一匹》的省称。在《骑》系列中,此本篇幅最长,而且字迹清晰,少有涂改,又有谚文注音和翻译,因此价值最高。

E.《官话》抄本一册,现藏于韩国华峰文库。共 44 页,大小为 22.6 厘米×21.4 厘米。封面"官话"的大标题下有双行小字题"中华正音""译话韩语"。扉页有"大韩隆熙三年己酉八月二十九日"和"汉语抄"两行字,可知此本的抄写时间为 1909 年,即朝鲜半岛被日本吞并的前一年。抄写体例同 C 本。

以上 A—C 已收入汪维辉、远藤光晓、朴在渊、竹越孝编《朝鲜时代汉语教科书丛刊续编》(中华书局 2011 年版),D 和 E 收入朴在渊、金瑛编《骑着匹·中华正音》(学古房 2011 年版)。关于各抄本的详细情况,请参看上述两书的"解题"和"前言",这里不再赘述。五个版本由于内容相同,可以相互对照,这给研究带来了方便。不过各本之间的关系目前尚不清楚,比如哪个是祖本、五个版本的顺序如何等等,都需要进一步研究。从抄写体例和质量来看,A 和 B 应该是早期抄本,抄写时间大概在 1830 年之前;C、D、E 则是晚期抄本,大约抄写于 19 世纪末、20 世纪初。从内容来看,这五个抄本都不是完本,因为即使是篇幅最长的 D 本,对话也没有结束。我们期待着在韩国有更多的版本发现。

此书当是由精通汉语东北方言的朝鲜人所编写,作者的中文水平不是太高,早期抄本中有许多字写不出来,或用同音字替代,或径以谚文记音。其中 A、B 都经过修改,不少地方有涂改或增删,可能是同一人所为。全书语言是否经过中国人修改,则尚待研究。

书的内容是朝鲜商人为买卖前往北京的路上,和中国商人、客店老板、车主等人的对话,用的是纯粹的口语,生活气息浓郁。其中所谈的"生意经",对于研究中朝关系史、边境贸易和经济社会史应该有很大的参考价值。全书性质与《你呢贵姓》《学清》十分相似,语言也极为接近。

关于此书的写作年代,朴在渊、金雅瑛的《骑着一匹》整理本(2008)推测为 1826 年,主要根据有两点:

(1)封面题"丙戌七月十七日"。

(2)正文里有这样一段对话:

> 這個馬是底根<u>乾隆三十五年</u>上我們當家的戲①厰買来的。連這一輪(趟)筭起来,<u>二十五遍上過京</u>。如今成老咧(了)。

乾隆三十五年(1770)买的马,已经二十五遍上过京城,从而可知此书大概是 1800 年以后的丙戌年撰写的,这个丙戌就是道光六年(1826)。

随着此书更多抄本的被发现,这个看法可能需要修正了,比如 B 本书末有"岁在青猴卯月念八日终誊"一行字,根据汉文化五行配色,甲乙为青,丙丁为赤,戊己为黄,庚辛为白,壬癸为黑,"猴"则指猴年,对应干支纪年中的地支"申",所以,青猴就是"甲申",我们推测这个"青猴"很可能是指道光四年(甲申,1824 年)。如果这个推测不误,那么就比"丙戌"早了两年。所以"丙戌七月十七日"的题署更有可能是抄写日期而不是成书时间。从上面这段对话来看,成书时间恐怕应该是 1800 年前后才合理,而不应该晚至 1826 年。如此,则此书所反映的应该是 18 世纪末、19 世纪初的东北方言②。

---

① "戲"当是"碱"的俗字,"碱厂"应是地名,辽宁本溪东面不远有"碱厂营""碱厂门",当即其地。

② 此书的语言带有明显的东北方言色彩,这是很多学者的共识。书中提到的东北地名有:我们这关东一省地方、六站、辽阳、沈阳、凤凰城、金家河/金家何、雪里站、石门岭、林家台、连山关、小高岭、唐河沿、张家店、王保台、太子河、常兴店/长星店、辽东等等。

二、研究价值

朝鲜时代汉语教科书流传至今的数量有限①，以抄本形式保留下来的尤显珍贵，《骑》系列的发现无疑令人惊喜。此书的研究价值是多方面的，对语言研究来说，最可贵之处在于：它是日常口语的忠实记录，口语怎么说，它就怎么写，完全是"原生态"的，与一般的书面文献有着本质的区别；书写形式也纯属民间的"原生态"。这样的语料在中国本土是不多见的，即使是长篇白话小说也难以做到与口语完全一致。因此对于研究 18、19 世纪之交的东北方言具有极为重要的价值，可以与《你呢贵姓》（《学清》）和《华音启蒙》（以下简称"《华》"）等资料结合起来，全面考察 19 世纪东北方言的面貌及其在约一个世纪中的变化，有助于现代汉语发展史的研究。此外，在对外汉语教学史上此书也应该占有一席之地。

书中可以研究的问题很多，下面从文字、语音、词汇、语法诸方面各举一些例子来作个初步的讨论。②

2.1　文字

此书文字的书写有较大的随意性，以记录口语音为主，如"啊哥-阿哥"，有很多口语词是用记音字记录的，甚至写不出汉字时就直接用谚文记音；有的音可能由于母语干扰而误记，如"比谤（方）说"。此外，简体、俗写触目皆是，是民间书写习惯的真实反映。这样的抄本，对研究简化字和俗字而言真是一个宝库。

2.1.1　简化字

《骑》系列中有很多简体字，比如：嗳—嗳，爱—愛，变—變，吃—喫，辞—辭，带—帶，单—單，担—擔，灯—燈，点—點，断—斷，对—對，盖—蓋，干—幹，赶—趕，阁—閣，搁—擱，个—個，雇—僱，过—過，号—號，将—將，脚—腳，净—淨，旧—舊，宽—寬，来—來，脸—臉，礼—禮，凉—涼，粮—糧，两—兩，刘—劉，楼—樓，猫—貓，门—門，们—們，却—卻，绳—繩，数—數，随—隨，条—條，问—問，银—銀，余—餘，灾—災，猪—豬，装—裝，准—準。为简化字历史的研究又提供了一种第一手材料。有些则是古代的通用字或古体，如：句（够），圖（圖），卓（桌）子，等等。

2.1.2　俗字

书中俗字很多，如：俤（笨），攩挪（张罗），罡（罢—罷），故（归：故起），京（京），広（么），咳（還），粮（粱：高粮），攏（弄），慟（懂），筭（算），艮（银），托訨（庇）③，合案（实—适），老案（实），戔（钱），腹（瘦），戱（碱?），夛（梦），輆（趂），伯（咱），作（作），煬（烫），腺，朗（亮），甩（扔），淮（离），聲（声），夲（本），芋（等），閗（关），瞧（瞧），歀（散），觜（嘴）等等。有些字则属于当时的习惯写法，如句尾语气词"唎"，程度副词"狠（＝很）"，等等。这些字有很多在《你》、《华》中也能见到④，但也有一些不见于《你》《华》，其他传世文本中亦罕见。这些俗体可以补《汉语大字典》等大型辞书之不足，如"俤"字，《汉语大字典》"用同'笨'"条仅引明代二例：明李开先《宝剑记》第三出："这灶下俤汉生活，何难之有！"明冯惟敏《南吕一枝花·日食救护》："站的站天生的心俤，看的看日射的睛昏。"《汉语大词典》

---

① 参看汪维辉编：《朝鲜时代汉语教科书丛刊》，中华书局 2005 年版；汪维辉、远藤光晓、朴在渊、竹越孝编：《朝鲜时代汉语教科书丛刊续编》，中华书局 2011 年版。

② 以下讨论以 A 本为主，必要时兼及其他各本。

③ "訨"见《玉篇》，同"庀"。在这里是"庇"的俗体。

④ 《你》也是抄本，因此保留的俗体字比《华》多。

则未收此字。本书用例可以证明,这一写法一直到清代中后期还在民间流行。此字还有讹体,见 A 本 29a"好手俫"。又如"罣"字,《大字典》只列 guà 一音,释作"悬挂""绊住"和"内心牵挂",未言及同"罢"的用法。又如"宲"字,《大字典》仅引《玉篇·宀部》"宲,古文实",未举例。"仐"则显然是民间所造的一个简体俗字,暂未见于他书,《大字典》也未收。

其中敀(归)、雜(离)、䍽(声)三个字目前只见于朝鲜时代的汉语文献。

"敀",《大字典》云:pò ① 同"迫"。② 大打。(缩印本 612 页)周志锋发现《九云梦》中有大量"敀"同"归"、"皈"的用例。① "敀"即"皈"之俗体。刊刻于 1677 年的《朴通事谚解》,其谚解部分出现 3 处"皈",原卷都写作"敀"。② 不过在《朴通事谚解》里有 11 处"歸",显然当时"歸"更占优势。而《骑》的 A 本中"敀"7 见,皆同"归",未见一处"歸"。《你》无"歸","敀"1 见,但《学清》里写作"帰"。《华》则全部用"歸"。在没有其他文献材料证明的情况下,我们暂时认为:朝鲜时代,"皈"通常写作"敀",嘉庆初年曾一度被广泛使用,但很快又让位于"歸"。奇怪的是,元代就已出现、笔画更为简单的"归"字,却没有在这几种教科书中露面。

"雜",《大字典》未收,《中华字海》据《集韵》,称其同"鸡"。③ 但《骑》中的"雜",肯定不是表示"幼鹑"的"鸡",通过文例和异文可见,这个字就是"离",只是将"離"的左边部分换成了简省符号"文"。近代汉语文献中,以"文"替代笔画复杂的部件是很常见的,如:孝(學)、举(舉)、观(觀)、劝(勸)、对(對)等。"雜"也是这样的情况,但国内传世典籍罕见,朝鲜时代的汉语文献中倒很多。

"聲",草书或作"𡗦",楷定为"䍽",又可写作"𦎍"。这两种写法在《九云梦》中都有用例。④ 不过,《骑》和《你》中出现的"䍽"从麦从羊,系另一种俗体写法,大概是因"䍽"左边部分与"麦"形近而出现的异体,除了这两种汉语教科书抄本外,暂时未见其他文献使用。

2.1.3 记音字

书中还有大量的记音字(同音替代字),如:甚嗎(麼),惱(鬧),啊(阿)哥,道裡(理),古得(的)常事,莫(摸)不着,胡(湖)南、泗(四)川,蹄(踢)蹬,啊嚤咃咈(阿弥佗佛),輕以(易),特以(意),敢(赶)到秋天,合實(适),上塘(趟)辨(辦)去的雜貨,不辦(辨)東西,隨你們爺們的邊(便),何送(從?)⑤,防(方)法,丈(張),大恒(行)大事(市),滿(漫)天要價,舊(就)地裏還錢,並一(便宜),皮(脾)氣,是(使)得,若不是那嗎這(着),作(昨)个,咳(害)怕,白(百)姓家,幾是(时),候(後)个⑥,怎沒(麼),清(成)天家,走一里的(地),們(門)口兒,項事(行市),月白蘇陵(绫)裏子,期(欺)人,湯(燙),湯(蹚),抗(扛),勞倒(嘮叨),懈台(怠),生(牲)口,箭(筋—劲),顧(估)量,願(怨)不得,憭(尥)蹶子,哑囕(巴),但(单)套轅子,咳到(倒)罷了,新先(鲜),別交(浇)香油,小斯(厮),叫(交)給我罷,合是(适),大使⑦夫(师傅),光京(景),相(商)量⑧,都有(由)得你們身上,由(与)我無干,敖(懊)悔,是(使)得是(使)不得,生(剩),一(以)後,嘴把(巴)子,瑪晌(马上),想(像),哀二(而)不傷,調(挑),抓(爪),脚(悁),爬(趴),人有當日子(之)灾,馬有垂缰之病,正(整)⑨,有(又)是,嗎(马),

① 见周志锋:《明清小说俗字俗语研究》,中国社会科学出版社 2006 年版,第 55 页。据《古本小说集成·九云梦》曹中孚所作前言,该书为高丽坊刊本,胡士莹认为应是韩人金春泽所作。书末署有"崇祯后三度癸亥",知其刊刻时间应在清嘉庆八年(1803),时代略同于《骑》。周志锋称"书中多奇字",确实如此,《骑》中很多罕见怪字在《九云梦》中往往能找到字例。

② 分别在上卷 8b、10b、65a。

③ 冷玉龙、韦一心主编《中华字海》,中华书局 1994 年版,第 942 页。

④ 见周志锋《明清小说俗字俗语研究》,中国社会科学出版社 2006 年版,第 39 页。

⑤ 各本均作"時",但注音为 song;A 本原写作"時",后涂改成"送"。疑当作"从",因韩语两字同音而误写。

⑥ 指后天。下文作"後兒个"。

⑦ A 本原写作"師",后涂改成"使"。

⑧ 即商量,今吴语仍如此说。

⑨ "整"作"正"书中多见。

否(不)，扫、灑(刷)，月凉(亮)。

　　有些字大概是由于韩语读音相同而误写，如：萬般這(皆)有命，比謗(方)[1]説，打鏘(掌)[2]，等等。"张罗"写作"搌挪"，n、l 不分，这很可能是因为汉语声母 l 韩语有时读作 n 而写成"挪"的，《骑》系列中"拉"字的注音几乎都是 na，即为明证[3]，因为今天的东北方言一般都分 n、l。"搌"则是受"挪"影响而增加"扌"旁的俗字，《大字典》未收。

2.2　语音

　　《骑》对口语音作了真实的记录，像平翘舌音不分、声调变异、连读变调、语音弱化等等，书中都有确切的反映。

2.2.1　平翘舌音不分

　　东北方言平翘舌音不分，今天仍是如此。书中例子如：增(挣)钱，做(着)忙，哈几宗(盅)酒，藏(裝)车，從(重)新，多站(咱)[4]，意事(思)，等等。

2.2.2　变调

　　书中变调的情况十分常见，有些大概是口语发音的真实记录，更多的则可能跟韩语没有声调因而作者对汉语声调不敏感有关。例如：先等以(一)等罷，你呢各人使(思)想着，蹄(踢)蹬，輕以(易)，特以(意)，合實(适)，防(方)法，丈(張)，是(使)得，作(昨)个，咳(害)怕，白(百)姓家，幾是(时)，勞倒(嘮叨)，顧(估)量，但(單)套轅子，叫(交)給我罷，都有(由)得你們身上，由(与)我無干，敖(懊)悔，生(剩)，想(像)，哀二(而)不傷，調(挑)，人有當日子(之)灾，正(整)，有(又)是，嗎(马)，否(不)，等等。

2.2.3　语音弱化

　　语音弱化的例子颇多，如：到→得[5]；难道→難得；底下→底些；[6]横竖→恒是[7]；会儿→候(一候/多候/这候)。

2.2.4　其他

　　此外，还有动词儿化的现象，如：

　　　　掌横的，咳(還)有一件大緊事，我們誰也想不出這个来，都忘兒咧(了)。（A27a）
　　　　我開的這一个清单是動不動兒的，再不能惱下去的。（A9b）
　　又如"光"写作"寡"[8]，"少"写作"小"(多小/小增幾个錢)，等等，都是口语中实际读音的记录。

---

① 此当是因韩语无轻唇音而误记。
② 那个怕甚嗎(麽)呢？回来的时候赶到嶺根底些(下)牲口舗里從(重)新打鏘(原寫作"掌")，有錠頭就牲口拉得筋(勁)。(A35a)应作"掌"为是。
③ 何亚南、苏恩希《试论〈你呢贵姓(学清)〉的语料价值》(《南京师大学报(社会科学版)》2007 年第 2 期)曾指出《你呢贵姓》中的"拿倒"就是"拉倒"，甚是。
④ 《老乞大新释》："你多站在王京起身来着?"(1a)《重刊老乞大》下："你多站从王京来的?"(3b)也用"多站"(各 2 见)。
⑤ 例子有：一齊發得瀋陽/閤得一遍/却是有話該當説得頭裏/他们也惱得裏頭白費錢/熬湯作菜的时候，攏个别的肉，交得一塊作就正有吃頭，等等。
⑥ 何亚南、苏恩希《试论〈你呢贵姓(学清)〉的语料价值》(《南京师大学报(社会科学版)》2007 年第 2 期)曾论及"底些"和"难得"，可参看。
⑦ 如：横竖(原寫作"恒是")日頭落不了。(A22b)另一处即作"恒是"：你們恒是黑着走不着。(A27a)
⑧ 也见于《朴通事新释》、《华》和《你》、《学》。

2.3　词汇

书中使用了大量的口语词,除了也见于一般口语文献的以外,有些跟《老乞大新释》《重刊老乞大》和《华》《你》《学》相同,也有不少为此书所独有。

2.3.1　见于《老新》、《重老》和《华》、《你》、《学》的词

例如：離胡（《老新》、《重老》）,便宜①（《老新》）,打②（《老新》、《华》、《你》）；否咧/不咧（《华》、《你》、《学》）,吸嘡（《华》、《你》、《学》）；敁起（《华》、《学》作"归起"）,成③（《华》、《你》）；頭裏（《华》）,瑪（碼）子④（《华》）,哈⑤（《华》）,打派（《华》）,原根（《华》）,知不道（《华》）,把⑥（《华》）；作比（《你》、《学》）,管包（《你》、《学》）,嘮叨⑦（《你》、《学》⑧）,賣買（《你》、《学》）,對得過⑨（《你》、《学》）,底根（《你》、《学》）,本成（《你》、《学》）；攌古攌（《学》作"攌具攌"）,你呢⑩（《你》）,望⑪（《你》）,找嚷⑫/噪嚷⑬（《你》）,拉倒（《你》作"拿倒"。详下）,存⑭。

2.3.2　《骑》独有的词

例如：講道,見光,蹄蹬,希鬆,搁⑮,那嗎⑯,起根,帶連,經紀,離散彫遠⑰,叩銀,齊打胡哩/里,開盤子,過不是⑱,对边⑲,出勢,滿到處,空茶,空飯,空草,空湯,得合,哈大⑳,粧假,我一个/你一

---

① 意为"方便"：掌櫃的,你們這个店裏甚嗎（麼）也都便宜（原寫作諺文,旁邊標"並一"）嗎？要甚嗎（麼）都有啊。像我們有名頭的大店,甚嗎（麼）都不便宜（原寫作諺文,旁邊標"並一"）咳（還）了得咧（了）。（A40a）
② 介词,相当于"从"。
③ 土地面積單位：我們今年个三成的地,穀子才打下十幾斛粮食来。（A25b）
④ 指"价码"：永長家親手開一个单子,每種々々（每種）底些（下）畫瑪（碼）子,給客商們瞧。（A8b）《华》作"码子"：他照樣拿过来,一点儿也不錯,各樣底下都画筒码子。（卷上32a）
⑤ 义同"喝",用于"哈酒""哈茶"。
⑥ 相当于动词"拿"：把幾捆柴火。（A40b）《华》：那麼就把我的名帖到門房裏,教他們送進裏頭去罷。（19a）
⑦ 意为"繁琐,麻烦"：若不中意,却就無法可治,就像一刀兩断的,也不省勞（嘮）叨嗎？（A10a）阿哥,你咳（還）不明白我們這舖子裏生意勞（嘮）叨（原寫作諺文）。一年四節,再沒有不忙的時候。（A15b）在這裏有空兒的時候盡力兒好生藏（裝）車咧（了）,却不省明个的勞倒（嘮叨）嗎？（A22a）
⑧ 《你》寫作"嘮道"：你這个賣買寔（实）在嘮道,辨（办）道（到）這頭不合寔,辨（办）到那頭又不對盡（劲）,我咳莫（摸）不着該怎嗎着才好呢。（14b-15a）《学》寫作"劳道"：你這个賣買寔在劳道,辨（辦）到這裏不合寔！（8a）
⑨ 意为"对得住,对得起"。
⑩ 相当于"您"。
⑪ 介词,相当于"对;向"：王夥計有（又）是作出甚嗎（麼）主意来呢？只管望我們説。（A48b）
⑫ "嚷"字原写作从口从易。
⑬ 原寫作"找樣"。
⑭ 指"住,住宿",书中多见,如：咱們今个到那裏宿呢？早晚往金家何存去罷。（A22b）你説的不錯,走路是原是該這嗎（麼）着。早存早起,晚存晚起。（A23b）
⑮ 用作介词,相当于"从;由"：年々走票的不攌海路通行,又是搁那嗎（麼）走呢？（A4a）
⑯ 年年走票的不攌海路通行,又是搁那嗎走呢？（A4a）
⑰ 若是他們離離胡胡的,離散彫遠,胡討虛價咧（了）,這如何成得了呢？（A8a）表示离谱、差得太远。详下文。
⑱ 应为"不过是"之意：過不是這一点意思。（A12a）一種海菜是原是有錢的不吃,到處莊田家吃不起值錢的東西,過不是圖賤買吃海菜呢。（A16a）才説的是過不是向你頑笑的話。（A43a）
⑲ 犹言"对脾气"：嗳呀,人品却到（倒）不離,天性明公,就是性品忿急。作比要辦這一件事,立刻就辦得来才對得他的邊。（A13a）
⑳ 犹今言"喝高"：罷呀,酒却是寔（實）在再不敢哈（喝）。今个早起哈大咧（了）,這个時候咳（還）沒有醒过来。（A20b）

个①，打着②，打着③，山禁，灯燡，怕头，黑嗎古董/黑麼古董，頑不開，滚④熱，行⑤子，快當，假比，出頭，白懶，按心⑥，磨⑦，敢子，信付⑧，打橋⑨，素常家，驪⑩，後送⑪，盛心，交⑫，二無醶⑬，順常，肚（賭）氣，嘔心，孫鷄⑭，停肥⑮，哀二（而）不傷⑯，不懂樣兒，開付，應賬，退毛⑰，底頭⑱，治得⑲，暴費⑳，不拘㉑。

　　下面分三个方面对《骑》中的词汇作些讨论。

2.3.3　口语词考释

《骑》中有些口语词意义不容易懂，需要考释。下面举几个例子。

2.3.3.1　劳金

《骑》中有如下一例：

　　連們（門）口兒出不去，底些（下）咳（還）有些个［劳金们］（原寫作諺文）㉒服侍着。（A15a）

这里的"劳金"指"佣工"。《汉语大词典》"劳金"条有一义项为"长工"，引周立波《暴风骤雨》为首见用例，时代偏晚。但《暴风骤雨》的用例正可以证明这是当时的东北口语，因为这部小说的背景就是东北农村。

　　"劳金"最初指酬金，成书于明末的《欢喜冤家》中已有用例：

---

① 相当于"我""你"，如：我一个並不是一半年走過的。（A22a）阿哥，你一个本来走慣，差不多点惱成京遊子咧，如何不憪（懂）這个理呢？（A19a）

② 意为"打算"：起根各人打着發賣存货，倒等現艮（銀）子，故（歸）人家的票，所以他們一去的時候親手並沒有帶連一分艮（銀）子去。（A5b）

③ 意为"蹬到；假如"：打着一（以）後我又打盹咧，你們爺々們隨手打我嘴把（巴）子罷。（A37b）

④ 原寫作"勳"。

⑤ 原寫作"項"。

⑥ 犹言"在心；用心"：橫竪（原写作"恒是"）到京裏按心看顧你就是咧，再沒有別的講主頭。（A31b）

⑦ 同"抹"，指调头，转弯：要回去罷，車磨（原卷作諺文）不開。（A32a）

⑧ 犹言"相信；信任；信赖"：那个也信付不得，打鏃（原寫作"掌"）又是怎嗎的呢？一打咧鏃（原寫作"掌"），牲口才走幾步地，錠頭都磨平兒咧。不過是比不打好些。（A35a-b）

⑨ 指搭桥，造桥：我早打聽着，也沒有船，也沒有打橋，都是湯（蹚）捎（原作諺文）過去咧。（A35b）

⑩ 似为"腾出"义：咱們俚戲的話先別講，你呢給我們驪个存下地方，回來再往你頑笑。（A38a-b）

⑪ 我們也怕的是你們這裏沒有地方，所以早起我發後送的頭裏給你送信来，不許存別的客呢。……所以清（成）天家盛心候着你們，才剛後送的李千里，給我們帶来咧。（A39a）

⑫ 相当于"放"，有两种用法：一是指"摆；存放"：咱們四五輔大車交不開，這是怎嗎个存法？……我合他問一問，咱們交得交不得咧。（A38a）二是指"掺合"：不論窮富人家，熬湯作菜的時候，攂（弄）个別的肉，交得一塊作，就正有吃頭。（A16b）

⑬ 指不好，差劲：劉掌櫃的，請進来，你們這个二無醶的酒，咱們怎嗎（麼）哈（喝）法？拿別的乾酒来，多給你們幾个錢是（使）得。（A42b）B写作"二味醶"。就是东北官话、冀鲁官话里的"二五眼"（也写作二乌眼、二古眼、二谷眼、二屋眼等，见《汉语方言大词典》）。参看《汉语大词典》"二五眼"条。

⑭ 犹言"子鸡"：這都不是當年的孫鷄，都是抱蛋（原寫作"卵"）的老母鷄。（A43b）

⑮ 等于"肥"：咱们不肯買這樣正腴（瘦）的，越煮越不爛的呢。你们比這个停肥的再拿幾个来罷。（A43b-44a）

⑯ 一个買賣是差不多裏外一理啊，要哀二（而）不傷罷了。（A44b）此当是用《诗序》《关雎》"乐而不淫，哀而不伤"语，意为恰如其分，不偏不倚。

⑰ 掌櫃的，教一个店裏的人，又膳（騰）一面鍋，燒一点水，把這个鷄退毛。（A45b）

⑱ 指"起初；开始"：我們這裡今年々々成底頭却到（倒）不離。赶到秋天一澇大水，各城沿上的藏家（莊稼）啃哩都衝丟咧。（A4a）

⑲ 意为"能够"：你們恒是（橫竪）黑着走不着，這个山道黑嗎古董的，車治得走嗎？（A27a）明个咱們車却是不用走咧，動不動的牲口拉車治得走嗎？（A47b）今天山东方言仍说。

⑳ 暴費掌櫃的啊，回来再打攪。（A31b）

㉑ 意为"不一定"。字又写作"据"：那个也不據，也不但窮人们吃，不論窮富人家，熬湯作菜的時候，攂（弄）个別的肉，交得一塊作，就正有吃頭。（A16b）

㉒ C、E本作"劳金们"，D本作"老金们"。

（1）良宗道：“多谢多劳。”随谢了三百文钱，以作**劳金**，回一谢帖去了。（十七回）

这里的“劳金”是付给送帖人的“跑腿费”。但这个词在文献中出现得并不多，清代仅于《歧路灯》中发现 9 例，都表示“酬金、佣金”，如：

（2）原来这阎相公名楷，是关中武功人，……后来有人荐他谭宅管账。每年吃十二两**劳金**，四季衣服。（第五回）

（3）及春宇回来时，伙计们俱夸隆吉儿精明，上账明白，情愿一年除十二两**劳金**。（第八回）

刊行于 1883 年的《华音启蒙谚解》中有这样的用例：

（4）我那裏開得起這樣大店？不過是給他們吃**老金**的咧。（上 6b）

“吃老金”即“吃劳金”，义为“做工”。从“拿酬劳”引申出“被雇佣”，再用以表示“做工”，是顺理成章的。通过清末民初的方志材料，我们发现：当时“吃劳金”不只是作动词用，还能表示名词“佣工”，如《宣统抚顺县志略》①释“吃劳金”为“佣工”；民国十九年编纂的《抚松县志》把“吃劳金”解释为“作工的”。

《哈尔滨方言词典》和《东北方言词典》在收录“吃劳金”一词的同时，也都提到当地“称被雇佣的人为‘劳金’”。《哈尔滨方言词典》特别指出这是“旧时说法”，但检索明清文献，并未发现将“劳金”直接用来表示“佣工”的用例。《骑》中出现的这个加了复数词尾的“劳金”，为我们证实了这个“旧时说法”，同时将《大词典》中相关义项的始见书证提前至清中期。

2.3.3.2　攮古攮

《骑》中有下面一例：

他們毛客這輄（趟）往邊門口帶的帽包是**攮**（弄）［**古**］**攮**（弄）多小（少）？（A12a-b）

“古”原写作“ ”（子＋乙），修订者在旁边写上了“古”字。结合上下文，推测“攮古攮”是“总共”之义。《你》也有一见，写作“攮具攮”：

（1）上下家眷**攮具攮**多小呀？（9a）

攮，据《集韵》匿讲切，读 nǎng。② 但《你》中“攮具攮”的谚文注音为“ ”，则“攮”与“弄”同音。在《骑》里，“攮”用同“弄”③，如：

（2）不論窮富人家，熬湯作菜的時候，**攮**（弄）個别的肉，交得一塊作，就正有吃頭。（A16b）

不过，无论是“攮”还是“弄”，“古”还是“具”，应该都只是记音字。虽然“攮古攮”在各种文献中都不见踪影，但我们推测，它或许就是现在牟平、扬州、乌鲁木齐、太原等地表示“共计；总计”的“拢共”的一个方言变体。

2.3.3.3　讲主/讲究

“讲主”一词在《骑》中颇为常见，下面是全部用例：

（1）價錢是□□（由着）他們单，艮（銀）子却**講主**是敀（歸）得三票。（A11a）

（2）一替三年是一定的矩規。**講主**是三年才為满。（A12b）

（3）**講主**通花镜是一期十年，一個是五十歲的方盒子，一個是四十啬（時）的圍盒子。（A17b）

---

① 见《中国地方志集成·辽宁府县志辑》，凤凰出版社 2006 年版。

② 见汉语大字典编辑委员会编：《汉语大字典》（缩印本），四川辞书出版社、湖北辞书出版社 1993 年版，第 1969 页。

③ 《你》同，参看何亚南、苏恩希：《试论〈你呢贵姓（学清）〉的语料价值》（《南京师大学报（社会科学版）》2007 年第 2 期），第 159 页。

　　(4) 京城裏各處鋪子裏發賣東西都是**講主**是管帶来回，所以再不敢期(欺)人。(A19a)

　　(5) 咱們随手各人篩各人哈(喝)，**講主**是頓壼是(使)得。(A21a)

　　(6) 咱們哥兒相好裏頭，熟不講礼呢。初會的朋友們跟前才**講主**這个理来啊。(A21a)

　　(7) 你们三位太爺們打胡相(商)量，给车户家**講主**一点，不教车户家吃虧咧，就不輕太爺们的恩典。(A29b)

　　(8) 車脚錢是並不是年々照旧的死價，只照當年々成好歹，有一年講一年，現**講主**的活價。……也有啚(圖)便宜，[霸道](原作諺文)**講主**的嗎？(A30a-30b)

　　(9) [横竪]到京裏按心看顧你就是咧，再没有别的**講主**頭。(A31b)

　　(10) 今个往前走到那裏黑，却就筭到那裏来，咱們先不用**講主**罷。(A34b)

　　(11) 這不妨事，**講主**他們罷。(A44b)

　　(12) 今个若不好咧，甩(扔)得這裏筭是[遭](原作諺文)[塌](原作"他")不咧，咳(還)有**講主**頭？(A48a)

　　(13) 是借给你套車咧，没有拉車走路的牲口惱蹶咧，咳(還)**講主**正(整)着不正(整)着咧？(A49a)

　　何亚南、苏恩希根据《你》中的 4 条用例，认为"讲主"是"商量，讲价钱"的意思，[①]但并没有说明其得义之由。《骑》中还有 2 例"讲究"，可拿来比较：

　　(14) 倘若蹄(踢)蹬幾隻船，白丢艮(銀)錢是阁得一邊先不用**講究**，白遭塌多小(少)性命？(A3b)

　　(15) 若有錯處否咧，管他誰也一点不**講究**，只照罪過重輕立刻治罪。(A13a)

例(15)原写作"主"，修改者在旁边写了"究"以后，并未将原来的"主"点去，按照 A 本修改的体例，"究""主"两可。据《华》的注音，主、究同音。所以我们认为"讲主"其实就是"讲究"，是由于方言"究""主"二字同音而写成了音借字。例(6)的"讲主"读作"讲究"文从字顺，是"注重，看重"的意思。在《骑》中，"讲究/讲主"的基本含义是"商量"，用于商谈生意，就是"讲价钱，讨价还价"，如《你》中的 4 条用例和上引的例(7)(8)(9)。但《骑》中表示"商量"的"讲主"并不只用于讲价钱，如例(12)(13)，就是商量瘸了的马该怎么处置的。《骑》中还可以用作"说好，讲定"义，这是"商量"的结果，例(1)(2)(3)(4)(5)(10)都表示这个意思。

2.3.3.4　本成

　　(1) 他们是**本成**大藏的生意，自然是銀錢都[便宜]些。(A7a)

　　(2) 這个馬**本成**急性的馬，萬一拿鞭子打他身子咧，橑□(蹶)子惱怪幫子。(A24b)

　　(3) 這个酒雖然是你們嫌不好，**本成**也可以哈(喝)得過。(A42b)

检索明清文献未见"本成"，从这三个例句看似乎可以解释为"原本；本来"。《你》中也有 2 见：

　　(4) 我的**本成**現銀子不带来呢，怎嗎買你的貨呢？(11a)

　　(5) 我那个牛皮是**本成**並没有使不着的，不怕随你調。(18b)

何亚南、苏恩希(2007)释"本成"为"根本、完全"，认为"本成"是个副词，与否定式配合使用，表示一种彻底否定。[②] 但这个解释放在《骑》的 3 个例子里，就说不通了。

　　我们认为"本成"就是现在东北方言中的"本情(儿)"。成、情读音相近。[③]《骑》中有"清天家"7

---

①　何亚南、苏恩希：《试论〈你呢贵姓(学清)〉的语料价值》，《南京师大学报(社会科学版)》2007 年第 2 期。

②　何亚南、苏恩希：《试论〈你呢贵姓(学清)〉的语料价值》，《南京师大学报(社会科学版)》2007 年第 2 期。

③　在《华》中"成"与"清"有相同的注音(如《华》上 4b 里的"成"和《华》下 8a 里的"清")，但"情"和"成"的注音都不同。("清"和"情"则有相同的注音)。"成"与"清、情"互通，不知是东北口语实际读音如此，还是韩语音同致混，尚需研究。

见，应该就是"成天家"：

（6）不过是走着一年一趟（趟）京，一還本地就清天家全不管甚吗事。（A14b）

（7）你呢别说是清天家想家，連睡夕（夢）裏也作不着家裏的夕（夢）。（A47a）

《东北方言词典》和《哈尔滨方言词典》都收"本情（儿）"，解释为：本来，表示理所当然。[1] 把"本来"代入以上5个用例，除例（4）外都能讲通。因例（4）的文句明显带有韩语句法的痕迹，语序为"SOV"，[2]故代入后应说成："我本来没带现银子来。"这样文意才通。

2.3.3.5　離散彫遠

若是他們離離胡胡的，離散彫遠，胡討虛價咧，這如何成得了呢？（A8a）

《哈尔滨方言词典》收有"离山吊远"，意为"路途遥远，往来不便"。"彫""吊"都是记音字，其本字当作"鴌"。明李实《蜀语》："远曰鴌，鴌音吊。"[3]现代汉语方言中还有不少地方保留了这样的说法：西宁和万荣方言中"鴌"就表示"远"。[4] 在济南、牟平、厦门等地有用"鴌远"表示"距离遥远"的；[5]牟平、宁波、广州还有"鴌脚（角）"，表示"偏远"，广州的"鴌脚"也说"堕角"；在厦门有"离鴌"，也是表示遥远。[6] 宁波话阑尾炎旧称"鴌角肠痈"。"鴌远"一词在近代汉语文献中常见，如《清平山堂话本·陈巡检梅岭失妻记》、《元典章》、《高丽史》、《封神演义》、《杨家将传》、《镜花缘》、《痴人说梦记》、《世无匹》、《女仙外史》等都有用例，不备引。可看《大词典》"鴌远"条。

"鴌"除了记作"彫"、"吊"外，还有"掉""调"。徐州方言表示"偏僻"有种较老的说法"掉哨"，[7]这个"掉"应该也是"鴌"的记音字。《红楼梦》一百回："若是离乡调远，听见了这个信，只怕我想妈妈也就想杀了！"《汉语大词典》解释为"远离家乡"，并注音"调 diào"，[8]其实也就是"鴌"。

"鴌远"同义连文，"离鴌"则是动补短语凝固成词。《广雅·释诂三》："离，散也。"钱大昭疏义："离者分之散也。"故"离散"也是同义连文，表示"分散"。[9] 由此可知，"离散彫遠"就表示"距离很远"。不过，《骑》中的"离散彫遠"意义发生了虚化，即由表示空间上的距离远，引申指离谱、（所开的价钱）差得太远。

除上述5个词语外，还有吸喏[10]、齐打胡里（哩）/打胡[11]、熬焦[12]、臭[13]、得合[14]、管带来回[15]、俚戏[16]、蹄蹬[17]等词，限于篇幅，这里就不一一展开讨论了。

---

① 见马思周、姜光辉编：《东北方言词典》，吉林文史出版社1991年版，第17页；尹世超编：《哈尔滨方言词典》，江苏教育出版社1997年版，第317页。

② 参见何亚南、苏恩希：《试论〈你呢贵姓（学清）〉的语料价值》（《南京师大学报（社会科学版）》2007年第2期），第158页。

③ 见［明］李实著，黄仁寿、刘家和等校注：《蜀语校注》，巴蜀书社1990年版，第140页。

④ 据《牟平方言词典》，"鴌"不仅能表示距离远，还能表示时间长。（第233页）

⑤ 尹世超编《哈尔滨方言词典》记作"吊远"，表示"相隔很远；偏远"。（江苏教育出版社1997年版，第228页）

⑥ 以上材料分别见：《牟平方言词典》第198页，《万荣方言词典》第233页，《宁波方言词典》第108页，《广州方言词典》第255页，《厦门方言词典》第157页，《汉语方言大词典》第5030页。

⑦ 见《徐州方言词典》，第231页。

⑧ 见罗竹风主编《汉语大词典》，汉语大词典出版社1986—1993年版，第11册892页。

⑨ 东北方言平舌音和翘舌音不分，所以也写成"离山吊远"。

⑩ 即"饥荒"的音变形式，有"债务"和"麻烦"二义。

⑪ 意为"一齐"。"打胡"即"打夯儿"，"齐打胡里（哩）"是"打胡"的扩展形式。

⑫ A本原文写作谚文，应作"熬糟"，意为苦闷懊恼。

⑬ 指因供大于求而贬值，掉价儿。

⑭ 今天东北话说成"得活"，意为"完成，搞好"。

⑮ 表示"管换；包换"。

⑯ 指玩笑，闹着玩儿。

⑰ 意为"糟蹋；毁掉"。

2.3.4　常用词的新旧更替

《骑》反映出一些常用词在口语中的新旧更替，下面略举两例。

2.3.4.1　吃-哈

《骑》中表示"drink"义的动词用"哈"。根据《朴通事新释谚解》、《重刊老乞大谚解》、《你》、《华》中的谚文注音，我们确定"哈"与"喝"在当时口语中的读音相同。吕传峰曾考察"喝"在四种《老乞大》中的使用情况[1]，这里我们将四种《老乞大》以及《骑》、《你》、《华》共七种文本中表示"drink"的"吃（喫）"与"喝（哈）"放在一起做一个比较：[2]

文本	原　老	老　谚	老　新	重　老	骑着一匹	你呢贵姓	华音启蒙
时间	约1368前	约1483	1761	1795	约1800	1864—1906	1883
吃（喫）	22	22	22	18	0	0	0
喝（哈）	0	0	6	10	13	1	12

现存《老乞大》各本中，《老乞大新释》最贴近实际口语，[3]在《新释》中，"吃"仍然占据着"喝类语义场"主导词的地位。但在相隔仅约半个世纪的《骑》里，"哈"以压倒性的优势将"吃"挤出了该语义场。出现这种情况的原因可能与《骑》的语言性质有关。当时来华的朝鲜商人，大多是经辽沈至北京。作为流传于民间，或者说单纯为来华朝鲜商人而编的汉语教科书，辽沈一带的方言对《骑》的语言应该有很大影响，而官方编写、刊行的《老乞大》则带有更多的北方通语色彩。

2.3.4.2　道-说-讲

"讲"是"说类词"中兴起较晚的一个。《老乞大》、《朴通事》、《训世评话》、哈铭《正统临戎录》等有北方话背景的明代白话文献中均不用"讲"，但考察清代文献，却可以看到"讲"有逐渐增多的趋势，比如同为北方官话，《金瓶梅》"说"和"讲"的出现频次是283∶1，到《儿女英雄传》就达到了16∶1。[4]

我们对四种《老乞大》和《骑》《你》《华》中表示上位概念的"说类词"进行了统计：

文本	原　老	老　谚	老　新	重　老	骑着一匹	你呢贵姓	华音启蒙
道	35	12	7	11	3[5]	1	5[6]
讲	0	1	1	0	9	1	8
说	53	81	109	99	66	7	99

如表所示，虽然《原本老乞大》和《重刊老乞大》的成书相隔400余年，但在"讲"字的使用上竟然没有区别。《谚解》和《新释》也只是各有一例"讲"：

---

[1] 吕传峰：《汉语六组涉口基本词演变研究》，南京大学博士学位论文，2006年。

[2] 《老乞大新释》中"吃"一律写作"吃"，其他三种《老乞大》则都写成"喫"。《骑》、《你》、《华》中"喝"都写作"哈"，而《老乞大新释》和《重刊老乞大》则都写作"喝"。

[3] 见汪维辉《汉语词汇史新探》，上海人民出版社2007年版，第27页。

[4] 参看汪维辉《汉语词汇史新探》，上海人民出版社2007年版，第16-17页。

[5] 这3处都是"讲道"。

[6] 其中3处为"俗言道"，1处为"说道"。《你》中的一例"道"也是"俗言道"。可见，19世纪中后期，"道"在口语中已经基本不说了。

　　（1）要甚么闲讲！筭了价钱，看了银子。（《老乞大谚解》下 56b－57a）①

　　（2）咱们闲话别讲罢。（《老乞大新释》6a）②

这样的情况到《骑》中发生了很大变化。如：

　　（3）就像你們爺々們明公才能的作着生意，又是講甚嗎呢？（A1a）

　　（4）阿哥既是講道這个来，咱們哥兒在這裏分手，送得門口罷咧。（A21b）

　　（5）咱們〔俚〕（原作谚文）戲的話先別講，你呢給我們騍个存下地方。（A38a－38b）

　　（6）你呢先別講閒話，給我們放一張卓（桌）子，煬（燙）半斤酒。（A41b－42a）

虽然就数量而言，"讲"仍无法与"说"相提并论，用法上也有局限，但这些贴近口语的文献证实了当时北方方言中"讲"也拥有了"说类词"主导词的一席之地，同时也反映出《重刊老乞大》与实际口语的脱节。

　　2.3.5　昨天、今天、明天、后天的说法

　　《骑》A 本中表示这四个时间概念的词是：作个（2）；今个（15）、今日（4）；明个（11）、明兒个（1）、明天（3）；後兒个（1）、候个（1）。最常见的格式是"昨（作）/今/明/后＋个/儿个"。值得注意的有两点：

　　一是有"今日"而无"明日""后日"。"～日"是原式，"～个/～儿个"是变式。

　　二是有 3 例"明天"，这是新说法，罗列如下：

　　（1）像這樣利害的山道，萬一黑着走咧，人莘（辛）苦馬受罪，惱一夜的工夫走，走到幾十里地，剛到店裏，馬都疲咧，難得言語，明天再不用走咧。（A23a－b）

　　（2）咱們依王夥計的話，今个早些下店，明天起大早是（使）得。（A23b）

　　（3）在一候正（整）着試々，若好咧，明天別套轅子，放他後轅跟着。（A48a）

这是迄今所见"明天"的较早用例，其他朝鲜时代汉语教科书均未见，时间稍后的《华》中出现了 10 例"今天"。③

　　清代小说《肉蒲团》中有 2 例"明天"：

　　（4）玉香道："难道明天没有日子，定要今天看完？"（第三回）

　　（5）老实道："若得如此，我明天就送身契进来……"（第十三回）

　　有学者认为此书实为李渔（1611—1680）所作。但是在清初就出现"明天"的用例，似乎显得突兀，这两个例子需要进一步查证。

　　大约成书于清代乾隆年间的《绿野仙踪》中也有 1 例"明天"：

　　（6）林岱道："尊介且不必去，更望将行李取来，弟与恩公为长夜之谈。寒家虽不能容车马，而立锥之地尚属有余，明天会令兄亦未为晚。"（第十八回）

---

① 这句话在其他三种《老乞大》中的表述是：
　争甚么有？买也买了也，索甚么闲厮诞。算了价钱，捡与他钞。（《原本老乞大》37a）
　说甚么闲话！就算了价钱，看了银子，交易了罢。（《老乞大新释》42b－43a）
　说甚么闲话！就数了价钱，看了银子，交易了罢。（《重刊老乞大谚解》下 59a）

② 这句话在其他三种《老乞大》中的表述是：
　咱每闲话且休说。（《原本老乞大》5b）
　咱们闲话且休说。（《老乞大谚解》上 15b）
　咱们闲话且休说。（《重刊老乞大谚解》上 15a）

③ 大河内康宪（2001）认为，"今天、明天、昨天"首先在 1900—1910 年的晚清小说中大量出现，推测这是 1870 年代以后的 30 年间发生的词汇变化。《黄绣球》《老残游记》《官场现形记》都是这一时期的作品，除了"今日、明日、昨日"外，首先出现了"今天、明天、昨天"。（〔日〕大河内康宪：《"日"与"天"与"号"》，《现代中国语研究》第 3 期，2001 年，第 6 页）《骑》的时代比那些作品要早。

可靠性如何，也有待考证。

2.4　语法

书中有一些语法现象值得讨论，下面略举几点。

2.4.1　我们-咱们

今天在以北京话为代表的很多北方系官话中，第一人称代词复数包括式（inclusive 'we'）用"咱们"，排除式（exclusive 'we'）用"我们"。① 刘一之（1988）考察从唐至明 16 种文献材料发现：北宋末期由北方人写成的《燕云奉使录》和《茅斋自叙》中已经有了排除式和包括式的对立。② 梅祖麟（1988）根据该结论进而探求两式对立的来源，指出汉语方言中包括式和排除式的区别都不是土生土长的，而是受了女真语或契丹语的影响。③ 虽然这对语法范畴来源于外族语，但使用的词语却都是汉语自身的：包括式有过"自家、自家懑、咱每、喒、咱门、咱们"等书写形式，明清以后统一为"咱们"；排除式有过"我懑、俺、俺每、我每、俺们、我们"等书写形式，在早期以"俺"最常见，明清以后统一为"我们"。④

《骑》A 本中表示第一人称代词复数主要用"我们"（92 见）和"咱们"（68 见）。根据我们的考察，其中的"我们"绝大多数用作排除式，如：

（1）客商们根（跟）掌横的说是："刘三爷既是勸我們講生意着，我们也不得不作。"（A7a-b）

（2）阿哥你呢一下馬先到我們家裏来，连一碗空茶也不哈（喝）咧，又是往那裏去？（A20a）

（3）你一个粧（装）不记聲兒，那不是不肯教存我們的意思吗？（A38b）

但有 2 处似乎应看作包括式：

（4）王夥計，把我們的行李搬進来，不要渾拿人家的。（A39b）

（5）你們那位騎来的坐嗎（馬），替蹶馬套車，教他坐我們車上走，是（使）得是（使）不得？（A48b）

"咱们"在《骑》A 本中用作包括式 50 见，如：

（6）永长家说是："咱們不必多说，我這个老寔（實）價錢，你们又嫌貴，咳（還）想便宜咧。"（A9b）

（7）向来咱們哥兒裏頭並不論别的意思，若有話應該就说。（A16b）

（8）咱們該打睹：若是今个准到唐河沿去咧，就算是我們贏；若到不去咧，就算是我們輸。（A34b）

（9）早過去咧，咱們不用给他們捱挪（張羅）些。（A36a）

（10）明个咱們車却是不用走咧，動不動的牲口拉車治得走吗？（A47b）

用作排除式 18 见，比例相当高，现将书中用例罗列如下：

（11）咱们今年是特有王爷的旨［意］，教我们比先年早走幾天。（A13b）

（12）咱们這裏干生意家都没有你们爺爷们便當些。（A14b）

（13）敢（赶）多候盛出来，［均］三盤盛，给我們［端］過来。咱們該吃飯。（A26a-b）

---

① 参见吕叔湘：《释您，俺，咱，喒，附论们字》（1940 年，《汉语语法论文集》增订本，商务印书馆 1999 年版），《近代汉语指代词》（学林出版社 1985 年版），第 64 页。太田辰夫：《中国语历史文法》（修订译本）（北京大学出版社 2003 年版），第 103 页。朱德熙《语法讲义》（商务印书馆 1982 年版），第 82 - 83 页。

② 参见刘一之：《关于北方方言中第一人称代词复数包括式和排除式对立的产生年代》，《语言学论丛》第十五辑（商务印书馆 1988 年版），第 110 页。

③ 参见梅祖麟：《北方方言中第一人称代词复数包括式和排除式对立的来源》，《语言学论丛》第十五辑，第 144 页。

④ 参见蒋绍愚、曹广顺主编：《近代汉语语法史研究综述》（商务印书馆 2005 年版），第 35 - 36 页。

（14）那嗎咱們滾熱的炕上只是睡覺去罷。（A27a）

（15）一百二十兩是伯（咱）們大家通着你們講道明白的。（A30a）

（16）假比依你説，咱們多出幾兩艮（銀）子[否子]，在我却倒稀鬆。（A30b-31a）

（17）車上們（門）簾子一放下來，咱們是惱在裏頭，莫（摸）不着你在外頭該怎嗎惱（鬧）！（A37a）

（18）那嗎咱們走路吃不慣店飯，飯却是咱們各人做，吃哈（喝）使用的是都是你們的呢。（A40a）

（19）咱們親手下上粳米做飯。又是打發一个人給我們買四五个鷄來罷，鷄錢却在外，咱們各自開付啊。（A40b）

（20）你們爺爺們咳（還）是瞧不起我啊……咱們矩規是：存店的客人若丢東西咧，店裏不得不賠呢。（A41b）

（21）咱們哈（喝）一点酒，莩到一候吃飯。（A42b）

（22）你們這个二無釅的酒，咱們怎嗎哈（喝）法？（A42b）

（23）咱们不肯買這樣正腥（瘦）的……你們比這个停肥的再拿幾个來罷。（A43b-44a）

（24）你們不願意咧，咱們就拿回去就是咧。（A44a）

（25）你們若不要咧，咱們好拿回去啊。（A44a）

（26）王夥計，你咳（還）不知道，那一匹馬是原是去年京裏朋友們根（跟）前咱們衆人借來的牲口，這次給他帶回去咧。（A49a）

值得注意的是，雖然例（8）中包括式的“咱们”和排除式的“我们”用得很准确，但例（11）里“咱们”、“我们”就都用作排除式了，其余例子中的“咱们”也都属于“误用”。

再来看看与《骑》时代相近的《你》、《华》中第一人称代词复数的使用情况。

	我　　们		咱　　们	
	包括式	排除式	包括式	排除式
你呢贵姓	0	2	15	0
华音启蒙	0	33	15	10

可见，《你》中“我们”和“咱们”分工明确；但在《华》里，“咱们”出现了比《骑》更严重的“僭越”。

考察比《骑》更早的朝鲜时代汉语教科书，我们发现《老乞大》四种版本里，两式对立很明确。① 我们注意到：《谚解》曾由中国使臣葛贵等作过校正，②《新释》编者边宪本着“务令适乎时、便于俗”的宗旨，在北京燕馆“逐条改证，别其同异”，很可能也请中国人审定过。③ 或许是因为有汉人参与修订，四种《老乞大》中未见有“越位”的情况。

据刘一之（1988）统计，《朴通事谚解》里有5例“咱”用作排除式：

（27）咱这官人，要打一副刀子。（上，16a）

（28）咱学长为头儿，四十五个学生。（上，44a-b）

（29）咱本国是太祖姓王讳建，表德若天。（下，58b）

（30）弓王如此无道，怎受他苦？咱众人们特来告报，愿主公用心救百姓受苦。（下，59b-60a）

---

① 《原本老乞大》包括式用“咱每（咱）”，排除式用“俺（俺每）”。其他三种都是“咱们”和“我们”对立。

② 参见《朝鲜时代汉语教科书丛刊》（一），《老乞大谚解解题》。

③ 参见《朝鲜时代韩语教科书丛刊》（一），《老乞大新释解题》。

（31）安置，韩先生。咱去也。（下，61b）

这 5 例到《朴通事新释谚解》里大多改换了表述形式，不见了"咱"：

（32）这位官人要打几副刀子。（卷一，19a）

（33）除了学长共有四十五个学生。（卷一，47b）

（34）高丽太祖姓王讳建，表字若天。（卷三，57a）

（35）弓王如此无道，愿公速救百姓之苦。（卷三，57b）

（36）咱们都领教了，请暂别过罢。（卷三，59a）

只余下例（36）里的"咱们"还是排除式，在《朴通事新释谚解》里笔者也只找到这一处。^①《朴通事谚解》和《老乞大谚解》一样，在 1483 年曾经过葛贵等人的修改，但不知是由于篇幅较大，还是葛贵为"南方人"的缘故，出现了这 5 个"漏网之鱼"。以往学者的研究证明，明清时期，"咱"在用法上有比较明显的方言差异。^② 不过，对于《朴》中的混用，笔者认为当是原编者用错，修订者漏查所致。（详下）这 5 处作排除式的"咱"相对于《老》、《朴》中 150 余处作包括式的"咱（咱们）"，比例很低，和《骑》《华》里出现的情况是不同的。

《训世评话》的成书年代和《老》、《朴》第一次修改的时间相近，但该文本第一人称代词的使用却与《老乞大谚解》《朴通事谚解》的差别很大。《训》中表示第一人称复数是"我们"和"俺"对立，^③其中，"我们"6 见，都作排除式；"俺"2 见，^④均为包括式：

（37）那大舍的兄弟来告哥哥说："这铁牌子只不是哥哥的，天与我两箇弟兄的，俺轮流放好。"（下，20a）

（38）（娘子）对小媳妇说道："这丈夫是俺两箇妇人全靠直到死老。如今看的他行止这般污臢，怎么那好！"（下，48b）

第一人称代词"俺"字始见于宋代文献，吕叔湘指出：俺字在金元俗语中，亦有单有复。复数之俺常与你相映对，盖屏对语者于其外，所谓排除式之第一身复数也。^⑤ 在今天东北、冀鲁、胶辽、中原等北方官话区的一些次方言里，"俺"依然是和"咱"或"喒"对立，用以表示第一人称代词复数排除式的。《原本老乞大》中，"俺（俺每）"共计 181 见，^⑥《老乞大谚解》的修改者将其中 177 处表示单数的"俺"改为"我"，另 4 处的修改如下：

（39）俺高丽体例，亲兄弟也不隔话。（原本老乞大，5a）

　　我一们不会体例的人，亲兄弟也不隔话。（老乞大谚解上，15a）

（40）那般者，俺自做喫。锅竈椀楪都有么？（原本老乞大，19b）

---

① 两种《朴通事》里的"我们"全都用作"排除式"。

② 冯春田指出："在《老乞大》、《朴通事》以及《醒世姻缘传》这样的以北方话为方言背景的文献里，'咱（咱们）'是用于包括式；而像《型世言》这样的带有南方方言（吴语）色彩的文献里，'咱'则常常用于排除式。"（《近代汉语语法研究》，第 19 页，山东教育出版社 2000 年版）。这段话下面本有小注："这里是就大致情形而言。"刘一之《关于北方方言中第一人称代词复数包括式和排除式对立的产生年代》考察发现：《金瓶梅词话》"我们"用作包括式的 8 例，其中 6 例出现在五十三至五十四回；"我每"用作包括式的 1 例，也出现在五十三回；五十三至五十七回，"咱"出现了 24 次，用作第一人称单数的有 23 次，而用作包括式的只有 1 次，"咱们"用作第一人称单数的仅有的 1 例，也出现在五十七回。明人沈德符《万历野获编》认为《金瓶梅词话》"原本实少五十三回至五十七回，遍觅不得，有陋儒补以入刻。无论肤浅鄙俚，时作吴语，即前后血脉，亦绝不贯串，一见知其赝作矣。"（中华书局 1959 年版，第 652 页）那么，这几回中"我们""咱们"的混用"大概是和增补人的籍贯有关"。（《语言学论丛》第十五辑，商务印书馆 1988 年版，第 95 页）

③ "咱"在《训》中一次都没有出现。

④ 有一处"俺"是表单数的：外郎喝他娘子说："这婆娘，你知道甚么事！俺这两箇兄弟，水也水裏去，火也火裏去，这般结交！"（下，5a）

⑤ 吕叔湘：《汉语语法论文集》（增订本）（商务印书馆 1999 年版），第 5 页。

⑥ "俺每"仅一见。

我们自做饭喫时,锅竈椀楪都有么?(老乞大谚解上,61b)

(41) 俺喫了时,与他将些去。(原本老乞大,12a)

我们喫了时,与他将些去。(老乞大谚解上,38a)

(42) 哥哥,俺每回去也。(原本老乞大,39b)

大哥,我们回去也。(老乞大谚解下,65b)

这3处"我们"和1处"我一们"①都用作排除式。显然,葛贵等人很清楚:"俺(俺每)"表示复数时与"咱(咱每)"对立,在当时汉语通语中,与"我们"相同。而《训》的编者李边却弄错了。

其实在和《训》时代相近的《水浒传》②里也有不少"俺(们/每)"用作包括式的文句,如:

(43) 众泼皮见智深醉了,扶着道:"师父,俺们且去,明日和他理会。"……智深相别,自和泼皮去了。(第六回)

(44) 宋江和两个公人说道:"也难得这个庄主太公留俺们歇这一夜。"(三十六回)

(45) 可留下张青、孙二娘、施恩、曹正看守寨栅,俺三个亲自走一遭。(五十六回)

(46) 俺每如今将士都在一处,多分调几路前去杀,教他应接不暇。(一○八回)

朱德熙《语法讲义》指出:由于方言的影响,"我们"也能用作包括式,但是"咱们"不能用作排除式。③因此,冯春田《近代汉语语法研究》认为《水浒传》中作包括式的"俺们"正体现了方言的差异。④但我们不禁要问:为什么《骑》和《华》中出现了"咱们"的排除式呢?我们认为原因可能有二:

其一,编写者受其母语影响。今天的韩语第一人称代词复数不分包括式、排除式,都说"우리"。现在的韩国留学生能通过专门的语言学习弄明白"咱们"和"我们"的区别,但在朝鲜时代,能将这对语言范畴严格区分开的人应该不多。没有明确的概念,表现到文本上就是时而用对,时而用错,就像上文所举例(8)和例(11)那样。在《朴通事》最初的版本里或许有很多用错的"咱",中国使臣将它们一一修改,但未能彻查,留下了5个"漏网之鱼"。这样的情况不单发生在朝鲜的汉语学习者身上,许多自己方言里不分包括式、排除式的中国文人在模仿北人言语时也容易出错。根据刘一之(1988)的考察,《明人杂剧选》收录的24个杂剧里有两种将"咱(咱们)"用作排除式,分别是浙江余姚竹痴居士的《齐东绝倒》和浙江山阴孟称舜的《桃花人面》。⑤同样为罗贯中所作的《三遂平妖传》不分二式,一律用"我们"。⑥到《水浒传》,为勾勒北人形象,作者刻意大量使用"俺""咱"等词,却难保不出错。上面所举"俺"的用例尚不算大错,而下面这2处作排除式的"咱们(每)"则露出了破绽:⑦

(47) 和尚便道:"俺两个出家人,被军马赶的紧,救咱们则个!"(八十五回)

(48) 那些随从贼人,在岸上忙乱起来,齐声叫道:"快撑拢船来!咱每也要过江的。"(一○九回)

① 原卷作"我一们",仅此一见,"一"或为衍文。

② 《水浒传》的方言背景一向是人们讨论很多的一个问题。罗尔纲《水浒传原本和著者研究》确定其前七十回作者是罗贯中,但"前七十回和后二十九回半不是同一个作者"。(江苏古籍出版社1992年版,第83页,第19页)本文从此说,并主要考察前七十回中的文例。"俺每"的写法是到90回后才出现的(共5见),只有例(46)这一处用作包括式。

③ 商务印书馆1982年版,第83页。

④ 山东教育出版社2000年版,第13页。

⑤ 详细数据见刘一之《关于北方方言中第一人称代词复数包括式和排除式对立的产生年代》,《语言学论丛》第十五辑(商务印书馆1988年版),第96页。

⑥ 参见刘一之《关于北方方言中第一人称代词复数包括式和排除式对立的产生年代》,《语言学论丛》第十五辑(商务印书馆1988年版),第98页。

⑦ 《水浒传》中"咱"其实用得不多,共6见,前七十回中仅2见。但无论是七十回前还是七十回后,作者都认为"咱"="俺",如:杨志道:"待俺回来还你,权赊咱一赊。"(十六回)兀颜统军听了大喝道:"无智辱子,被汝生擒,纵使得活,有何面目见咱?不用相换,便拿下替俺斩了。"(八十八回)(从"们""每"字形的改变,笔者推测,七十至九十回和九十回以后或许出自不同人之手。)可见,七十回后的作者即使不是罗贯中,也是同样对第一人称代词排除式、包括式不敏感的人。

中国人尚无法准确使用，更不能苛求外国人了。

其二，《骑》的编写者在学习汉语的时候，或许恰好学到了一种两式混用的北方方言。[①] 据《义县志》(1928)记载：咱们，犹言我们。[②] 笔者对两位沈阳朋友的语言稍加注意后，也发现在他们的口语中"咱们"用得很泛，尤其是作领格时。不过，在没有完成较全面的方言调查之前，这还只是一个猜测。

2.4.2　知不道

《骑》中有这样两例：

（1）我才睡醒咧，<u>知不道</u>到甚嗎地方来咧。（A35b）

（2）你們太爺們嫌我，咳（還）了得咧？ 我也<u>知不道</u>甚嗎事呢。（A36b）

许宝华、宫田一郎主编《汉语方言大词典》"知不道"条云：〈动〉不知道。（一）冀鲁官话。山西广灵，河北昌黎，山东济南、寿光、淄博。《聊斋俚曲集·翻魇殃》第十回："<u>知不道</u>他那心腹，见了他也就心惊，也就心惊，久下来，才倾心吐胆把你敬。"（二）胶辽官话。山东青岛。（三）中原官话。山东费县、济宁、东明。安徽阜阳。陕西西安、富县、宜川。河南通许、商丘、夏邑、淮阳、遂平、商水、息县。（3409 页）

在早期的朝鲜时代汉语教科书中未见这样的表述，除《骑》外，《华》中也有 2 例：

（3）我那會來的時候兒，打橋上過來的，如今<u>知不道</u>怎麼簡兒過咧。（20b）

（4）他答應他說是："我<u>知不道</u>是甚麼東西，誰知他是有用处沒有用處？"（28a-28b）

可见"知不道"是方言说法，相当于普通话的"不知道"，除了《汉语方言大词典》所列的冀鲁官话、胶辽官话和中原官话之外，《骑》和《华》的资料可以证明，东北官话也说。

2.4.3　其他

下面几例都包含一些特殊的语法现象：

（1）阿哥，你住京裏的時候，必有空閑的日子，為我親着找東單牌楼餘長齋裁縫鋪去，給我定作七件衣服，四<u>件</u>袍子，三<u>件</u>袴子。（A17a）"三件袴子"今天的普通话应该说"三<u>条</u>袴子"，量词不同。

（2）我們這裏當官當差的朋友們知道我們<u>待</u>你相好，再三再四的托我呢。（A19a-b）其余各本作"对"。这个介词"待/对"在普通话口语中应该说"跟"，书面语也可以说"和""同"等。

（3）金家何<u>到不去</u>，走着山道，生（牲）口不得筋（筋-勁），顧（估）量着赶不到那裏去。（A22b）張家店離這裏繞多小（少）里？ 咳（還）沒有三十里的（地），<u>到不去</u>咧？（A34a）"到不去"普通话说"到不了"。

还有一些句子读起来别扭，不太合乎汉语的习惯，可能是受韩语干扰所致。比如：

（4）東昶家底根有的存貨是。（A11b）

应该说"有的是存货"或"存货有的是"，可能是受韩语语法影响所致。

三、余　论

如上所述，《骑》系列对语言研究而言是难得的珍贵资料，不过书中还有不少疑难问题有待解

① 从《骑》的内容看，这是写给走陆路来中国的朝鲜商人看的。那么，理论上说，其编写者所习得的不可能是江淮官话或吴语。

② 见波多野太郎编：《中国方志所录方言汇编》第三编（日本横滨市立大学，1967 年），210 页。

决,比如成书年代问题、各本关系问题,等等。即就文本本身而言,也还有不少难解的地方,比如下面这些例子中划线的词语:

(1) 這个時候比不如先時熱鬧。(A1a-b)

各本同。"比不如"义同"不如",不知是否方言。

(2) 單子上寫的是:一丈(張)牛皮一兩五戔(錢)叩銀,有幾丈(張)筭幾丈(張)。(A8b-9a)

A、B、C、E本同,D本作"銀子"。"叩銀"《大词典》未收,当指银子的一种,确义待释。

(3) 所以打着這一兩天的工夫都要遮完咧,一層々々(一層)的往下敢(趕)着完,辨(辦)到敀(歸)起,若有完不了的是说不得咧。(A14a)

"遮"字各本同,可能是个记音字,确义待考。

(4) 一面是變錢頓粮食,一面是顧車往海口拉堆上,一到年終,把各處的外賬照賬收成,就一年的生意算是作成。(A15b)

"拉堆上"各本同,不知何义。

(5) 這个馬本成急性的馬,萬一拿鞭子打他身子咧,橑□(蹶)子惱怪幫子。(A24b)

"惱怪幫子"各本同,可能是方言,待释。

(6) 把那个酒壺送過來,咱們隨手各人篩各人哈(喝),講主是頓壺是(使)得。(A21a)

"頓壺"各本同,谚文翻译的大意是"把壶翻转过来",类似现在所说的"干杯",例句中的大意是二人喝酒讲好了要把壶中的酒喝光。[①]"頓壺"可能是方言词,详情待考。

(7) 那嗎,你呢合走道的問一問,那一道河是如候擺船,淌捎? 水深不深?(A35b)

"擺船"他本或作"排船","淌捎"或作"湯消""盪消",淌、湯、盪都是"蹚"的记音字。这两个词语的大概意思是,前者指用船摆渡,后者指涉水蹚过河,但"捎/消"的形音义还有待考证。

(8) 莫不了的,今个又是那嗎打盹。(A37a)

各本同。"莫不了"大概是方言,确义待释。

书中还有一些比较特殊的句尾语气词,如"不子/否子"、"罷子"等,用例不多,其功能和来源值得探究;还有常见的"否咧/不咧",也见于《华》《你》《学》(均写作"否咧"),用法多样,比较复杂,需要仔细研究。

(作者单位:汪维辉　浙江大学中文系
朴在渊　韩国鲜文大学校中韩翻译文献研究所
姚伟嘉　同济大学国际文化交流学院)

---

① 此承浙江大学博士生任玉函告知,特致谢忱。

《世说新语》中的"有"字句[*]

——以"空间/时间存在句"为中心

[日本]松江崇

内容提要：本文旨在：通过对《世说新语》中的二价"有"字句的穷尽性调查，描写其中"空间/时间存在句"以及其他二价"有"字句的共时情况，为"时空间存在句"的历时生成过程以及"有"字句的研究提供一个中古时期的共时材料。

关键词："有"字句；存在句；世说新语

导　言

现代汉语中能看到的所谓"存在句"的生成过程及其历时来源问题，已受到了不少学者的关注。不过由于其牵涉到许多语言现象并颇为复杂，所以此问题尚未得到令人满意的解释。这几年笔者有幸参与了木村英树先生主持的日本科研项目，其主要目的之一正是试图查明此问题，且在进行该项目的过程中积累了不少重要的研究成果。本文将主要探讨《世说新语》中"时空间存在句"是否已经成立的问题，并对其他二价"有"字句的共时情况进行介绍，指出其与现代汉语中相应的句式的不同之处。

一、对"时空间存在句"的先行研究

一般认为，"有"字存在句是以处所词或时间词为主语，以代表存在对象的名词为宾语的这种句式[①]。所以，"花盆旁边儿有一块石头"和"北大中文系有郭锐、沈阳、袁毓林"这种两个句子都属于"有"字存在句。但是，木村对"有"字存在句进行了详细的探讨[②]，主张：在一般所说的"有"字存在句中应把"表述在特定的实在性时空间中'非已知'的实在性具体事物的存在"的这种"时空间存在句"区别开来，使其归为和其他"有"字存在句不同的构式。二者的不同在于：时空间存在句是说话

---

* 本文写作期间承蒙木村英树、大西克也、玄幸子、木津祐子等学者的指教，在此谨致谢忱。可参见木津祐子《「朱子語類」"有"構文における「存在義」》，《東京大学中国語中国文学研究室紀要》2011年，第14号，第63－88页；玄幸子《「老乞大」諸資料における中国語"有"字文の諸相》，《外国語学部紀要》(関西大学)2011年第4号，第91－106页。本文也曾参考铃木直治1969《「有」による強調の表現について》，《中国古代語法の研究》，東京：汲古書院，1994。

① 如，刘月华对表示"存在"的"有"字句进行说明，说："这类'有'字句句首是处所词语、时间词语，宾语是表示存在事物的名词，全句表示在某处或某段时间存在着某人、某物。"(刘月华、潘文娱、故韡：《实用现代汉语语法（增订本）》，商务印书馆2002年版，第694页)

② 木村英树：《「存在文」が表す〈存在〉の意味および'定不定'の問題》，《汉语与汉语教学研究》2011年第2期

者把"非已知"的实体性事物的存在作为"感知性的事件"进行表达，而其他"有"字句是说话者把某种事物的存在作为"知识"进行表达。如，"我抬头一看发现 树上 有 一只熊猫，…"、"从前 有座山，山上住着一群土匪。有一天…"和"家里 情况挺好的，有一老人，有 我爱人，有两个小孩儿"、"清华历史系 有 何冰、王奇、彭刚"。这些四个存在句可以分为两类，前二者把存在主体（＝"熊猫"或"山"）的存在作为"感知性的事件"来表达，属于时空间存在句，而后二者把存在主体（＝"我爱人"或"何冰、王奇、彭刚"）的存在作为说话者的"知识"来表达，不属于"时空间存在句"。木村还指出：（一）只有时空间存在句，才受到"其宾语一定为不定指表达"的这种语法限制；（二）在时空间存在句中，宾语要带数量词的这种语法规则不是强制性的，而是视该句子在该语境中发挥的话语功能而定的；即时空间存在句的话语功能有"描述情景用法"、"设定新主题用法"和"报告用法"；而只有用于前两者的用法且其宾语代表语义上是离散的、有界的事物时，才会对宾语的附加数量词的语法要求增高。①

　　大西克也参考了金水（2006）把日语的存在句分为"空间存在句（spatial existence sentence）"与"限量存在句（quantificational existence sentence）"这两类的这种框架，认为金水（2006）所提倡的这种框架具有较高的一般性，可以适用于汉语存在句的分析，他还参考了木村存在句的研究成果②，主张："汉语的存在句可分为'空间存在句'和'领有句'［其相当于金水（2006）的'限量存在句'—引用者注］。前者表述实实在在的特定的空间中存在着某种无定的实体，描述一个事件；而后者表述人和物，或者是物和物之间存在恒常性的关系，也就是说话者对某种对象的主观认识。"（大西2011③：114）

　　在此基础上，大西（2011）对上古汉语的"有"字句进行了探讨，指出：上古前期的空间存在句很不成熟，还保留了领有句的特点；比如要么其主语或者宾语缺乏"实体性"，要么其主语和宾语之间的关系的"恒常性"较高等；到了上古后期（《史记》语言），空间存在句才雏形化了。此外，大西（2011）还对空间存在句的生成机制问题进行了详细的探讨，提出了空间存在句是由"有"字领有句的语义引申和句子结构的重新分析而来的这种看法。

　　如上所述，大西（2011）对时空间存在句的生成机制提出了重要假说，但有些问题尚未解决：如（一）以时间词为主语的"时间存在句"的生成过程；（二）宾语带有数量词的语法条件的历时演变；（三）主语带有方位词的语法条件的历时演变等。为了阐明这些问题，我们需要调查"有"字句在中古以后才发生的变化。

　　本文在木村和大西（2011）等的研究的基础上进行了探讨，先对《世说新语》是否存在时空间存在句的这一问题进行判断（本文2.），并参照木村"有"字句的分类④对《世说新语》中的二价"有"字句进行穷尽性介绍（本文3.），以便为时空间存在句或"有"字句的历史演变研究提供中古语料中的共时资料。⑤

　　本文采用的《世说新语》的底本为《世说新语笺疏》（全三上册，余嘉锡笺疏、周祖谟、余淑宜、周

---

① 木村英树：《「存在文」が表す〈存在〉の意味および'定不定'の問題》，《汉语与汉语教学研究》2011年第2期。
② 同上。
③ 大西克也：《从"领有"到"空间存在"——上古汉语"有"字句的发展过程》，《历史语言学》第四辑，2011年，第112－128页。本文中引用"大西2011"皆指此文。
④ 木村英树：《「有」構文の諸相および時空間存在文の特性》，《東京大学中国語中国文学研究室紀要》2011年第14号，第89－117页。
⑤ 此外，关于"有"字时空间句的研究，还有木津（2011）和玄（2011）；前者对《朱子语类》中"有"字时空间句加以探讨、后者对《老乞大》中的"有"字句进行描写。

士琦整理,余嘉锡著作集,中华书局,2007 年)①；本文中把《世说新语》简称为《世》。

二、"有"字空间/时间存在句

2.1　本文对时空间存在句的定义与判断标准

本文先把时空间存在句分为"空间存在句"和"时间存在句",对其分别进行探讨,这是因为两者在历时演变过程中有不同之处。在此基础上,主要参照木村的看法,把"有"字空间/时间存在句定义为：实在性空间/时间充当主语且实在性事物充当宾语的这种"有"字句；其构式语义为：表述"在特定的实在性空间/时间中的某种实在性事物"的存在。

下面本文将从历时的角度对《世说新语》中的"有"字空间/时间存在句是否存在或是否成熟的这一问题进行判断,其具体步骤为对下面几点逐个进行探讨：

（一）认定标准：在《世》中是否存在特定的实在性空间/时间充当主语且实在性事物充当宾语的这种"有"字句；如果存在就可认为在《世》中存在"有"字空间/时间存在句。

（二）成熟标准：检验在《世》中是否存在符合如下四项的这种"有"字空间/时间存在句；即《世》中的"有"字空间/时间存在句所符合的标准越多,就可认为其成熟程度越高。

（A）是否存在主语和宾语之间的关系的"恒常性"较低的现象(＝成熟条件 A)。本文的此项包涵两方面的含义：一是时间方面的含义,即在主语所指的范围中存在宾语所指的这种状况越短,二者之间的"恒常性"越低；二是观念方面的含义,即宾语所指和主语所指的关系的疏远的程度,即二者之间的关系越疏远、互相独立,二者之间的"恒常性"越低。

（B）是否存在带有方位词的有标处所/时间短语充当主语的现象(＝成熟条件 B)。

（C）是否所有"有"字空间/时间存在句中的宾语都是不定指(indefinite)的现象。即"有"字空间/时间存在句受到其宾语一定是不定指的这一语法限制(＝成熟条件 C)。

（D）"有"字空间/时间存在句用于"描述情景用法"、"设定新主题用法"且其宾语所指代表语义上离散的、有界的事物时,是否其宾语一般都带着量词(＝成熟条件 D)。

在此需要补充的是,木村所说的现代汉语中的"时空间存在句"还包括"外面有雪"。这种"表述时空间中的实在性情况的存在"的句式,而这类"有"字句在《世说新语》中不存在,这种现象是否是偶然还需要进一步的调查。本文对此问题暂不讨论。②

2.2　甲类："有"字空间存在句

2.2.1　概况

就下列用例(2-1)-(2-5)而言,其主语是具有实在性的这种特定的空间,且其宾语也是实在性的事物(符合 2.1 的认定标准),所以可以认为在《世》中确实存在"有"字空间存在句。本文认为

---

① 本文所举的《世说新语》中的用例后面的(　)内为该句在底本中出处,如(4-88：18)表示该句出自第四卷第 88 条第 18页,其他依此类推。

② 需要补充的是,在《世说新语》中表述"实在性具体情况"的存在时,出现无主语的一价"有"字句。如：・梅颐尝有惠於陶公。後为豫章太守,有事,王丞相遣收之。(5-39：378)这种句式已在上古文献中出现过,并明确表示该情况发生的处所时,把该空间作"于""在"等的宾语,把它放在"有＋宾语"之后,如：・他日,见诸道,與之言,同。巫曰："今兹主必死。若有事於東方,则可以逞。"献子许諾。(《左传・襄公二十八年》,杨伯峻《春秋左传注(修订本)》第 1036 页,中华书局,1990 年)

《世》中一共有 24 例的"有"字空间存在句。①

（2-1）謝鎮西經船行，其夜清風朗月，聞 江渚閒估客船上 有詠詩聲，甚有情致；所誦五言，又其所未嘗聞，歎美不能已。（4-88：317）

（2-2）庾太尉在武昌，秋夜氣佳景清，使吏殷浩、王胡之之徒登南樓理詠。音調始遒，聞 函道中 有屐聲甚厲，定是庾公。（14-24：727）

（2-3）桓公坐 有參軍椅烝薤，不時解，共食者又不助，而椅終不放，舉坐皆笑。（28-4：1016）

（2-4）周浚作安東時，行獵，值暴雨，過汝南李氏。李氏富足，而男子不在。有女名絡秀，聞 外 有貴人，與一婢於內宰豬羊，作數十人飲食，事事精辦，不聞有人聲。（19-18：809）

（2-5）步兵校尉缺，廚中 有貯酒數百斛，阮籍乃求為步兵校尉。（23-5：858）

（2-6）阮步兵嘯，聞數百步。蘇門山中 忽有真人，樵伐者咸共傳說。阮籍往觀，見其人擁膝巖側。（18-1：762）

（2-7）管寧、華歆共園中鋤菜，見 地 有片金，管揮鋤與瓦石不異，華捉而擲去之。（1-11：16）

（2-8）王子猷嘗行過吳中，見 一士大夫家 極有好竹。主已知子猷當往，乃灑埽施設，在聽事坐相待。（24-16：912）

（2-9）王武子善解馬性。嘗乘一馬，箸連錢障泥。前 有水，終日不肯渡。（20-4：829）

在这些空间存在句中，我们可以看到主语和宾语之间的关系的恒常性较低的现象［（2-1）-（2-4）］；还可以看到有标志的空间短语充当主语的现象［（2-1）（2-2）（2-5）（2-6）］；而且，这些空间存在句的宾语原则上都是不定指的。所以可以认为这些空间存在句在一定程度上是成熟的（符合 2.1 中的成熟标准 A、B、C）。不过，我们难以看到这些空间存在句用于"描述情景用法"、"设定新主题用法"且其宾语所指代表语义上是离散的、有界的事物时，其宾语一般都带有数量词的这种现象［带量词的用例只有（2-5）（2-7）两例］②，这一点和现代汉语中的时空间存在句是不同的

---

① 下面补充一下除了正文中所举的空间存在句［（2-1）-（2-9）、（2-11）］以外的《世说新语》中的用例：王丞相枕周伯仁膝，指其腹曰："卿 此中 何所有。"（25-18：937）/周既過，反還，指顧心曰："此中 何所有。"（6-22：431）/桓玄敗後，殷仲文還為大司馬咨議，意似二三，非復往日。大司馬府聽前 有一老槐，甚扶疏。（28-8：1022）/魏武行役，失汲道，軍皆渴，乃令曰："前 有大梅林，饒子，甘酸，可以解渴。"（27-2：999）/王曰："君何以不行。"江曰："恐不得爾。"傍 有客曰："此年少戲迺不惡。"（5-42：381）/王平子出為荊州，王太尉及時賢送者傾路。時 庭中 有大樹，上 有鵲巢。（24-6：906）/兒徐進曰："大人豈見 覆巢之下 復有完卵乎。"尋亦收至。（2-5：69）/ 和嶠性至儉，家 有好李，王武子求之，與不過數十。（29-1：1024）/周處年少時，兇彊俠氣，為鄉里所患。又 義興水中 有蛟，山中 有遭跡虎，并皆暴犯百姓，義興人謂為"三橫"，而處尤劇。（15-1：738）/于時人有餉桓公藥草，中 有遠志。公取以問謝："此藥又名小草，何一物而有二稱。"（25-32：944）/王祥事後母朱夫人甚謹，家 有一李樹，結子殊好，母恆使守之。（1-14：19）/意盡，退，還半嶺許，聞 上 唒然有聲，如數部鼓吹，林谷傳響。（18-1：762）

② 其原因是：在中古时期量词的种类比现在少得多；而且虽然当时已存在类似于现代汉语的"个"的"枚"、"個"等的"泛用的陪伴词"（刘世儒：《魏晋南北朝量词研究》，中华书局 1965 年版，第 76-86 页），但是这些陪伴词的出现频率较低。即中古的量词在现代汉语的量词可以出现条件下不一定能出现，所以多数《世》中的空间存在句的宾语没带有数量词。关于现代汉语的数量词的功能，已积累了不少研究。对此本文赞同大河内（1985）的看法，认为现代汉语的数量词的本质功能应是对名词加以"个体化"、"轮廓化"。

（不符合成熟标准 D）。

2.2.2　从历时角度看《世》中空间存在句的特点

在此将从历时角度介绍《世》中空间存在句的几个特点：

（一）表述"在特定的实在性空间中的实在性事物"的存在的这种"有"字句中，空间存在句已经占有核心的位置，而上古中期汉语中较普遍出现的"有$_{1价}$＋宾语（＝实在性事物）＋于/在＋处所（＝实在性处所）"句式很少出现（只有如下 1 例）[①]。

　　（2-10）范甯作豫章，八日請佛，有板 。眾僧疑，或欲作答。有 小沙彌 在 坐末 曰："世尊默然，則為許可。"眾從其義。（2-97：176）

（二）存在现代汉语中已不存在的句式。即《世》中的"有"字空间存在句中，可以看到句末出现了"焉"这一词的这种句式（1 例）。大西（2011：119）探讨《左传》中所见的这种句式时，指出："'焉'等于'于是''在那里'，句末加上'焉'字，目的是加强宾语的实在性，我认为这种说法也算是'有'字空间存在句成立过程中一个过渡性的例子"。

　　（2-11）謝子微見許子將兄弟曰："平輿之淵 有 二龍 焉。"（8-3：492）

总之，《世》中的空间存在句与大西（2011）描写的上古汉语中的空间存在句相比，其成熟程度高得多，但与现代汉语相比，还存在一些差异。

2.3　乙类：时间存在句

2.3.1　在《世》中的时间存在句的概况

在探讨《世》中的时间存在句的情况之前，需要简单地介绍时间存在句和空间存在句的不同之处。一般认为，时间概念在人对世界的感知上比空间概念更抽象，所以时间概念的认知比空间概念不容易。本文认为，在这种情况下，时间存在句的主语的"实在性"较多决定于说话者的主观表达。比如，我们认为下列现代汉语的用例（2-12）（2-13）的两个主语的实在性不同；（2-11）的主语不具有实在性，而（2-12）的主语具有实在性。

　　（2-12）中国有很多著名诗人。 唐代 有 李白，宋代有苏东坡。

　　（2-13） 唐代 有 个诗人，名叫李白。他出生在中亚碎叶，五岁时迁居绵州彰明。…

因为就（2-11）中的"唐代有李白，宋代有苏东坡"这一句而言，其中的"唐代"所代表的不是某个特定的时间，即说话者不是把主语"唐代"作为实在性时间表达，而是把它作为与"宋代"相对应的一种抽象范围进行表述，所以这个句子不是时空间存在句；而就用例（2-13）中的"唐代有个诗人"这个句子而言，其中的"唐代"所代表的是（唐代中的）某个特定的具体时间，即说话者把主语"唐代"作为实在性时间进行表达，所以这个句子可以视为是时间存在句。这种看法可以由以下现象证实：（2-12）不具有现代汉语的时空间存在句的构式特征，其宾语可以是定指（definite）的（"李白"）；而（2-13）的宾语（"个诗人"）是不定指名词句，且其不能换成定指名词的（其中量词"个"难以省略）。

就下列用例而言，其主语是实在性的特定的时间，且其宾语也是实在性的事物（符合 2.1 的认定标准），所以可以认为在《世》中存在时间存在句。本文认为《世》中一共有下列 8 例的时间存在句。

[①] 此外，在《世》中还有像下列用例那样的"有$_{1价}$＋宾语（实在性事物）＋动词＋于/在＋宾语（＝实在性处所）"句式。

　　·范雎實投桓，而恐以趨時損名，乃曰："雎懷朝宗，會有亡兒瘞在 此，故來省視。"桓悵然失望，向之虚佇，一時都盡。（27-13：1012）

(2-14) 潮水至,沈令起彷徨,問:"牛屋下是何物?"吏云:"昨有一傖父來寄亭中,有尊貴客,權移之。"令有酒色,因遙問:"傖父欲食桮弁不? 姓何等? 可共語。"(6-18:424-425)

(2-15) 王丞相招祖約夜語,至曉不眠。明旦有客,公頭鬢未理,亦小倦。客曰:"公昨如是,似失眠。"(8-57:539)

(2-16) 阮咸妙賞,時謂神解。每公會作樂,而心謂之不調。既無一言直勘,意忌之,遂出阮為始平太守。後有一田父耕於野,得周時玉尺,便是天下正尺,荀試以校己所治鐘鼓、金石、絲竹,皆覺短一黍,於是伏阮神識。(20-1:827)

(2-17) 既而此道人不成渡,愍度果講義積年。後有傖人來,先道人寄語云:"為我致意愍度,無義那可立? 治此計,權救饑爾! 無為遂負如來也。"(27-11:1009)

(2-18) 太傅於衆坐中問庾,庾時頹然已醉,幘墜几上,以頭就穿取,徐答云:"下官家故可有兩娑千萬,隨公所取。"於是乃服。後有人向庾道此,庾曰:"可謂以小人之慮,度君子之心。"(6-10:419)

(2-19) 諸阮皆能飲酒,仲容至宗人閒共集,不復用常桮斟酌,以大甕盛酒,圍坐,相向大酌。時有群豬來飲,直接去上,便共飲之。(23-12:863)

(2-20) 杜預拜鎮南將軍,朝士悉至,皆在連榻坐。時亦有裴叔則。羊稚舒後至,曰:"杜元凱乃復連榻坐客!"不坐便去。杜請裴追之,羊去數里住馬,既而俱還杜許。(5-13:348)

(2-21) 中朝有小兒,父病,行乞藥。主人問病,曰:"患瘧也。"(2-27:107)

在这些时间存在句中,我们可以看到主语和宾语之间的关系的恒常性较低的现象[(2-14)(2-15)(2-19)(2-20)][①],所以可以认为这些时间句在一定程度上也是成熟的(符合2.1中的成熟标准A)。但是在这些时间存在句中,未能看到有标志的时间短语充当主语的现象,且存在定指名词作宾语的现象[(2-20)],还难以看到其宾语带量词的现象(即不符合成熟标准B、C、D),因此其成熟程度应该不如《世》中的空间存在句。

2.3.2　从历时的角度看《世》中的时间存在句的特点

大西(2011)指出,时间存在句在上古汉语中未出现,可以说其出现比空间存在句晚。本文认为,时间存在句不符合成熟标准成B、C、D的这种现象可视为其成熟程度不如空间存在句的表现。不过,就成熟标准成C而言,《世》中的时间存在句中只有一个例外现象,所以也许有人认为这种现象来源于语言之外因素(如,在版本流传中的字句的脱落等)。然而由于我们在其他中古文献中可以找到这种例外现象[如,(2-22)],所以本文倾向于认为中古汉语中的时间存在句未受到宾语一定是不定指的这种语法限制。

(2-22) 吳錄云:驚表言曰:"北降人王潛等說,北相部伍,圖以東向,多作布囊,欲以盛沙塞江,以大向荊州。夫備不豫設,難以應卒,宜為之防。"權曰:"此曹衰弱,何能有圖? 必不敢來。若不如孤言,當以牛千頭,為君作主人。"後有呂範、諸葛恪,為說驚所言,云:"每讀步驚

---

① 本文认为下列用例都不宜视为时间存在句,因为第一个用例的主语不是特定的实在性的时间,而第二个用例的宾语是类指(generic)的,所以把其都归为丙类。

　・劉琨善能招延,而拙於撫御。一日雖有數千人歸投,其逃散而去亦復如此。所以卒無所建。(33-4:1051)

　・中朝時有懷道之流,有詣王夷甫咨疑者。值王昨已語多,小極,不復相酬答,乃謂客曰:"身今少惡,裴逸民亦近在此,君可往問。"(4-11:238)

表,輒失笑。此江與開闢俱生,寧有可以沙囊塞理也。"(《三國志·吳書·步騭傳》裴注引《吳錄》)[①]

2.4 《世》中"有"字空间/时间存在句和"在"字所在句表达功能上的分工

如上所述,现代汉语的时空间存在句的特征之一是其宾语一定是不定指形式;即宾语原则上都是"非已知"的事物。现代汉语中表述"在特定的实在性空间中的特定的实在性事物"的存在时,一般都是"主语(＝定指的事物)＋在＋宾语(＝实在性空间)"的这种"在"字所在句出现。类似于这种现象原则上在《世说新语》中也能看到。如:

(2-23)支道林、殷淵源俱在相王許。相王謂二人:"可試一交言。而才性殆是淵源嶇、函之固,君其焉。"(4-51:277)

(2-24)魏武少時,嘗與袁紹好為游俠,觀人新婚,因潛入主人園中,夜叫呼云:"有偷兒賊。"青廬中人皆出觀,魏武乃入,抽刃劫新婦與紹還出,失道,墜枳棘中,紹不能得動,復大叫云:"偷兒在此。"(27-1:999)

但是《世》中偶尔可以看到"在"字所在句的主语是不定指名词的现象。如:

(2-25)王長史嘗病,親疏不通。林公來,守門人遽啟之曰:"一異人在門,不敢不啟。"王笑曰:"此必林公。"(14-31:733)

董秀芳指出:古汉语中的光杆名词在主语位置上不仅可以表示定指,还可以表示不定指,大致到了中古时期主语位置上的不定指表达就以用"有＋一＋NP"为常了[②](她举出《世》中的用例);但是她同时指出:在《世》中光杆名词在主语位置上表示不定指的用例仍然存在[③]。也就是说,在《世》中不定指名词出现在主语位置的条件可能与现代汉语不尽相同,所以用例(2-25)中不定指名词作主语的现象或许反映着《世》和现代汉语之间的语法条件不同的结果。不过,至于《世》和现代汉语中的不定指名词作主语的现象如何不同的问题,本文未能阐明,有待进一步的研究。

其次,就以时间词为主语的时间存在句而言,在《世》中其未与"在"字所在句形成互补现象。即在《世》中虽然也能看到"主语(＝定指的事物)＋在＋宾语(＝时间)"的这种"在"字所在句(如,(2-26)),但是表述"在特定的实在性时间中的特定的实在性事物"的存在时,一般还带有该存在事物所存在的处所,表示为"主语(＝特定的事物)＋时间副词(＝实在性时间)＋在＋宾语(＝实在性空间)"的这种句式。如:

(2-26)仲智手批之,刁為辟易於戶側。既前,都不問病,直云:"君在中朝,與和長輿齊名,那與佞人刁協有情。"逕便出。(5-27:367)

(2-27)魏朝封晉文王為公,備禮九錫,文王固讓不受。公卿將校當詣府敦喻。司空鄭沖。馳遣信就阮籍求文。籍時在袁孝尼家,宿醉扶起,書札為之,無所點定,乃寫付使。時人以為神筆。(4-67:290)

总之,在《世》中的"有"字空间/时间存在句和"在"字所在句之间的分工条件近似于现代汉语中的时空间存在句和"在"字所在句之间的分工条件,不过不完全相同。至于二者如何不同的问题,有

---

① 《二十四史》缩印本第1239-1240页,中华书局1997年版。

② 董秀芳:《汉语光杆名词指称特性的历时演变》,《语言研究》第30卷,2010年第1期,第11-20页。

③ 其实,现代汉语中也偶尔可看到不定指名词充当主语的句式。雷桂林认为,现代汉语中的这种不定指名词主语句具有"场面描写功能"(见雷桂林:《不定名詞主語文の場面描写機能》,《中国语学》2009年,255,第137-156页)。

待于将来的研究。

三、其他二价"有"字句

为了阐明《世》中的空间/时间存在句在整个"有"字句中的地位,下面对甲类、乙类以外的二价"有"字句进行逐一介绍①。本文基本上采用了木村对现代汉语的"有"字句进行分析而得的框架②,并对其加以一些调整(增加了一类),暂把《世》中的"有"字句分为甲类-壬类的九类。这些《世》中的除了甲类、乙类以外的二价"有"字句都有一个共同点,即其主语和宾语之间的关系的"恒常性"都比较高。

3.1 丙类

这种"有"字句表述"主语所代表的范畴中的成员/下位范畴"的存在,在《世》中一共有 46 例。

（3-1）于时張年九歲,顧年七歲,和與俱至寺中。見佛般泥洹像,弟子有泣者,有不泣者,和以問二孫。(2-51：131)

（3-2）桓公有主簿善別酒,有酒輒令先嘗。好者謂"青州從事",惡者謂"平原督郵"。青州有齊郡,平原有鬲縣。(20-9：833)

（3-3）後丁艱,服除還都,唯齎戰國策而已。語人曰："少年時讀論語、老子,又看莊、易,此皆是病痛事,當何所益邪。天下要物正有戰國策。"(32-2：1044)

此类还包括主语代表空间或时间且宾语代表存在主体的这种"有"字句[(3-4)-(3-6)]。这种句式在形式上与空间/时间存在句相似,但其主语不是实在性空间/时间而是一种抽象性空间/时间(其代表一种范畴),在这一点上这类句式与空间/时间存在之间存在明显的不同。这类句式的宾语可以是不定指的,也可以是定指的。

（3-4）郗司空家有傖奴,知及文章,事事有意。(9-29：615)

（3-5）敘情既畢,便深自陳結,丞相亦厚相酬納。既出,懽然言曰:"江左自有管夷吾,此復何憂。"(2-36：115)

（3-6）夜,華林園中飲酒,舉梧屬星云："長星！勸爾一梧酒。自古何時有萬歲天子?"(6-40：448)

3.2 丁类③

这种"有"字句表述"主语具有的性质或主语带有的状态"的存在,在《世》中一共有 233 例,在《世》的"有"字句中以此类为最多。不过,这种现象可能是受到《世》的内容方面的影响的结果。此类再可分为以下两组。

A 组为表述"主语具有的性质(属性或特征)"的存在的这一类。如:

---

① 本文对如下一价"有"字句未能进行详细的研究。
  ·華歆、王朗俱乘船避難,有一人欲依附,歆輒難之。朗曰:"幸尚寬,何為不可。"(1-13：17)
② 木村英樹:《"有"構文の諸相および時空間存在文の特性》,《東京大学中国語中国文学研究室紀要》2011 年第 14 号,第89-117 页。
③ 本文"丁类"的内涵和木村中相应的类型(G 类)之间有不同之处,即木村的 G 类只包括本文中"丁类"的 A 组。参见木村英樹:《"有"構文の諸相および時空間存在文の特性》,《東京大学中国語中国文学研究室紀要》2011 年第 14 号,第89-117 页。

（3－7）阮公鄰家婦有美色，當壚酤酒。（23－8：859）

（3－8）桓公欲遷都，以張拓定之業。孫長樂上表諫。此議甚有理。（26－16：985）

（3－9）諸葛靚後入晉，除大司馬，召不起。以與晉室有讎，常背洛水而坐。與武帝有舊，帝欲見之而無由，乃請諸葛妃呼靚。（5－10：344）

（3－10）卞望之云："郗公體中有三反：方於事上，好下佞己，一反。治身清貞，大脩計校，二反。自好讀書，憎人學問，三反。"（9－24：612）

（3－11）王司州嘗乘雪往王螭許。司州言氣少有忤逆於螭，便作色不夷。（31－3：1039）

B组为表述"主语带有的状态"的存在的这一类。就此组的主语和宾语之间的关系的"恒常性"而言，二者之间的时间方面关系有时较短（如（3－12）），可是此时二者的之间的观念方面的关系相当密切，所以可以认为主语和宾语之间存在一定程度的"恒常性"。

（3－12）謝公明日還，問："昨客何似。"劉對曰："亡兄門，未有如此賓客。"謝深有愧色。（26－17：985）

（3－13）後為廣州刺史，當之鎮，刺史桓豁語令莫來宿。答曰："民已有前期。主人貧，或有酒饌之費，見與甚有舊，請別日奉命。"（23－41：886）

（3－14）張愧謝曰："小人有如此，始不即知，早已毀壞。"（10－13：664）

（3－15）問賀："卿欲何之?"賀曰："入洛赴命，正爾進路。"張曰："吾亦有事北京。"（23－22：870）

（3－16）郗超與謝玄不善。符堅將問晉鼎，既已狼噬梁、岐，又虎視淮陰矣。于時朝議遣玄北討，人間頗有異同之論。（7－22：478）

3.3　戍类

这种"有"字句表述"主语的动作或行为"的存在，在《世》中一共有 5 例。由于此类现代普通话中已消失[①]，所以木村"有"字句讨论中没有相应的类型。这一类句式早在上古汉语中已经出现，大西（2011：115）对《论语·公冶长》中"子路有聞，未之知能行，唯恐有聞"这一用例进行分析，认为："此例表述主语经验过一个事件。'子路有闻'即子路有听到孔子的一个教诲这么一个事件。过去的经验和主语有着不可分割的关系，此例也算是领有句的一个扩展。"这种大西先生的分析似乎还可以用于解释《世》中的"主语（＝施事）＋有＋动词短语"，但是围绕这种"有"字句的句法结构和语法功能及其历时演变，还存在不少问题，有待进一步的研究[②]。

（3－17）晉武帝始登阼，探策得"一"。王者世數，繫此多少。帝既不說，群臣失色，莫能有言者。（2－19：96）

---

① 众所周知，现代普通话中除了"有請…""有勞…了"等少数固定形式，不存在"主语"主语（＝施事）＋有＋动词短语"的句式，不过其还在一些现代南方方言中保留着。关于这个问题，参见 Anne O. Yue 2011 "Study of Grammar in Temporal and Spatial Perspectives：You³ 有 in the OBI, Ancient Documents and the Dialects", *Bulletin of Chinese Linguistics* 4.2, pp.1－80。

② 值得注意的是，中古汉语中的这种"有"字句不一定都表述过去或现在的事件。比如，就下列 3 世纪吴国成书的佛教文献中的用例而言，其表述的动作行为（"言"）不是已经发生，而是将来要发生的。

・時普明王出察民苦樂，道逢梵志。梵志曰："大王還宮，吾欲有言。"王曰："昨命當出，信言難違。道士進坐，吾旋在今。"

（《六度集經》，《大正新修大正藏》第 3 册第 22 下段，大藏出版社，1924—1934 年）

（3-18）謝曾無懼色，斂笏對曰："樂彥輔 有言：'豈以五男易一女？'"太傅善其對，因舉酒勸之曰："故自佳！故自佳！"（2-100：179）

（3-19）左太沖作《三都賦》初成，時人 互有 譏訾，思意不愜。（4-68：292）

3.4　己类

这种"有"字句表述"主语所领有的物体"的存在，即一般所说的典型的"领有句"，在《世》中一共有17例。

（3-20）鍾會是荀濟北從舅，二人情好不協。荀 有 寶劍，可直百萬，常在母鍾夫人許。會善書，學荀手跡，作書與母取劍，仍竊去不還。（21-4：844）

（3-21）征西密遣人察之。至日，乃往荊州門下書佐家，處之怡然，不異勝達。在益州語兒云："我 有 五百人食器。"（23-41：886）

（3-22）桓玄素輕桓崖，崖 在京下有 好桃，玄連就求之，遂不得佳者。（25-65：967）

3.5　庚类

这种"有"字句表述"与主语具有互依关系的事物"的存在，在《世》中一共有22例。

（3-23）袁彥道 有 二妹：一適殷淵源，一適謝仁祖。語桓宣武云："恨不更有一人配卿。"（23-37：881）

（3-24）賈公閭 後妻郭氏酷妒，有 男兒名黎民，生載周，充自外還，乳母抱兒在中庭，兒見充喜踊，充就乳母手中嗚之。（35-3：1076）

（3-25）劉尹謂謝仁祖曰："自 吾 有 四友，門人加親。"謂許玄度曰："自 吾 有 由，惡言不及於耳。"（9-50：626）

3.6　辛类

这种"有"字句表述"主语的数量属性"的存在，在《世》中只有以下2例。

（3-26）魏武征袁本初，治裝，餘 有 數十斛竹片，咸長數寸。眾云並不堪用，正令燒除。（11-4：686）

（3-27）愷既惋惜，又以為疾己之寶，聲色甚。崇曰："不足恨，今還卿。"乃命左右悉取 珊瑚樹，有 三尺四尺，條幹絕世，光彩溢目者六七枚，如愷許比甚眾。（30-8：1035）

3.7　壬类

这种"有"字句表述"主语所代表的结构体中的构件"的存在，在《世》中只有以下用例。

（3-28）蔡司徒渡江，見彭蜞，大喜曰："蟹 有 八足，加以二螯。"令烹之。既食，吐下委頓，方知非蟹。（34-3：1067）

3.8　其他

除了上述"有"字句以外，在《世》中还有如下"人＋有＋动词短语(＝主语的动作行为)"的句式(一共6例)，关于此句式的归类问题，本文暂时保留态度。

（3-29）人有問太傅："子敬可是先輩誰比?"（9-77：639）

（3-30）于時人有餉桓公藥草，中有遠志。公取以問謝："此藥又名'小草'，何一物而有二稱?"（25-32：944）

四、结　论

（一）在《世》中"有"字空间存在句已经相当普遍，表述"在特定的实在性空间中的实在性事物"的存在的"有"字句中，其已占有核心的位置。

（二）在《世》中"有"字时间存在句也已成立，但其成熟程度不如"有"字空间存在句；即其宾语未受到一定为不定指的这种限制。

（三）在《世》中，在现代汉语中所能看到的"有"字空间存在句和"在"字空间所在句之间的分工原则已经成立，但可能与现代汉语不尽相同。

（四）《世》中的"有"字包括现代普通话中已消失了的一些句式。

（作者单位：日本北海道大学文学研究科）

中国现代性文学史观念的奠基意义与先天不足

——以胡适"文学史观"为中心的考察

南志刚

内容提要：经过王国维、刘师培、胡适、鲁迅、郑振铎等人的不断努力，富有现代性中国文学史观念得以逐步确立，其中胡适所建构的文学史发展工具论、历史进化论文学史观、双线文学的观念和一代有一代之文学等，真正确立了新文学观念和新文学史的写作规范与叙述逻辑，深刻地影响了中国文学史写作和文学教育，对于中国现代性文学史观念而言，无疑具有奠基的意义。然而，胡适的文学史观念过于强调时代性、应用性，存在着学理上的严重不足：文学史发展工具论武断地视文言文打为"死文字"，古典文学为"死文学"，割裂了新文学与古典文学的历史传承性，彻底将中国古典文学的现代表现形式——旧体文学——排除出中国文学史叙述范畴之外；双线文学的观念最后演变为单线的白话文学史观，严重地否定了典雅文学的审美趣味，降低了文学的门槛，模糊了文学的边界，为庸俗化文学观念和实用化文学观念的肆意出台埋下了伏笔；"一代有一代之文学"在强化文学发展过程中"变"的同时，忽略了文学史发展过程中的"不变"因素，削弱了一脉相承的中国文学精神。胡适文学史观念的这些不足，恰恰是中国现代性文学史观念的先天不足，对以后的中国文学发展和中国文学史写作产生了极大的影响。

关键词：胡适；文学史观念；现代性

胡适是中国现代性文学史观念的奠基人，他的文学史发展工具论、历史进化的文学史观和白话文学史写作实践，通过引进西方近现代科学思想和哲学思想，建立起了具有现代意识和现代眼光的中国文学史观念，完成了从资料性文学史到理论性文学史的转变，把文学史从单纯叙述文学史实的写作引领到具有思想性和前瞻性的文学史叙述，首次用统一的文学史观念叙述中国文学，开创了中国文学写作史的新时代。同时，在胡适文学史观念深刻影响下形成的新文学史观念及其文学史叙述，将文言文视为"死文字"，将古典文学视为"死文学"，从而将中国古典文学的现代表现形式——旧体文学——彻底排除，在一定程度上降低了文学的门槛，削弱了现代中国文学的民族精神，淡化了现代中国文学的审美意味，导致了文学观念的泛化和文学表现形式的通俗化，甚至粗鄙化。

一、文学史是文学工具的演变史

"一部中国文学史只是一部文字形式（工具）新陈代谢的历史，只是'活文学'随时起来替代了'死文学'的历史。文学的生命全靠能用一个时代的活的工具，来表现一个时代的情感和思想。工具僵化了，必须另换新的，活的，这就是'文学革命'。"[①]胡适一开始思考中国文学的问题，就更多地从文学形式方面着手，只要解决了文学形式的问题，也就解决了文学的根本问题，只要寻找到新的文学工具，就能造就新的、活的文学，并武断地认为历史上的文学革命都是如此。"今日欲救旧文学

---

① 胡适：《逼上梁山》，欧阳哲生编：《胡适文集》（1），北京大学出版社 1998 年版，第 146 页。

之弊，须当从涤除'文胜'之弊入手……第一须言之有物，第二须讲求文法（大家之诗无论古诗、律诗皆有文法可言），第三当用'文之文字'，不可故意避之。"①同年 10 月，胡适在致陈独秀的信中，从"文字形式"方面指斥古典主义的诗作"用典或用套语"，是"因自己材力不足，不能自铸新词"，进而提出"八事"：不用典；不用陈套语；不讲对仗；不避俗字俗语；须讲求文法；不作无病之呻吟；不模仿古人，语语须有个我在；须言之有物。胡适自认为前五项属于"形式上之革命"，后三项属于"精神上之革命"。② 胡适这种激进的形式主义革命主张，得到新文化阵营同仁的热烈响应，"胡先生'不用典'之论最精，实足祛千年腐臭文学之积弊"，因为，"文学之用典，已为下乘。若普通应用之文，尤须老老实实讲话，务期老妪能解；如有妄用典故，以表象语代事实者，尤为恶劣"。③ 文学革命的领导者普遍接受胡适将文言打成"死文字"的言论，从而为白话文学扫除障碍，专心建设用白话写作的"活文学"。

文字既然有"新"与"陈"，文学就有"死"与"活"，只有用新的工具才能造就新文学，这种文学是"活文学"，用旧文字是不能产生新文学的，只能产生旧文学，这种文学就是"死文学"，"新"工具必然要代替"陈"工具，"活文学"也就要替代"死文学"。这种逻辑表述在两个方面值得讨论：一是将复杂文学史简化为文学工具的进化史；二是喜新厌旧的"新陈代谢"观。

文学是人类的精神创造，与人类的物质生产和精神生产的许多要素交织在一起，形式作为文学发展的主要因素之一，也是在不断"进化"的，但绝不是文学发展的唯一要素，胡适坚持文字形式的文学史观念，无疑是为"白话文学"找到理论的根据。在文学的发展过程中，经济的因素、道德的因素、政治的因素、艺术的因素都对文学形式的变迁发生着巨大的作用，一定的形式是适应一定内容选择的，文学主体的文化情怀和现实追求，深刻地影响着文学创作主题的选择和提炼，又要求一定的文体来承载主题，一定的文体选择一定的语言文字形式，"一种通俗文学之兴起一定要先有个需要这个通俗文学的社会"④，胡适只注意到文学工具的变迁，而没有看到工具变迁后面复杂的决定因素。

其次，社会发展到一定程度，形成与之相适应的文学消费群体，这种文学消费群体作为"隐含的读者"，在一定程度上决定文学创作主体的文体选择，创作主体会根据对读者知识水平和阅读习惯的预设，运用一定的文字形式，写作文学文本。如果是面向知识者的写作，当然在选择用词时就会相对典雅含蓄，而当社会进入市民社会，文学阅读的群体发生变化，普通市民成为文学的主要消费者，就有一部分文人面向市民写作，就会选择市民听得懂、看得明白的文字形式。胡适在要求文学写作采用白话的同时，一味强调文学的通俗，要求文学家选择"白话"的文字形式，而缺乏对文学阅读群体必要分析，忽略了文学消费群体也是文学史发展的重要因素，及其对"文字形式"的选择起着"隐含"的决定作用，当然不能深刻地说明"文学工具"的新陈代谢。

第三，胡适、陈独秀等文学革命的发起者，为了建立"平易的抒情的国民文学"、"新鲜的立诚的写实文学"和"明了的通俗的社会文学"，将古典文学打成"雕琢的阿谀的贵族文学"、"迂晦的艰涩的山林文学"和"陈腐的铺张的古典文学"，建立平民的社会文学固然是新时代的要求，但将古典文学全面否定，而且不容别人讨论，就值得我们反思。从中国文学史发展来看，宫廷文学、文人文学和民间文学是中国文学存在的三种基本形态，这三种文学在写作主体、消费主体、文学追求和文学形式方面，虽有明显的区别，但在文学史流变中，其交叉互补，交融互进的情形屡见不鲜，不同的消费群体，有不同的文学趣味，从提倡"民主"的角度来说，应该允许不同趣味、不同风格、不同价值指向的

---

① 胡适：《致任鸿隽》（1916 年 2 月 2 日），耿云志、欧阳哲生编：《胡适书信集》（上），北京大学出版社 1996 年版，第 68 页。

② 胡适：《致陈独秀》（1916 年 10 月），耿云志、欧阳哲生编：《胡适书信集》（上），北京大学出版社 1996 年版，第 83—84 页。

③ 钱玄同：《寄陈独秀》（1917 年 2 月 25 日），欧阳哲生编：《胡适文集》（2），北京大学出版社 1998 年版，第 19、20 页。

④ 胡适口述，唐德刚整理、翻译：《胡适口述自传》，安徽教育出版社 2005 年版，第 169 页注释六。

文学存在,要建设通俗的白话文学,为什么不允许典雅的文学存在呢?当我们用一种声音统一文坛的时候,文学肯定要出问题,"通俗"只是文学的一种,绝非文学的全部,过分强调通俗易懂,对文学史的发展是不利的,新文学(尤其是工农兵文学、红色经典文学)的主要问题恰恰在这里。

第四,胡适设想一个白话与书写文字统一的时代,然后断定到了战国时期出现口语与文言的分别,就此提出"文言"成为"死文字",只是由于汉代科举制度才保留下来,所以古文是用"死文字"写作的"死文学",殊不知"任何初民,其语言和文字都不可能是一致的。我国最早的甲骨文和金文也都与口语无关……就拿我国商代来说,商朝文人要留点记录,他们就要雕龟、刻骨或漆书竹简。写起来如此麻烦,所以他们记点天气变化曰'亥日允雨',他们就不想用'亥那一天果然下起雨来'那样啰嗦麻烦了"。① 随着人类科学技术的发展,文学的书写工具和传播手段也在不断进步,造纸术、印刷术的发明,为文学书写和文学传播提供了便利,人们才有条件用文字形式将白话文学记录下来,并广泛传播。所以,以白话的长处来指责文言文的短处,将白话视为中国文学的正宗,是违背中国文化发展实际的。

文字形式是文学中最稳定的因素,往往是文学变革中最后变革的因素,因此,在中国文学史上,每一次文字形式的变革,最伴随着文学的巨大进步。然而,新文字形式的产生,绝不是一蹴而就,而是在旧形式中汲取丰富营养,经过旧形式不断滋润培育,才能够独立行走。新形式产生之后,往往并不意味着对旧形式的否定,并不是立即宣告旧形式当废除,而是新旧形式出现共存互补,在新形式中,往往能够发现旧的影子,新形式自有其灵活新鲜的用处,旧形式也有用武之地,共同构成丰富多彩的文学世界。在中国文学史上,《诗经》多为四言诗,四言诗写作成为中原文学的主流,而五言诗从汉武帝时代开始,到曹植已经走向成熟,五言诗的出现,并没有否定四言诗,曹操的四言诗写作,仍然具有其独特的魅力,到了唐代,七言诗业已成熟,但五言诗并没有退出历史舞台,而是五言诗和七言诗并存的局面。按照胡适《国语文学史》和《白话文学史》的描述,汉代就已经产生了白话文学,但文言文学还在沿着自己的道路,并不断取得具有代表性的文学成就,即使在白话小说的时代,也产生《聊斋志异》这样的文言小说的代表,白话文学并没有代谢古文学,白话文学和古文学共同构成辉煌灿烂的中国文学。

胡适从革命的要求出发,崇尚新的,固然没错,但一定要将旧的打死,就成问题。从中国文化和中国文学发展而言,文言作为文学工具保留下来,科举制度尽管有其不可替代的作用,但绝不是唯一原因或根本原因,而是与中国古代社会的生产力发展状况密切相关,与中国封建社会超稳定性文化政治经济结构密不可分,胡适显然夸大了科举制度之于文言的作用。胡适这种"惟新"是从的思维方式和文化态度,对现代中国政治经济文化产生了深刻的影响,凡是新的,就是好的,只要是"新生事物",可以不进行价值判断和效果分析,一概提倡;凡是旧的,就是坏的,就要打倒在地,就要彻底否定。于是,产生了许许多多蔑视历史、欺师灭祖、千奇百怪的"新生事物",对20世纪中国文化建设(特别是价值体系建设)带来巨大的破坏作用,这样的教训是深刻的。

胡适不顾文学史发展的实际状况,没有看到文学进化过程与社会政治经济文化发展的深刻联系,抓住一点不计其余,将中国文学史简化为文字形式(工具)新陈代谢的历史,将中国文学史简单地归结为白话文替代文言文的历史,假设不可谓不"大胆",然求证没有"小心"。实际上,在胡适的文学革命中,形式革命作为先锋,更主要的是文学革命的策略选择,在梁启超、黄遵宪等人进行"文界革命"、"诗界革命"和"小说界革命"之后,文学要表现新思想和新情感,已经得到文学界有识之士的认可,适时提出文学形式的革命要求,并视之为文学革命的首要任务,更加具有震撼性,更能够引起社会的广泛讨论。其次,比起文学的内容因素来,文学形式具有相对的稳定性,文学形式的变革

---

① 胡适口述,唐德刚整理、翻译:《胡适口述自传》,安徽教育出版社2005年版,第167页注释六。

相对缓慢，选择文学形式作为革命的首要任务，更能显示革命的彻底性，更能激发文学青年的革命热情。第三，胡适找到了"死文字"和"死文学"的替代品，这就是白话和白话文学，比起文言文来，白话和白话文学对于后科举时代的知识分子更加有吸引力，更能够适应现代传播媒介的要求，具有更广泛的群众基础，文学的接受群体更大，市场潜力也更大，能够满足靠稿费吃饭和教书谋生的中下层知识分子生活要求。第四，在文学革命的实际进程中，胡适的形式革命正好得到周作人等人提倡的"人的文学"的有力配合，携裹着五四精神，使文学形式的革命和精神的革命相得益彰，构成推进文学革命成功的两个轮子，遂演出中国现代最伟大的文学变革运动。

胡适将一部中国文学史简化文字形式（工具）新陈代谢的历史，尽管在文学史理论中不能站得住脚，有很大的片面性，但在文学革命的实践操作中，却发生了巨大的影响，引发了中国文学的一场地震。正如唐德刚所评论的那样："搞文学革命和搞政治革命有许多相同的地方。其中很重要的一点就是革命家一定要年轻有冲动。他们抓几句动听的口号，就笃信不移。然后就发动群众，视死如归，不成功，则成仁。至于这些口号，除一时有其煽动性之外，在学理上究竟有多少真理，则又当别论。"①文学史的发展是复杂的，将文学史简单地归结为文字形式的历史，在方法论上有失简单，在学理上，有极大的片面性，任何将历史发展简化为单一因果的做法，都会留下深刻的后遗症。

二、双线文学的新观念

"从此以后，中国的文学便分出了两条路子：一条是那模仿的，沿袭的，没有生气的古文文学；一条是那自然的，活泼泼的，表现人生的白话文学。"②这就是胡适提出的"双线文学的新观念"。胡适本人对"双线文学的新观念"颇为自得："特别是我把汉朝以后，一直到现在的中国文学的发展，分成并行不悖的两条线这一观点。在那上一条线里的作家，则主要是御用诗人、散文家；太学里的祭酒、教授，和翰林学士，编修等人。他们的作品则是一些仿古的文学，那半僵半死的古文文学。但是在同一时期，那从头到尾的整个两千年之中还有另一条线，另一基层和它平行发展的，那个一直不断向前发展的活的民间诗歌、故事、历史故事诗，一般故事诗、巷尾街头那些职业讲古说书人所讲的评话等等不一而足。这一堆数不尽的无名艺人、作家、主妇、乡土歌唱家，那无数的男女，在千百年无穷无尽的岁月里，却发展出一种以催眠曲、民谣、民歌、民间故事、讽喻诗、讽喻故事、情诗、情歌、英雄文学、儿女文学等等方式出现的活文学。这许多（早期的民间文学），再加上后来的短篇小说、历史评话，和（更晚）出现的更成熟的长篇章回小说等等，这一个由民间兴起的生动的活文学，和一个僵化了的死文学，双线平行发展，这一在文学史上有其革命性的理论实是我首先倡导的，也是我个人（对研究中国文学史）的新贡献。"③这种"双线文学的观念"，不仅需要文学史的眼光，更需要学术革命的勇气。这一具有革命意义的"大胆假设"，的确是胡适对中国文学史写作和中国文学史研究的杰出贡献，在今天的文学史写作和文学史研究中仍然发挥着重要的作用。"这一研究思路打破了此前按照朝代和文体讨论文学演进的惯例，找到了一根可以贯穿二千年中国文学发展的基本线索。自此以后，中国文学史再也不是'文章变体'或'历代诗综'，而是具备内在动力且充满生机的'有机体'——这一点曾使不少文学史家兴奋不已，也因此催生出不少名噪一时的文学史著。可以这样说，'双线文学观念'是本世纪中国学界影响最为深远的'文学史假设'。"④近年来，文学史研究

① 胡适口述，唐德刚整理、翻译：《胡适口述自传》，安徽教育出版社 2005 年版，第 167 页注释六。
② 胡适：《白话文学史》，欧阳哲生编：《胡适文集》(8)，北京大学出版社 1998 年版，第 160 页。
③ 胡适口述，唐德刚整理、翻译：《胡适口述自传》，安徽教育出版社 2005 年版，第 278 页。
④ 陈平原：《胡适的文学史研究》，王瑶主编：《中国文学研究的现代化进程》，北京大学出版社 1996 年版，第 223 页。

界在反思百年中国文学史写作问题时，发现许多文学史写作没有统一的文学史观念，许多文学史著作在不同的时段设置不同的文学史观念，未能找到贯穿整个中国文学史的价值标准和逻辑线索，对文学史史实的判断和具体作品分析方面，常常出现相互冲突的局面，胡适的"双线文学观念"作为一条贯穿中国整个中国文学史的文学史观，不仅在理论观点上成为一种现代常识，而且在文学史写作和文学史研究方法论方面，仍然具有现实意义。

　　由于古文文学已经形成相对稳定的知识谱系和叙述逻辑，且文学革命的最终目的并不在于总结古文文学，而是要开辟新的文学，于是，胡适将大部分精力投入到第二条线索，即白话文学史的建构中。从留学美国时期尝试写作白话诗，提出死文学/活文学之分，到《文学改良刍议》的革命主张，再到编写《国语文学史》讲义，写作《白话文学史》，总结《五十年来中国之文学》，回顾《中国新文学小史》，再到《水浒传》研究、《三国演义》研究、《红楼梦》研究等，胡适通过不断的研究来"小心求证"这一"大胆假设"，建立起从汉代直到现代的白话文学发展史，从而在古文文学之外，又发现了中国文学的丰富矿藏，将以前被文学史家和文学批评家所忽略的、没有资格进入文学殿堂的民间歌谣、民间故事、评话、白话长篇小说，带到中国文学史的殿堂，"我们在那时侯提出的新的文学史观，正是要给全国读文学史的人们戴上一副新的眼镜，使他们忽然看见那平时看不见的琼楼玉宇、奇葩瑶草，使他们忽然惊叹天地之大，历史之全"。[①]

　　"双线文学的观念"发现了古典文学之外的白话文学资源，将民间文学、佛教文学和文人的白话文学写作，纳入到文学史的范畴，丰富了中国文学的资源库。胡适不仅提出白话文学是中国文学的丰富资源，而且是古典文学取之不尽用之不竭的源泉，"一切新文学的来源都在民间。民间的小儿女，村夫村妇，痴男怨女，歌童舞妓，弹唱的，说书的，都是文学上的新形式与新风格的创造者。这是文学史的通例，古今中外都逃不出这条通例。……中国三千年的文学史上，哪一样新文学不是从民间来的？"[②]"文学的新方式都是出于民间。久而久之，文人学士受了民间文学的影响，采用这种新体裁来做他们文艺作品。文人的参加自有他的好处：浅薄的内容变丰富了，幼稚的技术变高明了，平凡的境界变高超了。但文人把这种新体裁学到手之后，劣等的文人便来模仿；模仿的结果，往往学得了形式上的技术，而丢掉了创作的精神。天才堕落为机械。生气剥丧完了，只剩下一点小技巧，一堆烂书袋，一套烂调子！于是这种文学方式的命运便完结了，文学的生命又须另向民间寻找新的方向发展了。"[③]肯定民间文学、白话文学是文人写作的资源，不仅提高了白话文学和民间文学的文学史地位，而且阐释了古典文学的来源问题，从一个方面说明中国文人文学与民间文学的有机联系、古典文学与白话文学的有机联系。胡适的这种观点，被许多文学史家所接受并发挥，成为文学史家对中国文学史的一种基本认识："正统文学的发展和'俗文学'的发展是息息相关的。许多的正统文学的文体原都是由'俗文学'升格而来的。像《诗经》，其中的大部分原来就是民歌。像五言诗原来都是从民间发生的。像汉代的乐府，六朝的新乐府，唐五代的词，元、明的曲，宋、金的诸宫调，那一个新文体不是从民间发生出来的。当民间发生了一种新的文体时，学士大夫们起初是完全忽视的，是鄙夷不屑一读的。但渐渐地，有勇气的文人学士们采用这种新鲜的新文体作为自己创作的型式了，渐渐的这种新文体升格而成为王家贵族的东西了。至此，而他们渐渐的远离了民间，而成为正统的文学的一体了。"[④]现在许多文学史家都承认文人文学学习民间文学是中国文学发展的一条基本规律。

---

① 胡适：《中国新文学大系·建设理论集·导言》，欧阳哲生编：《胡适文集》(1)，北京大学出版社1998年版，第128页。

② 胡适：《白话文学史》，欧阳哲生编：《胡适文集》(8)，北京大学出版社1998年版，第160页。

③ 胡适：《〈词选〉·自序》，欧阳哲生编：《胡适文集》(4)，北京大学出版社1998年版，第550页。

④ 郑振铎：《中国俗文学史》，商务印书馆2005年版，第2页。

"双线文学的观念"为中国文学史写作提供了基本思路和叙述逻辑。白话文学堂而皇之地进入中国文学史叙述，改变了整个中国文学史的格局，奠定了中国文学史的写作规范和叙述逻辑，实现了中国古代文学观念和近代文学史观念的现代转换，自此以后，几乎所有叙述中国文学史的著作，再也不能仅仅叙述古典文学，而是必须将古典文学和白话文学放置在中国文学的大背景下，进行辨析和叙述。在"双线文学的观念"影响下，我们在遴选古代文学经典的时候，不在局限于古典文学，而是将白话文学的优秀作品，也纳入到文学经典的之中，建立起了"唐诗宋词汉文章元杂剧明清小说"为主线的中国文学史经典系列。这样一来，原来不登大雅之堂的《水浒传》、《红楼梦》等白话文学，和《诗经》、《楚辞》、唐宋八大家的文章一起，成为现代文学创作者学习的对象，也成为现代文学教育的典型范本，奠定了中国现代文学教育的基本内容，影响深远。

第三，"双线文学的新观念"提出了中国文学史上民间写作与庙堂写作、功利写作和非功利写作的问题，表现了胡适敏锐的文学眼光和坚定的民间立场。胡适认为，古典文学是一种载道的功利性的庙堂写作，而白话文学是一种自觉的非功利的民间写作。"庙堂的文学可以取功名富贵，但达不出小百姓的悲欢哀怨……终究没有'生气'，终究没有'人的意味'。"①与之相对，"白话文学既不能求实利，又不能得虚名，而那无数的白话文学作家只因为实在忍不住那文学的冲动，只因为实在瞧不起那不中用的古文，宁可牺牲功名富贵，宁可牺牲一时的荣誉，勤勤恳恳的替中国文学创作了许多的国语文学作品。政府的权力，科第的引诱，文人的毁誉，都压不住这一点国语文学的冲动。"②正因为有真情实感，白话文学"能有一点生气"、"能有一点人味"。胡适虽没有直接肯定白话文学是"人的文学"，但肯定中国文学史能够有一些生气，有一些人的意味，白话文学是自觉的写作，这种自觉是压制不住的。

为了彰显白话文学，胡适需要打压、批判古典文学，而批判的标准就是新的价值观和新的方法——新思潮，这种新思潮就是西方文学观念，"创造新文学的第一步是工具，第二步是方法……只有一条法子：就是赶紧多多的翻译西洋的文学名著作我们的模范"，因为，"中国文学的方法实在不完备，不够作我们的模范。即以体裁而论，散文只有短篇，没有布置周密，论理精严，首尾不懈的长篇；韵文只有抒情诗，绝少纪事诗，长篇诗更不曾有过；戏本更在幼稚的时代，但略能纪事掉文，全不懂结构；小说好的，只不过三四部，这三四部之中，还有许多疵病；至于最精彩的'短篇小说'，'独幕戏'，更没有了。若从材料一方面看来，中国文学更没有作模范的价值。才子佳人，封王挂帅的小说；风花雪月，涂脂抹粉的诗；不能说理，不能言情的'古文'；学这个，学那个的一切文学：这些文字，简直无一毫材料可说。至于布局一方面，除了几首实在好的诗之外，几乎没有一篇东西当得'布局'两个字。"③胡适从体裁、材料、布局等方面将中国古典文学全面"打倒"了，对于文学革命起到了鼓动的效果，具有现实的价值，但却不具有历史的眼光，也不尊重历史的事实。胡适称自己是有历史癖的人，最注重历史的眼光，但只要一谈起古典文学，胡适就忘掉了历史感，恰恰最缺乏历史的眼光。胡适断定："这二千年的文人所做的文学都是死文学，都是用已经死了的语言文字做的。死文字绝不能产生出活文学。所以中国这二千年只有写死文学，只有些没有价值的死文学。""这一千多年的文学，凡是有真正文学价值的没有一种不带有白话的性质，没有一种不靠这个'白话性质'的帮助。"④

古典文学和白话文学由于运用不同的文学工具，文言和白话各有特点，能够适应不同的审美需要和表现需要，因而也有不同的文学价值。而胡适为了凸显白话文学的价值，将古典文学彻底"打

---

① 胡适：《国语文学史》，欧阳哲生编：《胡适文集》(8)，北京大学出版社1998年版，第23页。
② 胡适：《国语文学史》，欧阳哲生编：《胡适文集》(8)，北京大学出版社1998年版，第22页。
③ 胡适：《建设的文学革命论》，欧阳哲生编：《胡适文集》(2)，北京大学出版社1998年版，第55页。
④ 胡适：《建设的文学革命论》，欧阳哲生编：《胡适文集》(2)，北京大学出版社1998年版，第45、46页。

死",并没有用新的价值观建立起古典文学的线索,而更多地是在某种现实需求和情绪的作用下,对古典文学采取粗线条的全面否定。所以,我们说胡适的"双线文学的观念"实际上并没有双线,而只是一条线索,即白话文学史观,他全部从白话文学的角度,来否定古典文学,绝没有从古典文学的角度,补充论述白话文学。

"双线文学的观念"为什么会变成单线文学的观念? 根本原因是胡适太注重现实的需求,而忽略应有的历史眼光,根据现实的需要,将文言与白话,古典文学与白话文学完全对立起来,将中国文学的发展描述成为古典文学与白话文学"你死我活"的新陈代谢的历史。造成两种相互联系的后果:其一,没有看到古典文学与白话文学在发展过程中的互融互进,你中有我,我中有你;其二,没有看到或故意抹煞古典文学的应有价值,对存在二千多年的古典文学之合理性缺乏深刻理解和应有温情。

从创作主体的角度来说,古典文学作家在诗文写作的同时,也进行一些白话文学写作,而白话文学作家,也从事古典文学写作,中国古代纯粹运用"白话"写作的专业白话文学作家几乎是没有的。即使在文学革命以后,白话文学成为中国文学的"正宗",还是有很多新文学作家运用古典文学的方式写作旧体诗词,鲁迅、周作人、郁达夫、聂绀弩、郑振铎、叶圣陶等,都是现当代旧体诗词写作的代表人物。说明运用文言文从事古典文学写作和运用白话文从事白话文学写作,并不像胡适论述得那样尖锐对立。从文学体式来说,古文中也有运用白话的例证,韩愈、柳宗元、欧阳修、王安石、苏轼等人的文章,总体上是古文写作,当其中不乏鲜活的白话,增强文章的生动与活泼。而在白话文学中,适当运用文言文章的手法、词语、句式,也可以是文章显得典丽雅致,《红楼梦》是胡适盛赞的白话文学代表作,就运用了许多古典文学基本元素。正是由于古典文学和白话文学相互融合,共存互进,造就了中国文学的丰富多彩,满足了不同写作主体的创作要求和不同阅读群体的阅读要求,促进了中国文学的繁荣和发展。

从文化态度来说,胡适对古典文学缺乏应有的温情。古典文学在中国文学历史流变中,一直居于主流地位,自有其存在的理由和价值,韩、柳、欧、苏等一代大家的古文,能够为后人所称道,能够被后人所师法,自有其可取之处,即使桐城派古文,也是应时而生,不可一概抹煞,每一种文体都有自己的特点,也有自己不可替代的审美价值。以介绍"德先生"和"赛先生"为己任,高举"民主"与"科学"旗帜而号令天下的胡适、陈独秀们,在对待古典文学的问题上,却显得如此独裁、武断,是我们不能不深思,不能不反省的问题。

三、一代有一代之文学

"文学者,随时代而变迁者也。一代有一代之文学:周、秦有周、秦之文学,汉、魏有汉、魏之文学,唐、宋、元、明有唐、宋、元、明之文学。此非吾一人之私言,乃文明进化之公理也。……凡此诸时代,各因时势风会而变,各有其特长,吾辈以历史进化之眼光观之,绝不可谓古人之文学皆胜于今人也。"①这是胡适文学改良最有力的宣言,也是胡适文学史观念的核心内容,对中国 20 世纪文学建设和文学史写作的产生了深远的影响。

"一代有一代之文学"的观念,并非胡适首创,在中国古代文学史理论中,早就提出了类似的意思。刘勰《文心雕龙·时序》开篇就说:"时运交移,质文代变,古今情理,如可言乎! 昔在陶唐,德盛化均,野老吐'何力'之谈,郊童含'不识'之歌。有虞继作,政阜民暇,'熏风'诗于元后,'烂云'歌于列臣。尽其美者,何乃心乐而声泰也。至大禹敷土,九序咏功,成汤圣敬,'猗与'作颂。逮姬文之德

---

① 胡适:《文学改良刍议》,欧阳哲生编:《胡适文集》(2),北京大学出版社 1998 年版,第 7 页。

盛，《周南》勤而不怨；大王之德化，《邠风》乐而不淫。幽、厉昏而《板》、《荡》怒，平王微而《黍离》哀。故知歌谣纹理，与世推移，风动于上，而波震于下者。"①全篇论述从陶唐氏到梁代之文学，详细论证每一时代有每一时代之文学，用中国文学史流变证明这是一条文学发展的规律。刘勰的这一文学史观念，对以后的中国文学批评产生过重要的影响，认同者代有其人，焦循有"一代有一代文学之胜"之说（《易语俞录》），王国维提出："凡一代有一代之文学：楚之骚，汉之赋，六代之骈语，唐之诗，宋之词，元之曲，皆所谓一代之文学，而后世莫能继焉者也。"②宋代的宋祁、元代的脱脱、清代的张廷玉、明清之际的顾炎武，都曾继承并发挥了刘勰的思想。不过，胡适"一代有一代之文学"的理论基础，并不是来源于《文心雕龙》，而是来源于近代西方的科学思想——达尔文的进化论。可以说，达尔文的进化论思想激活了胡适曾经阅读过的中国文学史知识，他将这两种思想进行综合，适应新时代的要求，提出了"历史进化的文学观念"，其核心点就是"一代有一代之文学"。胡适在《新文学大系·建设理论集·导言》中，清晰地表明了"一代有一代之文学"文学史观念的理论资源："这种思想固然是达尔文以来进化论的影响。但中国文人也曾有很明白的主张文学随时代变迁的。最早倡此说的是明朝晚期公安袁氏三兄弟……清朝乾隆时代的诗人袁枚赵翼也都有这种见解，大概都颇受了三袁的思想的影响……我总觉得，袁枚虽然明白了每一时代应有那个时代的文学，他的历史眼光还不能明白他们那个时代的文学正宗已不是他们做古文古诗的人，而是他们同时代的吴敬梓曹雪芹了。"③

从文字表面来理解，胡适关于"一代有一代之文学"的宣言和刘勰《文心雕龙·时序》的意思几乎如出一辙，然而，受到进化论影响的胡适绝不会简单地重复刘勰的意思，他不会无缘无故地说"这番看似科学真理的话都是废话"④，而是强调文学与时代生活的紧密联系，他主张"文学乃是人类生活状态的一种记载，人类生活随时代变迁，故文学也随时代变迁，故一代有一代的文学"⑤。胡适的意思很明显，因为每一时代有每一大时代的"人类生活状态"，作为记载生活状态的文学，当然就形成了时代差异，形成每一时代有每一时代的文学，他的着眼点是文学与社会生活的共时关系。从文学与社会的共时关系来看，胡适的观点没有什么问题。然而，胡适的最终目的并不是说明这种共时关系，而是通过对这种共时关系的说明，建立一种模式，说明"一代有一代之文学"是一种自然进化之规律，并最终证明现时代应该有现时代的文学，这就是白话文学："今日之中国，当造今日之文学，不必摹仿周、秦也"⑥，"一代有一代之文学。此时代与彼时代之间，虽皆有承前启后之关系，而绝不容完全抄袭；其完全抄袭者，绝不能成为真文学。愚惟深信此理，故以为古人已造古人之文学，今人当造今人之文学"⑦，这种今人的文学就是"国语的文学"，他提出建设新文学的宗旨"国语的文学，文学的国语"，倡导大家"尽可努力去做白话文学。我们尽量采用《水浒》、《西游记》、《儒林外史》、《红楼梦》的白话；有不合于今日的用的，便不用他；有不够用的便用今日的白话补助；有不得不用文言的，便用文言来补助"⑧。

由此，我们不难看出，胡适要通过对文学与人类生活之间共时性之间的联系，证明文学发展演变过程的一个规律，进而为今天创造白话文学建立理论基础，也就是说，胡适想通过一个共时性关

①　刘勰：《文心雕龙·时序》，郭绍虞主编：《中国历代文论选》，上海古籍出版社 1979 年版，第 283 页。
②　王国维：《宋元戏曲考·序》，《王国维遗书》十五卷，上海古籍出版社 1983 年版。
③　胡适：《新文学大系·建设理论集·导言》，上海文艺出版社 2003 年影印版，第 9 页。
④　陈国球：《文学史书写形态与文化政治》，北京大学出版社 2004 年版，第 73 页。
⑤　胡适：《文学进化观念与戏剧改良》，欧阳哲生编：《胡适文集》(2)，北京大学出版社 1998 年版，第 117 页。
⑥　胡适：《文学改良刍议》，欧阳哲生编：《胡适文集》(2)，北京大学出版社 1998 年版，第 7 页。
⑦　胡适：《历史的文学观念论》，欧阳哲生编：《胡适文集》(2)，北京大学出版社 1998 年版，第 27 页。
⑧　胡适：《建设的文学革命论》，欧阳哲生编：《胡适文集》(2)，北京大学出版社 1998 年版，第 48 页。

系的论述，来证明文学的历史运行规律，达到建设"国语的文学和文学的国语"的现实目的。问题恰恰出现在这里，当用共时关系说明文学的共时性规律的时候，也许可以说明某些问题，但当我们用共时性规律说明文学演变这个历时性问题的时候，就需要加倍地仔细。

实际上，胡适将全部注意力放在文学与人类生活的共时性关系，来说明"一代有一代之文学"，也存在一定的问题，"在这种情况下，我们固然可以承认文学在共时（synchronic）层面与政治社会经济文化等互相指涉构合，然而文学或者政治社会经济文化各个系统都具有其历时进程，各系统的制约环境和反应能力不一，期间互动的作用异常复杂，根本难以保证有平行的进展。因此，从这个角度解释'一代有一代之文学'，重点反而落在了文学与时代的共时关系；即使试图由此揭示不同时代的差异，也难免为了迁就外缘因素的解释而对文学系统的发展做出不一定适当的切割；于是文学史就很容易变成社会史、经济史的附庸了。"①

"一代有一代之文学"在强化文学史发展过程中的时代之"变"的同时，的确忽略了文学史发展过程中之"不变"的因素，而这种"不变"的因素，恰恰是文学之成为文学的东西，借用俄国形式主义的话说就是"文学性"，也就是文学的基本精神，中国文学史中不变的东西就是中国的文学精神。"一代有一代之文学"在推动中国文学现代化的同时，不可避免地削弱了一脉相承的中国文学精神，从而导致中国现代文学、现代文化更加重视"变"，而且变得越来越快，在眼花缭乱的变化中，淡化了"万变不离其宗"的"宗"。文学作为人类的精神创造，在人类历史上存在并不断传承，能够在纷纭复杂的社会生活变迁中保持独立的存在价值，必然尤其内在的规定性，具有其一脉相承的文学精神和文学性，也就是说，文学传统的继承和发扬，也是文学变迁不可忽视的规律。尽管某一个时代，由于社会生活的变化，文学可以具有这个时代社会生活（特别是精神生活）熏染的特色，而形成此时代文学与彼时代的差异性，这就是文学的时代特色；然而，文学毕竟有其内在的每一时代共有的东西。犹如某一民族某一地域的文学有该民族该地域的特色，形成文学的民族差异和地域文学差异，然而，各民族各地域的文学，还是存在着共同的精神和因素。这种共同的精神和因素，正是不同时代不同民族的文学可以进行交流，可以相互沟通的重要基础，正因为此，刘勰的《文心雕龙》首先立"文之枢纽"，先有"原道""宗经""征圣"，然后才有《时序》的"时运交移，质文代变"。胡适提出"一代有一代之文学"的观念，本身并没有理论缺陷，可是，他太重视"应用性"，他的功利目的太直接，以至于他不断放大此时代与彼时代文学之间的差异性，过于追求文学的时代性内容。因此，"一代有一代之文学"是一种片面的文学革命宣言。

胡适虽然也承认"此时代与彼时代之间，虽皆有承前启后之关系"，但是，五四新文化运动那种义无反顾、决绝的精神和不容"他们"讨论的态度，使经过胡适放大的文学时代差异性，成为主流话语，并迅速占据了话语的霸权地位，从根本上遮蔽了文学的时代共通性，这种差异性话语的迅速传播，又进一步放大了胡适的理论主张，并深刻地影响了中国文学史写作。胡适提倡"一代有一代之文学"是为新文学寻找理论根据，直接催生了现代白话文学的产生，凡新文学史的写作者，无不受胡适这种文学观念的影响，最典型地表现在"新文学史"或"中国现代文学史"的写作中，采取断然措施，直接横断新文学或现代文学与中国古典文学的必然联系，而更多地从西方文学史中寻找中国新文学或中国现代文学的性质界定，直接借用政治话语规定中国新文学或中国现代文学的性质和走向，注重"此时代"文学与"彼时代"的差异性，而相对忽视甚至全然不论"此时代"文学与"彼时代"文学的连贯性，以突出"现代有现代之文学"、"当代有当代之文学"。

（作者单位：宁波大学人文与传媒学院）

---

① 陈国球：《文学史书写形态与文化政治》，北京大学出版社2004年版，第73页。

视阈拓展与实践局限

——论海外汉学对新时期以来当代文学史写作的影响

刘 杨

内容提要：新时期以来，海外汉学在愈来愈开放的语境下进入了大陆学界，对境内的当代文学史写作产生了不可小视的影响，并成为当代文学史写作范式变化的动因之一。具体表现在以下三个维度：一是夏志清、司马长风等的文学史所标榜的审美维度；二是唐小兵、黄子平等国内到海外学者的解构立场；三是王德威、李欧梵学术研究中的文化维度。这些异域新声一方面拓展了大陆当代文学史写作的视阈，另一方面也在实践中暴露出不少问题。只有厘清他们的洞见与盲视，才能为当代文学史写作提供很好的借鉴。

关键词：海外汉学；当代文学史；审美；解构；文化

20世纪80年代初，中国当代文学史的写作在经历了十年"文革"的停滞之后恢复，其代表性成果就是郭志刚、董健等主编的《中国当代文学史初稿》，它作为当时教育部委托编写的高校中文系教材无疑成为新时期当代文学体制化和学科化的标志性成果之一。而从当代文学史写作的范式来看，80年代初与《初稿》同时产生的几部当代文学史所沿用的都是传统的社会历史中心范式[①]，在"拨乱反正"的社会思潮中，这些文学史对于十七年文学的成就论述较为充分，而且对文学思潮的评价力求"尽量使一些问题的表述与《关于建国以来党的若干历史问题的决议》等中央文献精神相一致"。[②] 而自80年代以来，随着改革开放的进程开启，海外汉学也开始进入大陆学者的视野，新一轮的"西学东渐"在最近三十年中在相当程度上拓展了现当代文学研究者的学术视阈，也是现当代文学史写作范式变化的动因之一，本文着重考察海外汉学对当代文学史写作的影响。

"海外汉学"是一个较为宽泛的概念，笔者这里所说的"海外"是把与大陆学界体制、学术训练相异的港台等境外地区也包括在内。从事现当代文学研究的海外学者情况比较复杂，有学者将之概括为"三路人马"："一路是以李欧梵、王德威为代表的台湾学术传统"，"第二路人马是以黄子平、孟悦为代表的'80年代'中国大陆的文论姿态"，"第三路人马是以刘禾、唐小兵为代表八九十年代通过攻读学位出国的一拨人"。[③] 而笔者认为，从对当代文学史写作范式产生直接或间接影响的角度来看，主要有三类海外汉学的学者值得注意。依照范式理论的创始人库恩的说法"取得一个范式就是有了一个选择问题的标准"[④]，换言之，海外汉学主要在三个维度上拓展了当代文学史写作范式的视阈，提供了不同的可资参照的标准，但在文学史编写实践中却也暴露出种种值得注意的问题。

[①] 如二十二院校编写组编的三卷本《中国当代文学史》，福建人民出版社1980年版，吉林五院校编的《中国当代文学史》吉林人民出版社1984年版等等。

[②] 郭志刚等：《中国当代文学史初稿·重印说明》，人民文学出版社1983年版。

[③] 程光炜、孟远：《海外学者冲击波——关于海外学者中国现当代文学研究的讨论》，《海南师范学院学报》（社会科学版）2004年第3期。

[④] 库恩：《科技革命的结构》，北京大学出版社2003年版，第38页。

一、夏志清、司马长风的审美维度

在 80 年代初传入大陆的两部重要的境外的文学史分别是夏志清的《中国现代小说史》、司马长风的《中国新文学史》,在海外汉学界他们与普实克等汉学家不同,而标榜的是纯文学理念和审美批评的实践。他们的文字在中国的最初回响更多的是来自《人民日报》、《文艺报》的批评之声。但无论如何,夏志清和司马长风的两部文学史中所体现出的纯文学的理念是显而易见的,而且与中国大陆基本上同时期开始的"方法热"及文学"向内转"相互呼应,在 80 年代文学自律的声音在学术界对"主体"的呼唤中此起彼伏。

细看来,夏志清和司马长风的纯文学实践又不尽相同,司马长风在文学史中强调:"文学自己是一客观价值,有一独立天地,她本身即是一神圣目的,而不可以用任何东西束缚她、摧残她,迫她做仆婢做侍妾。"①因此虽然司马长风也不怎么喜欢左翼文学,但是他从语言、形式这些内部批评的要素入手,对丁玲等人的评价依然十分高;而夏志清的文本批评虽然貌似恪守纯文学立场,但是其背后意在否定左翼意识形态对文学的干预,在他看来革命派是"一群真正可怕的牛鬼蛇神"②,尤其是重版时他在附录中讲到 1958 年以后的大陆文学就明确地想象到:"中共文艺原是'教育'人民的工具,它企图填满他们的空余时间,使他们驯服于政府。这种文艺愈来愈不受人民欢迎,愈变愈空洞单调。"③正如有学者指出:"其标举'文学性'的策略,给 80 年代以来学术界不无矫枉过正色彩的'西方化'和'去政治化'潮流提供了一种理论样板,而所谓的'去政治化'其实是通过疏离政治的姿态来表达隐含的人道主义诉求,这与夏志清所推崇的'人的文学'的立场不谋而合。"④我们固然不能说 80 年代大陆学界的变化都是夏志清他们的影响,但是从文学史的角度而言,夏志清、司马长风的文学史之所以能受到境内学者的关注,毫无疑问也是其中的审美体验契合了当时的文学主潮,也有学者在著作中谈到司马长风的影响⑤,而夏志清的小说史更是如有些学者所言:"昭示了对现代性来说意义非常重大的主体性的重要存在。"⑥

正是在这个前提下,现当代文学史的重构也渐渐兴起,从陈平原等提出"二十世纪中国文学"的主张到《上海文论》的"重写文学史"专栏,我们能看到的是现当代文学史由传统的社会历史中心范式向文本审美中心范式变化的趋向,在传统的社会历史中心范式下,左翼文学因为紧靠社会历史,紧跟意识形态取得了最高的合法性,从而最大限度地排斥了沈从文、钱钟书、张爱玲、张恨水等等一批作家,但当夏志清以其独特的审美眼光将沈、钱、张等人拉入其文学史框架中时,大陆学者如出土文物般地对之进行热捧,一时间赵树理、茅盾、丁玲的文学史地位和文学成就急速下降。但是学界一直忽视的是大陆的"重写"与夏志清、司马长风等人貌似"异质同构"却在事实上有着很大的区别。夏志清对于左翼文学的贬低出自其强烈的反共意识,他的反共立场必然导致其在文学史叙述中的偏颇,大陆学者批评他"反共立场带来了严重的政治实用主义"⑦,也是有一定道理的。基于固有的政治偏见,他在政治立场和审美立场之间的游移而使得他的小说史中存在大量话语缝隙和叙述的灰色地带被当时大陆的接受语境所忽视,例如夏志清对《子夜》的艺术成就依然没有完全否定,反倒

① 司马长风:《中国新文学史》(上卷),香港昭明出版社 1975 年版,第 5 页。
② 夏志清:《中国现代小说史》,台北时报出版公司 1979 年版,第 144 页。
③ 夏志清:《中国现代小说史》,台北传记文学出版社 1991 年版,第 530 页。
④ 黄发有:《跨文化认知与多元互动》,《文艺评论》2007 年第 4 期。
⑤ 参见黄修己:《中国新文学史编纂史》,北京大学出版社 1995 年版,第 424、431 页。
⑥ 吴秀明、张锦:《海外中国现代文学研究对新时期以来内地学界的影响》,《社会科学战线》2007 年第 6 期。
⑦ 袁良骏:《评夏志清〈中国现代小说史〉》,《文艺报》1983 年第 8 期。

是大陆学者将之打为"高级社会文件"。而司马长风本与夏志清不尽相同，他在其新文学史中将1949年以后的中国新文学发展称之为"沉滞期"，这一判断是缘于其纯文学立场而非政治判断，并且在书中将台湾同时代的文学也归入"沉滞期"。但是问题在于进入大陆之后，在"新启蒙"盛行的社会语境中，他的"沉滞期"就成为了新文学"断裂论"，十七年文学被严重"他者"化，新时期文学成了接续五四传统的一面旗帜。

对于当代文学史写作而言，更大的问题也许在于夏志清"发现"的是曾经被遮蔽了的非左翼作家，但当这些人被发现后，现代文学的范式重构并不影响现代文学整体性成就，现代文学三十年中大量的非意识形态化的文本在文本审美中心的范式中得以存在，而当代文学前三十年由于文学体制的原因，非意识形态化的文本少得可怜，因而在这一范式的标准下，90年代最初几年出现的当代文学"前三十年"尤其是左翼作家评价走低、篇幅缩水，80年代文学一举占据了半壁江山[1]，以至于有人对此表示不满："新时期出版的某些《中国当代文学史》里，忽略了从延安（老解放区）来的作家，把白区（新解放区）来的作家过分肯定了。"[2]而事实上，在90年代以新时期文学为当代文学主潮，以文本审美为核心史观的范式显然在实践中难以为继，因其很大程度上自己解构了"当代文学"的"主体性"和"合法性"，"当代文学"被整合进"现代文学"的一系列命题如"启蒙"、"人的文学"等等，当代文学的相对独立性也就不复存在。因而面对文本审美中心范式下当代文学"前三十年"的乏力，也有学者试图换一种研究范式以弥补上文学史的空白，如洪子诚所言："对50—70年代的文学，我们总有寻找'异端'声音的冲动，来支持我们关于这段文学并不是完全单一、苍白的想象。"[3]笔者以为，真正将此想法落到实处的是陈思和主编的《中国当代文学史教程》，在这一部"以文学作品为主型的教材"[4]中，陈思和将"民间文化形态"作为审美的重要维度，将"潜在写作"作为填补"前三十年"文学空白的重要手段，从而在审美中心的范式中建构起他认为完整的"当代文学"，但这种做法也被一些学者称之为"历史补缺主义"，即"既不想承认那些在极'左'路线下被吹得很'红'的作品的文学史价值，又不甘心面对被历史之筛筛过之后的文学史的苍白、贫乏与单调，便想尽办法，另辟蹊径，多方为历史'补缺'"。[5]依照笔者的看法，也许这种"补缺"问题并不在于"补缺"本身，因为它毕竟发现了文学史上曾经被遮蔽的内容，赋予了一部分曾经隐失的文本"在场"的权利；其真正的问题是在于在"民间文化形态"和知识分子精英话语面前，主流意识形态曾经建构起来的合法性荡然无存，与主流意识形态同构的当代文学"前三十年"的很多文学作品便失去了"进场"资格，即便被整合入文学史也是有限度地承认其中的"民间"审美因素，在陈思和预设的三元结构的话语场中，主流意识形态作为一元在实际上是不"在场"的，在原有范式下文学史的主流作品被放逐，代之以另一批作品，从而在解蔽之余造成了新的遮蔽。

因而回过头来看，不难发现夏志清他们发现的沈、钱、张等毕竟还是文学大家，其本身在当时就是文学史的主流之一，现代文学界跟着他们重新"考古"还是有一定的合理性的，那么对于当代文学"前三十年"而言，这种"考古"是不是存在着将支流叙述为主流，以边缘话语替代真正的主流话语（无论其是好是坏）的人为痕迹？以文本为中心的文学史范式所蕴含的强烈的纯文学意识实质上是所谓先锋文学的价值立场和标准所推重的叙事、细节、情节、语言等等内容，这与当代文学的生态环

---

① 如王惠云主编：《中国当代文学教程》（花山文艺出版社1990年版）中前三十年和80年代的篇幅相当，而赵俊贤的《中国当代文学发展综史》（文化艺术出版社1994年版）中分形态（抒情、人生等等）、主题（均是围绕"人"展开）来论述当代文学发展。

② 特·赛因巴雅尔：《中国当代文学史》民族出版社1999年版，后记。

③ 洪子诚：《问题与方法》，三联书店2002年版，第88页。

④ 陈思和主编：《中国当代文学史教程》，复旦大学出版社1999年版，前言。

⑤ 董健、丁帆、王彬彬主编：《中国当代文学史新稿》，北京师范大学出版社2011年版，绪论。

境并不对接,所以一定程度上造成了当代文学史"重写"的尴尬语境,就如海登·怀特所言:"历史叙述中的主导隐喻就可以看出一条探索规则,它自觉地从证据中消除某些数据。"①因而夏志清、司马长风等人的审美之维给当代文学史写作带来的洞见固然珍贵,但其偏见与不见而造成的局限也不容忽视。

二、唐小兵、黄子平等人的解构维度

80 年代以后由于各种原因,一批原在大陆的学者、学生相继出国教学、求学,与夏志清这样的学者不同,他们对中国当代历史、文学、政治、文化都有着一定体悟和了解,在海外接受了西方各式各样理论的训练之后,以他们所掌握的最新理论在异域反观中国现当代文学,构成海外汉学的另一重景观,而其中"再解读"②思潮无疑是其核心。虽然唐小兵、黄子平、李陀、刘禾等等学者在海外的学术观点和具体的理论借鉴并不相同,但是他们基本上依托的都是 20 世纪西方思想资源,新左派、后现代主义、后殖民主义、话语理论等等带有鲜明解构色彩的理论为他们所熟稔,并以之重新"解读"20 世纪的左翼文学。诚然,他们的理论功底是不需要怀疑的,他们中不少人也翻译过一些西方理论,但话说回来,理论先行的研究思路使得他们确实存在着如有学者所言:"推导问题时,不是凭借材料的根据,而是通过理论的预设和大胆的假定,这样一来,有时得出的结论就很难有说服力,而且也较为浮泛。"③而唐小兵在《再解读》这本书的导言《我们怎样想象历史》中对大众文艺的"反现代性的现代性"的论述,以及通过"再解读"的文本策略"对中国现当代文化政治、社会历史的""借喻式阅读"④,无疑也是对审美中心的解构,提供了一种建构新的文学史范式的可能。从文学史本体的角度出发,在有的理论家看来文学史"就这个词的广义而言,——这是一种社会思想史,即体现于哲学、宗教和诗歌的运动之中,并用语言固定下来的社会思想史"。⑤故而从总体而言,"再解读"思潮立足于解构主义的姿态对于左翼文学与社会思想演进之间的复杂性予以充分发掘,对其中碎片化的内容的解读不乏新颖之处。当然,如有学者指出这种"再解读""把革命文学视为自己的'他者'的冷淡眼光和口吻,这是一种后现代主义者的冷淡态度。在这种眼光中,所有曾经具有'历史丰碑意义'的革命文学都失去了丰碑的地位"。⑥但从另一个角度看,革命文学失去了"丰碑地位"的同时,"纯文学"也不再凭借着所谓"主体性"的支撑凌驾于革命文学之上,因而从某种意义上来说,革命文学自身也在"再解读"的过程中被重新阐释,并且有了在"现代性"话语结构中的合法位置。

返顾大陆学界,对于"再解读"思潮进入文学史的理论与实践出现了截然相反地两种态度:一方面,在新世纪一些学者试图将当代文学史重新置于 80 年代盛行的启蒙思潮中,于是将"再解读"这样带有鲜明后现代理论色彩的文学史研究视为"扮演者盲目反现代化的角色,他们与中国一切反对现代意识的倾向(如刻有封建专制主义文化传统烙印的复古主义、民族主义及"左"倾狂热等)建

① 海登·怀特:《后现代历史叙事学》,中国社会科学出版社 2003 年版,第 57 页。
② 其主要成果就是唐小兵主编:《再解读:大众文艺与意识形态》,牛津大学出版社 1993 年版,其中也有如李杨这样身在大陆却与之研究里路相近的学者的论文,但更多的是海外学者的成果。之后本书中作者们出版的许多著作是这一思潮的继续,如黄子平:《革命·历史·小说》,牛津大学出版社 1996 年版;唐小兵:《英雄与凡人的时代》,上海文艺出版社 2001 年版等等。
③ 程光炜、孟远:《海外学者冲击波——关于海外学者对中国现当代文学研究的讨论》,《海南师范学院学报》(社会科学版) 2004 年第 3 期。
④ 唐小兵主编:《再解读:大众文艺与意识形态》,牛津大学出版社 1993 年版,导言。
⑤ 维谢洛夫斯基:《历史诗学》,百花文艺出版社 2003 年版,第 14 页。
⑥ 程光炜:《当代文学的"历史化"》,北京大学出版社 2011 年版,第 28 页。

立了统一战线"①；另一方面，不少学者则深受"再解读"的启发，在他们的著作中也体现出鲜明的立场，如李杨在《抗争宿命之路》中发掘社会主义现实主义的"反现代"的"现代"意义②，旷新年在《写在当代文学边上》、陈晓明在《中国当代文学主潮》中论及十七年一些文本的"经典"地位③，等等。

但在笔者看来，这种"再解读"作为一种研究范式是可以成立的，但是进入文学史则显得捉襟见肘。我们知道，任何一种文学理论都有着自身的限度，"再解读"所依托的理论资源决定了这种方法用在40—70年代的左翼文学中十分有效，这样的解构维度可以发现政治话语与文学文本之间的话语缝隙和文本中的种种症候，如德里达所言："解构全然不是非历史的，而是别样地思考历史。"④但问题在于它和诸如"现代性"、"启蒙"等等一样，并不是一个能够包打天下的尺度，也不适于很多文本，尤其是新时期以后的纯文学、先锋文学。故而"再解读"对当代文学史写作的范式的影响只能是局部性的，但值得一提的是这样局部性的调整亦有可能带来当代文学史结构性的变化，"再解读"思潮是将40至70年代的左翼文学置于现代性的理论框架中进行的，因而40—70年代文学在20世纪中国文学中不再是一个反现代的断裂，而是另一种现代性的面相，如孟繁华、程光炜合著的《中国当代文学发展史》中对于当代文学的"合法性"，"现代性试验"都做了较为详细的论述⑤，当代文学的在新文学整体格局的地位就不同于在启蒙语境下的被动地位，而其对于一些文本的"再解读"也有异于以往的文学史，例如对于萧也牧事件，并不再像以往一样置于"文学思潮"的框架内讨论，而是将《我们夫妇之间》作为文学现代性的实验进行论述。

应该承认的是，无论是近二十年的当代文学学术研究，还是文学史写作，"再解读"的渗透都是显而易见的，对这种"走出国门，寻找'最新潮'的理论与方法，套用在自家研究中"⑥的批评声音不绝于耳。但笔者看来，"再解读"进入当代文学史写作，成也是"再"，败也是"再"，文学史毕竟是文学发展相对凝固化的叙事，而"再解读"是一种后发的研究思路，是针对以往解读的新颖的解读，它也必然会在一定程度上改变或影响文学史的写作范式，但恰恰是因为这个"再"是要在已有解读的基础上将之解构并自我创新，它对于当代文学的动态发展显然无法及时持续跟进，也很难以此建构起完整的文学史。

三、李欧梵、王德威的文化维度

在海外汉学中，从文化层面着手进行中国现当代文学研究的代表无疑是李欧梵和王德威，有学者指出他们的"有关研究突破了固有的比较封闭狭窄的现当代文学学科，为我们进行文化和大众文化研究提供了一个很好的范本"。⑦应该说李欧梵的《上海摩登》、《未完成的现代性》，王德威的《被压抑的现代性》、《想象中国的方法》等著作在大陆学界广孚影响。他们与唐小兵等人从解构的维度出发在社会思想史的高度讨论文学不同，他们是在另一块儿地盘上从"现代性"的本身而非后现代的立场出发围绕着现代中国文化而阐释近现当代文学，当然，他们的研究成果主要集中在近、现代文学研究，但笔者将之提出来讲是因为其学术研究的思路则亦影响到了当代文学史的写作。

---

① 董健、丁帆、王彬彬主编：《中国当代文学史新稿》，北京师范大学出版社2011年版，绪论。
② 参见李杨：《抗争宿命之路》，时代文艺出版社1993年版。
③ 参见旷新年：《写在当代文学边上》（上海教育出版社2005年版），陈晓明《中国当代文学主潮》（北京大学出版社2009年版）中的相关章节的论述。
④ 德里达：《德里达中国讲演录》，中央编译出版社2003年版，第68页。
⑤ 参见孟繁华、程光炜：《中国当代文学发展史》，人民文学出版社2004年版。依据后记，此书中对前三十年当代文学的论述是孟繁华执笔，在修订版（北京大学出版社2011年）中作者对标题做了修改，但基本立场并未变化。
⑥ 陈平原：《反思"文学史"》，《中华读书报》2000年3月22日。
⑦ 吴秀明、张锦：《海外中国现代文学研究对新时期以来内地学界的影响》，《社会科学战线》2007年第6期。

　　当然,李欧梵和王德威不尽相同。王德威在晚清到民国的文化场域演进中通过"文学发展"、"文化生产"、"翻译文学"等多重角度提出了"没有晚清,何来五四?"的命题。在笔者看来王德威的学术研究路径比较复杂,一方面他致力于文本批评,并没有走得太远,有学者说:"'纯文学'立场既是王德威分析现当代文学作品的重要着眼点,也是他怀疑左翼文学合理性的一个前提。"①但另一方面,或许是这样的批评实践影响到了他的文学史观,故而其打破了进化式的史观,而采取了一种关系主义式的文学史观,当然也回应了中国近现代社会转型的"挑战——回应"说。从他的文学史研究中能看出他是在泛文化的语境中去阐释文学自身转型的,他做得比较好的一点就在于他读小说并不是封闭式的文本内部的细读,而是着眼于文本与文化的勾连,在现代性的框架下对狎邪、科幻、公案小说试图阐释出其"现代性"。与夏志清那样的纯正的新批评理路不同,他实则是从文学入手,在文化语境中兜了一圈,又返回文学文本完成其华丽的批评,并发掘出"晚晴"和"五四"的关联与差异,甚至将晚晴文学从文化意义上至于五四的开创性之上,并在著作中专设一章讲"中国当代小说及其晚清先驱"②,提出"根据晚晴作品重读当代小说,将有助于我们追溯现代性论战的另一套谱系,并可发现究竟有哪些作家与学者在'五四'传统中被忽略了"③。这样的研究思路在当代文学界受之启发,也有学者以此提出"没有十七年文学,文革文学,何来新时期文学"的文学史命题,无论其出发点是什么,这样的套路显然改变了当代文学史的"重写"格局,当代文学"前三十年"和"后三十年"之间的裂缝一定程度上弥合,愈来愈多的文学史注重发掘当代文学"前三十年"与现代文学、新时期文学的关联,一定程度上避免了把"前三十年"文学"他者化"的缺憾,如洪子诚的《中国当代文学史》的前三章都在论述中国新文学的现当代转化,陈晓明的《中国当代文学主潮》则从1942年写起等等。与此同时,当代文学史著作中文学文本的分析也不再是单一化的思想内容的分析或艺术特点的概括,而是与注重其与文化环境的关联。

　　而李欧梵的文化研究色彩则更加鲜明,他对于文学之外的文化内容的关注,如期刊、小报、广告、出版业等等都使得现代文学的学术增长点迅速增加,也体现出其重绘文化地图的意愿④。这一外部研究带动内部研究的趋势也影响到当代文学的研究和当代文学史的写作。当然,李欧梵的研究更像是"出口转内销"的路子。据李劼回忆施蛰存曾说:"那个李欧梵,跑到我这里来,又是录音,又是录像,弄了好几个星期,然后回去写了本书(《即《上海摩登》),里面全是我说的话呀。"⑤而事实上,从施蛰存与李欧梵的通信中我们可以看出,施蛰存不仅慷慨地提供给他大量的研究资料,还为他讲解过许多现代文学的问题⑥。可见,李欧梵的研究一方面受到了大陆学者的启示,从大陆收集了很多史料,另一方面又在美国已经泛文化的文学语境中有自己的思路,形成了其学术研究理路。诚然,真正的文化研究是需要大量史料支撑的,具体到当代文学史而言,正是有史料的支撑传统文学史范式中"文学思潮+作家作品"的结构和重写文学史中对文学文本推重的格局被文化研究所冲击,当代文学的期刊、制度、文化语境、文学传播等等都进入了文学史的写作,文学作品如何在更为广义的文化语境(在"前三十年"主要是政治语境)中"生成"日渐受到各种当代文学史的关注,也可以说当代文学史写作的文化范式日渐兴起,但作为一种尝试也如洪子诚所言"是更强调文本的'文学性',还是更关心文学现象产生的文化机制,甚至把文学当作文化现象的一部分,这是当前文学史

---

① 程光炜:《当代文学的"历史化"》,北京大学出版社2011年版,第190页。
② 参见王德威:《想象中国的方法:历史·小说·叙事》,三联书店1998年版。
③ 王德威:《被压抑的现代性:晚清小说新论》,北京大学出版社2005年版,第365页。
④ 参见李欧梵:《上海摩登》,北京大学出版社2001年版。
⑤ 李劼:《施蛰存:生命在苦难中开花》,《粤海风》2006年第6期。
⑥ 参见施蛰存:《施蛰存海外书简》中与李欧梵的通信,大象出版社2008年版。

写作中'文''史'冲突表现的另一方面"①。

其实，无论是否存在冲突与问题，李欧梵的研究最近二十年越来越受欢迎是不争的事实，其著作、讲演录等一版再版，这与文学生态环境的泛文化趋向不谋而合。而在现当代文学史领域最早开展实践的是谢冕主编的《百年中国文学总系》，吴福辉就称之为"文化形态的文学史"②，作者之一的钱理群也提出："不但要对'一个年代'的历史事件、人物的来龙去脉、前因后果了然于胸，善于作时、空上的思维扩展，而且要具有思想的敏感与穿透力，能够看出'细节'背后的'史'的意义和价值。"③因而这套以点带面的文学史丛书真正把文学发展与百年中国的文化相结合论述，涉及当代文学的部分的几卷虽不及前几卷明显，但也体现出这种努力。而如果说当代文学"前三十年"中文学与文化的关系还更多的体现在政治文化上，那90年代以后的当代文学的发展则与市场文化密切相关，程光炜在文学史中就着力讨论市场化环境与90年代文学发展的关系。④更为年轻一代的学者也致力于此，张炯主编的《当代文学60年》的中几个作者都在这方面有所尝试，尤为明显的是第四卷的作者洪治纲，他在文学史中在泛文化的语境下讨论90年代以来的当代文学，文学出版、传播、网络媒介、韩寒现象等等内容都作为讨论文学发展的重要出发点进入了文学史写作，而这样的处理也与90年代以来当代文学发展的方向有着不可分割的联系。

在笔者看来，这样的文学史写作范式自然也是一柄"双刃剑"，一方面，当代的文学生态决定了文学的泛文化走向，因而从李欧梵那种从文化切入重绘文化地图的理路是一种必要的尝试；但另一方面，文学史毕竟是文学的历史，如唐弢所言："我认为史是收缩性的，它的任务是将文学（创作和评论）总结出规律加以说明。"⑤文学史毕竟少不了文学创作和批评的分量。而文化作为文学的上位概念，它包含的内容自然更多，"重写文学史"所标榜的文学自律的理念对于文学之外的内容的忽视在文化范式下是得到了一定的纠正，从文学外围考察文学史的发展也能使文学史中许多以往被忽略的因素得到必要的关照，但话又说回来，这同时有可能一定程度上使文学自身的规律在文学史中的呈现受到制约，鲁迅在讲到文学史时说："史总须以时代为经，一般的文学史，则大抵以文章的形式为纬。"⑥笔者认为，这样业已形成的模式固然在发展中有待革新，但李欧梵们的文化研究在当代文学史写作中的实际问题也是不容回避的，在文学文本与外部文化环境之间如何取得平衡，并使之有机结合是现有文化范式的文学史应该进一步探索的内容。

综上，笔者从三个角度考察了海外现当代文学的研究的理路及其对于当代文学史写作的影响，需要说明的是，为行文清晰方便，笔者做了这样的三个维度的划分，事实上每一个学者在学术研究中都有着自己的侧重点和复杂性，笔者只是将其相对集中的进行划分，并不意味着三者之间是泾渭分明的。海外汉学整体上是在一个大的"西方"知识背景下发生、发展的，无论是其意识形态思路还是其"后"学的理论都与中国当代文学发展的历史有着明显的龃龉，因而海外汉学提供的是一种视角、一种方法，其虽然在一定程度上拓展了我们的视阈，但也绝不是绝对正确的视角、方法，只是中国当代文学史写作范式变革的动因之一，在文学史写作的实践中的种种问题还需要在以后的实践中进一步解决、完善。

（作者单位：浙江大学中文系）

① 洪子诚：《问题与方法》，三联书店2002年版，第45页。
② 吴福辉：《各式各样的文学史》，《中国读书报》1999年7月28日。
③ 钱理群：《1948：天地玄黄》，山东教育出版社1998年版，第323页。
④ 参见孟繁华、程光炜：《中国当代文学发展史》，人民文学出版社2004年版，第十八章。
⑤ 唐弢：《当代文学不宜写史》，《唐弢文集》第9卷，社会科学文献出版社1995年版，第495页。
⑥ 鲁迅：《致王冶秋》，《鲁迅全集》（第13卷），人民文学出版社1981年版，第243页。

论文学史的人学本体[*]

朱首献

内容提要：本体是文学史学科的原点性问题，文学史学科中重大、深层次问题突破的前提依赖于其本体问题的解决。文学是人学，史学同样如此，文学史介于文学和史学之间，二者的人学本质必然决定文学史与人学的核心关联。文学史的本体是人，真正的文学史应当是通过人并且为了人而对人的本质的占有，它是人向自身、向社会的合乎人性的复归。

关键词：文学史；人学；本体；

在哲学史上，"本体"源于拉丁文 Ontologia，是希腊文 on 与 logos 的结合，其中 on 既指"在者"的共性（being-in-general），又指"在者"的基础（ground-of-being），前者等同于"本质"，后者可理解为"本源"。无论从哪方面看，本体都是事物得以存在的最终因。研究本体的学问，即为本体论。任何学科都必须重视本体的研究，它是该学科得以存在的最终因，在这个意义上，本体论就是一切学科的元理论。本体论也是文学史学科的原点性理论，该学科的重大、深层次问题突破的关键必须依赖其本体问题的解决。

一

任何哲学范畴都是以现实生活精华的形式解答人的生存境况和问题，本体论也不例外，它基于人寻找生存根基的需要和努力。本体论虽然是形而上学、超现实的，但它同时也是反形而上学、眷注生活的，这种矛盾和对立性恰恰使它能够给予人的生存提供最后的根据和保证，从蕴育本体论的古希腊思想中就可见一斑。如早期希腊哲学家赫拉克里特认为世界是一团永恒的火，它凭着一定的分寸燃烧和熄灭，一切都依火的"逻各斯"而生成、存在和变化，而且，唯有依循火这个宇宙的最高原则，人的行为才能合于道德并最终达成善。德谟克里特的原子（本原）既关涉宇宙万物生灭变化的规律，也关涉幸福这样事关人生存价值和意义的问题。由此可见，本体论自其伊始就带着人生存价值的含蕴，正是如此，它与人学深深地纠缠在一起。

但是，由于在近代哲学中本体论与认识论、甚至神学结合，致使它逐渐异化为知识论乃至上帝的化身，无论宗教神学的上帝还是康德的物自体、黑格尔的绝对理念，都意味着对现实的、感性存在着的人的否定，除了让人盲目地去信仰之外，很难让人信服。所以，有学者指出，"本体论哲学所谓'深入'理解的结果，正是远离现实世界、脱离了现实的人；它们的所谓本体世界、本真的人，不论把它理解为物质本性还是精神本性，都只是一种人为虚构的抽象物。……人就是这样被抽象化而后

---

　* 本文为国家社科基金项目（12CZW004）和中央高校基本科研业务费专项资金资助项目"科学主义与 20 世纪中国文学史观建构研究"的阶段性成果。

失落的。"①也正是如此，当代西方人本主义激烈地反对本体论。但事实上，在理论品质上，本体论基于对存在的终极性思考，是对世界的本源和基质的解说，无论如何也是反不掉的。当代西方人本主义哲学反对的只不过是传统的本体论，而且它在反对本体论的同时又对人的存在进行了本源性的回答，这种回答最终建构的也是本体论，只是它建构的本体论与知识本体论和神学本体论不同，而是一种新的本体论，即人学本体论。

在西方哲学史上，最早把人作为全部哲学基础提出来的是德国哲学家费尔巴哈，他的这一做法标志着传统哲学的知识本体论、神学本体论开始向现代哲学的人学本体论转移。费尔巴哈之后，人学本体论日渐兴起，最终演绎成为一个流布甚广的哲学思潮。唯意志主义、生命哲学、存在主义、哲学人类学、精神分析、新托马斯主义、西方马克思主义等，都把人作为运思的逻辑根基。在他们看来，西方旧的知识本体论以主客二分为前提，将世界撕裂为两个对立的实体，不可能走向本体的一元，神学本体论则将上帝归结为本体，导致了本体的神化。在与旧的本体论划清界限的同时，他们认为，世界的真正本体是"人"，哲学必须建立在对人的研究的基础上。如叔本华认为，传统哲学的主客二分只具有认识论意义，不具有本体论意义，在他那里，真正的本体是人的意志。尼采也强调，哲学的中心不是认识论，而是人的生活和行为，只有从人出发才能认识世界。海德格尔和萨特更是认为，只有人才配称哲学的主题。法兰克福学派也认为哲学应从人出发，以人为本体。

当然，由于现代西方人本主义哲学在确立人学本体论时，普遍对人进行了本能、生理和非理性、个体主义的阐发，所以，他们理解的人最终也只能是一个形而上学的抽象，而非实践的、从事着感性生命活动的人。所以，叔本华在强调世界的本体是我的意志时，却把意志理解成一种盲目的、不可遏制的冲动。尼采在反对知识本体论限制和扼杀人的生命本能时，却推崇代表着破坏、疯狂、本能的狄俄尼索斯(Dionysus)精神。生命哲学把人等同于心灵内在冲动、活动和过程。存在主义把孤寂、烦恼、畏惧、迷惘、死的忧虑等非理性的心理体验当作人的存在本真。此外，弗洛伊德的"力比多"，马尔库塞的"爱欲"等，都将生理、本能、非理性提升到人的本体的高度。一方面将人本能化、生理化、非理性化，另一方面又将人个体化。现代西方人本主义哲学强调人只能是个体性的存在，认为哲学必须把人还原为个体，导致了作为社会关系的总和的人的社会性的流失。如克尔凯郭尔和海德格尔，前者认为任何有生命的人的存在都是个体的存在，人生来就是唯一的，不可替代的，他不受任何普遍人性的规定，现实的人都是各自行动、独立创造着的具体的个人；后者则在他的早期著作中认为真正的"此在"指的是个人。因此，尽管现代西方人学本体论哲学反对传统的知识本体论和神学本体论，但是，他们的本体论却把人当成了脱离现实、感性实践的抽象存在，这也使得他们的人学本体论在学界广受非议。

从历史逻辑看，只有在马克思主义经典作家那里，本体论问题才真正得到解决，他们建构了科学的人学本体论，终结了西方历史上本体论的知识论向度、神学向度和形而上学性，使其牢固地确立在现实的、感性的、从事着社会实践的人身上。对于马克思主义的本体论，学界一直有着社会本体论、实践本体论、历史本体论之争。但在我们看来，无论社会、实践或历史等，都不能涵盖马克思主义本体论的终极内涵，真正作为马克思主义本体论核心的唯有"人"。事实上，马克思主义经典作家在其思考中也分别对社会本体论、实践本体论和历史本体论进行了否定。首先，对社会本体论的否定。马克思主义经典作家认为，社会是人依照生产关系建立起来的联合体，社会的本质是人，他"永远是……社会组织的本质"。② 所以，在马克思主义经典作家看来，社会无非是由个体组成的抽象联合体，在社会中，真正的实在只能是个人——从事着现实的感性生命活动的人，因此，作为抽象

---

① 高清海：《哲学的憧憬》，吉林大学出版社 1993 年版，第 241 页。
② 马克思、恩格斯：《马克思恩格斯全集》(第 1 卷)，人民出版社 1956 年版，第 293 页。

存在的社会其本体不可能是自身，而只能是作为它的本质的个人。其次，对实践本体论的否定。在《关于费尔巴哈的提纲》中，马克思主义经典作家指出，"从前的一切唯物主义——的主要缺点是：对事物、现实、感性，只是从客体的或者直观的形式去理解，而不是把它们当作人的**感性活动**，当作**实践**去理解"。① 从中我们可以看到，在马克思主义经典作家那里，实践就是人的感性生命活动，而人就是实践的人，二者是同一的。同时，他们指出，实践"是整个现存感性世界的非常深刻的基础"。我们知道，在西方哲学史上，实践是一个重要的范畴，亚里士多德就曾讨论过它，但他理解的实践是指人的追求善的行为，是经济学、伦理学、政治学的对象。亚氏之后，康德将实践区分为技术实践和道德实践，由于对形而上学的青睐，康德的实践观倾向于道德实践，且将超验的善和带有神学色彩的"绝对律令"作为实践的根基。黑格尔则把实践理解为绝对理念感性显现这样一个抽象精神运动过程。以上诸人的实践观要么倾向于道德，要么走向抽象的精神，和人的现实生命活动多无关涉，马克思主义经典作家理解的实践则与其不同，他们把实践理解为人的感性生命活动，它规定着实践的本质，是实践的本体。再次，对历史本体论的否定。在马克思主义经典作家那里，历史是"个人本身力量发展的历史"，②是人的本质力量对象化的历史，也是"追求着自己目的的人的活动而已"，③因此，在谈到历史的逻辑起点时，他们指出，"任何人类历史的第一个前提无疑是有生命的个人的存在"。④ 这就是说，在他们看来，历史的背后是人，是现实的、从事着感性生命活动的人，这个"人"不仅是历史的主体、历史的创造者，更是历史的本体。在这个意义上，我们认为，历史本体论没有真正触及到马克思主义本体论的内核。在《神圣家族》中，马克思主义经典作家指出，"历史什么事情也没有做，它'并不拥有任何无穷无尽的丰富性'，它'并没有在任何战斗中作战'！创造这一切，拥有这一切并为这一切而斗争的，不是'历史'，而正是人，现实的、活生生的人。"⑤这应该可以视为他们反对历史本体论的重要依据。因此，无论社会、实践，还是历史，在马克思主义经典作家的理解中，内在的、支撑着它们的都是"现实的有生命的个人"，非此，社会、实践、历史都无以成为其自身。社会本体论、实践本体论和历史本体论都未能触及马克思主义本体论的真相。正如马克思主义经典作家所说的，"我们的出发点是从事实际活动的人"，⑥"人是人的最高本质"，⑦这是他们全部哲学的纲领和根基，因此，马克思主义经典作家所理解的本体只有一个，那就是人，他们的本体论也只能是人学本体论。不过，虽然马克思主义经典作家把人视为本体，但在对人的理解上，他们却与现代西方人本主义哲学有着根本的差异。在后者那里，人是脱离社会、脱离实践、脱离经验的抽象存在，但在马克思主义经典作家这里，他是"感性的从事着现实活动的"、"可以通过经验观察到的发展过程中的人"。⑧

二

　　自上世纪初文学史作为一门学科在中国滥觞至今，对其本体的思考始终没有走出中国文学史理论的视野。具体来讲，在百年中国文学史研究中，主要形成了文化、作品（文本）、人性、民族文化-

---

① 马克思、恩格斯：《马克思恩格斯选集》（第1卷），人民出版社1972年版，第16页。
② 马克思、恩格斯：《马克思恩格斯全集》（第3卷），人民出版社1960年版，第81页。
③ 马克思、恩格斯：《马克思恩格斯全集》（第2卷），人民出版社1957年版，第118－119页。
④ 马克思、恩格斯：《马克思恩格斯全集》（第3卷），人民出版社1960年版，第23页。
⑤ 马克思、恩格斯：《马克思恩格斯全集》（第2卷），人民出版社1957年版，第118－119页。
⑥ 马克思、恩格斯：《马克思恩格斯全集》（第3卷），人民出版社1960年版，第30页。
⑦ 马克思、恩格斯：《马克思恩格斯选集》（第1卷），人民出版社1972年版，第9页。
⑧ 马克思、恩格斯：《马克思恩格斯全集》（第3卷），人民出版社1960年版，第30页。

心理、读者、历史等几种文学史本体论，举凡如下：

其一，文化本体论。这是伴随文学史在中国出场而出现的文学史本体论。20世纪初，林传甲、来裕恂等早期文学史实践者选择的就是这种本体论。1904年，林传甲草就国人自著的首部《中国文学史》，该著所涉对象相当驳杂，中国旧学的经、史、子、集，乃至文字、音韵、训诂、辞章、书法等悉数被纳于股中，虽然它"根本承担不了'文学史'的任务"，[①]但却开辟了中国文学史文化本体论的先河。除林著外，来裕恂的《中国文学史》也持文化本体论。来氏早年留学日本，入弘文书院，兼考日本诸校教育，且有主横滨中华学校教务的经历。因此，其文学观念中西俱备，古今犬错。小学、经学、子学、玄学、理学、心学、释道乃至天文、舆地、医学、算学等，均为其囊中之物，这种包罗诸学的"大文学"观使来著几成一部中国文化史。与林、来相比，当代中国文学史文化本体论的倡导者如林继中、蒋述卓等则自觉得多。林提出要建构文化学的中国文学史。他认为，建国后社会学、政治经济学的文学史研究范式，虽有一定成效，但难令人满意，它拉开了文学史与当今现实的距离，让其变成了众多青年学子心中的"冷门"。要改变这种局面，他提出须从文化构型的维度，"把握文学史与文化诸因素之间的特殊联系而形成的整体性结构"，进行"动能性研究"。[②] 其后，他不仅重申将文学置诸文化域视界，"作整体的动态的考察"，而且提出"文化构型"是文学史研究的"基本单元"。[③]除林外，蒋述卓也提出要继承中国素有的文史哲融通的国学传统，进行文学史的文化学研究，他甚至认为应建立中国文学史研究的文化史学派，以实现将文学置于整个文化结构中，"做更深层次的文化分析"，揭示"文学的文化质"。[④]

其二，作品本体论。这种本体论的最早见于上世纪30年代的"纯文学史观"中。1930年，郑宾于提出文学史应以文学为范围、"不应窜入其他一切的非文学"的作品本体论，[⑤]他的思考直接促成了"纯文学史观念"的形成。1932年胡云翼率先提出了"纯文学史"的思想，他抨击了此前人们普遍"缺乏明确的文学观念"，"误认文学的范畴可以概括一切学术"，故"把经学、文字学、诸子哲学、史学、理学等，都罗列在文学史里面"的泛文学史观念，认为这种观念生产的只是"学术史"，而不是"纯文学史"。[⑥] 1933年，钱基博指出："舍文学著作而言文学史，几于买椟还珠矣！"[⑦]1935年，刘经庵也响应"纯文学史"的思想，并希望藉此能对那种"将文学的范畴扩大，侵入了哲学，经学和史学等的领域"的错误文学史行为有所校正。[⑧] 此后，1948年，柳存仁提出的"文学史宜研究文学作品之本身"使作品本体论的理论诉求更加明晰。[⑨]降至20世纪80年代，受西方形式主义文学理论的影响，这种作品本体论又发展成为文学史形式本体论，在中国文学史理论中影响颇盛。

其三，人性本体论。这种本体论以章培恒等的《中国文学史》为代表。章培恒认为，人具有一般本性，文学打动读者、引起其美感的依据的"只能是人性"。人性发展的历史起点是维持个体生命所需的温饱尤其是享乐和显露自己的生命力，其终点则是全面而自由发展的人性。所以，"对个体需要的否定和对个体生命的虐杀"，就是"违背人的一般本性的"。具体到文学史的理解，他认为，"一部文学史所应该显示的，乃是文学的简明而具体的历程：它是在怎样地朝人性指引的方向前进，有过怎样的曲折，在各个发展阶段之间通过怎样的扬弃而衔接起来并使文学越来越走向丰富和深入，

① 陈国球：《文学史书写形态与文化政治》，北京大学出版社2004年版，第60页。
② 林继中：《文化建构与文学史》，《社会科学》1989年第4期。
③ 林继中：《文化建构文学史纲》，三秦出版社1994年版，第4-5页。
④ 蒋述卓：《应当建立文学史研究的"文化史"派》，《江海学刊》1994年第3期。
⑤ 郑宾于：《中国文学流变史》，上海北新书局1930年版，第1页。
⑥ 胡云翼：《新著中国文学史》，上海北新书局1932年版，第3页。
⑦ 钱基博：《现代中国文学史》，世界书局1933年版，第6页。
⑧ 刘经庵：《中国纯文学史纲》，北平著者书店1935年版，第1页。
⑨ 柳存仁：《上古秦汉文学史》，商务印书馆1948年版，第5页。

在艺术上怎样创新和更迭,怎样从其他民族的文艺乃至文化的其他领域吸取养料,在不同地区的文学之间有何异同并怎样互相影响,等等。"①作为一种新的文学史本体论,章培恒的人性本体论尽管存在着这样那样的问题,但它的理论突破意义还是应该肯定的。除章外,董健、黄修已、邓晓芒等人也强调了文学史的人性本体。如董健等认为:"那种超越国度,超越阶级的人类共通的人性与审美底线可能是我们审查和衡量文学史不变的内在视角与标准。"文学史应追求"在一种共同的具有人类通约性的人性的视阈下的文本解读",以"取得文学内涵和审美认知的大体统一"。② 邓晓芒从一般人性出发来理解文学,认为文学就是"将阶级关系中所暴露出来的人性的深层结构(按:即一般人性)展示在人们面前,使不同阶级的人也能超越本阶级的局限性而达到互相沟通",他将这种"一般人性"作为评介文学的尺度,认为凭借这个尺度,"我们就用不着任何故弄玄虚,而能对艺术作品的永恒性问题作一种近乎实证的说明"。③ 黄修已则提出要"以人性论为理论基础,研究现代文学在特定的时代背景下,如何反映或表现人类共有的人性"。④

其四,民族文化—心理本体论。这是王锺陵首先提出的一种文学史本体论。王锺陵认为,"文学的进程,是和民族心理、民族思维的发展过程相一致的……所以,从民族心理、民族思维的角度去把握文学的进程,我们就赖以懂得这种进程中最为深沉的底蕴。"⑤除王外,宁宗一也提出要"把文学史作为心史(心灵史)来研究",并认为这是文学史的"最朴素的出发点"。他认为,从郑思肖到黄宗羲,人们看重的是他们著作的审美化的"心史"意义,吴敬梓的《儒林外史》是知识分子的"痛史"、"灵魂史",《红楼梦》是曹雪芹的心灵私语、心灵挽歌,《离骚》是屈原的心灵史诗,《自京赴奉先咏怀》、"三吏三别"是杜甫的心史。总之,从有机整体观念来看,"一部中国文学发展史,在一定意义上说,是一部生动的、形象的、细腻的、审美化的'心史',是一部人民的灵魂史"。⑥

其五,读者本体论。这种文学史本体论强调读者在文学史中的本体意义,以朱立元、陈文忠、杨新敏、王卫平等为代表。朱立元认为,文学史的编写应充分注重读者的反映、作品的社会效果以及社会审美心理等,从"效果历史"的角度进行尝试,这样,"可以拓宽文学史研究的视野,开发某些过去比较忽略的领域,更深刻全面地认识和总结文学发展的特殊规律"。⑦ 陈文忠不仅提出要撰写读者文学史,并且认为读者文学史可以朝三个方向展开,"以普通读者为主体的效果史研究,以评论家为主体的阐释史研究,以创作者为主体的影响史研究"。⑧ 杨新敏在具体分析阿Q形象在不同文学史中阐释不同的基础上认为,"一部文学史,就是一部读者在不断变化着的接受期待视野下的接受的历史。"⑨ 王卫平也提出文学史如能从读者接受的角度来描述,"就能够更科学地认识该对象的价值与特征,同时也可以看出读者文学审美风尚的继承和演变",这种在读者接受的动态流程中考察文学现象无疑会增强文学史的"动态感和历史感"。⑩

其六,历史本体论。这种本体论将文学史视为历史的旁支,发轫于中国文学史诞生之初。黄人就自觉地将文学史归入史学,提出文学史乃精神之"史"。其后,这种本体论波及整个中国文学史领域并蔓延至今。如周作人的治文学史同于治历史、郑振铎的文学史是历史的"专支"、谭正璧的"文

---

① 章培恒,骆玉明主编:《中国文学史》,复旦大学出版社2005年版,第1—61页。
② 董健,丁帆,王彬彬:《我们应该怎样重写中国当代文学史》,《江苏行政学院学报》2003年第1期。
③ 邓晓芒:《艺术作品的永恒性》,《浙江学刊》2004年第3期。
④ 黄修已:《全球化语境下的中国现代文学研究》,《文学评论》2004年第5期。
⑤ 王锺陵:《文学史新方法论·引论》,苏州大学出版社1993年版。
⑥ 宁宗一:《反思与取向——中国文学史研究四十年》,《南开学报》1999年第3期。
⑦ 朱立元、杨明:《试论接受美学对中国文学史研究的启示》,《复旦学报》1989年第4期。
⑧ 陈文忠:《文学史体系的三元结构与多维形态》,《安徽师范大学学报》2006年第4期。
⑨ 杨新敏:《接受美学与中国现代文学研究》,《中国现代文学研究丛刊》1997年第1期。
⑩ 王卫平:《接受史:现代文学史研究的新视角》,《辽宁师范大学学报》2000年第1期。

学史是历史的一种"等论见,均属历史本体论。即使在阶级意识甚嚣尘上时,历史本体论也同样势头不减。谭丕谟的《中国文学史纲》就特意将"历史唯物论"作为中国文学史研究的科学方法。① 王瑶的《中国新文学史稿》将中国新文学史看作"中国新民主主义革命史的一部分"。李长之的《中国文学史略稿》更是强调文学史"是社会科学的一部门,是历史科学的一部分"。② 在当前的一些文学史论述中,这种历史本体意识也时有体现。袁行霈的《中国文学史》就称文学史属于"史学的范畴"。董乃斌等也认为,"文学史恰恰就是文学研究中的历史科学,是马、恩所说的与自然史相对的'人类史'的有机组成部分"。③ 汪涌豪重申"文学史说到底是一种专门史"。④ 此外,这种历史本体论还体现在文学史的体例和分期上借用史学的做法上,林传甲、刘永济搬用中国旧史的历史分期,黄人、来裕恂则深受新史学历史体例和分期意识的影响等均属于此。

三

以上诸种文学史本体论虽对 20 世纪以降的中国文学史撰写产生过重要影响,催生了不同体式的文学史及其变体,但现在看来,问题也不少,如文化本体论易使文学史流于空泛,甚至有异化为思想史、文化史的可能;作品本体论抛开文学的社会、文化因素有一脚踏空的危险;人性本体论虽开辟了文学史的新气象,但其人性就是人的自然性的理解在学界也备受质疑;民族文化-心理本体论则不太专注于文学史本身,有"项庄舞剑,意在沛公"之嫌;读者本体论将读者置于文学史的本体地位又容易重心后置,易使文学史变异为文学阅读经验的历史;历史本体论则往往将文学史当成文学的历史而不是文学的历史,从而使文学两字付诸阙如;凡此弊端,都使我们建构新的文学史本体成为必须。

休谟曾指出,"关于人的科学(即我们指称的'人学')是其他科学的唯一牢固的基础","在我们没有熟悉这门科学之前,任何问题都不能得到确实的解决"。⑤ 这个论断表明,任何学科问题的最终解决都必须落实到人的问题上。文学史也一样,它必须从人出发,以人为本体。德国文学史家玛尔霍兹曾有过"文学史从人出发"的论断,他认为,在文学史的方法上,"可有三个出发点:或者从人出发,或者从作品出发,或者从文化的整体出发。所以我们可以写艺术家史,也可以写作品史,又可以写文化史"。但我们的理解与其有着本质的差异。在他那里,"从人出发"的"人"指的是作家、艺术家,而且也只能是作家、艺术家,这样,他的"从人出发"的文学史就是"从事于文艺的'人'的演进史",⑥无非是给作家"排排坐"的"作家写真集"。我们的"从人出发"则指的是文学史应以人为本体。从学科生成的角度看,文学史介于文学和史学之间。文学是人学,史学亦然。马克思就明确指出,历史不过是"个人本身力量发展的历史",⑦是人的本质力量对象化的历史和"追求着自己目的的人的活动而已",⑧因此,"任何人类历史的第一个前提无疑是有生命的个人的存在",⑨唯物主义史学就是"关于现实的人及其历史发展的科学"。可见,在马克思那里,历史乃人学,其历史观的深处永远有一个人的影子。梁启超也持同论,在对史学本质的理解上,他指出史学应"记述人类社会

---

① 谭丕谟:《中国文学史纲》,高等教育出版社 1954 年版,第 5 页。
② 李长之:《中国文学史略稿》,五十年代出版社 1954 年版,第 1 页。
③ 董乃斌等主编:《中国文学史学史》(第三卷),河北人民出版社 2003 年版,第 579 页。
④ 汪涌豪:《文学史研究的边界亟待拓展》,《文学遗产》2008 年第 1 期。
⑤ 休谟:《人性论》(上册),商务印书馆 1980 年版,第 7-8 页。
⑥ 玛尔霍兹:《文艺史学与文艺科学》,李长之译,商务印书馆 1943 年版,第 61 页。
⑦ 马克思、恩格斯:《马克思恩格斯全集》(第 3 卷),人民出版社 1972 年版,第 81 页。
⑧ 马克思、恩格斯:《马克思恩格斯全集》(第 2 卷),人民出版社 1972 年版,第 118-119 页。
⑨ 马克思、恩格斯:《马克思恩格斯全集》(第 3 卷),人民出版社 1972 年版,第 23 页。

赓续活动之体相"。对于人类社会赓续活动之"体",他解释说,人类社会活动"以能活动者为体",而这个"能活动者"指的是"在活动中的人"。所以,在梁看来,史学自然属于"人学"。正是如此,在讨论史的对象和范围时,他提出,史的对象和题材只能是"人、人的活动及其表现",诸如天象、地形等自然现象,"皆非史的范围"。① 除梁启超外,狄尔泰、泰纳、何兆武等也都有过这样的见解。狄尔泰认为,史学的第一个条件就是:"我自己就是一个历史的存在,研究历史的人也就是创造历史的人。"② 不仅如此,人的本质与历史的本质是同一的:"我在我自我的最深处是一个历史的生物",历史既是具体的人的历史又是人的本质的体现,人的本质是通过历史构造的。因此,通过历史人确立在自己本质的核心中。正是在这种意义上,他认为,"只有历史才能说人是什么",③"人的本质在于他是历史的,……这个本质不能在处理个人经验存在的人类学中获得,也不能在'应该'立法的道德哲学中获得,它只能在把人类生命本身作为对象的哲学的历史中获得"。④ 泰纳则指出,史学的所有外部情况都"只是通向一个中心",这中心就是"真正的人",它"是专属历史学家研究的新题材"。⑤ 何兆武也认为,人是"历史的主人","对历史的理解是以历史学者对人生的理解为其基础的。或者说对人生的理解,乃是对历史理解的前提。"所以,"对人生有多少理解,就有可能对历史有多少理解。对于人生一无所知的人,对于历史也会一无所知"。基于此,他提出了史学的三个维度:认识史料、解释史料、探微人性。⑥ 这就是史学的"一体两翼",以"探微人性"为本体,而以"认识史料"和"解释史料"为两翼。"探微人性"之所以为史学之"体",是因为认识史料、解释史料都是为其准备前提,史学的最后旨归在于"探微人性"。因此上,史学的全部过程必须朝着"人学"的方向不断努力。这样,史学研究的根柢就是对人的研究,它是不折不扣的人学。这就是梅特兰所说的,史学或者成为人类学(即人学),或者什么都不是。

　　既然文学是人学,史学也是人学,文学史介于它们之间,二者的人学本质必然决定文学史的人学本质。文学史固需"认识史料"、"解释史料",但它必须走得更远,以"探微人性"为旨归。在此意义上,我们认为,文学史也有"一体"与"两翼",即以"人性"为本体,以"认识文学史料"和"解释文学史料"为两翼。文学史料绝非死的材料,其背后是曾经存在过的活生生的人和他的生活,文学史就是要穿越文学史料与这曾经的活生生的人对话、交流,聆听他的声音,体验他的情感,捕捉他的灵魂。另一方面,文学史要探微人性、追问人生。马克思曾指出,"工业的历史和工业的已经产生的对象性存在,是一本打开了的关于人的本质力量的书,是感性地摆在我们面前的人的心理学。"⑦这就启示我们,文学的历史和文学的业已产生的对象性存在,也是一本打开了的关于人的自由本质力量的书,是感性地摆在我们面前的人的审美心理学。文学的历史说到底无非人的本质力量发展、对象化和自由实现的历史,文学史绝非只是文学历时状态的记载。从符号学角理论看也是如此,作为一种符号建构,文学史是文学史家运用语言言说自身存在的活动,按照卡西尔的符号理论,文学史也是人的一种文化劳作,它是文学史家运用符号系统创造文化,赋予世界以意义并生成自己的本质的活动。这样,在人学本体论上,文学史就是文学史家感觉、情感、愿望、直觉体知乃至思想的客观化,是其内在本质力量的对象化和丰富性的展开。通过这种符号活动,文学史家的本质力量不断地得

① 梁启超:《中国历史研究法》,商务印书馆1930年版,第1-3页。

② Gadamer, Hans-Georg. *Truth and Method*. 2nd rev. ed. Trans. rev. Joel Weinsheimer, and Donald G. Marshall. New York: Crossroad, 1975. p222.

③ 张汝伦:《历史与实践》,上海人民出版社1995年版,第38页。

④ 张汝伦:《历史与实践》,上海人民出版社1995年版,第44页。

⑤ 丹纳:《英国文学史》(*Historie de la litérature anglaise*),英译本,第4篇,转自卡西尔:《人论》,甘阳译,上海译文出版社2003年版,第317页。

⑥ 刘北成、陈新:《史学理论读本》,北京大学出版社2006年版,第59-62页。

⑦ 马克思、恩格斯:《马克思恩格斯全集》(第42卷),人民出版社1979年版,第127页。

以对象化和确证并不断地发展、完善和丰富,凭借这种活动,文学史家能动地建构着自己生存的意义域,从而赋予自己的生存以意义。在这种意义上,我们认为,理解人的生命力,解释回答人性和人生是文学史的一般主题和最终目的,任何文学史的第一个前提无疑是人的存在。

从百年来中国文学由古典形态向现代范式转变的进程中,我们也可以看到文学史本体日益向人学转移的轨迹。1905 年,黄人的《中国文学史》提出了"不以体制定文学而以特质定文学"的文学史预想,他的文学特质的"六种意味"说中,三种("以娱人为目的"、"当使读者能解"、"摹写感情")均将文学与人联系起来进行讨论。除黄人外,刘经庵的《中国纯文学史纲》提出文学是人生的写照,是人生的表现和批评。[①] 刘经庵之后,林庚也认为,"人生的意义是什么,社会的理想也就是什么;……没有文艺的时代,无论如何,离开那理想的社会还远;……文艺是领导人生的。"[②]谭正璧则指出,"文学并不是人生所需要,是文学需要人生。有了人生她才有起原,有了人生她才有内容……文学之于人生,似影随行,一刻不可须臾离,离开了形,影便消灭"。[③] 这些观念都预示着从人学的角度来统摄文学史的可能。而当代学者如章培恒、董健、邓晓芒等所提出的人性本体论,则更加与人学的文学史本体论有着密切的亲缘关系。

总之,文学史的本体是人,文学史回归人学本体,是向其应然状态的回归。真正的文学史应当"通过人并且为了人而对人的本质的真正占有",是"人向自身、向社会的即合乎人性的人的复归",[④]这种复归是在以往全部文学历史的范围内生成的,在这个意义上,文学史的秘密就隐藏在人的秘密之中。

（作者单位：浙江大学中文系）

---

① 刘经庵：《中国纯文学史纲》,北平著者书店 1935 年版,第 2-4 页。
② 林庚：《中国文学简史》,北京大学出版社 1995 年版,第 728 页。
③ 谭正璧：《中国文学进化史》,上海光明书局 1929 年版,第 8 页。
④ 马克思：《1844 年经济学哲学手稿》,人民出版社 2000 年版,第 81 页。

"后现代"视野中的拉美魔幻现实主义

许志强

内容提要：拉美魔幻现实主义的独特文化属性，是在其跨国的多元文化转换的空间中形成并且成长起来。由于它最主要的特性是在于"跨国性"和"转换性"，而不是出于对"民族历史传承"的强调，拉美作家便以自身的边缘化立场造成对主流文化和官方话语的颠覆，通过一种强烈的自我指涉肯定游戏和想象的力量，这是包含于文学活动中的不同以往的一种历史体验，也是拉美魔幻现实主义的创作特质之所在。它能够在全球化的语境中取得广泛的影响和生命力并且成为后现代与后殖民思潮的一个连接点，也是由于这种创作切合了一个文化转换的新时代。魔幻现实主义的叙事神话总体上有排斥历史主义的倾向，这一点与现代主义的乌托邦倾向同出一源，也说明两者之间具有内在的承继关系，但它那种"戏仿地"重建历史、卷入与过去的争论和对话的特点，让批评家有理由将魔幻现实主义纳入后现代主义的范畴中，从而与现代主义的精神特征区分开来。魔幻现实主义的形式实验，尽管与后殖民和后现代的方法不尽相同，但是其大胆新颖的形式所包含的批判重建意识，属于一个文化转换的新时代。它的文本和叙事实验所体现出来的批判性的重构，既是针对传统的现实主义也是针对精英的现代主义。从中我们看到该流派创作由现代主义到后现代转换的一个轮廓。

关键词：魔幻现实主义；加西亚·马尔克斯；拉美小说；后现代现实主义

有关拉美魔幻现实主义文学的理论界定，一直以来都有争议。过去研究中较为流行的结论认为，拉美"魔幻现实主义作家采用极端夸张和虚实交错的艺术手法，将现实化为幻觉，将幻觉变为现实，其作品的真实建立在印第安古老文化传统基础上，为现代读者所认可"。（王守仁 48[①]）这类观点倾向于特定地域的民族文化所具有的生成力量，比较重视本土文化、尤其是加勒比黑人和印第安文化的作用，即以对民间文化和巫术观念的融合为其整个创作的基础，构成拉美魔幻现实主义神话化叙事的表征和立场。正如作家和批评家通常所强调的，拉丁美洲的现实本身蕴含着"神奇的真实"，这是别的地区所没有的，也是魔幻现实主义得以产生的条件。类似的解释我们可以命名为"本土文化生成论"，它揭示了区域文化特性施加于创作的影响。所谓"神奇的真实"乃是"拉丁美洲的文化特性，是现实状态所蕴含潜藏的神话—原型和社会内容，如拉丁美洲的原始与落后、愚昧与畸形"。（陈众议 57[②]）

"本土文化生成论"强调拉美本土文化特色，观点具有合理性，只是未能兼顾该流派创作的一个精神向度，即，"现代性的迫切"与"普世性的追求"在其创作中的体现，涉及跨国多元文化的转换在该流派创作中的意义，也涉及文学创作中十分重要的"当代性"课题。某种程度上可以说，正是对时代意识的深刻介入才是拉美魔幻现实主义取得广泛影响的基本成因，而这需要我们在研究中进一步凸现出来。《哥伦比亚美洲小说史》的观点认为，拉美魔幻现实主义"将现实化为幻觉"和"将幻觉变为现实"的手法，属于"后现代现实主义"（Postmodern Realism）表现范畴。这个论点不仅降低了

---

① 王守仁：《谈二十世纪的现实主义》，《外国文学评论》1998 年第 4 期。
② 陈众议：《拉美当代小说流派》，社会科学文献出版社 1995 年版。

本土文化在该流派创作中的支配性地位，而且也提出了不同的研究角度和理论话语，是该课题研究中的一种新的拓展。

一

《哥伦比亚美洲小说史》论述"爆炸文学"和加西亚·马尔克斯等人的创作，两个专章标题都未采纳"魔幻现实主义"的称谓，而是分别以"后现代现实主义"(Postmodern Realism)和"拉丁美洲小说"(Latin American Fiction)为题论述，考察角度也与此前二十年的概念之争有所区别。

何·戴·萨尔迪瓦(Jose David Saldivar)在其《后现代现实主义》的专章论述中突出"后现代"视角。他认为，加西亚·马尔克斯的小说揭开了魔幻现实主义"全球化"序幕，而构成其"后现代现实主义"概念的主要是《枯枝败叶》、《格兰德大妈的葬礼》、《百年孤独》和《家长的没落》四部小说，又以《迷宫中的将军》的创作为此类范式的体现："在这个备受争议的文本中，作者将玻利瓦尔这个圣者的形象演绎为普通的男人，甚至带有粗人的特征，这与他此前的作品将普通事物转化为神话和魔术的做法如出一辙，都是体现了后现代叙事的实验性原则：给读者提供历史逼真的表象，然后将其打碎，铸入另一个眩目的模型中；历史学的面貌似乎仍以传统样式持存，实际上提供给读者的是一个意味深长的创造发明的举动。"(Elliott 526 – 528[1])

对"后现代叙事的实验性原则"的理解是这段话的闪光点，实质是要告诉我们，魔幻现实主义融合"幻想"与"现实"的做法并不局限于民俗文化的表象形态，在《迷宫中的将军》这类"非魔幻"作品中同样得到体现。魔幻现实主义与其说是囿于本土文化原始性质的提炼，还不如说是作家进行叙事试验的一种当代创作意识的体现。这里需要指出，将《枯枝败叶》列入"后现代"是不恰当的，它属于现代主义作品。用《恶时辰》代替《枯枝败叶》会更贴切。《恶时辰》的"非连续性叙述"和"粗俗喜剧"切近于"后现代"特点。这里的问题是，我们谈到了现代主义与后现代主义的区分，这种区分的界限在哪里？为什么必须以"后现代"视角考察作家的创作？这就涉及"后现代"概念的定义问题。

从理论上讲，"后现代"或"后现代主义"与其说是一个能够精确界定的定义，还不如说是体现了对一系列社会文化思潮及其特征的感知，也就是精英现代主义和先锋派的历史时期未曾出现的状况，诸如有色人种、犹太人和同性恋的地位等等问题的表现。换言之，"所谓的后现代决不应该是被视为一种同质的现象，而是应该被视为这样一个现象，那就是政治上的异议在其中占据核心地位。"这个观点的强调很重要，魔幻现实主义对政治历史的"类现实主义"的介入和表达是此前的现代主义文学所欠缺的，或者说是要加以排斥的；两者的比较构成了一种区分。何·萨尔迪瓦引用路易·阿尔都塞的晚期马克思主义理论和朱迪丝·巴特勒的女性主义解构理论，进一步说明其观点。尤其是朱迪丝·巴特勒的女性主义理论更具有解构的性质，它提出了与魔幻现实主义理论相仿的观点：幻想不应该与不真实划等号，而是应该与尚未显得真实的事物，或者说应该是与属于真实的另一种说法的事物划等号。(Elliott 522[2])何·萨尔迪瓦正是在这样一种观念的基础上，将阿莱霍·卡彭铁尔和加西亚·马尔克斯为代表的魔幻现实主义划入他所谓的"后现代现实主义"，与他罗列的"泛美叙事"作家群等而观之，诸如托尼·莫里森、汤婷婷、雷蒙·卡佛等人。他借用琳达·哈钦的论断指出这些作家共有的特征："文本具有强烈的自我指涉的特点，却也悖谬地声称有权拥有历

---

① Elliott, Emory Ed. *The Columbia History of the American Novel*. Beijing: Foreign Language Teaching and Research press/Columbia University press, 2006.

② 同上。

史事件和历史人物。"(Elliott 522①)

将魔幻现实主义作家与雷蒙·卡佛这样的北美作家混同显然会招致异议,但我们从何·萨尔迪瓦有关于"后现代现实主义"的论述中倒是看到了过去的概念之争中未曾有过的概括,而且更为重要的是,看到了该流派的创作、尤其是加西亚·马尔克斯的魔幻现实主义在后殖民与后现代语境中的位置。其中有两点结论尤其值得注意:一是强调该流派创作中那种将幻想与现实进行融合的做法所具有的文化意识形态的颠覆性质,揭示了它所包含的敏锐的当代意识;二是进一步阐明了魔幻现实主义独特的形式技巧背后的后现代主义性质。也就是说,拉美魔幻现实主义大胆切入现实历史的领域,比现代派文学更具有现实主义的关怀,但是本质上又不同于传统的现实主义,其文本"强烈的自我指涉的特点"和魔术师的玩笑手法使它综合成为一种新型的创作,就是所谓的"后现代现实主义"创作。

以上两点结论能够在理论上统一起来,说明拉美魔幻现实主义划时代的影响及其观念演变的逻辑。有关魔幻现实主义的特点及其影响的问题,已经不能用传统的文学史方法进行区域性限定。我们从琳达·哈钦的"后现代"论述中能够看到一个更加清晰的描述:"'魔幻现实主义'的形式技巧(及其把幻想与现实的独特混合)已经被许多批评家挑选出来,作为后现代主义和后殖民主义的一个连接点。"(罗钢 493②)在琳达·哈钦看来,魔幻现实主义影响下的后殖民和后现代文学具有这样一种堪为比照的特点:"当现代主义非历史地拒斥了过去的负担之后,后现代艺术便自觉地寻求(有时甚至戏仿地)重建与过去的关系;同样,当殖民主义对许多国家强制推行帝国主义文化、切断本土历史之后,后殖民文学也(往往戏仿地)商榷与重新评价本土的过去相关的、曾经是暴戾的殖民历史的意义。"(罗钢 493③)

魔幻现实主义的叙事神话总体上有排斥历史主义的倾向,这一点与现代主义的乌托邦倾向同出一源,也说明两者之间具有内在的承继关系,但是琳达·哈钦指出了这种反历史主义的态度所发生的微妙变化:"尽管马克思主义把后现代主义视为脱离其建筑根源的非历史性运动——因为它怀疑而非证实历史过程,后现代主义还是卷入了与过去的争论与对话之中。这正是它与后殖民主义构成重大重合的地方,后殖民主义从定义上说涉及'对历史、政治和社会环境的认识'。应该说这不是利用或恢复后殖民而使其并入后现代,而仅仅是指出其共同的关怀,我以为,这就是萨尔曼·拉什迪、罗伯特·克鲁契、加布里埃尔·加西亚·马尔克斯和许多其他作家之所以影响广泛、闻名遐迩的原因。"(罗钢 493—494④)

这种"戏仿地"重建历史、卷入与过去的争论和对话之中的特点,让批评家有理由将魔幻现实主义纳入到后现代主义的范畴中,从而与现代主义的精神特征能够区分开来。魔幻现实主义的形式实验,尽管与后殖民和后现代的用法不尽相同,但是其大胆新颖的形式所包含的批判重建的意识,确实是属于一个文化转换的新时代。它的文本和叙事实验所体现出来的批判性的重构,既是针对传统的现实主义也是针对精英的现代主义。

二

借用后现代和后殖民理论话语考察加西亚·马尔克斯的创作,会弥补过去理论考察上的一些

---

① Elliott, Emory Ed. *The Columbia History of the American Novel*. Beijing: Foreign Language Teaching and Research press/Columbia University press, 2006.

② 罗钢、刘象愚主编:《后殖民主义文化理论》,中国社会科学出版社 1999 年版。

③ 同上。

④ 同上。

不足。我们知道,仅仅将黑人和印第安文化视为《百年孤独》魔幻现实主义表现基础,会推导出某种本土文化中心论的观点。它也常常引申为对本位民族主义和教条式的本土主义的过分关注,忽视了跨国多元文化的转换所形成的"混合空间",而后者才是魔幻现实主义文化表现的一个更为真实的向度,构成该流派创作中反传统的新型特色。

以胡安·鲁尔福、阿莱霍·卡彭铁尔和加西亚·马尔克斯的创作为例,我们可以看到,魔幻现实主义总是以带有原始色彩的农村生活为题材,涉及前现代和封闭的村落为主体的生存形态,但是它本身却不是一种乡村意识的反映,它的神话也不是一种土著神话的单纯再现。它的美学所要克服的恰恰是地区性和乡土主义的口味,在一种"超时空的浓缩"中完成对多元文化的审视和吸收。这个"混合空间"的形成是跨国的多元文化转换的结果,也是新时代的拉美作家一种独特的历史体验。诚如伊恩·R.麦克唐纳德所指出的,这是一种"对西方文化和本土文化的双重介入和双重逃离"(Bacarisse 14①),从根本上讲还是反映了创作背后自我身份的隐匿及其变革的特点。拉美魔幻现实主义总是刻意强调本土性、本土文化和本土政治性质的表现,但是它传递的已经不是传统意义上的民俗、自然和社会共同体的统一话语,而是从双重边缘化的立场出发考虑"拉美身份"的普世性问题;它表达本土政治的悲剧和历史性绝望,却暗示一种创造的乐观以及促进社会转型的新蛊惑;它"关注涉及到拉美身份的种种问题,以此来赞成或反对想象中的'全世界'的观众。"(Elliott 613②)在它的语言、主题和表现形式中,由文化的多元转换带来的普世主义的倾向是根深蒂固的。魔幻现实主义成为后现代与后殖民的一个连接点,不是出于一种偶然的联系。

实际上,加勒比的黑人和印第安文化早就存在,何以要到这一代作家的创作中才有这样的表现?加西亚·马尔克斯、阿莱霍·卡彭铁尔、卡洛斯·富恩特斯、巴尔加斯·略萨等人的创作风格各不相同,在文化意识形态的倾向上则是一致的。他们都热切追求文化的现代性和普世关怀,也都是从欧美现代主义文学的模仿中起步。这一代作家的特点与其说是笼而统之的"本土题材加上现代技巧",还不如说是当代的一群"文化转换论"有力的实践者。文化转换论的"真正的焦点是,在对立、异质的文化政治空间结合部,关注更复杂、微妙、变化不定的文化政治现象",包含着霍米·巴巴所关注的"后殖民的主体建构"的课题。按照陶家俊对霍米·巴巴后殖民主体建构的评述,这种跨国和转换的文化其实是一种"生存文化"。"生存文化与欧洲古典主义、浪漫主义、现实主义传统维系的民族文化强调的民族历史传承不同,其主要特征是跨国性和转换性。文化跨越国界……文化同时又是不同文化的转换,因为后殖民话语关注的文化置换不仅是宗主国与殖民地,第一世界与第三世界历史差异的结果,更是跨越空间距离的文化传播与接受,是不同地缘空间之间的文化互动。"(陶家俊82③)

霍米·巴巴有关"生存文化"的理论阐述,可与阿莱霍·卡彭铁尔的《新世纪前夕的拉丁美洲小说》一文中阐述的观点联系起来理解。20世纪中后期的传播和通讯方式的巨大变化,现代主义美学在第三世界的影响和接收,冷战带来的政治意识形态的激化,欧美流行音乐和反文化运动的扩张,等等,这些都给第三世界的拉美作家的"意识变化"提供了可能,也给"不同地缘空间之间的文化互动"和"文化置换"提供了历史的机缘。拉美魔幻现实主义的独特文化属性,是在这种跨国的多元文化转换的空间中形成并且成长起来。由于它最主要的特性是在于"跨国性"和"转换性",而不是出于对"民族历史传承"的强调,因此在创作的形态上并无真正可依赖的原则与范式可言。拉美作

① Bacarisse, Salvador. *Contemporary Latin American Fiction*: *Seven Essays*. Edinburge: Scottish Academic Press, 1980.
② Elliott, Emory Ed. *The Columbia History of the American Novel*. Beijing: Foreign Language Teaching and Research press/Columbia University press, 2006.
③ 陶家俊:《理论转变的征兆:论霍米·巴巴的后殖民主体建构》,《外国文学》2006 年第 5 期。

家以自身的边缘化立场造成对主流文化和官方话语的颠覆，通过一种强烈的自我指涉来肯定游戏和想象的力量，这是包含于文学活动中的不同以往的一种历史体验，也是拉美魔幻现实主义的创作特质之所在。它能够在全球化的语境中取得广泛的影响和生命力并且成为后现代与后殖民思潮的一个连接点，也是由于这种创作深刻地切合了一个文化转换的新时代。

综合以上分析看，我们对拉美魔幻现实主义的研究应该包含一个观念背景的重新定位与理解。何·萨尔迪瓦提出"后现代现实主义"的概念，以后现代和后殖民视角审视拉美"新小说"，使我们以一种较为新颖的研究思路看待拉美魔幻现实主义创作。本文通过对何·萨尔迪瓦相关论述的评析，结合琳达·哈钦和霍米·巴巴的理论话语，试图勾勒该流派创作由现代主义到后现代的跨国多元文化转换所形成的轮廓。

（作者单位：浙江大学中文系）

《思绪之狐》：休斯的一个诗学起点[*]

凌　喆

内容提要：特德·休斯(Ted Hughes)，英国桂冠诗人，是 20 世纪下半叶英国诗坛最重要的代表诗人。《思绪之狐》(*The Thought Fox*)是休斯 1957 年出版的第一部诗集《雨中鹰》(*The Hawk in the Rain*)中的一首动物诗。本文认为该诗对于其梦幻般超现实主义诗风的形成，对于其动物诗歌刚劲的力量美的审美特质的形成，对于其"捕捉动物"诗歌创作观的形成都有特殊的作用，可以被看作是休斯的一个诗学起点。

关键词：特德·休斯；《思绪之狐》；诗学起点

特德·休斯(Ted Hughes)，英国桂冠诗人，是 20 世纪下半叶英国诗坛最重要的代表诗人。《思绪之狐》(*The Thought Fox*)是休斯 1957 年出版的第一部诗集《雨中鹰》(*The Hawk in the Rain*)中的一首诗歌。由于该诗是休斯早期的一首代表作品，又是休斯的第一首动物诗，一直受到研究者的关注。这首诗已经出版或者发表的中文译本就在五种以上[1]。

但是，到目前为止，关于《思绪之狐》的解读依然停留在诗歌文本层面，比如诗歌的主题，诗歌的艺术手法的分析等等，还没有学者对其做更为系统深入的探索。学界只知这是休斯的第一首动物诗，却没有认识到这首诗歌在休斯诗歌创作某些风格以及休斯部分诗学思想形成过程中占据的重要地位。它可以被看作是一个诗学起点，开启了休斯梦幻般的超现实主义的诗风，拉开了休斯诗歌一系列"动物意象"的序幕，形成了休斯诗歌展示动物力量美的审美特质，促成休斯感悟了"捕捉动物"的诗歌创作观。

一、狐狸显现与灵感降临

关于《思绪之狐》的主题，学界已经达成共识，那就是诗歌创作。第一个诗节的最后一行提到一张在诗人指尖移动的"空白纸"，而诗歌最后一句是"纸页上已打印了字迹"。从"一张白纸"到"印下文字的纸张"，也就是说，诗人完成了诗歌的创作。这首诗歌最有诗意的地方在于诗歌创作是通过"我"和"狐狸"的互动完成的。诗歌一开头就以"我想象"三个字统领，表明接下去的诗歌内容都是诗人想象出来的。而整首诗歌又是关于一只狐狸的活动，仿佛"纸上的文字"是由狐狸的活动印下的痕迹。姚志勇、吾文泉在《泰德·休斯及其"动物世界"》一文中，这样分析这首诗："狐狸悄然走进诗人的窗子，给诗人以创作的灵感——。诗中的自然现象和狐狸都是诗人的主观感受，皆为象征。森林、孤独、白纸、黑暗象征诗人创作的枯竭；而狐狸的鼻子、眼睛、脚印、影子等象征创作灵感。狐

* 本文为浙江科技学院 2011 年校科研基金项目"特德·休斯诗学思想生成研究"(项目编号 2011XJYB14)、2012 年浙江省社科联研究课题"特德·休斯诗学思想研究"(项目编号 2012N176)的研究成果。

① 本文引用的《思绪之狐》为傅浩译本，出自杨恒达主编，上海辞书出版社出版的《外国诗歌鉴赏辞典(现当代卷)，第 1059－1060 页。

狸即缪斯。"①休斯通过一只狐狸的显现,细腻地描绘了灵感降临的过程。《思绪之狐》选择狐狸意象来暗喻灵感,正是赋予诗歌生命力的表现。正如国内最早发表的解读《思绪之狐》的论文《评休斯的〈思想狐狸〉》中所说:"休斯选择了'狐狸'而不是'猪'、'鹅'来暗喻思想灵感,这是因为后者表达的意象是呆头呆脑、笨拙、迟缓;而前者产生的意象则是敏捷、灵活、机智。"②

《思绪之狐》中对于诗歌创作以及创作灵感的描述并非空穴来风,而是与诗人休斯的一段生活经历有关。创作的渴望和创作灵感的枯竭曾经一度困扰着青年休斯。从 1951 至 1954 年,休斯在剑桥大学学习,前后修了两个专业。大学前两年,休斯学习的是英语言文学专业;后两年,他转专业,学习考古学与人类学。一开始,他选择英语专业,是因为他和许多人一样以为这个专业能对他自己的诗歌写作有所帮助,结果却事与愿违。当时英语专业的学生有一个常规性的作业,那就是每周要上交一篇课程作业。虽然休斯很热爱这个专业,但是这个作业让休斯十分苦恼。每周一篇的高频率,以及必须按时上交的强制性,扼杀了休斯的灵感,消磨了诗人的创造力。休斯这样描述自己做大二结束前的最后一个作业的情形:

> 我那个星期很早就开始动工了,希望可以尽快完成这个作业。可是我像以往一样陷入了困境,一拖就是三四天。每天有那么几个小时,尤其是晚上,我写了很多页纸,然后全部撕掉。我一遍又一遍地写着开头,一遍又一遍地重新组织文字。我觉得我知道我要表达的意思——可是我写不出来。③

《思绪之狐》就是在这样的背景下写成的。休斯当时希望自己可以脱此困境,渴望重新获得创作的灵感,一直幻想有这样一只寓意灵感的,充满活力的狐狸降临到他的诗国中。

二、诗人之梦与诗歌之作

于是,1953 年的一个冬夜,这只狐狸真的来到了诗人身边。它进入了诗人的梦里。所以,《思绪之狐》这首诗歌直接来源于休斯的一个梦。1993 年,休斯写了一篇名为《燃烧着的狐狸》(*The Burnt Fox*)的文章,详细地记录了这个梦境。这篇文章收入了休斯的散文集《冬天的花粉》(*Winter Pollen*)一书中。那个冬夜,诗人想完成自己每周的规定性作业,可痛苦挣扎一番后,仍然没有灵感。大约凌晨两点,诗人上床睡觉,开始做一个梦。他梦到自己仍然坐在书桌前写作。这个时候,门打开了,一只如狼般大小的直立行走的狐狸走进了诗人的房间。诗人写道:

> 当它走近,走到灯光下的时候,我才看清它的身体和四肢刚刚从火炉里走出来。每一寸肌肤都被烤焦了,都在冒着烟,烧成了黑色,裂开了,流着血。……它的眼睛充满了使人惊异的强烈的痛苦。它越走越近,直到站在我身边。我现在看清楚了它的手像人的一样。它展开它的手掌,手掌和身体其他部分一样正在燃烧、流血。它把手掌摊平在我书桌上那张纸的空白部分。这个时候,它说道:"别写了——你在毁灭我们。"当它抬起它的手掌时,我看到白纸上留下了一个血手印,就像一个看手相的标本。这个纸上的手印线条分明,掌纹清晰,湿湿地,闪着血光。④

正是这个梦,正是狐狸的那句"别写了"最终促成了诗人转专业的决定。休斯在 1979 年 7 月 16 日写给著名的休斯研究学者凯斯·萨格尔(Keith Sagar)的信中提到了这个梦。他说道,梦中狐

---

① 姚志勇,吾文泉:《泰德·休斯及其"动物世界"》,《江苏教育学院学报》(社会科学版)1997 年第 1 期,第 60 页。
② 沈谦:《评休斯的〈思想狐狸〉》,《成都师专学报》1996 年第 2 期,第 60 页。
③ Ted Hughes, *Winter Pollen*, London & Boston: Faber and Faber, 1994, p. 8.
④ Ted Hughes, *Winter Pollen*, London & Boston: Faber and Faber, 1994, p. 9.

狸的命令使得他将自己对英国文学的想法和当时剑桥的研究风气作比较。他觉得自己虽然比任何人都擅长这种解析文本的方式，但是这种研究方法扼杀创造力，使得诗人丧失自我，因此休斯觉得是时候放弃了，而不再强迫自己努力适应。[①]

也正是这个梦，使得诗人写下了《思绪之狐》这首诗。如果说，柯尔律治在梦中直接梦到了《忽必烈汗》的诗句，那么休斯在梦中梦到的则是《思绪之狐》的诗意。正如亚里士多德所说，梦是睡眠时的心理活动。弗洛伊德也认为，人在梦境中摆脱了意识的控制，直觉、无意识任意游动。[②] 因此，梦给灵感的产生提供了宽松的环境，促进了诗歌创作活动。休斯内心被压抑的创作愿望在梦境中跑了出来，梦境给诗人带来了宝贵的喜悦的灵感。诗人被重新赋予了创作的激情，创作出了优秀的诗篇。

休斯一生与梦非常有缘。除了这个关于狐狸和灵感的梦之外，他一生做了很多很多梦。他在去世那一年，也就是 1998 年 2 月写给儿子尼古拉斯的信中，详细描述了他一生中做过的许多梦。[③] 其中有很多是关于动物的，其中有很多最后化成了诗篇，例如一些飞机失事的梦，成了《雨中鹰》诗集中另一首名为《遇难者》（The Casualty）的诗。

此外，从《思绪之狐》起，梦境和无意识就成了休斯诗歌创作关注的一个对象。正如迈克尔·斯威廷（Michael Sweeting）所说，休斯赋予他的诗歌一种梦一般的特征，一种"白日梦"的特征。[④] 继《思绪之狐》后，在其第二部诗集《牧神集》（Lupercal）中，休斯写下了《无意识的女子》（A Woman Unconscious）、《马群之梦》（A Dream of Horses）。《无意识的女子》是一首反对核战争威胁的诗歌，但是最终却由一个医院白色病床上的女子的失去意识的那一刻作结，使得这首现实主义题材的诗歌充满了超现实主义的色彩。而《马群之梦》就更具梦幻色彩了。"我们一定像醉鬼般坠入了聆听的/酣梦，被雷鸣似的马声哄睡。"[⑤]这里梦仿佛一曲交响乐，马夫们在做梦，而马群也在做梦：

于是我们冲出，老鼠在我们的袋里，稻草在我们的发间，

奔入那片向马群崩落

令马蹄颤抖的黑暗。我们的灯笼散发着微弱的橘光

　　为每一张惺忪的脸罩上面具，

　　没有身体，只有马的身体——

　　那把世界叫离、咬离、炸离本位的马群。

高耸的皇宫是如此地洁白，月亮是如此地圆

此外就只有马群冲撞我们那对

努力搜寻声音的形象的眼眶。[⑥]

在这里，马群和马夫混为一体，人的精神如同骑在马背上一样，在化作马的形体的精灵的引导下进入了神圣的领域。最终，马占领了整个世界，"仿佛每一颗大地的谷粒都长出了蹄与鬃毛。"[⑦]这种梦幻般的超现实主义诗风贯穿了休斯创作的始终。这样梦境除了超现实的梦幻主义色彩外，

---

① Ted, Hughes, *Letters of Ted Hughes*, selected and edited by Christopher Reid., London & Boston: Faber and Faber, 2007, p. 423.

② 弗洛伊德：《精神分析引论新编》，高觉敷译，商务印书馆 2000 年版，第 10 页。

③ Ted, Hughes, *Letters of Ted Hughes*, selected and edited by Christopher Reid., London & Boston: Faber and Faber, 2007, pp. 707 - 713.

④ Michael Sweeting, *Hughes and Shamanism*, Keith Sagar ed. *The Achievement of Ted Hughes*, Manchester: Manchester University Press, 1983, p. 78.

⑤ 转引自陈黎、张芬龄：《四个英语现代诗人：拉金，休斯，普拉斯，希尼》，台湾花莲县文化局 2005 年版，第 79 页。

⑥ 陈黎、张芬龄：《四个英语现代诗人：拉金，休斯，普拉斯，希尼》，台湾花莲县文化局 2005 年版，第 78 页。

⑦ 陈黎、张芬龄：《四个英语现代诗人：拉金，休斯，普拉斯，希尼》，台湾花莲县文化局 2005 年版，第 79 页。

还与其诗歌的萨满性特征有关,这个将在本文的第四部分探讨。

三、捕捉动物与创作诗歌

　　休斯一直有"动物诗人"的美誉。他一生写下许多动物诗歌,《思绪之狐》是他的第一首动物诗。

　　休斯一生与动物结下不解之缘。根据现有的记录休斯生平的唯一的传记《特德·休斯——一个诗人的一生》(*Ted Hughes：The Life of a Poet*)中记载,休斯很小就对动物感兴趣。三岁开始,他就拥有了很 000 多从市场里买回来的铅制的动物模型。他开始用橡皮泥为模仿这些动物塑像,建造一个很大的"动物园"。他四岁的生日礼物是一本厚厚的绿色封面的动物书。从此,休斯临摹书上的图片,画各种各样的动物。稍大一点,休斯就更喜欢收集活的动物了。他回忆自己收集老鼠的情形:

　　　　每到打谷的季节,当人们把一捆捆稻谷从谷堆上拿起来的时候,我从稻谷底下抓老鼠,把它们放进我的衣袋,直到三四十只老鼠在我衣服的内衬里爬行。①

　　后来,他在哥哥杰拉尔德的带领下,捕鱼、制造陷阱以及狩猎。一开始,休斯只是负责把哥哥打中的猎物,诸如鹊、猫头鹰、兔子、黄鼠狼、老鼠和杓鹬等,捡回来。可是没过多久,哥哥就开始教他如何使用猎枪。在十多岁的时候,休斯更是迷上了捕捉会捕杀同类的狗鱼。② 童年时代培养起来的对动物的喜爱贯穿着休斯的一生。大学期间,他转到人类学专业学习。大学毕业后,休斯曾在伦敦动物园当过看守。他一生中大部分时光都是在德文郡的一处农场度过的,饲养着许多牛羊。1983 年,他在给朋友的一封信中提了自己跟随他的儿子尼古拉斯——美国阿拉斯加费尔班克斯大学的鱼类和海洋学专家,去非洲的捕鱼的经历。③ 1986 年,休斯在自己的诗歌朗诵活动中,结识了加拿大不列颠哥伦比亚省虹鳟协会主席博亚诺斯基,随后一直保持联系,一起参加了一些捕鱼活动。

　　大约在十五岁的时候,休斯关于动物的看法发生了一些变化,变得比之前单纯的捕猎更为复杂。他觉得应该尊重动物的生活习性,之前的捕捉行为是对动物生活的一种打扰。他转而细心地观察动物,揣摩动物的内心世界。与此同时,休斯开始写诗。但一开始,休斯写的并不是动物诗。他曾经说:"很多年后我才开始写一些可以称为动物的诗歌,更多年以后写作诗歌才部分成为了我早年捕捉动物的一种延续"。④ 而《思绪之狐》这首动物诗,应该就是休斯所谓的"早年捕捉动物的一种延续"。

　　据休斯说,《思绪之狐》是他的第一首动物诗。休斯之所以选择狐狸这种动物作为第一首动物诗中的意象,是因为狐狸是他当时唯一没有成功捕捉过的动物。他在《正在制作的诗歌》(*Poetry in the Making*)一书中这样写道:

　　　　有一种动物我从未成功养活,那就是狐狸。我总是遭受挫败:有两次是被一名农夫——我还没有来得及阻止之前——杀害了我捕捉到的幼狐;有一次为一名家禽饲养者所破坏——他放走了我的幼狐,而他的猎犬却在一旁守着。⑤

　　因此,休斯换了一种方式去捕捉狐狸,这种方式就是以狐狸为意象创作一首诗歌。在《思绪之

---

① Ted Hughes, *Poetry in the Making*, Ed with notes by Masaaki Yoshino, Tokyo：NAN'UN-DO, 1980, p. 1.

② Elaine Feinstein, *Ted Hughes The Life of a Poet*, London：Weidenfeld & Nicolson, 2001, p. 13.

③ Ted, Hughes, *Letters of Ted Hughes*, selected and edited by Christopher Reid., London & Boston：Faber and Faber, 2007, pp. 464－470.

④ Ted Hughes, *Poetry in the Making*, Ed with notes by Masaaki Yoshino, Tokyo：NAN'UN-DO, 1980, p. 4.

⑤ Ibid., p. 7.

狐》中,他不仅描绘了狐狸的鼻子、眼睛、爪印和躯体,而且写到了狐狸一只眼睛里"一点扩大着加深着的绿光"以及狐狸那股特有的"刺鼻热烘烘的狐臭味"。其对狐狸的刻画相当细腻逼真,十分传神。休斯甚至认为:"从某些方面说,我的狐狸比任何普通的狐狸更好。它会永远活着,不会有挨饿和受猎犬追捕之虞。我让它跟我同行,是我创造了它。"①狐狸以诗歌的形式陪伴在了诗人休斯的身边,既无饥饿之忧,也无追捕之虑。这首诗与任何艺术作品一样超越了时间,获得了永恒,而这只诗中的狐狸也同样不朽了。如同莎士比亚在其著名的十四行诗第十八首中写道的那样:"只要一天有人类,或人有眼睛/这诗将长存,并且赐给你生命。"②休斯也曾说:"我想在我去世之后,只要这首诗的任何一部分存在,当人们在阅读它时,这只狐狸将会自黑暗中出现,并且朝他们走去。"③正是对于动物生命的尊重以及对于诗歌永恒性的体悟,使得诗人休斯从单纯性的猎捕动物变为动物诗歌的创作。

　　继第一首动物诗《思绪之狐》后,休斯又创作了许多著名的动物诗,比如以老鹰为意象的《雨中鹰》和《栖息枝头的老鹰》(Hawk Roosting),以美洲豹为意象的《美洲豹》(The Jaguar)和《第二眼看美洲豹》(Second Glance at A Jaguar),以猪为意象的《猪之视角》(View of a Pig),以狼为意象的《狼嚎》(The Howling of Wolves),以鼠为意象的《鼠之歌》(三首)(Song of a Rat)以及以云雀为意象的《云雀》(Skylarks)等等。兽、鸟、鱼、虫无不进入他的笔下。1970年,他更是出版了以"乌鸦"为主人公的诗集《乌鸦》(Crow)。学界公认,休斯是继布莱克(Blake)、劳伦斯(Lawrence)之后英国诗坛最优秀的动物诗人。

　　创作了《思绪之狐》后,在继续大量创作动物诗歌来完成对动物的捕捉的过程中,休斯更是慢慢悟到了他的两种兴趣——捕捉动物与创作诗歌之间的共通之处。他的这一体悟大大丰富了其诗歌创作思想。休斯认为,创作诗歌和捕捉动物虽然不是一回事,但是"其中的兴奋和激动是一样的"④。也就是说,无论是捕捉动物还是创作诗歌,捕猎者和诗人的心理状态是一样的,处于一种亢奋之中。他还进一步指出,

　　　　从某种意义上说,我认为诗歌就是一种动物。它们像动物一样有自己的生命,它们独立于任何一个人而存在,甚至不依赖于它们的作者。我们不能任意添加或者删减它们,那样会摧残它们甚至让它们失去生命。它们有某种智慧,它们知道某些特殊的东西……一些也许我们很好奇的东西。也许我一直想要捕捉的并不是动物或者是诗歌,而是在我之外的一些鲜活的生命。⑤

　　捕猎者追逐的是鲜活的猎物,诗人创作的是富有活力的诗篇,它们具有共同的审美特质,那就是生命力。如何使得自己创作的诗歌富于生命力应该是诗人毕生的课题,就如同活捉猎物是猎人的天职。休斯认为,追求诗歌的生命力,追求诗歌的活力,并不只存在于动物诗的创作中,而普遍存在于所有诗歌创作中。他还曾经将人的思想比作池塘中的鱼,一个人无法捕捉自己的思想,无法将自己的思想变成有活力的诗歌,那就如同不会捕捉池塘中的鱼。⑥

---

①　Ted Hughes, *Poetry in the Making*, Ed with notes by Masaaki Yoshino, Tokyo: NAN'UN-DO, 1980, p. 10.

②　梁宗岱译,《莎士比亚十四行诗》(18首),转引自飞白主编:《世界诗库》(第二卷·英国·爱尔兰),花城出版社1994年版,第120页。

③　转引自陈黎、张芬龄:《四个英语现代诗人:拉金,休斯,普拉斯,希尼》,台湾花莲县文化局2005年版,第57页。

④　Ted Hughes, *Poetry in the Making*, Ed with notes by Masaaki Yoshino, Tokyo: NAN'UN-DO, 1980, p. 4.

⑤　Ibid., p. 10.

⑥　Ibid., p. 46.

四、动物精灵与萨满之旅

丹尼尔·谢里（Daniel Xerri）在他的新著《休斯的治疗艺术》（*Ted Hughes' Art of Healing*）中指出《思绪之狐》可以看作是一次典型的萨满治疗仪式。[①] 在《中国大百科全书》中，"萨满"这一词条的解释为：萨满教巫师。按满-通古斯语解释，是激动不安或疯狂乱舞，并含有占卜之意。作为巫师，萨满被认为是人和神的中介，传递神灵意旨，沟通人间和鬼神世界。萨满教向来重视动物精灵与人的精神世界的联系。西纳坎坦是位于墨西哥恰帕斯高原玛雅地区的城市。生活在那里的西纳坎特科人相信萨满能看到神灵，"萨满"在他们的语言中是先知的意思。他们是中美洲广为流传的动物精灵信仰的追随者，相信自己拥有两种"灵魂"。第一种叫做"奇乌勒尔"，是人的内在灵魂，第二种叫做"恰努尔"，是"动物精灵同伴"或"精神性的他我"。他们认为，当一个小孩出世时，一个动物也相应出世。西纳坎特科人关于动物精灵同伴所具有的知识是在他童年的梦中显现给他的。他的奇乌勒尔在这梦中访问他的动物他我，让做梦者"看见"这个动物。无论这个人身上出了什么事，好事或者坏事，他的恰努尔也相应地有这事。[②]

《思绪之狐》中的狐狸就是一个动物精灵。狐狸意象和以"我想象"统领的诗人的意识活动是构成诗的两个重要因素。狐狸进入诗人的精神世界，引领诗人走出创作的苦闷，获得创作的灵感。而萨满的治疗仪式也是如此进行的：萨满常常伴着鼓声进入精神世界。在那里，他会找到一只有能力的动物。这只动物能够帮助他治愈他的病人。当他找到这种动物后，萨满回到了病人身边，把这只动物"吹进"病人的头上和胸中。随后，这只有能力的动物让病人恢复了活力。萨满召唤动物精灵治愈他的病人，动物精灵——狐狸帮助诗人获得灵感，走出思想的黑暗。两者之间是有某种共通性。因此，我们说，《思绪之狐》是一首具有萨满性的诗歌。从《思绪之狐》开始，休斯的动物诗逐渐形成了一种固定的模式。也就是说，在这些动物诗中，休斯的诗歌想象活动与萨满法师的活动相类似。[③]

休斯动物诗的萨满性不是评论家强加于他的，而是休斯有意为之。从青少年时代起，他就对人类学感兴趣，阅读过诸如格雷夫斯（Graves）的《白色女神》（*The White Goddess*）等人类学书籍。他在剑桥大学学习过人类学专业，因此熟知关于萨满的人类学知识。1964 年，休斯写了一篇名为《萨满教》（*Shamanism*）的书评，发表于《听众》（*Listener*）杂志上。文中，休斯论述了自己对于萨满教的理解，萨满法师的挑选方式以及萨满仪式的作用。

除了前面说到的动物精灵对于病人的治疗作用以及《思绪之狐》中涉及的动物精灵让诗人获得创作灵感外，休斯的诗歌涉及了萨满活动的很多方面。例如在《修士之梦》（*The brother's Dream*）一诗中，休斯就描写了一个萨满的梦，叙述了凡人如何成为萨满法师的过程：即一个人被选中成为萨满法师，通常是在梦中被动物精灵召唤。

> 而这只熊正在填塞他洞穴似的口。
>
> 对准咽喉，直接袭击，炸裂
>
> 我的脸，腾跃而起的熊
>
> 走过来拥抱我，
>
> 以武器般的尖叫，

---

① Daniel Xerri, *Ted Hughes' Art of Healing*, Palo Alto: Academica Press, 2010, p. 43.

② 史宗主编：《20 世纪西方宗教人类学文选》（下册），上海三联书店 1995 年版，第 600-604 页。

③ Keith Sagar ed, *The Achievement of Ted Hughes*, Manchester: Manchester University Press, 1983, p. 98.

　　旋转直入我的横膈膜,

　　以肋骨为顶的裂口打量着我的头,

　　我看到黑色的罪臣,逐渐扩张的唾液的布帘,

　　紧锁于毁灭之狂热中

　　棕褐超市且充满邪恶的小眼,

　　举起爪向外展如粪叉

　　伸向将天空拖

　　至我眼睛的上方,这熊硕大的躯体

　　像松柏一般跌压在我身上①

　　休斯的诗歌与一个信奉萨满的爱斯基摩人中的一个名为奥特达汝塔(autdaruta)的爱斯基摩萨满的口述相吻合。他是如此讲述自己从动物精灵那里获得神力,成为萨满的过程的:

　　我躺在那里,过了很久,我听到一只熊来了。它攻击我,咬我的身体,一点点地把我吃掉,但是奇怪的是,它并没有真正地伤害我。只是在他咬我的心脏的时候,我感觉有点可怕。从那天开始,我就能操控赐我神力的动物精灵了。②

　　动物精灵、诗人的梦境(或者无意识活动)在休斯的动物诗中反复出现。不管描述何种萨满活动,休斯意在体现一种萨满精神,那就是动物精灵比人类强大。萨满普遍认为,动物精灵比人类本身强大,因此当动物精灵附体时,人就变得比原来更加强壮,具有更强的能力。③ 休斯认同这样的观点,认为诗人的作用与萨满一样,也在于沟通外在世界和内在世界,而只有动物精灵才能带领诗人进入内部世界,从而沟通两个世界,达到寻找治疗这个世界的方法。其第二部诗集《牧神集》中的一首动物歌《狗鱼》(Pike)的最后一个诗节是:"猫头鹰嘘静飘浮的树林,/在黑暗夜幕下的黑暗已解脱的梦境/衬托下听来微弱。/这梦缓缓地朝我袭来,注视着。"④狗鱼是一种非常可怕的鱼,生性凶残,甚至捕食自己的同类。因此诗人在诗中说自己在"夜幕降临后不敢撒网"。而就在夜越来越深时,从养着狗鱼的池塘里升腾起来的一个梦正向诗人袭来。这是怎样的梦呢?诗人没有明说,然而我们可以通过诗歌感受到这是一个可怕的,跟狗鱼有关的梦,而且这个梦"注视着"诗人,仿佛要将诗人吞噬了。在《鬼怪螃蟹》(Ghost Crab)一诗中,鬼怪螃蟹这种远古的海洋生物,更是大肆侵略着人类的世界。"它们涌入内陆,涌入我们树林和城镇的/烟气腾腾的红紫——一个高大蹒跚的/鬼怪如直立的巨浪汹涌,如闪电在水中掠过。"⑤它们进入我们的"梦",进入我们的"大脑",最终占有我们的"世界"。因此,诗人最后总结说"它们是上帝唯一的玩物",而非人类。休斯在这些诗歌中都描写了动物精灵强大的生命力,强大的精神力量以及对人类的指引作用。正是这种对动物精灵强大生命力的认同,使得休斯动物诗歌中具有一种刚劲力量美的审美特质。这就是后来为学界所反复争论的休斯诗歌中的"暴力"问题,其实理解了休斯诗歌的萨满性特质,自然就理解了休斯诗歌中所谓的"暴力"问题。这是对动物精灵的一种崇拜。

---

① 陈黎、张芬龄:《四个英语现代诗人:拉金,休斯,普拉斯,希尼》,台湾花莲县文化局2005年版,第93页。
② Michael Sweeting, Hughes and Shamanism, Keith Sagar ed. *The Achievement of Ted Hughes*, Manchester: Manchester University Press, 1983, p. 80.
③ Mircea Eliade, *Shamanism: Archaic Techniques of Estasy*, trans. Willard R. Trask, New York: Pantheon Book, 1994, p. 460.
④ 林玉鹏译:《英国泰德·休斯诗七首》,《当代外国文学》1999年第1期,第116页。
⑤ 同上,第117页。

结　语

　　《思绪之狐》是休斯的第一首动物诗。它是一首关于诗歌创作的诗歌。诗人在动物意象"狐狸"的带领下获得了诗歌创作的灵感。这首诗歌的形成不仅与休斯的大学经历有关,与诗人童年捕捉动物的经历有关,而且直接来源于休斯大学期间的一个真实的梦境。

　　这首诗歌在休斯整个诗歌创作中,在休斯诗学思想形成过程中,占有重要的地位,所以我们可以把它看成是休斯诗学的一个起点。从这首诗歌中,我们可以看到梦境(或无意识)与休斯诗歌创作的关系,可以了解到休斯"捕捉动物"式的诗歌创作观,甚至还可以窥见休斯诗歌中萨满性的特质。因此它是休斯动物诗歌的起点,是休斯梦幻般的超现实主义诗风的形成起点,是休斯的动物诗歌具有刚劲的力量美的审美特质的起点,也是休斯"捕捉动物"的诗歌创作观的起点。而所有这些都是值得进一步研究探讨的问题,它们可以引领我们更深刻地理解休斯以及休斯的诗歌。

(作者单位:浙江科技学院语言文学学院)

青年时代的鲁迅(1902—1909)

[斯洛伐克]马利安·高利克

本文旨在研究鲁迅 1902—1909 年留日期间撰写的论文,进而揭示出在欧洲现代思想与中国本土思想交锋下鲁迅思想的发展历程。

一

鲁迅(1881—1936)是中国现代文化最具代表性的人物。关于鲁迅思想发展的研究论著浩如烟海,但从整体而言,并非所有的研究都触及到其思想中最本质的内容。[①] 现存的鲁迅研究大多聚焦于中西文化冲突影响下其思想的进程,并以此为据,勾勒其思想的概貌。该研究框架自然也囊括了鲁迅留学日本的经历,但鲜有细论。对于晚清时代年轻的中国知识分子来说,日本是新旧事物交汇之处,是欧美思想的中转站。通过这个岛国,他们很容易地接触到欧洲的科学、文化、哲学、道德、法律及其他方面的价值观。如果中国欲成为世界现代"家庭"的合法成员之一,他们有必要掌握(或者说适时吸收)这些知识。

1918 年末,鲁迅使用白话文写下了第一批短篇小说,由此,评论界普遍认为他是第一个鲜明地转向外国思想,转向世界文学和跨文化现实的中国现代作家。虽然学者们经常强调鲁迅是 1900 年后第一批开始严肃思考现代中国意识形态体制、原则和管理的思想家之一,但汉学界却很少有人深入研究此问题。

众所周知,两千多年来,儒家思想在中国占统治地位。在鸦片战争(1840—1842)爆发后,中国被迫开始直面欧美世界。在 19 世纪末 20 世纪前二十年,这一情势在中国知识分子中引起了巨大的反响。儒家思想虽集政治、法律、道德、审美及宗教等观念于一体,但在那个多舛的年代,它却无力解决中国面临的各种困境。要使中国摆脱半封建半殖民地的政治经济地位,须借助完全不同于儒家思想的意识形态。19 世纪末 20 世纪初,就如何解决这些复杂问题,各界众说纷纭。[②]

1902 年 4 月,作为几百名赴日的中国留学生之一,鲁迅抵达了日本。[③] 他最初在弘文学院

[①] V. F. 索洛金(V. F. Sorokin):《鲁迅世界观的形成》,莫斯科 1958;何干之:《鲁迅思想研究》,哈尔滨 1948;李永寿:《鲁迅思想的发展》,西安 1981;马良春:《鲁迅思想研究》,北京 1981;林非再印《鲁迅前期思想发展史略》,上海 1981。另参见《鲁迅研究资料索引》第二卷,北京 1980,第 10－17 页,提及了 1949—1966 年间发表的鲁迅思想发展研究论文。

[②] 参见罗荣邦(Lo Jung-pang)编:《康有为:传记及论文集》,图森(Tucson)1967;周策纵(Chow Tse-tsung):《五四运动史》斯坦福,斯坦福大学出版社 1967 年版,第 291－293 页,第 300－313 页;《民国早期反儒家运动》,选自 A. F. 莱特编:《儒家的说教》,同上,1960,第 288－312 页,第 369－375 页;斯塔格(Staiger):《共产中国的孔子形象》,威斯巴登(Wiesbaden),哈图(Otto Harrassowitz)1969,第 11－33 页;雷金庆(Kam Louie):《现代中国的儒家批判》,香港,中国大学出版社 1980 年版,第 1－14 页。

[③] Y. C. 王:《中国知识分子与西方》,1872—1949,教堂山,北卡罗纳州大学出版社 1966 年版,第 59 页。

(Kobun Institute)学习日语,"该学校教授日语,使他们(即留学生)能具备语言基础,从而进入日本高等学府深造,"①鲁迅在此学习了两年。1904年他决定去仙台学医。在那里,他利用闲暇时间大量阅读日语书或日译名著,如古希腊罗马神话、拜伦诗歌、尼采传记及其他著作。同时,他对自然科学也表现出极大的兴趣。鲁迅很长时间一直推崇尼采及其《查拉图斯特拉如是说》,同时也对古希腊罗马神话产生了浓厚的兴趣,认同普罗米修斯式的西方文明并深受其影响;他也没有忽略犹太—基督教神话。他同样非常熟悉中国和印度的传说,只不过在很多情况下,他并不认可印度教教义及其倡导的寂静主义。② 鲁迅的朋友及校友许寿裳(1882—1948)曾提到他"嗜书如命"。③ 鲁迅博览众长,之后又进行了许多细致深刻的比较研究工作,这无疑会给他带来不少新发现。

1902—1909年间,鲁迅的思想发展受到几个方面的影响。其一是严复的译著,如约翰·穆勒(J. S. Mill)的《群己权界论》(《自由论》On Liberty)、赫胥黎(Huxley)的《天演论》(Evolution and Ethics)。鲁迅就读南京路矿学堂期间(1899—1901)读过后一本书。这两本译著对鲁迅产生了旷日持久的影响。④ 社会达尔文主义的进化论冲击了中国及整个东方世界的价值体系,成为早期中国知识分子思想停靠的第一站,在这条道路上他们转变了意识形态,从儒、释传统转向了欧洲思想源头,其中许多人皈依了马克思主义。对鲁迅而言,这是一个非常漫长的过程,直至1927—1928年第一次国内革命爆发最终失败,他才最终完成了这一思想转型。对于那些追随鲁迅的年轻人而言,1919年爆发的五四运动及此后的进程则加速了他们思想的发展,而其中有些人,如茅盾(1896—1981)⑤、瞿秋白(1899—1935)⑥等在此过程中还经历了一段"中间阶段"。

另一个重要的事件是1902年末中国的改革者梁启超(1873—1939)在《新小说》上发表著名文章《论小说与群治之关系》。⑦ 此文的出版不仅开启了中国小说的新浪潮,而且颠覆了中国文体的等级观念。如果没有梁启超的这篇小说理论及其《新中国未来记》、《新罗马》等小说,我们很难想象鲁迅在1903年会写出他的第一篇集虚构、历史与散文为一体的作品——《斯巴达之魂》。⑧

影响鲁迅的第三个方面是:他对被奴役的祖国爱之深,对帝国主义侵略者与剥削者、对处于悲惨命运中却麻木不仁愚昧者、对无能挽救中国命运的满清王朝恨之切。在《斯巴达之魂》中,鲁迅追溯到公元前480年,即孔子去世前一年,那时弱小的希腊正面临世界最强大的波斯帝国的入侵。希腊人试图在离奥林匹斯山不远的德尔摩比勒(Thermopylae)阻挡波斯及其同盟军人山人海的进攻,此处乃战略阵地,"靠近陆地一边是陡峭的悬崖,东边临海,中间的羊肠小道只能通过一辆战车。"⑨泽尔士(Xerxes)率领强大的部队,翻山越岭侵略势单力薄的希腊,是为了扫除公元前490年12月13日希腊军队在马拉松平原击退其父大流士一世(Darius I)的耻辱。

在第一部分"叙述"中,鲁迅完全忠实于历史事件。他对斯巴达王黎和尼佗(Leonidas)表现出无比的崇敬,这位国王在德尔摩比勒战场与敌人殊死拼搏,最后同300名斯巴达人、700名狄斯比

---

① 莱尔(W. A. Lyell):《鲁迅的现实观》,伯克利,加利福尼亚大学出版社1976年版,第52页.。
② 同上,第60页、第91页;及《鲁迅全集》,北京1973,第18页,此后如未提及其他信息,仅指此版本。
③ 莱尔(W. A. Lyell),前引书,第55页。
④ 同上,第47-49页。周遐寿(鲁迅弟弟周作人的化名):《鲁迅小说里的人物》,上海1954,第266页及第273页。
⑤ 马利安·高利克:《从庄子到列宁:茅盾的思想发展》,《亚非研究》,第3期,1967年,第98-110页。
⑥ 马利安·高利克:《中国现代思想史研究》Ⅱ,《青年时代的瞿秋白》(1915—1922),同上,Ⅻ,1976,第85-110页。
⑦ 马丁(H. Martin):《中国文学观念的转变1897—1917:梁启超与诗界革命、历史剧及政治小说》,《远东学报》,20,1973,2,第178-189页;C. T. 夏:《新小说的倡导者——严复和梁启超》,A. A. 里基特编:《中国文学方法论——从孔子到梁启超》,普林斯顿,新泽西,普林斯顿大学出版社1978年版,第221-257页。另有,M. 李:《梁启超(1873—1929)和晚清的文学革命》:《寻求身份》,《亚洲现代文学及艺术创作》,悉尼,安格斯 & 罗伯森(Angus and Robertson)1974,第203-224页。
⑧ 《鲁迅全集》7,第374-384页。
⑨ 韦尔斯(H. G. Wells):《世界史纲》,纽约,花园城市1956,第253页,第603-620页。整部书以波斯战争为主题,见C. 海纳特:《泽尔士入侵希腊》,牛津,克拉伦登登出版社(The Clarendon Press)1963年版;德尔摩比勒小径的战斗,见第105-148页。

斯人（Thespians）和 400 名底比斯人（Thebans）一起战死沙场。他们宁死也不愿被暴虐的"野蛮人"所奴役。小说第二部分描写了夜幕中一位回到妻子身旁的斯巴达战士（其逃跑行径触犯了斯巴达的法律）的对话，这是一段虚构的场景。希腊史料中提及的这位具英雄气概的战士阿里斯托得摩斯（Aristodemus）并非叛徒。他和那些被黎和尼佗认为德尔摩比勒战役中多余的战士一起回到斯巴达，这样他们有必要在其他地方保家卫国。因此，阿里斯托得摩斯并非个叛徒，他最后在普拉提亚（Plataea）战役中壮烈牺牲。①

另一个未参加德尔摩比勒之役的战士后来在马拉松附近，据说是靠近萨拉米（Salamis）和普拉提亚的附近（公元前 479 年），作为希腊联军中的一员步兵参战。他就是古希腊悲剧的创始者——埃斯库罗斯（Aeschylus）（公元前 525 / 524—456 年）。表面上好像大相径庭，但我们完全可以把这两个文学"巨擘"（tower stature）——埃斯库罗斯和鲁迅作一比较——他们都是为民族的自由而战，一个是在古希腊文明繁荣昌盛之前东方与西方的第一次短暂相碰；一个是在殖民体系崩溃前中国与如日中天的世界帝国主义的最后一次剧烈冲撞。年仅 22 岁的鲁迅，在他的短篇小说中发出了那个时代的同胞和灾难深重的祖国的心声，表明了推翻帝国主义和满清王朝奴役的必要性（虽然他很难直截了当地表达这一心声）。《斯巴达之魂》究竟是一篇译作、改编，抑或作者借用并重述史实的原创小说，这些都并不重要。② 重要的是，它体现出鲁迅非同寻常的悲痛、反抗帝国主义的倾向、浪漫主义的情怀及为拯救国家、启蒙国民所作的种种努力。

希腊人在位于普拉提亚（Plataea）的萨拉米（Salamis）峡谷开战，并最终在位于爱菲索斯（Ephesus）及米利都（Miletus）之间的米利卡（Mount Mycale）幽谷中击败了波斯人（希腊人根据其最早的统治者名字，称之为玛代人"Medes"）。几年后，埃斯库罗斯写下一出悲剧《波斯人》（*The Persians*）。公元前 472 年该剧首次公演。③ 47 岁的埃斯库罗斯以其亲身经历向人们展现了希腊市民为自由和独立而战的英雄主义气概；并通过对希腊民主制与波斯独裁制这两种不同社会制度的对比，表现了希腊民族对和平的呼唤。鲁迅则见证了中国的屈辱史：1894 年甲午战争惨败、1900—1901 义和团运动的兴起、中国政府签订种种不平等条约、巨额的战争赔款、资本主义势力的残酷剥削。中国没有马拉松和萨拉米战争中的英雄，也没有什么可以与德尔摩比勒之战相比拟的地方。不过，鲁迅最初的文学尝试却选择了运用埃斯库罗斯笔下类似的场景来表现自己的生活，这显明了希腊生活方式中的普罗米修斯传统、信仰及文学对他早期的影响力。这是鲁迅的第一声呐喊，之后在第二次留学东京期间（1907—1908），其呐喊声愈加迫切。

这种迫切感与他后来的经历密不可分。上面提到，鲁迅在弘文学院完成两年的学业后开始在仙台学医。但他滞留此地的时间并不长。1906 年春他回到东京，放弃了本以为能给中国带来希望的医学。在《呐喊》序中，他提到了做出这一出人意料决定的原因：

> 其时正当日俄战争的时候，关于战事的画片自然也就比较的多了，我在这一个讲堂中，便须常常随喜我那同学们的拍手和喝采。有一回，我竟在画片上忽然会见我久违的许多中国人了，一个绑在中间，许多站在左右，一样是强壮的体格，而显出麻木的神情。据解说，则绑着的是替俄国做了军事上的侦探，正要被日军砍下头颅来示众，而围着的便是来赏鉴这示众的盛举的人们。④

这一幕与斯巴达及其同盟军奋勇激战波斯人的壮举大相径庭。因此，不难想象，鲁迅为了疗治

---

① 韦尔斯（H. G. Wells），前引书，第 254 页及第 615 - 616 页。

② V. I. 萨曼诺夫（V. I. Semanov）认为这是一篇短篇小说。见《鲁迅及其先驱者》，莫斯科 1967，第 13 页；V. F. 索洛金则把它看作一篇研究论文。

③ I. M. 特罗斯基（I. M. Tronsky）：《古希腊及拉丁文学史》，莫斯科 1957，第 118 页，第 120 - 121 页。

④《鲁迅全集》，1，第 271 页；《鲁迅作品选》，第一卷，北京 1956，第 3 页。

同胞灵魂之病而非身体之疾，决定弃医从文：

> 凡是愚弱的国民，即使体格如何健全，如何茁壮，也只能做毫无意义的示众的材料和看客，病死多少是不必以为不幸的。所以我们的第一要著，是在改变他们的精神，而善于改变精神的是，我那时以为当然要推文艺，于是想提倡文艺运动了。[①]

二

鲁迅回到东京，投身于并非严格意义上的"文学运动"（literary movement）。毫无疑问，他对文学的关注确实比以往更多，同时对哲学、文化和科学问题也表现出极大的兴趣。他与弟弟周作人（1885—1966）、许寿裳一起创办文学期刊的努力最后以失败告终。这个名为《新生》的筹备中的期刊一直未能与读者见面。那些准备发表的文章最后都发表在《河南》的期刊上。这份月刊由来自河南的学生出版，与发表过《斯巴达之魂》的《浙江潮》很类似。

虽然研究者常提及鲁迅写于 1907—1908 年的论文，但对此缺乏深入的研究和分析，而它们是理解 20 世纪初的十年间鲁迅思想发展进程的重要材料。此后鲁迅做出了一个极其重要的决定：立志成为一名小说家，中国现代文学之父由此诞生。

这些论文中的第一篇是《人之历史》，鲁迅以"令飞"为笔名。[②] 他以海克尔（E. Haeckel）的著作与观点为基础，提出了自己关于人类种族发生学（phylogeny）与个体发生学（ontogeny）的见解。那段时间写就的论文除了使用笔名"令飞"，还用过"迅行"。这些笔名彰显了作者的个性、处心积虑及内在的精神气质。

提起"令飞"这个笔名，我们想要在中国传统世界中找到其渊源恐怕是徒劳之举。虽然鲁迅在论及有关人类的"创造论"时借用了海克尔、达尔文（Ch. Darwin）、保罗生（F. Paulsen）、寇伟（G. Cuvier）、兰麻克（J. B. Lamarck）、华累斯（A. R. Wallace）及其他自然主义者的观点，阐明人类是在世界进化的过程中产生的，但我们不可忽略鲁迅熟知各种神话。在《人之历史》中，他明确写道："惟种亦然，决非如《圣书》所言，出天帝之创造。"[③] 显然，鲁迅颇为熟知《圣经》。

我们可以看到在《圣经·摩西书》的第一卷《创世纪》1—20 节中，有关"天地创造"的文言文中译本出现了"令飞"一词，而这在包括欧洲语言在内的其他外语译本中都不曾出现过。希伯来原文则明确提到，上帝在造物的第五天时说到"w' of j' ofef"，[④] 英译本《圣经》意为"令禽飞"（let fowl fly），"禽"原意为"鸟儿"（古英语为 fugel）。鲁迅读过《旧约》，也曾浏览过不少有关《圣经》译本（最有可能是德译本）的著述。他很可能醉心于有关上帝创造天地、光暗、太阳/月亮和星星（天地间的发光体）、鱼和飞禽、野兽和牲畜、又以自己的形象造人（鲁迅对此并不相信）等这些极具动感的"意象"（imagery）。"令飞"意即"使之飞"。

鲁迅也许非常喜欢这个祈使句（由于"令"与"飞"这两个汉字的组合及其象形特点，使之比英语更具表达力），这个简单的句子缺乏主语，因为根据《圣经》英译本，鸟儿—飞禽在所有生物中最具动感，能自由地飞翔和遨游，摆脱乏味、庸俗的世界，飞向远方。它让这位青年学子想起了道家的"天游"。[⑤] 对鲁迅而言，"令飞"一词比起其原意更加意味深长。在《创世纪》第一章中，"令飞"是祈使句的形态之一。它是一个神话创世的符号，一个中国文明从未有过的新东西。鲁迅后来喜欢普罗

---

① 上述引文。
② 《鲁迅全集》，1，第 13－23 页；《鲁迅全集》，1（北京 1956），第 496 页。
③ 《鲁迅全集》，1，第 18 页。
④ R. 奇特尔编：《希伯来圣经》，斯图加特，圣经学院 1966 年版.
⑤ 康德谟：《老子和道教》，斯坦福，斯坦福大学出版社 1969 年版，第 94－98 页。

米修斯也绝非偶然，因为正是这位神把人类从自然状态转变为有血有肉的社会状态。此后，鲁迅甚至在某种程度上将自己认同于普罗米修斯。①

"飞翔"的主题给年轻的鲁迅留下了深刻印象。他也许读过，或至少了解拜伦所写的《该隐》（Cain）及《天与地》（Heaven and Earth），其中"飞翔"的母题构成了这两部诗剧的主线。② 在第一部诗剧中，卢西亚（Lucifer，撒旦）带着该隐在地狱深渊的上空飞翔，让他看"过去、现在与将来的世界"。③ 第二部诗剧再次以《圣经》（《创世纪6》）的"大洪水"为题材，展示了"上帝的儿子们"寻找"人类的女儿们"，可是她们皆已堕落腐败，最终全被洪水消灭殆尽。拜伦再次描绘了人们"为逃难而到处飞散"的场景。④

鲁迅不仅熟读，而且还翻译了尼采《查拉图斯特拉如是说》中《文明之地》一章的开头与结尾：

我在未来中飞得太远，我感到一种恐惧。看看周围，看啊！只有时间与我同在。

于是我转身逃跑，朝着故乡的方向，加速地飞着。因此我到了你们这里，今日之人呀，我到了文明之地……我从未见过这些五彩缤纷之物……

我最近还有心走近这些今日之人，而现在看来，他们只是令我发笑的陌生人，我只好从故乡出来流亡。

所以现在我只爱我的孩子们的故乡，在海外的尚未发现的地方。我吩咐我的帆远航，要永远找寻。⑤

在翻译这段文字的过程中，鲁迅把由此联想到的"文明之邦国"（暗指传统中国）变为自己的意象，于是其译文与原文只是部分地相似：

吾行太远，孑然失其侣，返而观夫今之世，文明之邦国会，斑斓之社会矣。特其为社会也，无确固之崇信；众庶之于知识也，无作始之性质。邦国如是，奚能淹留？吾见放于父母之邦矣！聊可望者，独苗裔耳。⑥

"飞"的主题在这段译文中消失了。鲁迅依据20世纪前十年的中国文化结构需求，对尼采的话语进行了改写和调整。在译本中，如此"修正"随处可见。"飞"为"行"所代替。这种同化翻译（translation-adaptation）表达的只是中国的某种处境，并不忠实于尼采原文。

对鲁迅而言，"无确固之崇信"意味着在逐渐落后颓败的中国土地上，缺乏一套包括政治、法律、社会、审美及文化等价值观在内的思想体系，足以把中国从东西方剧烈冲突的命运中拯救出来。占统治地位的儒家思想已经无力解决中国走向现代化过程中出现的包括文化在内的各种问题。鲁迅否认了王韬（1828—1897）、薛福成（1838—1894）、张之洞（1837—1909）、康有为（1858—1927）、梁启超及其他改革者的主张。他认为制造业、商业、宪法、议会、工业，甚至杨度（1875—1931）所提倡的"金铁主义"（即富国强兵政策）和军事改革，都不能把中国从颓败中拯救过来。⑦

虽然鲁迅对所谓的"确固之崇信"仍然不甚清楚，但他对传统意识形态的否定为建造未来新中国奠定了一块基石。可惜的是由于《河南》这份杂志在当时和后来的中国皆不足为提，故鲁迅的这一思想对普通读者和文学读者影响甚微。

---

① 《鲁迅全集》，4，第221页。

② 《鲁迅全集》，1，第72-74页。

③ 《拜伦全集》，巴黎，A. & W. Galignani & Co. 1842年版，第512页。

④ 同上，第426页。

⑤ 尼采：《查拉图斯特拉如是说》，译文导言作者荷林戴尔（R. J. Hollingdale），纽约，企鹅丛书，1967，第142-144页。

⑥ 《鲁迅全集》，1，第44页。

⑦ 参见 P. H. 克莱德（P. H. Clyde），比尔斯（B. F. Beers）：《远东历史》，Englewood Cliffs，Prentice-Hall 公司，1966，第203-204页；《鲁迅全集》，1（北京 1956），第511页。

　　在尼采的引文中并没有提到"文明之邦国"的"众庶"。鲁迅对中国国民却有自己的见解。同样，尼采也并没有指责这些人"无作始之性质"，而鲁迅却认识到先驱者才是拯救中国未来的关键。

　　1907—1908年间，我们可以在"飞"的母题中看到鲁迅桀骜不驯的革命热情。面对普罗米修斯—浮士德(Promethean-Faustian)的现代西方文明，鲁迅慢慢认识到中国的国民性及其文明的弱点，渐渐了解到这种对现实的麻木不仁、愚昧无知及落后而不切实际的意识形态体系。在此阶段，他将自己的感情和认知隐藏在笔名"迅行"①中，"迅行"正是兢兢业业、埋头苦干的"孺子牛"的最好写照。

三

　　鲁迅这一时期另外两篇论文——《文化偏执论》和《摩罗诗力说》反映了他不屈不饶的斗争精神和灵魂，为后期思想的发展奠定了基础，并成为中国新文学的源头。

　　鲁迅在《人之历史》开篇即提到古希腊智者德黎(Thales)，认为他是人类历史上点燃进化论"火花"的第一个，并热情饱满地介绍了自然现象不断进化的理论。《文化偏执论》则发出了另一种声音，传达了另一种感情。这主要归咎于其主旨的不同寻常。《文化偏执论》既是一篇埋葬传统中国文化和文明的墓志铭，同时也是一篇强烈呼吁"精英"(Einzelnen)，如杰出天才或世界之"盐"来创造"新生"的呐喊书。正如丹麦的索伦·克尔凯郭尔(S. Kierkegaard)在1848年前所做的那样，鲁迅在1911年辛亥革命前也发现了个人的价值。他对19世纪欧洲社会政治生活，尤其是文化生活中个人所起作用的认识反映出他本人的个性。更重要的是，在上个世纪相对传统中国社会而言较为自由的氛围下，鲁迅这些不为人知的作品清晰地反映了他为个人解放和发展所做出的细微、迟缓而艰难的努力。

　　鲁迅在论文中明确提及："至丹麦哲人契开迦尔则愤发疾呼，谓惟发挥个性，为至高之道德，而顾瞻他事，胥无益焉。"②我们不太清楚鲁迅对克尔凯郭尔到底了解多深，但可以肯定的是他读过有关这位丹麦哲人的东西。也许他还读过勃兰兑斯(Georg Brandes)或受到这位批评家对克尔凯郭尔评论影响的其他著作。勃兰兑斯在有关克尔凯郭尔这位"一流思想家"的文章中曾说到，他通过探寻一个自由的思想者、一个具有伟大激情及独立精神的天才所发挥的作用，进而发现了人类价值的新大陆。③ 鲁迅是在中国指出这块"新大陆"意义的第一人。虽然他后来承认其中有些误解，但他强调了个人自由有利于反对蒙昧主义、打破教条的桎梏、冲破回天乏力却又无所不在的儒家意识形态，乃至纠正人类生活各个领域的错误思想和虚假观点。克尔凯郭尔虽然对基督教信仰提出了一些质疑，但这并不能否认他是个虔诚的基督徒。鲁迅却是一个力图挣脱传统意识形态的束缚的"反儒"战士。不过，这两个人也存在相似之处：其价值观中存在着肯定与否定的辨证因素，正如克尔凯郭尔在题为《非此即彼》的著作(这是他在哲学领域中的第一部书)所表明的。鲁迅写于1907—1908年的这些论文也体现了这一特点。学者们往往肤浅地理解它们(由于其文言文体晦涩难懂)，更为遗憾的是，评论家常把鲁迅与马克斯·施蒂纳(M. Stirner)、叔本华(A. Schopenhauer)、尼采(Nietzsche)及其他思想家相比较，为其辩护。鲁迅本人从未这么做过。这些论文所表达的观点出自于他最真实的自我，皆为其"确固之崇信"的产物，虽然其中难免偏颇之处，但这只是作者阅历尚浅所致。

---

①《中文大辞典》第33卷，台北1968，第8页(14298)。

②《鲁迅全集》，1，第47页。

③ 勃兰兑斯：《索伦·克尔凯郭尔》(捷克语)，布拉格1904年版，第98-108页。

　　我们应对鲁迅这一时期的论文所体现的思想进行对比分析,采取辨证扬弃的态度:其价值体系中既有值得肯定之处,也有应予以否定之处。但前者往往被过度地宣扬,而后者则仅被轻描淡写地略过。我们应辩证统一地审视在这段时期鲁迅与中国和西方世界之间的关系。这从上述鲁迅改写尼采的话语即可看出端倪。"文明之邦国"须予以掘弃,希望只存在于"新一代"和"新生"中。"新生"(上面我们提过,曾是份待出的杂志名)①与但丁的《新生》无关,②因为我们无法确定鲁迅是否读过这本书,但"新生"肯定与他读过的《查拉图士特拉如是说》中提及的"新"有某种程度上的关联:即新价值观、新法典、新贵族、新年轻人、新起源、新民族和新节日。③但这也存在一个悖论:尼采从未相信过"新生"。这也是尼采和鲁迅的本质区别。鲁迅欣赏尼采敢于颠覆现代文化的"伪"与"偏"。④虽然他只停留在尼采思想的表层,但是尼采对 19 世纪末欧洲现实的批判无疑为他创立自己的思想体系带来灵感。正因如此,虽然他对 18 世纪末 19 世纪上半叶杰出的思想家们有独到而深刻的认识,⑤但总体上他还是比较偏向于尼采的思想。

　　鲁迅思想体系中的积极因素是对个人价值的肯定。"个人"(individual)是封建社会末期及资本主义社会发展的产物,对改进社会起着至关重要的作用。易卜生(Ibsen)戏剧《国民之敌》(*An Enemy of the People*)中的斯多芒克医生式的英雄宣扬:"地球上至强之人,至独立者也。"⑥在鲁迅的思想体系中,"个人"的观念与"性解"类似,指能够挣脱束缚的人;⑦他具有创造力,同时,他往往也是诗人、作家,能够在人类其他领域"唤醒民智";他也是个反抗者,兼具破坏与建设的使命。⑧在鲁迅看来:"惟有刚毅不挠,虽遇外物而弗为移,始足作社会桢干。"⑨这几句话是易卜生人生经历和艺术生涯的真实写照。

　　"个人"这个语词及哲学概念在 1907 年的中国十分新潮,虽然此前三四年间就已渐为流行。但不久它就带上了贬义色彩,在语义上等同于"民贼"。⑩这在一定程度上归咎于"个人主义"(individualism)被错误地等同于"无政府主义"(anarchism),尤其是 1903 年之后无政府主义成为中国文化界和政治界一股重要的思潮。⑪鲁迅将"个人"划作几类:自识,即意识到自己个人的尊严与能力,力图从孔孟之道"压抑个性"的思想体系和组织结构中挣脱出来。但同时,鲁迅认为个人"趣于我执,刚愎主己"。⑫这反映了鲁迅对儒家思想和佛家思想两种传统的弃绝,他一方面是对儒家思想所提倡的"无我"的否定,⑬另一方面又是对佛家破除"我执"的嫌恶。例如,佛家认为肯定自我的真实性与"惟识"的教义相悖,"自我"如同其他事物(dharmas)一样,皆为不真实的"空"。⑭与他

① 《鲁迅全集》,1,第 272 页。

② 李欧梵:《作家的创生:鲁迅教育经历笔记,1881—1909》;M. 高曼(M. Goldman)编:《五四时期的中国现代文学》,剑桥,哈佛大学出版社 1977 年版,第 18 页。

③ 《查拉图斯特拉如是说》,第 214－231 页与第 235 页。

④ 《鲁迅全集》,1,第 44 页。

⑤ 如鲁迅对拜伦、雪莱和裴多菲的理解。关于鲁迅与裴多菲的关系,见 E. Galla《裴多菲在中国》第 7 卷,1967,第 25－30 页;兴万生:《鲁迅与裴多菲》,《鲁迅研究集刊》,1,1979,第 268－285 页;《鲁迅著作中引用裴多菲诗文新考》,选自《鲁迅研究》,2,1981,第 299－324 页。

⑥ 易卜生(H. Ibsen):《国民之敌》,马克斯·伊芙琳(E. Marx-Eveling)译,伦敦 1914,第 315 页。

⑦ 《鲁迅全集》,1,第 61 页。

⑧ 上述引文。

⑨ 同上,第 51－52 页。

⑩ 同上,第 45 页。

⑪ 贝纳尔(M. Bernal):《1913 年前中国的社会主义》,见格雷(J. Gray)编:《现代中国对政治革命的探寻》,伦敦,牛津大学出版社 1969 年版,第 66－95 页,尤见第 73 页。

⑫ 《鲁迅全集》,1,第 46 页。

⑬ 理雅各(J. Legge):《中国经典》,第 1-2 卷,台北 1969,第 217 页;《论语》第九章,台北 1970,第 4B 页。

⑭ 《鲁迅全集》,1,第 46 页;冯友兰:《中国哲学史》,第二卷,普林斯顿,普林斯顿大学出版社 1953 年版,第 300 页。

后来的朋友瞿秋白一样,鲁迅通过研究发现自我有助于"个性价值"之意识的觉醒。[①] 其个人主义不同于那时在东京(即这些论文写作之地)、上海及其家乡浙江盛行的无政府主义所提倡的个人主义。[②] 鲁迅牢记着自己完全不同的使命,并努力通过各种途径去实现它:他更偏向一种意识形态和文化上的激进主义(radicalism)。

鲁迅并没有完全掌握哲学史,对某些思想的过度自信,导致他无法准确地阐释它们,时常匆忙地得出有失公允的结论。例如,掩盖在施蒂纳反叛精神表面下的是小资产阶级情调,尼采的格言充满含混、寓意与象征(因而可有多重阐释),叔本华提出令人晕眩的唯意志论等。鲁迅却忽视了产生这些思想后面的现实系统结构,即无论是欧洲社会抑或意欲构建的社会。鲁迅只是借用此类思想来展现个人的意义,对此我们有必要保持清醒的认识。

从正反两方面辩证地来看,在鲁迅的思想体系中,"个人"或"天才"是与"众数"相对立的。[③] 这个概念具有一定的社会政治意义,但相形之下,其伦理美学和文化上的意义则更为显著。"众数"以及相近的"愚民"[④]、"众志"[⑤]等词语,指的是那些不关心其社会地位或阶级差异的人们。它们常出现在鲁迅对民主的抨击中[⑥]。鲁迅对他那个时代资本主义社会中的具体民主进行批判,这个层面是正确的;但他对普遍意义上政府采用的民主原则也一概否认,这则有失公允。否则,我们如何理解与"沙聚之邦"不同的、作为"新生"理想化身的"人国"呢?[⑦]

鲁迅的"个人"理念与"精神"[⑧]、"神"[⑨]、"个性之尊"[⑩]等概念紧密关联。与此同时,他将客观的物质世界与内在的主观世界对立起来。[⑪] 在此,我们不要被这些不是很准确的哲学术语所误导。毋庸置疑,我们一般认为唯心主义与唯物主义是相对的,似乎鲁迅更偏重于前者,反对后者。其实不然,"崇奉主观"[⑫]、"张皇意力"[⑬]、"个人之情意"[⑭]、"独创之力"[⑮],甚至"以自有之主观世界为至高之标准"等,[⑯]这些主张从认识论和本体论上界定了鲁迅关于"个人"的主张。所以很难解释一些学者,[⑰]如林毓生[⑱]等在提及鲁迅的这些论文时为何将其观点与"新唯心主义"(New Idealism)或"新理想主义思想"(neo-idealistic thought)关联起来。鲁迅很有可能是借助了刘勰(约 465—522)《文心雕龙》中的"神思"这个概念。"神思"是一种内在的力量,就如同 X 射线可以穿过表象进入本质,揭示其真实状态,从而整饬自身的困境。鲁迅并不关心从哲学的基本命题出发,对以上提到的不同哲学家进行认识论上的区分,而只是将其思想运用到中国现代思想的语境中,通过它们来实现传统

---

① 《鲁迅全集》,1,第 46 页;及高利克对瞿秋白的研究,第 111-115 页。

② 参见兰金(M. B. Rankin)专著:《中国 1902—1911 早期革命:上海、浙江的激进知识分子》,剑桥,哈佛大学出版社 1971 年版。

③ 《鲁迅全集》,1,第 41 页。

④ 同上,第 48 页。

⑤ 上述引文。

⑥ 同上,第 46 页。

⑦ 同上,第 53 页。

⑧ 在鲁迅 1907—1908 年间的论文中常见的概念。

⑨ 《鲁迅全集》,1,第 49 页。

⑩ 上述引文。

⑪ 上述引文。

⑫ 同上,第 50 页。

⑬ 上述引文。

⑭ 上述引文。

⑮ 上述引文。

⑯ 上述引文。

⑰ 《鲁迅全集》,1(北京 1956),第 512 页。

⑱ 林毓生:《中国意识危机:五四时期激进的反传统主义》,麦迪逊,威斯康星大学出版社,第 112 页。

意识形态和文化的转型。"神思"既是《文心雕龙》中的一篇文章，也是刘勰批评的基本概念之一。刘勰认为："夫神思方运，万涂竞萌。"[①]鲁迅认为遵守"神思新宗"[②]的那些思想家，如克尔凯郭尔、勃兰兑斯、尼采、叔本华等，只不过是现代个人主义及高贵心灵的使徒。

鲁迅既不反对唯物主义，也不反对物质本身。他所主张的"掊物质而张灵明"[③]、"非物质"[④]并不意味着对这两种哲学思想的抨击，而只是在一定适可范围内的拒绝，对 V. F. 索洛金（V. F. Sorokin）所谓的"对物质利益的追求"或者"对利润的追逐"的谴责。[⑤] 但鲁迅也并未因此而鼓吹唯心主义。对他来说，"精神"（spirit）或"心"（mind）聚集一群人类中优异杰出的个体，这些精英代表了现代中国社会的破坏—建设者。但如果认为鲁迅把拯救中国的希望寄托在上述哲学家们身上，那就特错大错了。纵观历史，这些哲学家的思想在跨文化的接受—创造过程中，并未能给中国意识形态的系统结构造成主导的影响，他们充其量只是"勇猛奋斗之才"。[⑥] 当其理想落实在现实中时，往往会造成更大的危险。

鲁迅写道："夫安弱守雌，笃于旧习，固无以争存于天下"。[⑦] 他认为中国四面受敌，备受欺凌。如此现状，必改无疑。其救国良方虽不完美，但却毫不含糊。鲁迅呼吁"明哲之士"的出现："明哲之士，必洞达世界之大势，权衡校量，去其偏颇，得其神明，施之国中。"[⑧]从方法上来说，即要保持本国与外国事物（包括跨文学和跨文化交流）、影响与回应、接受与创新之间的平衡，"外之既不后于世界之思潮，内之仍弗失固有之血脉，以西'取今'，[⑨]以中'复古'"[⑩]。"新宗"[⑪]这一新的意识形态体系有助于把中国转变成"人国"。

那么鲁迅构想的"人国"是怎么样的呢？对此他从未在细节上探讨过。他是否想要将 19 世纪欧洲出现的各种哲学思潮中具有代表性的精神价值移植过来？事实上并非如此，因为鲁迅并不相信将西方系统结构思想移植到中国的土壤，就能够解决中国意识形态改革或革命的问题。因而，他比较赞同那种借助本土和外来资源逐渐发展出一套自己的思想体系，它类似于勃兰兑斯式的贵族激进主义（aristocratic radicalism），尽管他从未读到过 1889 年出版的《贵族激进主义》这本书。而这两位伟大的人物不乏相似之处，，一个在三十年（1870—1900）内对丹麦和欧洲的文化生活产生了决定性的影响；另一个也在同样长的时间里（1907—1936），创造性地利用了中国和欧洲的资源而促进了中国新文化的形成。尤其是在鲁迅受到勃兰兑斯影响的前二十年中，他像这位前辈一样坚信："伟大的人物是文化的源头。"[⑫]鲁迅对勃兰兑斯的坚守或信任，至死未变。[⑬]

勃兰兑斯主张"贵族激进主义"的原因有很多，他主张与"掩盖着欺骗的无知"作斗争，反对"过往时代的种种偏见"，而那些偏见往往被当成了人类的"稀世之宝"。[⑭] 他认为诸如所谓的达尔文主

---

① 刘勰：《文心雕龙》，施友忠（Vincent Yu-chung Shih）译注，纽约，哥伦比亚大学出版社 1959 年版，第 155 页，《文心雕龙注》范文澜，第二卷，北京 1958，第 493 页。
② 《鲁迅全集》，1，第 45 页。
③ 同上，第 41 页。
④ 同上，第 45 页。
⑤ V. F. 索洛金：参见前引书，第 44 页。
⑥ 《鲁迅全集》，1，第 51 页。
⑦ 同上，第 53 页。
⑧ 上述引文。
⑨ 上述引文。
⑩ 上述引文。
⑪ 上述引文。
⑫ 汉娜·马丽（Hanne Marie）及斯万德森（W. Swendsen）：《丹麦文学史》，1964，第 325 页。
⑬ 见鲁迅于 1933 年 12 月 20 日给徐懋庸（1910—1977）的信，见《鲁迅书信集》，北京 1976，第 465 页。
⑭ 勃兰兑斯：《编者前言》，见于《十九世纪文学主流》，第一册，夏洛腾堡宫 1900 年版，第 17 页。

义、妇女解放、自由思想、或顺从大众等思想观念只不过是表现了精神上的优柔寡断，表现了无法与愚昧、错误和宗教蒙昧彻底决裂的胆怯。①

　　鲁迅提倡的意识形态和文化上的激进主义是其精英意识的一种体现。如前所述，他看到了国家的弊端在于缺失整全的知识（包括他自己也无法幸免），缺少先进的思想装备，缺乏整体上的创造力。在中国，同样也有人宣扬所谓的社会进化论、议会制、尤其是无政府主义者笼罩下的改革主义、实业救国论、铁路救国论，甚至有人传播西方"野蛮人"的无稽之谈，如"马塞诸塞州的妇女多数喜欢为丈夫们纳妾"②、"军事装备"③才是中国当时最急需的东西，如此言论，不一而足。

　　中国无疑需要巨大的改变和转型，以确保未来的发展。鲁迅提倡的激进主义为构建道德、审美、哲学、政治等各个领域的系统结构奠定了基石，也为内遭帝国分崩离析、外遭欧美列强侵袭的中国指明了一条解决危机之道。

四

　　怀着对"人国"的憧憬，在 20 世纪前十年，鲁迅写下了他最长的、唯一一篇关于文学理论的研究论文——《摩罗诗力说》，开篇引文来自尼采，它是理解这篇论文乃至 1907—1908 年间所写全部文章的关键，却被译者误译了。

　　尼采的原文如下：

　　　　谁变得智慧了，明达于旧源，那么，看哪，他最后就将寻求未来的源泉，寻求新的本源。

　　　　啊，我的兄弟们，不会太久了，新的民族就将脱颖而出，新的源泉就将奔腾而下，入于新的深渊。④

鲁迅却翻译为：

　　　　求古源尽者将求方来之泉，将求新源。嗟我昆弟，新生之作，新泉之涌于渊深，其非远矣。⑤

　　鲁迅把"新的民族"改译为"新生"，这并非徒劳之举。因为"新生"与"人国"系统结构的理念一致，此乃尽一切努力意欲达成的理想中国。而此时的中国却面临着双重的灾难：往者为本体自发之偏枯，今则获以交通传来之新疫，二患交伐。⑥ 惟有寻找力量之"新泉"，同时利用久经考验之"旧源"，中国才得以自救。无论时"新源"还是"旧源"，这皆应由新生之士、高尚之士、明哲之士、勇敢之士加以利用，因为他们才是"新生"之希望所在。

　　在郭尔凯郭尔、尼采、易卜生等等思想家的影响下（主要是通过勃兰兑斯的介绍），鲁迅发现了健康的人格对中国的重大意义，并以此推动了反对封建专制思想、争取社会解放的早期革命。此外鲁迅也受到撒旦派诗人（基本是也是通过勃兰兑斯的介绍），如拜伦、莱蒙托夫、密茨凯维支、裴多菲等的启发，他希望至少可以通过文学理论来推动了"道"的突破，使得文学转向后古典主义者（post-classicist）所提倡的更具表现力与创造力的"模仿论"（mimesis）。在另一篇文章中，我曾谈到过自孔子以来至 19 世纪中国文学创作个性的渐变（与自柏拉图以来的欧洲形成对比），⑦并指出中国与

---

　　① 勃兰兑斯：《贵族激进主义》，引自汉娜·马丽及斯万德森：参见前引书，第 325 页。
　　② 引自克莱德，比尔斯：参见前引书，第 325 页。
　　③ 《鲁迅全集》，1，第 39 页。这里我采用了王士菁所译白话文：《鲁迅早期五篇论文注译》，第二版，天津 1981，第 121 页。
　　④ 《查拉图斯特拉如是说》，第 228 页。
　　⑤ 《鲁迅全集》，1，第 55 页。
　　⑥ 同上，第 54 页。
　　⑦ 马利安·高利克：《传统中国文学批评中的创作个性》，《远东学报》，27，1980，第 2 期，第 183－202 页。

欧洲的文学创作个性的发展方向各自不同。鲁迅思想的形成以及之后的"五四运动"的爆发，一方面是中国自身文化传统的长期蕴育发展的产物，同时也是遭遇欧洲世界及其哲学进化论的结果。

撒旦派诗歌是现代欧洲浪漫主义文学的重要组成部分，通过宣扬它，鲁迅对"心"、"诗意的想象力"、"艺术天才"等概念进行了全新的阐释。在《现代中国文学批评的产生（1917—1930）》一书中，我较为细致地分析了"天才"这一概念。更值得注意的是鲁迅虽未明确指出，但却运用自如的两个概念——"心"和"诗意的想象力"。我们也不要抛弃"情"的概念。所有这些术语都与欧洲浪漫主义文学紧密相关，它们是理解中国传统文学过渡到现代文学的关键所在。

在《摩罗诗力说》开篇中，我们就读到："盖人文之留遗后世者，最有力莫如心声。"① 稍知中国古代文学批评的人都不难想到，"人文"及"心声"见于刘勰的文学批评著作《文心雕龙》。② 不同于刘勰的是，鲁迅与欧洲及近东文明有过短暂接触，并开始涉猎希伯来文学、古希腊文学以及后来的裴多菲，因而他对"心声"的理解远比扬雄（前53—18）甚至刘勰要深入得多。

我们可以发现古代中国与古代欧洲对"心"的有趣阐释。在中国三千多年的悠久历史中，"心"被视为现实的一面镜子，是周遭世界和内心自我这两者的辩证统一。所谓"心声"是外部世界在心灵世界的反映；当这种情感要用文辞表达出来时，它则是外部世界与内心世界的双重反映。鲁迅从《创世纪》（Genesis）或是《耶利米哀歌》（Lamentations）中了解到希伯来传统，同时熟知了卡莱尔（T. Carlyle）的文学批评（代表作《论英雄及英雄崇拜》）和撒旦派诗歌，以此为基础，他对"心声"做出了不同于中国古代传统的诠释。

扬雄认为，"心声"即"言"，它借助声音或符号由"心"呈现出现实。③ 刘勰只是从文字和文体上对扬雄的观点进行了修改。而鲁迅则看到"心声"不只是对现实世界的程式化反映。他并没有停留在"心声"的字面意思和表象中，而是赋予了它崭新的认识论、道德、审美和社会价值，迥异于把"心声"简单地视为现实"镜子"的传统观点。鲁迅在这篇文章的结尾呼唤中国的"耶米利"，这体现了他对戕害现代中国社会、政治及意识形态等领域的流弊的批判，意在唤醒民众，催生将中国变得"善美刚健"的"精神界之战士"。④ 不难理解，"精神界之战士"也即此文前面提及的精英。"心声"乃"至诚之声"，⑤它发自"精神界之战士"的内心深处。正如耶利米哀叹堕落的耶路撒冷曾是"各国中的佼佼者"，如今却"俯首称臣"。⑥ 中国也遭受着类似的厄运，鲁迅试图寄希望于后代子孙，以期获得"新生"。这也是发出"新声"的使命。⑦

除了上面提及的"新生"和"心声"，这里又出现了第三个同义词——"新声"。鲁迅笔下的"新声"与"心声"同义，它们的目标都是为了创造"新生"，这也是鲁迅一直以来孜孜以求的理想。鲁迅将"新声"与世界文化中最杰出的人物联系起来，主要包括文学家和撒旦派诗人，尤其是拜伦、雪莱、莱蒙托夫、两个波兰诗人密茨凯维支（A. Mickiewicz）、斯洛伐茨基（J. Slowcki）及匈牙利诗人裴多菲。鲁迅赞叹其作品彰显了诗人的性格："无不刚健不挠，抱诚守真。不取媚于群，以随顺旧俗。"⑧他认为这些诗人："发为雄声，以起其国人之新生，而大其国于天下。"⑨

虽然"诗意的想象力"对文学来说不可或缺，然而，它在中国理论研究却没有得到充分的认识。

① 《鲁迅全集》，1，第55页。
② 刘勰：《文心雕龙注》，第2、3、455-456、609及652页。
③ 同上，第455页；同样参见扬雄的《法言》。
④ 《鲁迅全集》，1，第101页。
⑤ 上述引文。
⑥ 《耶利米哀歌》1：1及1：3。
⑦ 《鲁迅全集》，1，第100页。
⑧ 同上，第99页。
⑨ 同上，第99-100页。

也许白璧德（I. Babbitt）是指出中国文学的这种特点乃是受制于儒家思想影响的首位外国学者。他认为中国对"想象力所起的作用"缺少正确的把握，①虽然这一看法并不适用于宋代以后用白话文写作的大众文学。鲁迅则用新理论抨击传统的文学观念，他强烈反对孔子所声称的"诗三百，一言以蔽之，曰'思无邪'"。②鲁迅认为这是谬误："夫既言志矣，何持之云？"③并说："强以无邪，即非人志。"④

显然，鲁迅对中国文化及文明中存在着的种种束缚强烈不满，他发出几近悲悯的呐喊："许自繇于鞭策羁縻之下，殆此事乎？"⑤众所周知，中国传统文学从不逾规。直至12世纪，抒情诗一直是正统文学批评所认可的文体之一，它是中国古代文学遗产最宝贵的部分，而现在"亦多拘于无形之正统囹圄"。⑥

由此可见，鲁迅对人格中情感因素十分关注，他倡导人格的自由发展，认为它是实现伟大思想家所提出的激进主张必不可少的条件。与此同时，他也呼吁中国文学中能够出现具有"诗意的想象力"、革命而浪漫的角色。否则我们无法解释他为何将诗歌比作"心弦"，"如睹晓日，益为之美伟强力高尚发扬"。⑦诗意的想象力和各种情感相互交织于一体。这在鲁迅对撒旦派诗歌代表人物的分析中更为明确，他们是力量、斗争精神、真诚的化身，这些特质有助于实现独立、自由及人性。

鲁迅最推崇的莫过于撒旦，对他而言，撒旦是新诗和新生的一个象征。欧洲拜伦主义者笔下的撒旦是敢于对抗全能上帝的"伟大灵魂"，是历史第一个敢于怀疑并颠覆强加于自身身上的价值观的人。鲁迅误译拜伦的诗句以表达自己的认同：

拜伦的诗行写道：

事实上，他赢了，然而他并非胜于我……他对被征服者斥以恶名；我若胜利，就指责他为恶。⑧

鲁迅则译为：

吾誓之两间，吾实有胜我之强者，而无有加于我之上位。彼胜我故，名我曰恶，若我致胜，恶且在神，善恶易位耳。⑨

乍看起来，鲁迅似乎是根据尼采有关道德范畴的主观性与历史性的观点来翻译拜伦的诗行。事实上，鲁迅清醒地看到并指出拜伦和尼采有本质的区别。尼采追求自强，⑩拜伦也许并不反对这点。但是，尼采却极力鼓吹权力意志，在某种程度上走向了极端，而拜伦则使用权力来抵抗滥用权力的人，因此，他才会帮助希腊人民反对土耳其的侵略。正是在拜伦的斗争中，鲁迅看到了自由及人性的光芒。⑪

鲁迅十分欣赏雪莱《解放了的普罗米修斯》（*Prometheus Unbound*）中主人公在反抗希腊奥林匹斯专制的最高神时体现的大无畏精神。他还为莱蒙托夫的短诗《诗人之死》（*A Poet's Death*）和

---

① 白璧德：《卢梭及浪漫主义》，波斯顿—纽约1930，第397页。
② 理雅各（J. Legge）：参见前引书，第146页。我们的翻译有所不同。霍兹曼（D. Holzman）认为这些词部分"出自诗经的第四节，第297行"，'思无邪，思马斯徂'"，见《孔子及中国古代文学批评》见里奇特（A. A. Rickett）（编），前引书，第33页。
③《鲁迅全集》，1，第62页。
④ 上述引文。
⑤ 上述引文。
⑥ 上述引文。
⑦ 上述引文。
⑧《拜伦作品全集》，第522页。
⑨《鲁迅全集》，1，第73页。
⑩ 上述引文。
⑪ 同上，第78页。

长诗《神摩》（*The Demon*）（通译《恶魔》）所打动。《诗人之死》写于普希金去世后，主旨是谴责扼杀人类自由和俄罗斯天才的刽子手。鲁迅在该文中对《神摩》的分析极为抽象。神摩即撒旦，是一名想成为上帝的堕落天使，他"与天地斗争，苟见众生动于凡情，则辄旋以贱视"。[①] 但鲁迅未能指出"巨灵"或其喜爱的塔玛拉（Tamara）的特点，也没看到该作品所传达出的多重思想内涵及难以言传的苦痛。但是，在有关诗歌《谟哗黎》（*The Novice*）（通译《童僧》）的评注中，他主要强调了"一少年求自由之呼号也"。[②]

勃兰兑斯对鲁迅的影响十分明显地体现在他对密茨凯维支、斯洛伐茨基和克拉旬斯奇（Z. Krasinski）等诗人的分析中。鲁迅称之为"于波兰之罗曼派……三诗人"。[③] 在此，他借用了勃兰兑斯所写的《波兰》（德译本）的观点。与此相异的是，勃兰兑斯认为密茨凯维支的作品具有雄鹰的气势，斯洛伐茨基的作品具有孔雀的气质，克拉旬斯奇的作品则具有天鹅的气质，它们都是"波兰有羽翼的灵魂"。[④] 鲁迅并没有玩文字游戏，以免国人对此象征意义作错误的诠释。事实上，他仅用了"如鹰一般"来形容波兰浪漫主义文学倾向。相应的，他仅用寥寥几笔来评述克拉旬斯奇。他之所以提及克拉旬斯奇，可能仅仅因为他与耶利米有一点相似之处。

该文提及的最后一位撒旦派诗人——裴多菲（S. Petofi），在很长时间内一直是鲁迅最喜爱的作家。他对裴多菲的了解很大程度上得益于里德尔（F. Riedl）《匈牙利文学史》（*A History of Hungarian Literature*，伦敦 1906）。如，鲁迅的文章中大段描述了 1848 年 3 月 15 日发生的事件及《匈牙利民族之歌》（匈牙利人心中非正式的国歌，由裴多菲所写）的来龙去脉，这与里德尔在其书中的描写极其相似，有可能是鲁迅对其进行了意译。[⑤]《匈牙利民族之歌》的结尾是："我们宣誓/不再忍受暴君的重轭！"裴多菲宣称："我从不为追求功利，弹奏起七弦琴，写下诗行。我歌唱、写作，只为我灵魂深处的神，它的名字叫自由。"[⑥]优美的诗行拨动了鲁迅灵魂的琴弦，裴多菲也因此一直为鲁迅所崇敬并成为其从事文学活动的榜样。

鲁迅把"功利目的"（mercenary purpose）译为"利"。[⑦] 我们可以看出，这是对康德"无目的的合目的性"最初的回应，对此我在其他文章已有所论及。[⑧] 根据鲁迅的看法，中国十年来衰败的原因在于它仅将"之实利"定为奋斗目标。[⑨] 结果，在遭遇欧美及日本等帝国主义势力入侵时，"耋然冰泮，莫有起而与之抗"[⑩]因而，中国需要类似撒旦派诗歌的创作者那样的"文化新人"，惟其如此，才能摆脱"荒寒"之境。[⑪]

五

《摩罗诗力说》的结尾不无悲怆之感。在未完成的《破恶声论》中，鲁迅重申了他的信念——少

---

① 上述引文，第 88 页。
② 上述引文。
③ 同上，第 91 页。
④ 勃兰兑斯：《波兰》，巴黎—莱比锡—慕尼黑，阿尔伯特兰根（Albert Langen）1898，第 352 页。
⑤ 参见里德尔：前引书，第 200－201 页。及《鲁迅全集》，1，第 98 页。
⑥ 上述引文。
⑦《鲁迅全集》，1，第 98 页。
⑧ 马利安·高利克：《中国现代文学批评的产生 1917—1930》，第 236－237 页，第 245－256 页。
⑨《鲁迅全集》，1，第 100 页。
⑩ 上述引文。
⑪ 同上，第 102 页。

数精英可以拯救民族于水火中。他对"心声"有了进一步的理解——"心声也,内曜也。"①只可惜,仅有少数人身上闪现出这种内在的光芒。在此文中,鲁迅并非毫无根据地将人、猴及虫进行类比。②鲁迅价值体系中的"恶声"往往与"心声"相对比。但遗憾的是,他并未从理论高度对此进行具体的阐释。

由于主客观两方面的原因,鲁迅并没有继续倡导激进主义的思想,很可能是因为他研究和阅读了迦尔洵(V. Garshin)、安德列耶夫(L. Andreev)的著作,也许还包括圣奥古斯丁(St Augustine)、托尔斯泰(L. Tolstoy)及卢梭(Jean-Jacques Rousseau)的作品,这些人让鲁迅明白,心声须挚诚,须源于纯净的内心,不带任何偏见粉饰现实,承认它们自身的缺陷,客观地衡量内心的潜力。③

鲁迅撰写该文,至少有两个写作目的:首先,质疑一小撮文人当时倡导的反迷信斗争;其次,质疑社会达尔文主义。鲁迅从未赞同过迷信,也一直坚定不移地反对迷信。但是,他认为中国的上层阶级应该对大众的迷信活动负责,因为他们没有努力提高大众教育。这是把勃兰兑斯的观点运用到中国语境。年轻的鲁迅清醒地认识到社会地位、阶级存在着差异,他总是站在受压迫的劳苦大众一边,即便是在他主张"贵族激进主义"表现出某种排斥大众的倾向时,也是如此。鲁迅身上的这种特殊气质使之很快转向了马克思主义立场。鲁迅始终站在反封建儒家思想的立场上,倡导学习、运用古往今来的文艺作品,了解世界各种各样的神话。他首先提及三大神话:古希腊神话、埃及神话和印度神话,并评价道:

> 天神话之作,本于古民,睹天物之奇觚,则逞神思而施以人化,想出古异,乍诡可观……太古之民,神思如是,为后人者,当若何惊异瑰大之;矢引欧西艺文,多蒙其泽,思想文术,赖是而庄严美妙者,不知几何。倘欲究西国人文,治此则其首事,盖不知神话,则莫由解其艺文,暗艺文者,于内部文明何获焉?④

在这段话中,鲁迅将"神话"和"神思"这两个重要概念结合起来,用以阐释其思想的系统结构。神话是文艺创作的文体之一,具有持久的价值;而神思则是文学艺术中重塑现实的表现方式,它暗含瑰奇、多元的象征色彩和丰富的想象力。神思类似早期欧洲美学理论提出的"沉思"(Reflection),对此我另有详述。⑤神思是对所描绘的现实世界进行"美化"的形式之一。鲁迅认为,我们无法在动物界找到中国人所声称的"龙"。因为这是中国古代诗人和艺术家发挥想象力所创造出来的形象,我们没有理由以此为耻。相反,让我们感到骄傲的正是:"夫龙之为物,本吾古民神思所创造。"⑥北欧和东欧(鲁迅没有提及其他国家)也曾创造了属于自己的神话。神话缺失的民族是精神贫瘠的民族。⑦

在该文的结尾,鲁迅表达了对一切弱者、一切备受压迫的民族以及自己同胞的深切同情。他认为中国必须强大,但他并不主张恃强凌弱。文章最后提到,就像波兰将军贝谟(J. Bem)于1848—1849年参加匈牙利战争,拜伦在1824年站在希腊人的一边,人民在反抗侵略的斗争中应团结互助。这些主张都只是面对精英分子而说的。在评述这个波兰人和英国人的长句中,鲁迅使用了一个词:"自树既固",即自学以自强。⑧鲁迅在第一部出版的小说《斯巴达之魂》中就写下"自树"二

---

① 《鲁迅全集》,7(北京1958),第237页。
② 同上,第244页。
③ 同上,第239页;及《查拉图斯特拉如是说》,第42页。
④ 《鲁迅全集》,7(北京1958),第242-243页。
⑤ 马利安·高利克:《中国现代文学批评的产生1917—1930》,第237-238页。
⑥ 《鲁迅全集》,7(北京1958),第243页。
⑦ 上述引文。
⑧ 同上,第247页。

字。[1]他在 1903 年描述了德尔摩比勒战役，在 1908 年提到了拜伦战死于迈索隆吉翁（Misolonghi）（这两个事件都发生在希腊的土地上），其中传达的是同一个理念：帮助被剥削者，为沉默的中国摇旗呐喊。

留日期间，鲁迅有关"自树"的信念从未改变。他使用"令飞"和"迅行"这两个笔名就体现了这一点。1904 年在给许寿裳的诗中，他写道："我以我血荐轩辕"，[2]抱定了为国效劳的决心，如同拜伦为其热爱的民族献身。1907 年他认识到《新生》杂志出版计划终成泡影；1908 年他很清楚在日本只有少数人读过他的文章，在中国更是屈指可数。那时，他决定与周作人合作翻译两本小书，取名《域外小说集》，并于 1909 年出版。虽然他只翻译了其中的一小部分，即十六篇短篇小说中的三篇，但这依然传达了他留日期间未曾改变的创作初衷：给中国的读者展现真实生存环境下一个孤独且不屈不饶的战士形象。可惜这本书同样是鲜有读者。

许寿裳是于 1909 年返回中国的第一人，他在杭州担任浙江师范大学的教师。同年夏天，鲁迅也回到中国，教授生理学和化学。[3]结束了七年的海外生涯，鲁迅再次返回故土，而此时的中国却仍处于腐朽的满清王朝统治之下，备受帝国主义的欺凌。鲁迅回到中国，已经身心俱惫；他本想长期参加志愿行动，却被迫蛰伏至 1918 年。然而，这一切并没有摧毁他的意志、禁锢他的"心声"。即使后来时代环境的变化导致了鲁迅思想的转折，但其思想一直是在不断的发展中。鲁迅步入了五四运动（1919），接下来的 20 年间（1918—1937），他将继续肩负起建设中国新文化的重大使命。

王　璨　刘　燕译
（作者单位：捷克斯洛伐克科学院；
译者单位：北京第二外国语学院跨文化研究院）

---

① 《鲁迅全集》，7（北京 1958），第 782 页。
② 上述引文。
③ 莱尔：参见前引文，第 100－101 页。

青春的诗学

——评莫洛的"叶丽雅"系列散文诗

吴红涛

内容提要："青春"主题融贯了莫洛(原名马骅)的"叶丽雅"系列散文诗作,从青春抒情到青春的迷惘,从青春沉思到青春的担当,这些都在"叶丽雅"系列散文诗中得到了高度展现。同时,在文体结构上,莫洛也为叶丽雅的青春书写进行了独具匠心的安排。少女"叶丽雅"的形象,寄寓了作者对于美好"青春"的深刻眷爱,对于人间"真"、"善"、"美"的不懈追寻。

关键词：莫洛；叶丽雅；青春；散文诗

> 我奔走在人生的路上,去追回那失去的时间,
> 让青春永远焕发,让心灵不停地唱最美的歌。
>
> (莫洛：《呼吸》,1943)

一

熟悉莫洛先生的读者便会知道,莫洛十分擅长多种文体的写作。无论是诗歌和散文,还是寓言和散文诗,他都取得了相当高的成就。尤其是诗歌和散文诗创作,更是中国现当代文学史中一道独有的风景线,莫洛写作生涯的巅峰时刻,也主要体现在这两种文体的创作上。尽管莫洛的散文诗造诣丝毫不逊于他的诗歌创作(甚至强于诗歌),但他最早依然是以一名诗人的身份登上文坛的。从1932年在《十中学生》上发表第一篇诗作《春尽花残》之始,莫洛的早期创作基本上都以诗歌为主。直到1935年,从以"瑞蓁"为笔名发表的《光明》开始,才正式拉开了莫洛散文诗写作的序幕。

众所周知,相比于小说和诗歌,"散文诗"这一受外国文学思潮影响极深的文体在20世纪中国现代文学史上,多少显得有些寂寞。除了鲁迅、冰心和李广田等几位名家之外,其他散文诗创作者的影响力都颇为有限。换句话说,"散文诗"在当时文坛并不是一个很"讨好"的文体。但为什么莫洛依然在诗歌创作之余同时又开始散文诗的写作之旅呢？对于这个问题,莫洛之子马大康教授有过这样的解释："时代风潮的荡涤冲击、传奇生活的强力吸引和投身斗争激流的切身经历,都迫使父亲不能不以诗歌,乃至长诗和组诗来抒发炽烈、绵长的情思;而在1942年之后,由于陷身沦陷区与直接的战斗相隔绝,孤寂苦闷的生活则让他有更充裕的时间和更迫切的欲求来作内心审视和拷问,于是,散文诗创作也就更显得得心应手了。"此外,也有研究者认为,莫洛等作家在之所以在1940年代自觉开始散文诗的写作,是出于时代和抗战的需要,并称其归为"战时前线散文诗"。① 而在莫洛自己看来,除了情感抒发的需要,之所以开始散文诗的写作,还在于"诗歌创作的形式约束比较多一

---

① 王珂：《20世纪中国散文诗文体的流变轨迹及特点》,《徐州师范大学学报》(哲社版)2003年第1期。

些,而散文诗更适合自由地抒发情感"。①

实则,无论是"内心审视"的需要,还是"时代应景"的召唤,莫洛的散文诗并不是其诗歌创作的"背离",相反,他的散文诗创作激情,"源于此前的亲身经历,是前期丰沛情感的绵延",只是"经过时间的积淀和过滤",它"变得愈加晶莹剔透"了。② 从这个意义上看,莫洛的诗歌和散文诗创作在情感体现上其实有着高度的同构性。因此,他对散文诗才会有如此感慨:"我实在不知道应该把它称作什么——散文吗? 我似乎在写诗;诗吗? 我似乎在写散文;散文诗吗? 我似乎又在写寓言,写童话,写故事,写小说,写戏剧的独白,写电影的分镜头,写读书后的感想,甚至写议论文……"

莫洛一生共创作了几百篇优秀的散文诗作,并出版《闯入者之歌》、《生命树》等散文诗集多部。无论是从数量还是质量上,莫洛的散文诗写作都可谓"收获颇丰"。由于莫洛的散文诗创作跨时很长,不同阶段的作品有着各不相同的主题:20 世纪 40 年代追求激昂澎湃,80 年代讲究人生哲理,进入 21 世纪则更多地体现着生命沉思。因此,就像莫洛先生自己所认为的,他的散文诗其实是没有代表作的。③ 之所以说没有代表作,并非自谦,而是因为每个阶段的作品都有自己的鲜明特色,莫洛并不愿意给他们设置一个等级性的约束。但"没有代表作",并不意味着作者没有偏爱的作品,在某次回答别人的提问时,莫洛谈道:"在我所写的散文诗中,有几篇自己还比较喜欢",其中他最先提到的,就是散文诗组《叶丽雅》。

的确,纵观莫洛的所有散文诗作品,最具特色的莫过于散文诗组《叶丽雅》和《黎纳蒙》。这两组散文诗皆创作于 1947 年初,其分别以叶丽雅(女)和黎纳蒙(男)两个青年为主线,以抒情和叙事兼备的写作方式,传达作者当时的内心感受。相比于"黎纳蒙"系列的深沉凝重,"叶丽雅"系列则显得更为热情明亮。尽管写作"叶丽雅"系列的时候,莫洛正值失业之中,全家六口挤住在仅六平方米的小屋子里,往往只有等到家人全部熟睡之后,莫洛才开始他的写作。但这不仅没有禁锢他优美的诗情,相反却促生了"叶丽雅"这一"春光灿烂"的少女形象。④ 骆寒超先生也评价道:"像《叶丽雅》这样富有高度现代艺术色彩的散文诗,在那时还是不可多得的。"⑤ 在这六篇散文诗作品中,作者化身为少女"叶丽雅",在青山绿水间,在阳光蓝天下,尽情抒发着细腻且充满活力的情感。

"叶丽雅"系列散文诗由《大爱者的祝福》、《花束》、《窄门》、《囚苗》、《信》和《血的花瓣》六篇作品组成。如果要用两个字来概括它们的主题,那就是:青春。我们甚至可以这样说,"青春"主题其实贯穿了莫洛一生的创作,"青春"二字更是无数次直接出现在他的作品文本之中,如散文诗《谁敲我的门》中:"在我年青的时候,青春正如同一枝晨间含露的花朵;展开在我眼前的,是一条用希望和理想铺成的平阔的大路";如长诗《渡运河》中:"我们会为你/宰杀那些侮辱你的盗匪/用他们的血/恢复你往日美艳的青春";如散文《窗边夜话》中:"它在泥土的怀抱里,滋长了芽,生长了叶,长成了枝条,渐渐长大,枝繁叶茂了,青春的气象是显得那么蓬勃"等。和"真"、"善"、"美"一样,对于"青春"这样充满希望的语词,内心有"大爱"的莫洛当然也会不遗余力地为其赞美。但类似于上面所例举到的"青春"书写,还稍显散乱,它们更倾向以碎片化的方式呈现在莫洛的不同作品之中。但是,"叶丽雅"系列散文诗却不一样,其所包含的全部六篇作品,几乎就是对"青春"的一次集体抒情。就连里面的主人公"叶丽雅",也是一位名副其实的"青春美少女"。换句话说,"叶丽雅"系列散文诗系统且集中地展现了与"青春"有关的主题。无论是青春的美好,还是青春的迷惘,抑或是青春的反叛,都在"叶丽雅"系列散文诗中得到了高度的体现。

① 孙良好、吴红涛:《莫洛访谈录》,《诗探索》,九州出版社 2007 年版"理论卷"。
② 马大康:《〈莫洛集〉编后记》,收入《莫洛集》,岳麓书社 2012 年版。
③ 莫洛:《散文诗人答问》,《散文诗报》1988 年第 18 期第 4 版。
④ 马大康:《〈莫洛集〉编后记》,收入《莫洛集》,岳麓书社 2012 年版。
⑤ 骆寒超:《论莫洛的散文诗创作》,《探索》1987 年第 1 期。

二

　　19 世纪，美国著名浪漫主义诗人朗费罗（Henry Wadsworth Longfellow）曾吟唱过，青春多姿美丽、发光发热，充满了彩色与梦幻；在《泡沫集》中，莫洛也称青春是"生命盛开的花朵"。置身这如花美丽的青春岁月，情感就像激昂澎湃的海浪，"抒情"的冲动于是就显得再寻常不过。这种"冲动"生动展现在"叶丽雅"散文诗组中，莫洛用他那支饱含爱意的触笔，不遗余力地为"青春"涂抹着绚丽色彩。这恰如其分地印证了苏珊·朗格的那句话："艺术品本质上就是一种表现情感的形式，它们所表现的正是人类情感的本质。"①

　　莫洛的"抒情冲动"，很大程度上来自时代的强烈召唤，一如"春野在召唤着叶丽雅"。我们知道，写作"叶丽雅"系列时，正值第三次国内革命战争期间。处在新旧时代交替的关键时期，作为一名积极的"闯入者"，刚满三十周岁莫洛当然"不甘寂寞"地要为此歌唱呐喊。事实上，莫洛一生都在深切关心着时代和现实，关心着国家和人民。和某些人略显表演化的"关心"不同，莫洛的"关心"是真诚且真实的，正如他始终如一、不厌其烦地在文字中坚守着自己的道德立场。

　　和莫洛一样，其笔下的少女叶丽雅也响应时代的呼唤，叙写着青春的抒情。尽管经历过黑夜般的过去，她"曾在夜间的冥黑里等待"；尽管"太阳久违了，满野是阴惨的风鞭挞着生灵"。但如今"雪已经融化，太阳已经出来"，外面满是美丽的春光。所以，作者希望叶丽雅释放青春的勇敢，"从阴湿里出来"：

　　　　叶丽雅，天色不会再阴黯无光。出来走走，叶丽雅，把你的脸朝向阳光，把你的心朝向阳光，像那些初春的花木一样，把你的喜悦洒向阳光。（《大爱者的祝福》）

　　这里的"阳光"，是对前面"黑夜"的一种回应。如果说"黑夜"曾让叶丽雅在黑暗中迷路，那么"阳光"则重新照亮了叶丽雅的眼睛。正因如此，莫洛才在《信》中，安排小黛给叶丽雅写了一封信。莫洛后来解释说："《叶丽雅》组诗中的《信》，我写的是她对革命的向往，小黛的来信，让她产生了对北方革命根据地热烈的追求。我着意于对叶丽雅的情绪的描写，这情绪又是周围的环境气氛来烘托。"时代与青春的契合，在莫洛的言谈中一目了然。在小黛的来信中，我们能读到这样一段文字：

　　　　叶丽雅，我猜想在你生活着的江南，现在正是晦黯的雨季，太阳久违了，满野是阴惨的风鞭挞着生灵。……叶丽雅，你是只羽毛丰满的鸟，你该飞翔到这里来啊。你的歌喉会嘹亮，你生命的翱翔，将获得广阔的自由……（《信》）

　　的确，青春应该让人懂得"飞翔"，只有这样，它才能从束缚中挣脱，才能发现蓝天的美好和外面的精彩。也只有这样，才能让"歌喉嘹亮"，在翱翔中获得广阔的自由。在友人的劝说下，叶丽雅终于醒悟，她决定打开自己的"生命之窗"：

　　　　叶丽雅高兴着将窗子打开来，她几乎像呼喊似地说："那么让冬季留下在我房里的阴寒和凄恒，都溜出窗外给风吹失吧；让我的房子如同一只生命的杯，斟满醇美的春阳的酒浆！"她倾吐出自己的喜悦，一如雪霁的早晨太阳倾吐出光芒……（《囚苗》）

　　打开窗，走出去，青春永远"在路上"。于是，莫洛深情地写道："出来走走，叶丽雅，不要带一点焦躁，不要怀一丝痛苦；出来走走，叶丽雅，路是多的，路是长的，但是你有爱在，路在你面前缩短了距离；出来走走，叶丽雅，冬日融雪是最冷的气候，雪也刚刚开始融化……"（《大爱者的祝福》）。就像这里所写到的那样，在当时的时代背景下，莫洛笔下的"青春者"注定不会坐在"黑屋"等待，他们更愿意走出"窗外"，去寻找属于他们的风景。也正是在这种"走出去"的感染下，叶丽雅才终于见识

①　［美］苏珊·朗格：《艺术问题》，腾守尧、朱疆源译，中国社会科学出版社 1983 年版，第 7 页。

到了另一个美丽新世界，那里有"好的春天，树都发芽，草都变绿"，那里也有"云雀珠玉的唤鸣，从蓝空一串串坠下"，那里也有"牧女遥远的歌，随大地的气息一齐漾荡"。这些事物让叶丽雅由衷地感慨道："美好的日子，啊，美好的散步！虽然我不是为着花束而去采撷，而我今天采来的，却是一个纯然以生命缀饰的花束；这花束串穿起云雀的啼鸣，绿叶的和爱，风的感情，流泉的活跃，露粒的欢愉，牧女的歌，大地的气息"（《花束》）。

但是，"走出去"的青春并不意味着一定能邂逅美好的景致。叶丽雅之所以获得那些珍贵的感知，还在于她的内心有"爱"。正如作者在《大爱者的祝福》中说的："叶丽雅，你有爱在，你的爱就是对人群作幸福的期许"。这种"爱"如"晚冬青空"那般纯粹，如"细尖草叶"那般坚韧，如"滴粒珍珠"那般洁净。有这种"爱"，才能在青春的远行中感受路途的快乐。也正是因为叶丽雅的"爱"，才让莫洛"不厌烦自己的歌唱，不厌烦对你的祝福，不厌烦劝你出来走走"。

三

美国学者尼尔·波兹曼（Postman Neil）曾忧心忡忡地写下过一本书，书名为《童年的消逝》（*The Disappearance of Childhood*）；而英国学者大卫·帕金翰（David Buckingham）则干脆用"童年之死"（*After the Death of Childhood*）这样的字眼来为自己的著作命名。诚然，无论是"童年的消逝"，还是"童年的死亡"，其所指向的都是对当代童年文化变异的隐忧。原本纯洁安静的童年，正在被各种商业文化和成人文化所侵蚀，"童年"正在离我们渐行渐远。令人遗憾的是，类似问题也体现"青春"文化之中。如今，太多正值青春的人们，似乎更愿意陶醉在物质世界里，娱乐精神来势汹汹，理想主义悄然退隐。就像徐岱先生所呵斥的，这类人只有一种伦理学，叫"欲望伦理学"。支撑"欲望伦理学"的是"无痛伦理学"，所谓"无痛伦理学"，就是不思考、不担当。[①] 在欲望潮水的席卷下，"青春"变得越来越单薄轻浮。而当"青春"失去它应有的重量，那么，与之有关的美好事物则将面临腐化变质的局面。正如理想、爱情、友谊和工作，在我们所生活的这个时代早已变味，关于青春，我们所能听到，更多是懦弱、欺骗、虚伪和算计，这样的"青春"无疑是平庸且令人心痛的。

莫洛当然清醒地意识到了这一点，在他笔下，绝不允许青春置身于"糖衣"之间，更不可能浸淫在"物欲"之内。所以我们看到，叶丽雅并没一味停留在对青春的美好抒情上，慷慨激昂之余，作为一名"青春者"，她还自觉进行着生命的沉思。这些"沉思"甚至还夹杂着痛苦，连接的是无止境的青春物语，所以有评论家认为莫洛的散文诗更像是一种"冷峻的抒情"。[②]

面对时代的动荡和命运的无常，叶丽雅的内心有太多的困惑。这些困惑让她"不安地转侧"："叶丽雅的长睫毛是掩垂着的，好像睡着了——然而并没有睡着"（《信》）；也让她疲惫厌倦："叶丽雅躺在床上，像一只倦游的鸟歇在窠里。她想宁静一下，她觉得发热的脑髓需要片刻的安憩"（《信》）；甚至让她迷茫挣扎："叶丽雅睁着大而空虚的眼睛，她的眼睛一无所见，渺渺茫茫，昏黑一片"（《信》）。但这并不是叶丽雅的青春终点站，在激情和德性的鼓励下，她没有一味感伤，没有一味沉沦在自怨自艾式的焦虑之中。相反，她拾起坚强，突破自我，勇敢实现了青春的自我升华。

这种"升华"具体体现在叶丽雅对各种日常生活的深切感悟中。这同时也意味着，叶丽雅的青春体验不是"自恋主义"式的，因为她对生活有着浓浓的爱意。那些在"生活"中所邂逅的"他者"，于是便成了叶丽雅的精神食粮。叶丽雅以博爱、平等的眼光，省察着它们。于是，"接受命运安排"的"草苗"们，虽然"被囚羁在小室里"，虽然"被摈弃在黯黑的地板下"，但"如同那些盖在雪下的种子一

---

① 参见徐岱 2012 年 4 月在杭州枫林晚书店的演讲。全文网址：http://news.xqnwh.com/2012/0430/2743.html。
② 王光明：《论 20 世纪中国散文诗》，《江汉大学学报》（人文版）2006 年第 3 期。

样"，它们也有"美好的梦想"，它们还有"不死的信念"，有"热情的企望"，所以它们才能"寻找到一条罅缝"，最终"获取了生命的阳光"（《囚苗》）。于是，"如齿落皮皱老人"般的"树身"，虽然身体"龟裂"，虽然已经"衰老"，但它依然坚信，"生命的枯竭"只属于那些"枯死的林木"，"我一样年轻，一样寄托生命以远大的希望，我以每一片青叶行使呼吸，捕捉甚至一丝一缕的阳光，从不使其漏失；我按照时序严肃地生活，春天开花，秋季结实；虽然冬日我将落叶纷飞，但我并未因而死亡；在我累结的果实里，寄托了整个生命的扩大的重望……"（《花束》）于是，看似普通的"小钟"，虽然貌不惊人，虽然默默无名，但她能够"认真地数响着时间，向生命作着严酷的鞭打"，能够"庄肃地审问着每个灵魂，诵读着生命的稿页上所写下的每行报告的词句"（《信》）。此外，叶丽雅还在一次攀山的过程中，从带血的花儿中，体悟出了"要到达那个山巅，人类要获得春天，就需要流血，让血来燃烧"的道理（《血的花瓣》）。

　　叶丽雅的"顿悟"，源自这些看似微小的事物，"草苗"、"树身"、"小钟"、"花朵"，它们一一丰富着叶丽雅的生命旅程，静静圆满着叶丽雅的青春故事。而这些事物都有一个共同特征：忠于自己的身份与职责。正如青春者，他的使命不是安于现状，也不是自囚于各种牢网之中，他应该"把眼泪连同痛苦，让自己一个人悄默地吞咽"，这样，他的"心海"便"有波有澜，浪的推击，使你孕育了勇气"（《大爱者的祝福》）；最终，他要"走出那个私心寂寞的园落"，因为，"生活的活跃，上帝已全部付给你"（《大爱者的祝福》）。从这个意义上看，"叶丽雅"无疑是一位极具强烈理想主义气息的"青春者"。这也正是"青春"的张力所在：在美好抒情的同时，进行自觉的生命沉思；在忧伤迷惘之后，依然坚定地拥抱生活。

四

　　以往的文学史上，以"青春叙事"作为主题的作品并不少见。从塞林格的《麦田里的守望者》到萨冈的《你好，忧愁》，从凯鲁亚克的《在路上》到石黑一雄的《千万别丢下我》，这些优秀的文学作品，在某种程度上都可被称作"青春写作"。而"青春写作"之所以成立，是因为在叙事策略、作品内容以及文本结构上，它们都有着极其鲜明的独特表征，这些"独特表征"构成了"青春写作"的"独特魅力"。

　　莫洛曾说过，对于散文诗，"在表现形式和表达方法上，我尽可能与它相适应，不论语言、结构、情节、意境，以及音调和节奏，甚至思想内涵，联象和联想，含蓄和象征，都要求适合美的需要"。同样，"青春"作为莫洛"叶丽雅"系列散文诗的主题，除了主角"叶丽雅"的青春抒情和青春沉思之外，还包括莫洛先生为此所特别安排的"青春式"写作手法。大致说来，我们可以从三个角度来审视这种写作手法，其分别包括散文意象、文本结构以及语言风格。

　　从散文意象上来看，为了凸显叶丽雅的青春形象，莫洛有意选择了一些蓬勃朝气、热情上进的意象组。其中，最具代表性的有"阳光"、"花朵"、"春"以及"草叶"等。"叶丽雅"系列散文诗由六篇散文诗组成，单"阳光"意象前后便出现了15次，如《大爱者的祝福》中："珍珠的滴粒，也发光，像你的一片纯净的心，有着海一样的阳光的焕发"；如《花束》中："我以每一片青叶行使呼吸，捕捉甚至一丝一缕的阳光"；再比如《窄门》中："早晨的阳光是温静的，如同发光的濛雾一样，无声地透过沾着露粒的枝条，汛流进叶丽雅小小的房间"。我们知道，和"太阳"不一样，"阳光"是个更为单纯的语词。如果说"太阳"还带有某些权力的色泽，那么"阳光"只会让人们感觉温暖。莫洛自然不希望"叶丽雅"的青春在尽情发光发热之余，同时又灼伤了自己和他人。像"阳光"那般便已足够，因为"阳光满溢，一如毫无忧虑的人的思想；充沛的光华，随处流泻"。其次是"花朵"意象，据统计，"花"字在"叶丽雅"系列散文诗中出现的次数更是达到了38次之多，莫洛对"花朵"意象的重视，可见一斑。为什么莫洛会如此喜欢"花"的意象？因为它意味着美好："你知道一朵花的美俊，一个灵魂的善良"（《大爱者的祝福》）；因为它意味着希望："为了生命真实的奉献，我以喜悦开成花，我以希望结成种实"（《花束》）；因为它还意味着纯粹："我今天采来的，却是一个纯然以生命缀饰的花束；这花束串穿起云雀的啼鸣，绿叶的和爱，风的感情，流泉的活跃，露粒的欢愉，牧女的歌，大地的气息"（《花束》）。美好、希望和纯粹，这几乎就是"青春"理应具备的本色。再来看"春"与"草叶"的意象，这两者共同彰显了生命的力量："我散发无数种子，在明春，还给自然以无比的绚丽"（《花束》）；而"好的春天"，就在于"树都发芽，草都变绿"。那些在"春天的风里一寸一寸生长"的"草苗"，有着"不死的信念"，它们"带着希望，带着热情，也带着它那一份朝向窗外蓝空伸引的心愿"（《囚苗》）。无疑，这和"青春"所代表的朝气和坚韧是不谋而合的。

除了"阳光"、"花朵"、"春"以及"草叶"这四个典型意象之外，"叶丽雅"系列散文诗中还多次用到了诸如"珍珠"、"露珠"、"霞彩"、"种子"、"清泉"等意象。这些意象反复交替着出现，不仅使读者长时间沉浸在光明与美好的情感之中，也让叶丽雅的青春叙事得到了进一步强化。

再来看文本结构。毋庸置疑，"青春"是一个极具开放性与自由性的人生语态。为了让读者真切感受到"青春"的原义，莫洛给予"叶丽雅"系列散文诗的文本以极大包容度，这种包容度生动体现在作品结构完整性与独立性的结合。一方面，六篇作品作为"叶丽雅"系列散文诗的组成部分，它们互不可分，首先是作为一个共同整体而存在的，读者在每一个文本中，都能阅读到"叶丽雅"的青春形象。另一方面，六篇散文诗又具有一定的分离性，每一篇都能独立成章：《大爱者的祝福》借"叶丽雅"呼唤"爱"的奉献，《花束》歌颂青春生命的美好，《窄门》倡导青春者要积极前行，《囚苗》坚定希望的信念，《信》又着力描写青春的冥思，而《血的花瓣》则肯定了青春的勇敢。这就为读者带来了充满张力的阅读空间，他们既能将这六篇散文诗作为一个完整的系列来进行赏析，也可以选择任意一篇作为阅读的入口点，每种方式都不影响他们感受"叶丽雅"那颗纯真的青春之心。这无疑应和了波德莱尔的那个观点：理想的散文诗应该"去掉一节椎骨，这曲折的幻想分开的两端会毫无困难地又连接在一起。把它分割成无数片段，您会看到每一片段都可以单独存在"。[1]

语言风格上，"叶丽雅"系列散文诗延续了莫洛作品中一贯的素朴之风。就像他的诗歌创作观那样："我认为诗歌应该是激动人心的，而不是想方设法写一些大家都读不懂的句子"。[2] 而在《散文诗人答问》中，莫洛更是直接批评某些散文诗的故弄玄虚："目前有些散文诗作品深度不够，意义不大，境界不高，缺乏诗意，甚至也有故弄玄虚，令人难以读懂的"。[3] 所以，在"叶丽雅"系列散文诗中，你不会读到那些晦涩异常的句子，更不会感觉到作者卖弄文字的得意。毋宁说，莫洛的写作是真诚的，它没有媚俗，只愿读者能够分享他内心的感悟，因为"小文字"同样也可以表现"大智慧"和"大道理"。如："不使生命浪费，不使大地虚空，我散发无数种子，在明春，还给自然以无比的绚丽"（《花束》）；再如："勇者和战士的血教土地燃烧，教所有怯懦的灵魂清醒，教奴隶忘记了哭泣，使他们的心燃烧"（《血的花瓣》）。如此淳朴的句子，相信读者定能够感受到其中的"力"之所在。这也使"叶丽雅"的形象显得更加亲切，某种意义上看，叶丽雅其实就是我们自己，阅读她的青春，也就是阅读我们的人生。

五

曾几何时，文学艺术因偏离生活的花园而误入歧途，从而沦为书斋里某些高级动物的玩品。他

---

① ［法］波德莱尔：《巴黎的忧郁》，钱春绮译，人民文学出版社1991年版，第378页。
② 孙良好、吴红涛：《莫洛访谈录》，《诗探索》，九州出版社2007年版"理论卷"。
③ 莫洛：《散文诗人答问》，《散文诗报》1988年第18期第4版。

们似乎也有足够的理由,证明只有他们才配享有文学的主权。于是,文学变得不再动人,文学也变得不再亲切,它更像是一堆冰冷的弃物,缺乏生活的温度。对此,德国著名美学家莫里茨·盖格尔曾在《艺术的意味》一书中反驳道:"艺术在人类生活中所具有的意味被看作是一种从生活出发的飞翔。"①的确,艺术的最大魅力正是源于它和生活之间的亲密关系。如果一部文学作品无法让读者得到生活的启思,那么它够不上优秀。回首浩瀚的文学历史,我们也能发现,几乎所有的伟大作品,它们都在一定程度上闪耀着生活的光泽。

莫洛无疑是一个热爱生活的作家,其一生之创作,都建立在他对生活的深刻理解与感受之中。正如他自己所说的那样,散文诗人最重要的原则就是"认真做人、热爱生活"。② 这里的"热爱生活",显然不同于那些被庸俗误用成口头禅式的"热爱生活"。莫洛的"热爱",是源自深心的"大爱",它连接的是人世间的"真"、"善"、"美"。"理论思考、哲学沉思,从根本上来说都是爱的行动",③西班牙哲学家加塞尔的这句话一语中的。正因如此,对于散文诗写作,莫洛才会谈出这样的见解:

> 我一生追求真、善、美,这在散文诗中都有反映。我对生命、人生、社会都常有思考,你也不难从我的散文诗中看出来。我常表现爱,但这是大爱,少有我之爱。我所表现的爱,有对人类的爱,特别是对心灵美的爱,也包括对自然的爱。

这便是莫洛为何会抒写"叶丽雅"系列散文诗的缘由所在。在他眼中,"青春"亦是"真"、"善"、"美"的一部分,"叶丽雅"身上寄寓了莫洛对于青春的眷爱,对于"真"、"善"、"美"的不懈追寻。"叶丽雅就是'我',就是初春的大自然,是生命,是爱,是人生理想。"④细细读来,我们不难体悟,这六篇散文诗中有着太多的人生哲理,这也是莫洛散文诗有别于其他散文诗的重要特征之一。更多的散文诗写作,因为过于追求语言的华丽和抒情的浓烈,进而弱化了文章的哲理感。与此不同,莫洛尤为重视作品的哲思,因为"哲理感对于散文诗来说,是特别重要的。它是区别散文同时也是区别其他问题的一种优越特性。没有哲理感,就不能进入散文诗的较高境界"。⑤ 而为了贴近这种"哲理感",莫洛甚至习惯在深夜进行写作,因为深夜的宁静、柔美与纯粹,能让他更平静地面对"写作之夜"的沉思。

时过境迁,如今,各种关于"青春"话题的作品充斥着大大小小的书店,"青春写作"更是成为了当代文坛的一种新时尚。但这些"快餐化"处理的"青春"文学,总体来说,煽情有余,哲思不足。而在这个物欲横流、青春轻浮的时代,像莫洛的"叶丽雅"系列散文诗这样的作品,恐怕已经很难吸引人们那善变的眼球。但这并不妨碍莫洛作品的精彩,因为就像屠格涅夫所说的那样,也许一开始你会觉得有点枯燥,但是你要零星地读,"今天读一篇,明天读另一篇——其中有的篇节,或许会在你心中唤起点什么来的。"⑥莫洛的文字亦是如此。

2011 年 6 月 15 日,莫洛先生在故乡温州与世长辞,享年 95 岁。那些他用生命编织出的文字,将永远镌刻在读者的记忆中。是的,"生命的歌没有年纪",只要心中有"真爱",人生处处是"青春"。

(作者单位:浙江大学传媒与国际文化学院)

---

① [德]盖格尔:《艺术的意味》,艾彦译,华夏出版社 1999 年版,第 30 页。

② 莫洛:《散文诗人答问》,《散文诗报》1988 年第 18 期第 4 版。

③ [西]加塞尔:《什么是哲学》,商梓书等译,商务印书馆 1994 年版,第 129 页。

④ 马大康:《〈莫洛集〉编后记》,收入《莫洛集》,岳麓书社 2012 年版。

⑤ 刘再复:《散文诗的特性》,《人民日报》1983 年 3 月 4 日。

⑥ [俄]屠格涅夫:《屠格涅夫全集》(卷 10),沈念驹译,河北教育出版社 2000 年版,第 282 页。

一个"闯入者"的大爱情怀

——莫洛和他的诗文

孙良好

内容提要：莫洛(原名马骅)先生不仅在诗文中孜孜不倦地追求"大爱"，而且把"真善美"作为他毕生追求的信念；他是一个诗人，也是一个革命者，两个角色都源于他真诚的追求。本文通过谛听大爱者的心声、凝视大爱者的身影和追忆大爱者的关怀，充分阐述了一个"闯入者"的大爱情怀。

关键词：莫洛；大爱者；闯入者；诗人；革命者

2011年6月15日晚上8时55分，《温州人》杂志副总编方韶毅先生给我发来的一条短信：莫洛(原名马骅)先生去世了，我愕然。虽然此前断断续续地听说莫洛身体状况不太理想，但我总觉得他格外慈爱的笑容可以让他更长久地活在人间。紧接着涌上心头的是连绵的感伤：六年前的1月28日，唐湜先生在冬雨凄迷中离世；两年前的4月11日，林斤澜先生在北京与我们永别；一年前的12月21日，徐规先生在杭州平静地走完他的人生；如今，莫洛先生也辞世了。这些可爱的文化老人，以他们不同的笔墨给人间留下大写的"人"字，给温州留下非同寻常的足迹。他们曾经在温州中学以各自独特的方式挥洒青春，他们最终都以文字铸就了各自领域的辉煌。在过去的20多年中，我有幸先后领略他们的神采，而且在他们彼此的言说中深深地受其濡染。莫洛先生是他们中的年长者，很多时候也是他们中的引领者，先他而去的三位老人每每言及，亲切之余还有一份敬重。这份源自内心的敬重，与莫洛对他们的关爱相连，更与莫洛始终不渝的"大爱"情怀相关。

谛听：大爱者的心声

这里有我整个灵魂的热情，拿去它，叶丽雅！不吝惜自己热情的人才有爱，能够取得别人的热情的人才有爱。

请接受我的祝福，叶丽雅，你拿去我整个灵魂的热情和祝福，这将使你知道一朵花的美俊，一个灵魂的善良，以及人性的净洁……

因为你有爱在，叶丽雅，我才不厌烦自己的歌唱，不厌烦对你的祝福，不厌烦劝你出来走走，像洒落喜悦一样，请你向人众洒下大爱……

这是莫洛散文诗集《大爱者的祝福》扉页上的三段文字，"爱"的激情溢于言表，"爱"的力量无所不在。为了爱，"我"可以心甘情愿地奉献"整个灵魂的热情和祝福"；同时，"我"又恳请有"爱"的"叶丽雅"向人众洒下"大爱"。这样的"大爱"只能用生命写就，这样的文字总不乏爱的光芒。于是，寻常的"门""窗"背后开始跃动各种生命的踪迹，而踪迹里自有爱的留痕；美丽的"花束"竞相展现生命的灿烂，这灿烂与爱有关；而"生命树"上果子的甜蜜和芬芳，更离不了爱的浇灌；静默的"群山"、感情的"风暴"都在爱的驱使下改变原来的存在状态。这些来自家常或源于自然的物象因为心中有爱而显得非同寻常,心中的爱注重过程而不在意结果,诚意至关重要。而对于现实中予我爱意的人,诗人在这本散文诗集的后记中作了更直接的表白:"我是一个爱的祝福者,凡爱过我的人,我知道应该怎样对他们深深地感谢,出自肺腑的感谢"。

只要心中有爱,爱的对象可以广阔无垠;只要心中有爱,"生命的歌"可以不分年纪。在另一本散文诗集《生命的歌没有年纪》的后记中,当时已年届八十的老人这么写道:回顾自己并不算太短的人生历程,我相信自己始终是有所追求的。如果不认为是大言不惭的话,我都在有意无意地追求真,追求善,追求美。真善美的涵义应该比我们通常所想的要广阔得多。但我却把他简单地概括为:爱才能达到真善美,真善美才能获得爱。

自然,这爱也就是我经常歌颂的"大爱"。

纵观莫洛一生,他不仅在诗文中孜孜不倦地追求"大爱",而且把"真善美"作为他毕生追求的信念。

凝视：大爱者的身影

春花飘零,红消香尽,

　　拨动了我哀鸣的心琴,

　　断肠,碎心……

啊,春花呵!

　　在你飘飞萎落的时候,

有谁会为你悲戚伤心?

1932 年,莫洛的文学之旅在一首缠绵悱恻的《春尽花残》中开始。往后的漫长岁月,他用一颗多愁善感的心不断地品味人世间的种种滋味。一旦"真善美"受到强烈冲击,多愁善感的心也会变得勇敢而强大。

1934 年,入温州中学高中部就读的莫洛参与赵瑞蕖、马大恢等组织的以介绍爱国主义书籍及社会科学知识为主的"野火读书会"。一年后,为响应北平的"一二·九"学生运动,他在温州中学发动学生爱国救亡运动,不久即被学校开除,流亡上海。

1938 年,从上海流亡返温的莫洛组织了"永嘉战时青年服务团",进行抗日宣传。而后又发起组织海燕诗社,推出声名远播的《暴风雨诗刊》和"海燕诗歌丛书",诗歌和革命相互激荡。政治抒情长诗《叛乱的法西斯》列举了法西斯掠夺、焚烧、杀戮的种种罪恶,呼喊出时代的强音:"用血肉来抗抵暴力,以作民族的自救"。"中国和西班牙的炮声/向法西斯敲响起最后的丧钟。""滚蛋吧,/法西斯强盗们! /前面摆着的/就是你们安息的坟墓,/让你们从此长眠。"刊物被迫停办后,他离开温州远赴皖南中共东南局,后随新四军军部北移抵达盐城,任盐城训导主任。期间创作的长达 600 多行的《渡运河》,以参与战斗的实际体验和颇富浪漫蒂克的诗风抒写了在新四军中渡长江、渡运河到盐城的行军感受,感情热烈而沉挚,堪称这一时期同类题材诗作的代表。作为一个投身革命洪流的诗人,在遭敌人逮捕及其后被严格监控的环境中,他以笔代枪,不仅用诗也用更自由的散文诗把心中难以抑制的情绪抒写出来。从 1942 年到 1944 年,他创作了 40 余篇散文诗,大多辑入《生命树》《大爱者的祝福》《梦的摇篮》三个集子,一个被强烈的使命感所激发的殉道者形象活跃在这些散文诗中。

然而,具有革命激情的诗人在革命成功后的命运颇多波折。风平浪静的日子很短暂,自 1955 年受"胡风事件"的影响到文革结束,他的人生开始步入一段长达 20 余年的黑暗时期。作为一个追求"真善美"的诗人,他以 "闯入者"诉说自己似乎无法摆脱的困境:

　　在旧世界，我是一个闯入者。

　　黑夜里我唱着闯入者之歌，他们指我为异端，把我投入阴森的黑屋。

　　我久久企盼的新世界到来了，我想大声唱一支心中的自由之歌。

　　但人们以怀疑的眼光看我，在我背后做着我所陌生的手势；还对我曾经戴过铁铐的手，用放大镜检查它有无残留的锈迹。

　　我似乎又成为新世界的异类。

　　在月下，我重唱喑哑的闯入者之歌。

　　尽管如此深刻地意识到自己作为闯入者的尴尬处境，大爱者并没有一直处于喑哑状态。在文革结束后的岁月里，他并没有直接去写关于文革灾难的作品，按他自己的说法："对于那些苦难的、恐怖的回忆，我不想把它们反映到我的作品当中去。我觉得作品应该尽量把真、善、美的东西展现给读者"。

追忆：大爱者的关怀

　　大爱者的心声萦绕于耳，大爱者的身影永驻文坛，而大爱者的关怀，则使我沉湎。沉湎于从遥望仰视到亲切晤谈的 20 年交往史。

　　犹记得中学时代的末端，自己稚嫩的作品和莫洛的文字一同刊登在一本小小的《作文新圃》上，激动的心情久久荡漾；犹记得大学时代的开端，怀揣文学梦的我带着油印的校刊第一次踏进百里坊的马家，敦请莫洛出任顾问，70 多岁的老人一脸的欢欣一脸的慈祥，连说"顾问顾问，顾而不问，可别怪我"，而彼时阳台上的花花草草和来回游走的几只小动物让我明白生命的欢乐原来可以如此充盈；犹记得大学时代的尾声，比我更年轻的文学追梦者希望让更多的同道者能够有聚集的机会，并且渴望能够与文学前辈们有交流的机会，他听完我的诉说，竟开心地说可以出面帮我召集温州文坛老中青三辈的代表人物，让他这个顾问可以实至名归，那场文学聚会也许很多人已经淡忘，但他所给予我的那份热诚从此在我心中深深扎根。

　　若干年后，当我成了大学中文系的老师，成了文学社的指导老师，带着我的学生再次去百里坊拜谒莫洛。他居然清晰地记得我当时的笔名，看着我这个"故交"特意带了几位大学生登门，兴致颇高。那天，他饶有兴味地和我们谈起他极富传奇的家族历史，谈自己广泛的阅读兴趣和曲折的文学道路，谈为师之乐和他在杭州的教书生涯。那时，我并不清楚他饶有兴味的叙述背后其实隐藏了诸多的磨难。当他知道浙大历史系的徐规教授竟是我的太舅公时，叙述时更多了一份亲切，笑着说"你太舅公是安分的读书人，成绩很好；我不是"。

　　与莫洛更深入的接触是 2006 年，适逢他九十华诞，我与北京的《诗探索》杂志约定做一个纪念专辑，同时在《温州日报》为他做一个纪念专版。那一年，我带着学生吴红涛一次次地造访，那时的他虽然已经做过大手术，但恢复情况比较理想。每一次，只要精神状况不错，他都会细致地对照我们的访谈提纲，逐一回答我们的提问。对于自己的苦难经历，他描述时有些风轻云淡；对于自己尊崇的鲁迅先生，他言说时的敬仰溢于言表；对于给自己带来波折的胡风先生，他更多的是感激而不是怨恨；对于那些非常时期曾经加害于他的人，他抱以宽恕和同情；对于那些曾经予他以爱的人，他表达了由衷的感激；言及自己的革命经历与文学创作，他觉得二者于他早年并不存在清晰的界线，革命者和诗人那时二位一体，重要的是，两个角色都源于他真诚的追求。

　　2006 年的访谈之后，我与莫洛面对面晤谈的机会不多，只是在几次市文联组织的会议上匆匆见面，见面时他慈爱坦荡的笑容依然让我倍觉温暖。在这样的静夜，让我们再听一听大爱者作于 20 多年前的《静夜抒怀》：

去的已去，来的将来，
　步履声声，远而又近近而又远。
　猛听得有呼唤英雄的名字，
　抬头却只见一片冥茫。
　公正的时间，
　默默在刻写人的历史。
惟愿大爱者在天堂安息！

（作者单位：温州大学人文学院）

诗国的流浪汉

——简论莫洛的诗歌、散文诗创作

马大康

内容提要：诗是莫洛（原名马骅）理想的生活方式。青年时期，他写出了长诗《渡运河》等许多重要诗篇；晚年则致力于散文诗创作。他的所有作品都贯穿着对"爱"的呼唤和追寻。他以诗的理想和境界来对照、勉励人生，又将切实的人生体验融入诗的世界，从而成就了他富有意义的人生之路和独特的诗歌、散文诗创作，他是"诗国的流浪汉"。

关键词：莫洛；诗歌；散文诗

"当我永远不再醒来的时候，也许我正走进了诗的王国。"诗，是父亲的生命，是他理想的生存方式。在父亲心目中，生活本应富有诗意；而写诗就是追寻爱，播撒爱，并通过爱探求真善美。

在父亲离开我，为我留下沉重的悲痛和无法填补的精神空缺的时候，整理、阅读父亲的诗作，我似乎也跨进一个父亲生活着、追求着的，交织着真实与虚幻、过去与未来的诗的王国，重新沐浴着融融的爱意了。

父亲经历过血雨腥风的年代。作为一个爱国热血青年，他把自己与国家、民族的命运紧紧结合在一起，义无反顾地投身抗日救亡运动：领导学生风潮，创办进步刊物，组织战时青年服务团，奔赴苏北抗日前线……在这同时，又总能看到，诗始终陪伴着父亲。诗的灵光照耀着父亲，诗的理想鼓舞着父亲，诗成为父亲人生历程的真实写照。父亲同时生活于现实和诗这两个世界：他脚踏实地参与到现实的斗争中，沉稳坚实地做着救亡工作；在工作之余，在行旅间隙，在片刻的喘息休憩之时，另一个诗的世界又展开在他眼前。在父亲的一生中，两个世界是相互支撑，相互辉映的。他以诗的理想和境界来对照、勉励人生，又将切实的人生体验融入诗的世界，从而成就了他富有意义的人生之路和独特的诗歌、散文诗创作。

苏北抗日根据地之行，为父亲留下不可磨灭的印记。这次险情四伏、历尽磨难的行旅，同时也是父亲的精神之旅，理想之旅，它激发起父亲蓬勃的创作激情。《渡清弋江》、《枪与蔷薇》、《麦熟时节》、《晨》、《晨颂曲》、《工作》、《陈毅同志》、《炊事员》、《战马》、《射阳河岸上的向日葵》、《晨晚二唱》、长诗《渡运河》、《山店》、《母亲》，组诗《月亮照在江南》、《我们渡过长江》、《风雨三月》，等等，就取材于这一经历。

在长诗《渡运河》中，抒情主人公"我"出于爱和热情，燃烧着青春烈焰奔向运河。这不是为了探访运河古老的故事，不是为了倾听怨愤的诉说；运河作为祖国和人民的象征，与"我"的命运休戚相关，"我"理应为涤除耻辱、捍卫运河而战。诗人以丰沛的感情，依次展开了"奔向运河"、"运河边上"、"早安呵，运河"、"渡运河"、"在运河彼岸"、"离运河"等六个乐章，交织成一首气势磅礴的英雄史诗，凸现出抒情主人公"我"和运河的丰满形象：

冬夜，"我"来到运河边上，在像"病瘦的老猫"孤独地蹲在堤边的茅舍里，"火油灯缭绕着黑烟/

混搅着羊骚的气味"，被惊醒的女人抱着孩子，挤在男人中间，"用胆怯而畏缩的目光/凝看我这生疏的远客"；而亲热的笑声顷刻间融化了隔阂，"在兴奋的谈话里/他们已经向我/亲切地称呼'同志'了……"

清晨，"我"踏上运河的堤岸，"我伸手在水里/试探河水的温凉/像抚摸少女的面颊/河水漾起波纹/张开娇美的感激的眼睛/她亲切地，嫣然地/笑了……"

诗人深深扎根于现实，他将一腔的热爱凝缩于细腻的感觉，将浩荡的激情熔铸于生动的现实图景和烂漫的想象之中，升华结晶为诗的意境；而记载着久远历史、驮负着深重灾难的运河，则又赋予诗作以历史的厚重感和阔大的象征意蕴，构成了现实与历史、写实与象征、有限与无限的交响。《渡运河》是一种纯情的抒写，尽管长达6百多行，却浑然天成、深厚纯朴，在中国现代文学史上理应有着不可忽视的的独特价值。长诗写成于1941年4月8日盐城袁家河，据父亲回忆，当时一气呵成，写成后几乎没作改动。它最初发表在天台一份地方报纸上，真正面世则等到1948年5月，收入"森林诗丛"由星群出版社出版。在这新旧交替、社会动荡的时代夹缝中，诗集的发行和社会影响力都受到了限制。

诗歌所展现出的父辈们那种理想主义思想、燃烧的激情和献身精神，在今天似乎已经变得相当陌生了，而它却不能不令我感动和钦敬。

对于父亲来说，即便身陷囹圄，遭受监禁，也仍然壮心不已。在他眼里，囚牢只是"诞生新世纪的产房"，是"历史的转运站"：

那幽囚自由的"黑屋"，结核菌撒播种子，开出黑色的花，残忍地扼断一个个生命的呼吸；铁门贪婪地吞噬着，吸干他的血，吃完他的肉，"咀嚼得腻了，于是才懒懒地把他吐出来"；可是，高墙却隔不断熟悉的歌声，困不住灿烂的梦境，而信念就像落入蚌壳的沙粒，在时间和痛苦的琢磨下，成为光芒闪炫的珍珠了。

在组诗《黑屋》中，诗人的情感显得更为深厚了，简洁的抒写正如黑白木刻画，遒劲有力。

父亲几乎是同时开始诗歌和散文诗写作的。纵观父亲整个创作生涯，前期显然以抒情诗为主，其后则逐渐转向散文诗创作。时代风潮的荡涤冲击、传奇生活的强力吸引和投身斗争激流的切身经历，都迫使父亲不能不以诗歌，乃至长诗和组诗来抒发炽烈、绵长的情思；而在1942年之后，由于陷身沦陷区与直接的战斗相隔绝，孤寂苦闷的生活则让他有更充裕的时间和更迫切的欲求来作内心审视和拷问，于是，散文诗创作也就更显得得心应手了。1942年至1945年，仍然是父亲诗歌创作的丰收期，而其创作激情却源于此前的亲身经历，是前期丰沛情感的绵延，但经过时间的积淀和过滤，变得愈加晶莹剔透了。如果说，诗歌长于抒情，而散文诗擅于捕捉心灵的微动并作智慧的哲思，那么，散文诗是与父亲的天性更为吻合的。也正是在这一期间，散文诗开始成为父亲主要的抒情方式。

在父亲的散文诗中，有跣脚蓬头，把自己血红的心埋进土穴，播撒爱的种子的"播种者"；有背着"责任"的行囊，风霜雪雨永不休止地走向不可知的远方的"投宿者"；有站在人类的神秘的门外，固执地拷问着灵魂的"诘问者"；有手拿魔术的钥匙，开启幻想之门，却无力改变痛苦的世界的"魔术师"；有穿行在荒凉的夜野，求取点燃思想之光的"火种"的"取火者"……一个个生动的形象，凝聚着父亲对人的价值和生活的意义的思考。

散文诗组诗《叶丽雅》和《黎纳蒙》写于1947年初。其时，《浙江日报》自丽水迁杭州后被当局接管，父亲失业，只得帮母亲编辑《妇女周刊》。一家八口挤在仅六平方米的蜗居里，每当夜深家人熟睡后，父亲才能在昏暗的灯光下开始写作。窘迫的生活并不能拘囿诗思的飞翔，相反却催生了叶丽雅这一春光灿烂的少女形象："雪已经融化，太阳已经出来，叶丽雅，天色不会再阴黯无光。出来走走，叶丽雅，把你的脸朝向阳光，把你的心朝向阳光，像那些初春的花木一样，把你的喜悦洒向阳光。"诗人热情召唤阳光般纯净的少女,领她走进春阳铺洒的晴野,去领悟自然带给她的生命启示。在诗人笔下,叶丽雅就是"我",就是初春的大自然,是生命,是爱,是人生理想。

这是纯情的自然流泻,是无技巧的技巧,它不事雕琢地将生命化入一个整体象征之中。很难想象,那靠食粥度日的潦倒困窘,竟能孕育出如此明丽、舒展的诗篇。在组诗《叶丽雅》写了几篇后,父亲开始构思创作另一组散文诗《黎纳蒙》。叶丽雅太纯真了,诗人不忍心将过分阴暗的人生和沉重的思考压在她身上;而黎纳蒙是深沉、忧郁的,他无情剖露出一代知识分子深刻的内心矛盾。

《剧终》是一篇构思巧妙的散文诗。舞台上,沉重的帷幕缓缓落下,隔断了剧中人与观众的一线联系。人们离开座位,或携了情人,或带着孩子,从剧院散场出来。剧院空洞洞的,像个古墓,遗落下一个老人和一个少年。老人是个聋者,这是他生命中最后一个冬天,最后一次听戏。这时,进来一个老妇人,她掌着蜡烛,俯身在长椅间寻觅着什么……

"人生如戏场",正如年轻人从舞台上看到各色各样的人生故事,老人是亲身经历过各色各样的人生故事,舞台上的演出,只是让他重新撷拾起一个行将终结的生命的往昔。可是,"在散了夜戏的剧院中,借着一点烛光又该找寻些什么遗落了的东西呢?"太多的磨难和历练,使父亲过早告别了青春,他的散文诗也因此显得更加深沉、博大、厚重。

解放了,父亲满怀希望迎接曙光照临。这正当他创作旺盛期,本该纵情放歌,可是,他和绝大多数老作家一样,哑默了。牢狱和穷困未能窒息父亲的诗情,而此时,他竟放下握惯了的笔,并告诫子女不要学文学。父亲潜心教书,把自己的学识、自己的热爱、自己的心血都倾注给了学生。

在我儿时的记忆中,就没见到父亲写诗。每年寒暑假,父亲从杭州回来,肩上一前一后背着旅行包,手提大网袋,吃力地推门进来,孩子们就冲上来把父亲围住了。大家争着和父亲拥抱,期待着父亲像变戏法那样变出礼物来。只有二妹躲在楼梯口怯生生地偷窥,父亲一招呼她,就又赶紧缩回楼上去了。

尽管家里有好多孩子,并不寂寞,父亲的到来还是突然间增添了阳光和欢乐。每年,父亲都要带孩子们上"露天"或"南洋"拍"全家福",母亲就得想方设法给每个孩子弄新衣服穿了。每当傍晚,夜幕降临,歌声就会从家里升起。先是父亲母亲唱,接着大哥大姐加入了,再接着是全家合唱、二重唱,唱卡秋莎,唱山楂树,唱红梅花儿开……俄罗斯民歌一支接着一支。这也是大家最陶醉、最开心的时候。夜晚,孩子们又争着要挤到父母的床上睡觉。妹妹享有特权,自然可以睡在父母的中间,而我们几个稍大的就只能挤在脚下头。可是,一到清晨醒来,我们又像打地道那样,偷偷从被筒内钻过去,挤到父母身边,缠着让父亲讲故事。

父亲是慈爱的,平静的。我并没有意识到,放弃写诗对于父亲意味着什么;没有意识到,"不要学文学"所隐含着的酸楚。然而即便这样,在文化大革命期间,父亲仍然没能逃脱劫难。

直至80年代初,整整相隔30年,65岁的父亲才又回到那个属于他的世界。"一天,我独坐室内,双目微闭,呼吸平匀,浮动的思想慢慢沉淀下来。这时,我在似梦非梦之中,出现了幻觉,仿佛觉得诗精灵突然重来访我。我一觉惊起,失去的幻觉仍历历在目。于是我便把这幻觉,用文字描在纸上。"复归文坛后的父亲,第一首散文诗就是《幻觉》:

一个春雨过后的黎明,披着雾般薄纱的诗精灵无声地来了。"她好像要对我说什么话,然而却没有说出来;又好像要对我唱什么歌,然而却没有发出歌声。"而"我仿佛认识她,但又觉得陌生;好像是同她初次见面,但又依稀记得曾经同她熟识过。我在记忆里不住地寻觅,但我又茫茫然,似乎失去了一切记忆……"30年的漫漫岁月足以抹去人的记忆,令歌喉暗哑,令诗情熄灭,而父亲却终于重新开始了他的歌唱。

父亲的心胸是开阔的。他剥露出风度翩翩、气宇轩昂的"圣人"的真实嘴脸;关爱着麦田里劳倦而安谧的"吹麦笛老人";赞美着按心灵的节拍,教孩子诵读诗歌的"山村女教师";悲悼那为革命奔走却被冤狱夺去生命的友人；同情又鞭挞那扮演着帝王、将军、学者、慈善家、骗子等各种角色，在灵魂离开肉体后都不再认得自己的"假面演员"；甚至是草木虫鸟，都能拨动父亲的心弦，引发绚烂、邈远的诗思。他思考着：什么是富有，什么是满足，什么是真理，什么是幸与不幸；他倾听着生命的微语和自己的灵魂的声音；他歌唱着暮年情歌并怀念着初恋的记忆；他叩响沉睡的窗口，努力唤醒酣梦中的人们……是的，在"季节交替的时刻"，父亲是个辛勤的耕种者，父亲的心则是一片孕育诗篇的"沃土"。

在谈到散文诗创作时，父亲说："我实在不知道应该把它称作什么——散文吗？我似乎在写诗；诗吗？我似乎在写散文；散文诗吗？我似乎又在写寓言，写童话，写故事，写小说，写戏剧的独白，写电影的分镜头，写读书后的感想，甚至写议论文……"在拓展散文诗的内容和形式上，父亲付出了自己一生的心血，直至他生命的最后一息。

父亲是"诗国的流浪汉"。他无权，无势，无钱。衣袋中空无一物，背囊里仅有一卷诗，一束稿，一支破笔。可是，他又是最富有的人，享有无边无垠的金色王国。在新旧两个时代，父亲都曾被目为"闯入者"；可是他又拥有倾心相与的朋友和学生，关爱他的亲人。而他那些写在"绿叶上的诗"，仍将自晨至暮，自春至冬，经受着春阳，夏雨，秋风，冬雪……

（作者单位：温州大学人文学院）

附：莫洛年表

孙良好　吴红涛　整理

1916 年　出生

阴历 4 月 17 日，生于浙江省温州市百里坊口著名的马宅，取名为马骅，字瑞蓁。

马家系温州望族，据传说远祖为明朝灭亡后流落此地的皇族后裔。关于马姓主要有二说：一说为避祸而从马皇后姓，另一说是朱姓王孙从皇宫离散前分过一副御用的金棋子，约定日后相会时以此为证，马家始祖因分到"马"而改姓马。马家始祖先行医，后世代为文。

祖父马兰笙是著名的书画家，因子女众多，从生计考虑实施"因材施教"，书画传给艺术天分较高的二房马祝眉，后马祝眉的儿子马孟容、马公愚均成书画大家；其父马寿朴，字剑三，在家排行第三，少时聪敏，随父亲读点诗书，能背诵《千家诗》，从事商业；母亲伍氏，没读过书，天性聪慧贤淑，多愁善感，终生信佛。伍氏共生子女 7 人，马骅最小。

1922—1928 年　6—12 岁

先后入中府前小学、第一高等小学和省立十中附小就读，十中附小师资好，每逢周末都有文艺演出，马骅最初的写作和表演都从这里开始。期间，订阅《小朋友》杂志，爱读安徒生、爱罗先珂的童话故事，也爱读叶圣陶的《稻草人》和夏丏尊翻译的《爱的教育》。

1928—1930 年　12—14 岁

入教会学校艺文中学读初中，后因学校停办转考省立十中，两次未能考取，入开明补习社，第三次终于考取。

1930—1933 年　14—17 岁

入省立十中初中部就读，开始阅读《红楼梦》、《三国演义》、《水浒传》等中国古典小说，新文学作家中特别喜欢巴金的小说，并尝试诗歌创作。一度负责编辑《瓯海民报》文艺副刊《星星》，后副刊转入《温州新报》。1932 年春在《十中学生》上发表第一首诗作《春尽花残》。因初中会考英语、数学不及格，又到开明补习社，补习期间爱上了中国古典诗词，尤喜李清照。

1934 年　18 岁

入温州中学高中部就读，期间参与赵瑞蕻、马大恢等组织的"野火读书会"，该读书会主要介绍爱国主义书籍及社会科学知识，后编辑《野火壁报》。

同年，在学生刊物《明天》发表《扒垃圾的老人》，这是第一篇发表的散文。

1935 年　19 岁

在温州中学发动学生爱国救亡运动，响应北平的"一二·九"学生运动。

同年，被选为学生自治会学术股长，并担任学生刊物《明天》第六期的编辑。

1936 年　20 岁

因领导温州学生运动，被学校开除，又遭政府通缉，流亡上海。

10 月，在上海听闻鲁迅逝世，极度悲伤，与温州一些同乡、同学及其他文学爱好者前往瞻仰鲁迅遗容与送殡，并收集和剪存各种报刊对鲁迅的悼念资料，这些珍贵资料在鲁迅逝世 50 周年后整理出版。

1937 年　21 岁

7 月，在上海民光中学毕业，"七七"事变发生，温州党内同志来信要求立即回温。同月，创作《走向红色的边城——寄彦霖》，此诗经国民党"永嘉区图书杂志审查委员会"审查时，不允许用"走向红色的边城"作标题，故改为《寄彦霖》发表。

8 月，从上海回到温州，在温州组织"永嘉战时青年服务团"，进行抗日宣传。本月加入中国共产党。

1938 年　22 岁

与唐牧、胡今虚、孙哲文组织"海燕"诗歌社，编辑诗歌期刊《暴风雨》。此刊仅出了两期，第一辑名为《海燕》，第二辑名为《风暴》，遭国民党县党部查禁，被迫停刊。

8 月，作赠别诗《寄语》和政治抒情长诗《叛乱的法西斯》，后者发表在共产党内刊《生线》上。

9 月，作诗《黄昏》、《变》、《梦》和《夜声》。

10 月，作诗《乡愁》。

1939 年　23 岁

2 月，母亲在温州病逝。出版诗集《叛乱的法西斯》，该书作为《海燕诗歌丛书》第一种在温州出版，全书共收诗 15 首，其中唐牧 4 首，孙哲文 4 首，胡今虚 3 首，莫洛除了长诗《叛乱的法西斯》外，还有 3 首诗，篇幅占了全书的二分之一以上。

3 月下旬，作《祖国啊，跨向自由的春天》，发表于上海钱君匋、李楚才主编的《文艺新潮》。

10 月，《暴风雨诗刊》第一辑《海燕》出版，编校后记如此描述："……浙东沿海风云的骤变，像浓厚的雨云遮住了太阳，一切都显现了空前的恐怖。温州全城曾经一度变成阴森的死城，隆隆的炮声的威胁，敌机炸弹的狂炸，使《暴风雨》在孕育期中，就怀了一身的硝烟气———她是在爆炸声和炮轰声中长大的。"

同年还编辑月刊《战时商人》。

1940 年　24 岁

3 月，在温州作诗《路》，作系列散文诗《晚霞——太阳》，后者发表在《浙江妇女》上。

初春，由于温州政治形势恶化，出于安全考虑，被党组织安排到瑞安韩田一所小学里工作。既要教书，管理学生，周六还要给全校学生讲故事。学校仅有两名教员，另一位是庄竞秋老师。庄由于身体状况不好，不久后回温州。由于人手不够，此前已与其恋爱的林绵被调到韩田。

5 月，诗《路》刊于《暴风雨诗刊》第二辑《风暴》。

暑假，和林绵回到温州。8 月 1 日，与林绵共结连理。

婚后不久，接党组织通知离开温州，与妻及林敏坐船到青田海口，欲经海口坐新四军军用卡车直达皖南。但因载运物资尚未购买齐全，军车须在海口停留两天。次日，被特务盯梢，于是马上到埠头雇船，全身裹上被单，装成患急症的病人，返回温州，与外界隔绝。

一个月后，党组织通知带上四个同志再度去皖南，包括谷超英、陈易、柯干华和另一个女同志。途中虽几次遭到盘查，最终成功抵达目的地，并直接到丁家山中共东南局，向曾山同志报到。

在新四军驻地,与同乡老友叙旧;同时,找到了此前"以诗会友"的诗人辛劳,见到了《渔光曲》的作者任光,并听取了项英同志的报告。

11 月下旬,被安排进入第一批北移部队,途中在丹阳农村工作半个多月,遇诗人亚丁,期间创作组诗《月亮照在江南》,现仅保留其中一首《小河》。

半个多月后,打扮成小买卖商人,继续北上。渡长江,途经扬中岛,抵达江北;经泰兴、泰州、海安、东台等地,抵达盐城。

12 月,作诗《渡青弋江》。

1941 年　25 岁

在苏北盐城开办的教师学习班工作,后被分配到县立盐城中学教书并担任训育主任,与诗人黄凡和王远明同事,由于学校条件简陋,三人共同住在一个破旧的祠堂里。

春,作诗《晨》,后发表于上海的《述林文艺丛刊》并作为该集的书名;作诗《枪与蔷薇》,后发表于上海《新路文艺丛刊》第一集并作为该集的书名。

4 月,在盐城袁家河写完 600 多行的抒情长诗《渡运河》。

暮春,创作诗歌《陈毅同志》。

夏,作诗《射阳河岸上的向日葵》。参加"活动分子大会",听取刘少奇作的报告。

暑假,经党组织同意回温州接妻子至盐城。回温途中,与同事王远明路经上海,为办通行证和防疫证,在上海滞留近两个月。期间,寓居堂哥马公愚处,常参加当地一个诗歌组织"行列社"的座谈会,与诗人朱维基、蒋锡金、唐向青及戏剧家、翻译家芳信交往较多。

8 月,在上海作诗《母亲》、《山店》,后者并发表在《上海诗歌丛刊》上。

10 月,辗转回到温州,在隐蔽状态中作组诗《光》。

11 月,诗《陈毅同志》发表于上海的《奔流新集之一·直入》。

12 月,诗辑《光》(含《闪电》等 5 首)发表于福建王西彦主编的《现代文艺》第 4 卷第 3 期。

1942 年　26 岁

1 月,作散文诗《钟》,发表于江西上饶出版的《前线日报》副刊《战地》,署名"林渡"。

2 月,作散文诗《枇杷树》,发表于江西上饶出版的《前线日报》副刊《战地》,署名"林渡"。

3 月,作诗《战马》、《旗》,散文诗《在普希金铜像前》发表于江西上饶出版的《前线日报》副刊《战地》,署名"林渡"。

春天,创作散文诗《夜哭》、《播种者》。

4 月,作组诗《我们渡过长江》、《工作》、《风雨三月》、《晨晚二唱》和抒情诗《雀霉酸》、《晨颂曲》等;作散文诗《勇士》、《说谎者》、《孤独者》、《著作家》、《诘问者》、《魔术师》。

组诗《风雨三月》发表于广州野曼主编的《新世纪》。

5 月,作组诗《太阳系》。

8 月,诗《工作》发表于《现代文艺》第 5 卷第 5 期。

深秋,作诗《竹筏》。

12 月,作诗《海与人生》。

本年,创作的重要作品还有诗歌《蜘蛛与暴敌》、《渴望》、《星与斗士》、《航海者》、《哺育后一代》;散文诗《山寺》、《二鸟》、《失眠者的夜歌》、《投宿者》、《英雄与苍蝇》、《心的填补》、《海边》、《未锁的门》;寓言《鹰和鹅》等。

1943 年　27 岁

1 月,由于叛徒夏巨珍的出卖,深夜在温州家里被捕。散文诗《浪子回家》、《记忆之囊》与《梦的摇篮》发表于丽水出版的《东南日报》副刊《笔垒》。创作散文诗《爱的种子》、《老鞋匠》。

春天，出狱后在温州朱彭巷老屋创作散文诗《斑歌鸟》。

暮春，应严北溟邀请赴丽水编辑《浙江日报》副刊《江风》和《文艺新村》，在碧湖赵村作诗《马缨花》。

4月，作散文诗《水手》、《盲者》、《黄金》、《笔》、《读书》、《呼吸》、《寻觅》、《纸船》、《歌唱与飞翔》等。

5月，读 J. E. Flecker 的诗《一只红雀》而创作散文诗《红雀》，同月，还创作有诗歌《梦恋》、《河滨》；散文诗《取火者》等。

6月，以歌雷为笔名创作散文《无罪的囚徒》，反映狱中生活。作诗《闸》。

8月，在丽水碧湖赵村因思念妻子林绵创作《恋歌》，此诗曾由侯家声配曲，在浙南一带流传，曲谱今已佚失。同月，读波德莱尔的《音乐》而创作的散文诗《歌的海洋》，以笔名"海旅"作散文诗《谁敲我的窗》。

10月，在丽水碧湖赵村创作长诗《田间》。

12月，作诗《驴子》。

冬天，创作散文诗《夜，醒着的和睡着的》。

本年主要作品还有散文诗《窗前》、《叫喊出来的……》、《山花》。

1944 年　28 岁

1月，在丽水碧湖创作散文诗《少女与婴儿》、《圣火》。

3月，诗辑《太阳系》发表于广西桂林胡危舟主编的《诗创作》第 19 期。

4月，在丽水碧湖创作《牧者自歌——一个牧人自述的故事》。

6月，在丽水碧湖创作《诗人的节日》。

7—9 月，作诗《想像》、《寂寞》、《静》、《幻觉》和《年龄》，先在《浙江日报》副刊发表，后又在福建永安出版由王西彦主编的《改进》上刊出，发表时借用"林绵"署名。

9月，创作散文诗《中秋夜》。

10月，作诗《羽书——寄林绵》、《风雨夜》、《呼喊，赞颂，战斗》。

秋，作组诗《少妇之歌》和抒情诗《给母亲们》，作散文诗《罗莉蕾》、《遐思——寄给我的亲人》。

11月，作诗《爸爸的故事——寄我的大儿子暖暖》。

冬，作散文诗《飘雪的日子》。

1945 年　29 岁

2月，创作组诗《黑屋》，由张怀江作图，抗战胜利后发表于上海沈子复主编的《月刊》，署名莫洛。作诗《和风游戏》、《写诗的夜》。

3月，作诗《夜半》、《镜子》、《晚霞》，作散文诗《死者与花》。

春，创作散文诗《披花的少女》。

4月，在龙泉宫头杉树园作诗《歌唱》。

初夏，作诗《谷地小诗》和《月亮和木屋》，后者由版画家贺鸣声配了同题木刻。

6月，作诗《流浪汉》。

7月，作诗《落花》、《夏风》、《萤火虫》、《心》、《醒着的窗子》、《微语》等。

9月，作散文诗《生命树》、《醒着的窗子》、《微语》、《珍珠与蚌》、《时间》、《柱》、《风》、《种子》、《夜野》、《骆驼》、《土地》、《静》等。

10月，随《浙江日报》迁杭州；作散文诗《生命》。

本年,还有诗作《我的歌》、《窗》、《花草》、《酿蜜》、《蜜蜂》、《声音》、《爱情》、《少女》、《信仰》、《阅历》。

1946 年　30 岁

春,在杭州作《欢迎的期待》。

5 月,诗《欢迎的期待》发表于上海魏金枝主编的《文坛》月刊第 1 卷第 3 期。诗《掷给叛徒》、《赠流浪者》发表于广州野曼主编的《文艺世纪》第 1 卷第 2 期。

7 月,读屠格涅夫的《我们要继续奋斗》而创作散文诗《路上》。

9 月,创作《眼睛——致诗人朱维基》。

本年,还有诗作《我的诗的产生》和散文诗《鼠爪》。

因《浙江日报》被国民党接收,在杭州失业。其后曾去南京《益世报》晚刊工作了一个多月,不久,同诗人陈流沙一起被解聘。

1947 年　31 岁

1—2 月,作系列散文诗《叶丽雅》和《黎纳蒙》。前者包括《大爱者的祝福》、《花束》、《窄门》、《囚苗》、《信》和《血的花瓣》,发表于《浙江妇女》;后者包括《倦旅》、《海岛》、《蚯蚓》、《凭眺》、《白夜》、《峻坂》和《传递》,发表于《东南日报》副刊《笔垒》。

6 月,作散文诗《闯入者之歌》,发表于《东南日报·笔垒》,署名苏依。同月,还作有散文诗《城堡》。

7 月,创作散文诗《过客》。

本年的重要作品还有散文诗《生命被审判》。

1948 年　32 岁

在温州工业职业学校担任国文教员兼训导主任。

2 月,在温州作散文诗《圈外》、《寂寞》、《剧终》、《暮雨》。

5 月,诗集《渡运河》作为《森林诗丛》之一由上海星群出版公司出版,不久,唐湜即在《诗创造》诗论专号《严肃的星辰》上予以高度评价。

8 月,作散文诗《地狱里的眼睛》,发表于张禹主编的《联合周报》,署名苏依。

9 月,散文诗《生命被审判》发表于上海的《中国新诗》并被用作该集的书名。《呈献了血和生命的作家们》发表于郑振铎、李健吾主编的《文艺复兴》"中国文学研究号"(上册),后又以《陨落的星辰》为题连载于沈寂主编的《春秋》。

11 月,散文诗集《生命树》作为尹庚编辑的《光与热丛刊》之一由上海海天出版社出版。

12 月,《校对员》发表于杭州出版的《今文艺丛刊》第一辑。

冬,作散文诗《再嫁》。

1949 年　33 岁

1 月,经沈寂的推荐,文艺传记集《陨落的星辰》由上海人间书屋出版,书中记载了 1937 年至 1948 年间死难的 136 位作家、诗人、翻译家、艺术家、记者、哲学家、学者的情况。

2 月,唐湜在温州作《生命树上的果实》品评散文集《生命树》。

5 月 7 日,温州解放,开始担任《浙南日报》副刊《新民主》主编,写了不少诗,后来编成诗集《人民的旗》,因出版社受"胡风事件"牵连未能出版。

本年还参与创建温州市新华书店。

1951 年　35 岁

被选为温州市文联主席,并担任温州中学副校长。

1954 年　38 岁

调往杭州浙江师范学院(后合并入杭州大学)中文系任教,前后达二十余年。

1955 年   39 岁

因"胡风分子"嫌疑在浙江师范学院受到隔离审查,后因缺乏证据以"思想受胡风影响"草草作了结论。

1956 年   40 岁

4 月,父亲在温州逝世。

分析鲁迅《故事新编》的《理水》和《铸剑》的文章发表于《东海》创刊号,该文后被人指摘为影射毛泽东。

1957 年   41 岁

4 月,寓言《蟑螂先生和囊鱼教授》和《一颗自命不凡的红枣》载于《浙江日报》。

在反右运动中被浙江师范学院中文系个别领导列为"右派分子",差点遭到灭顶之灾,幸亏当时浙江省委宣传部领导陈修良"坚持原则"才免于受难,但陈修良不久却被戴上"极右分子"的帽子。

1960 年   44 岁

本年,在杭州大学中文系开设写作课,这是浙江省第一次在高校里开设写作课程。

1966 年   50 岁

文革中被作为"漏网胡风分子"惨遭迫害,关"牛棚",经常受批斗。

1973 年   57 岁

组诗《太阳系》被选入采刈主编的《中国新诗》(1918—1969),由香港波文书局出版。

1974 年   58 岁

《祖国啊,跨向自由的春天》、《风雨三月》(组诗)、《黑屋》(组诗)被选入张曼仪等合编的《现代中国诗选》(1917—1949)第二册,由香港大学出版社、香港中文大学出版部出版。

1975 年   59 岁

组诗《工作》、《黑屋》被选入尹肇池等主编的《中国新诗选》(从五四运动到抗战胜利),第一版由香港大地出版社出版,第二版由香港海山图书公司 1983 年出版。

1976 年   60 岁

粉碎"四人帮"前两个月从杭州大学离休,回到温州。

1977 年   61 岁

被聘请到温州教师进修学院教中国现代文学与写作,编写教材《写作基础知识讲话》,在此教书前后达七年。

1980 年   64 岁

9 月,为诗集《我的歌朝人间飞翔》写作后记之一。

1981 年   65 岁

3 月 22 日,在温州重新恢复写作,第一篇作品为散文诗《幻觉》。同月,还有作品《魔鬼的花园》、《刽子手与圣人》。

4 月,作散文诗《有一个诗人》、《先行者》、《母鸟带着小鸟旅行》、《心笛》、《艺术家和他的梦》。

5 月,作散文诗《假面演员》。

6 月,作散文诗《神和假神》。

10 月,修改散文诗《先行者》。

1982 年　66 岁

1 月,《鹰和鹅》、《雁给乌龟言论自由》入选金江编《中国现代寓言集锦》,由江苏人民出版社出版。

3 月,作散文诗《心扉》。

4 月,为散文诗集《梦的摇篮》作后记。

5 月,修改散文诗《窗前》。

6 月,诗歌《校对员》入选圣野、曹辛之等选编的《黎明的呼唤》,由四川人民出版社出版。

10 月,作散文诗《三个故事——命运的抉择》。

1983 年　67 岁

1 月,为散文诗集《大爱者的祝福》写作后记。

2 月,作散文诗《季节交替的时刻》、《两个雕塑家》、《晨晚小唱》。

3 月,作散文诗《梦的启示》、《期待》。

4 月,作散文诗《睡与醒》、《夜,孕育了黎明》。

7 月,作散文诗《遥远的挽歌——悼念孙经邃同志》、《绿叶上的诗》。

11 月,将部分散文诗结集,名为"夜草",后经编辑建议,改为《大爱者的祝福》,并作为《红岩丛书》之一种由重庆出版社出版。书中收入的散文诗,多发表于解放前的《浙江日报》副刊《江风》,《文艺新村》和《浙江妇女》;《东南日报》的《笔垒》;文艺刊物有《文艺复兴》、《文艺春秋》、《春秋》,以及近几年的《江南》、《春草》、《东海》和《厦门日报》副刊《海燕·散文诗专页》。

12 月,散文诗《先行者》入选郭风主编的《榕树文学丛刊》4(诗歌·散文诗合辑),由福建人民出版社出版。

本年,还有诗歌《祖国啊,跨向自由的春天》入选台湾《现代文学》复刊第 21 期第三辑《抗战诗选十八家》,该杂志社长白先勇,编辑姚一苇。

1984 年　68 岁

3 月,散文诗《心扉》、《心笛》入选何寅泰等编《浙江当代作家创作选》,浙江文艺出版社出版。

4 月,作散文诗《春醉》。

6 月,作散文诗《生命的歌没有年纪》。散文诗集《梦的摇篮》由花城出版社出版。

9 月,作散文诗《大海的呼吸》、《海鸥呼唤着大海的名字》、《我是一粒沙》。

10 月,在宁波至温州的 604 轮船上作散文诗《醒来的记忆》、《某诗人》,作诗《歌》。

11 月,在杭州作散文诗《天门开启的时候》、《一棵老树》、《诗的王国》、《农村的夜晚》、《日出》、《追求》、《微笑》。

12 月,《四行小诗四首》(《笔》、《沙漠》、《渡船》、《溪流》)入选西南师范学院中文系编写的《中国现代抒情小诗选》,该书由重庆出版社出版。

本年主要作品还有散文诗《生命的歌没有年纪》、《我是一粒沙》、《泡沫集》。

《论散文诗的创作》刊于浙江写作协会编写的《写作研究论文集》。

1985 年　69 岁

1 月,为悼念孙席珍教授而作《诗祭》。

2 月,《播种者》、《勇士》、《读书》、《圣火》、《心笛》等散文诗作入选孙玉石、王光明编选的《六十年散文诗选》。

8 月,作散文诗《最赞美的歌》。

9 月,诗作《欢迎的期待》、《陈毅同志》入选重庆出版社出版的《中国四十年代诗选》。

10月，作散文诗《在东漈溪边的沉思》、《石夫人》、《海航》。

本年主要作品还有散文诗《在父母墓前》、《路》、《雨丝织进梦境》、《生命的颂乐》等。

1986年　70岁

4月，《孤独者》、《生命树》、《珍珠与蚌》、《花束》、《峻坂》等入选俞元桂主编《中国现代散文诗选》，由四川文艺出版社出版。

5月，乘车自杭州赴京时作散文诗《火车集》。

6月初，在北京创作散文诗《眷念——致骏哥》、《悼歌——低声唱给朱惠听》、《鼓楼集》；回温州后，作散文诗《献出你无私的爱》、《真诚的泪》、《真，主宰一切》、《你的歌我已忘记》、《我的心是一片沃土》、《握手》、《诗人集》。

同月，与胡今虚一起辑存《鲁迅逝世五十周年纪念》。

7月，在北戴河中国作家协会"创作之家"作散文诗《北戴河集》。

8月，在从济南至上海的火车上作散文诗《晨会》，从上海至温州的繁新轮上作系列散文诗《海上集》。

9月，作系列散文诗《吹麦笛人手记》、《南窗集》。

10月，作系列散文诗《水珠集》；作散文诗《我的名字同小草在一起》、《诗人与国王》；作散文诗《倾听》、《期许》、《老人》、《生命的微语》，后发表于南昌的《星火》上。

10—12月，因病住进温州第二医院，住院期间创作系列散文诗《病中吟集》和《水上花瓣》以及散文诗《伴奏》、《风啊！风啊！》、《爱》、《船》、《爝火》、《山泉》、《积淀》、《两座山的对话——华盖山和积谷山》、《美》、《松与草》、《三枝花》、《雨景》、《祖国》、《冤魂来访》、《诗魂归来》、《幸与不幸》、《死神的女儿》、《断枝树》、《闯入者》等。

1987年　71岁

2月，作散文诗《我是太阳月亮星星》、

3月，作散文诗《理解》、《友谊，让它飞翔》、《老人与落叶》。

9月，作系列散文诗《没有音符的短歌》，发表于乐清文联主编的文艺季刊《箫台》。

10月，作散文诗《真理，她没有名字》、《万家灯火》和系列散文诗《哑歌》。寓言《一颗自命不凡的红枣》入选《百家寓言选》，未来出版社出版。

11月，作散文诗《一瞬》、《美丽的百岛》、《今晚月色澄鲜》。

12月，作散文诗《仙叠岩》、《叩问》、《岩上树》。《假面演员》、《魔鬼的花园》、《生命的歌没有年纪》、《夜唱》、《昼歌》入选李耕等编的《十年散文诗选》，由作家出版社出版。《珍珠与蚌》、《读书》入选郭风选编的《散文诗选》（中学生文库），由上海教育出版社出版。

本年，骆寒超的《论莫洛的散文诗创作》发表于《探索》第1期，后收入《骆寒超诗论集》，浙江大学出版社1991年出版。

1988年　72岁

1月，作散文诗《满足》、《我是诗国的流浪汉》、《吹麦笛的人》。

2月，作散文诗《蝙蝠》、《叩开梦之门》。

3月，作散文诗《雷雨》、《四月》、《夕照》。

4月，作散文诗《心灵的天平》、《百年之后》、《塑像》、《太空船》、《月下》、《我养的鸟儿都不歌唱》、《溪卵石》。

5月，作散文诗《星空》。

6月，作散文诗《醉汉》、《赌徒》、《野草》、《人生》、《灵感》、《诗》、《船长》、《赞美》、《一切都会过去》、《山村女教师之歌》。

8月，散文诗《圣火》入选宫玺选编的《中国现代散文诗100篇》，由上海文艺出版社出版。《蜜蜂和乌龟》入选金江主编《中国当代寓言精品》，由中央民族学院出版社出版。

11月，作散文诗《江心孤屿》、《生的画册》、《静之国》、《心的世界》、《追寻》、《蝉》、《窗口》、《黄叶》和系列散文诗《暮年情歌》。

12月，作散文诗《问候》。诗歌《祖国啊，跨向自由的春天》入选吴奔星主编《中国新诗鉴赏大辞典》，该书由江苏文艺出版社出版。

本年还有散文诗作《爱与恨之歌》。

1989年　73岁

1月，作散文诗《神问：你富有吗?》、《圣徒与恶魔》。

2月，作散文诗《假如……》；寓言《神问，你富有吗》，刊于《温州日报》。

5月，《蜜蜂和乌龟》、《狗割了尾巴跟鹿跑》入选柯玉生主编《中国新时期寓言选1977—1986)》，由浙江少儿出版社出版。

6月，组诗《光》入选臧克家主编的《中国抗日战争时期大后方文学书系》第六编诗歌第二集，由重庆出版社出版。

8月，作散文诗《玻璃钢奏鸣曲》。

9月，改定散文诗《我是诗国的流浪汉》。

11月，《暮年情歌》前四章发表于江西的《星火》。《蜜蜂和乌龟》入选金江主编《世界寓言精品500篇》，由黑龙江少年儿童出版社出版。

12月，作散文诗《留给大若岩的踪迹》，后收入林斤澜等编《初识楠溪江》，由中国旅游出版社于1992年出版；入选戈悟觉主编的《温州历代山水诗文选》，由作家出版社1998年出版。《蟑螂先生和囊鱼教授》、《蜜蜂和乌龟》、《割了尾巴跟鹿跑的狗》入选仇春霖主编的《当代中国寓言大系》，由辽宁少年儿童出版社出版。

本年还作有诗《静夜抒怀》，发表于香港王伟明主编的《诗双月刊》。长诗《渡运河》入选由瑞典汉学家马悦然主编的《中国文学选读指南1900—1949》诗歌卷，同时收入马大任教授所作作者传略。

1990年　74岁

1月，作散文诗《我听见我的心说……》

2月，作散文诗《小花朵之歌》。

5月，个人资料被收入四川文艺出版社出版、张曼仪与黄继持等合编的《中国当代诗人传略》。

6月，郭蕊作《莫洛和他的〈暮年情歌〉》发表于《温州文艺》第3期，后收入郭蕊诗文集《人生·友谊·爱情》，群言出版社1995年出版。

8月，散文诗《草叶上的珍珠》发表于黄岩市《桔花》第4期。

11月，《大爱者的祝福》、《时间》入选强弓选编的《中外名家散文诗选》，由浙江文艺出版社出版。

12月，组诗《黑屋》其一入选唐祈主编的《中国新诗名篇鉴赏辞典》，由四川辞书出版社出版。《欢迎的期待》入选臧克家序、孙党伯编选的《中国新文学大系》(1937—1949)第十四集诗卷，由上海文艺出版社出版。《播种者》入选王光明选析的《中外散文诗精品赏析》，由花城出版社出版。

1991年　75岁

5月，《神问，你富有吗》入选金江主编的《寓言新作100篇》，由辽宁少年儿童出版社出版。

6月,散文诗《季节交替的时刻》、《默恋》入选郭风主编的《中国百家散文诗选》并撰写"散文诗我见",该书由贵州人民出版社出版。

10月,《在回忆的路上重逢》收入谷向阳主编的《中国名人谈少儿时代——寻春之路》,由北方妇女儿童出版社出版。

1992年　76岁

1月,《月光曲》、《记忆从我心中升起》入选郭风选编的《中国散文诗》,由湖南文艺出版社出版。

3月,《陈毅同志》、《工作》、《渡运河》、《山店》入选阮章竞主编《中国解放区文学书系》诗歌编,由重庆出版社出版。

4月,《播种者》、《生命被审判》、《生命的歌没有年纪》、《夜唱》、《昼歌》入选许淇等主编《中外散文诗鉴赏大观》(中国现、当代卷),由漓江出版社出版。

9月,《黑屋》(三首)入选丁慨然主编的《中国新诗人成名作选》,由中国国际广播出版社出版。开始创作系列散文诗《苏亦曼》。

1993年　77岁

12月,《播种者》入选黄来仪等主编温州市初级中学乡土教材《语文》,由人民日报出版社出版。

1994年　78岁

6月,《诘问者》、《梦的摇篮》、《珍珠与蚌》入选张俊山主编《古今中外散文诗鉴赏辞典》,由中州古籍出版社出版。

8月,《苏亦曼三章》(《早春》、《记忆》、《秋色》)刊发于刘燕及主编《诗之国》1,由广西民族出版社出版。

11月,修改散文诗《我是一粒沙》。

1995年　79岁

2月,寓言《鹰和鹅》、《雁给乌龟言论自由》、《英雄与苍蝇故事之一》、《英雄与苍蝇故事之二》和《猴妈妈给孩子洗澡》分别入选邝金鼻选编的《中国寓言精选》之现代卷和当代卷,由新世纪出版社出版。

4月,作散文诗《生命之灯》。为散文诗集《生命的歌没有年纪》作后记。

5月,作《八十岁老人之歌》,作为散文诗集《生命的歌没有年纪》的代序。《播种者》、《勇士》入选袁峰等编《世界名家散文经典》1卷,由沈阳出版社出版。

7月,作《打开记忆的匣子》,回忆1940—1942年的生活经历。为诗集《风雨三月》作后记。

9月,诗集《风雨三月》由温州市南方印务有限公司印行。唐湜作《风啦,雨啦,风雨三月》予以品评。

10月,散文诗集《生命的歌没有年纪》由浙江文艺出版社出版。《关于木刻家林夫》收入王汝亮主编的《新兴版画之光——忆革命版画家林夫》,由中共党史出版社出版。

12月,《艰苦地学习——关于一年来温州国防戏剧的发展》、《现阶段之温州国防剧运动——关于一年来温州国防戏剧的发展》、《楠溪戏剧特写》、《悼王良俭同志》收入陈寿楠编撰、温州市革命文化史料征集办公室印行的《温州进步戏剧史料集》。

1996年　80岁

4月,《八十岁老人之歌》、《叩开梦之门》、《月下》、《灵感》、《诗》、《船长》、《生存的位置》刊发于刘燕及主编《诗之国》2·3,由中国国际广播出版社出版。

5月,散文诗《幻觉》被选入凌渡主编的《芳野之恋》,由广西民族出版社出版。

10 月,《祖国啊,跨向自由的春天》、《校对员》和《太阳系》入选公木主编的《中国新文艺大系·诗集》(1937—1949),由中国文联出版公司出版,其中《祖国啊,跨向自由的春天》被编者误作雷溅波作品。《晨晚二唱》、《校对员》入选刘福春等编《中国现代经典诗库》第九卷,由北岳文艺出版社出版。

1997 年　81 岁

1 月,《风》入选辛笛主编的《20 世纪中国新诗辞典》,由汉语大辞典出版社出版。《峻坂》、《心笛》入选汪文顶主编《中国散文传世之作》下,由山东文艺出版社出版。

3 月,《静夜抒怀》收入刘福春《新诗名家手稿》,由线装书局出版。《鹰和鹅》、《蜜蜂和乌龟》入选胡鹏南主编的《中外寓言大王》,由上海远东出版社出版。

8 月,《1941 年战场纪事》刊于《诗刊》“枪刺与鲜花——纪念建军 70 周年诗歌小辑”。

1998 年　82 岁

8 月,《播种者》、《勇士》、《读书》、《圣火》、《心笛》、《时间》、《夜唱》、《昼歌》、《月光曲》、《记忆从我心中升起》等入选阵容、张品兴编《二十世纪中国散文诗大观》,由同心出版社出版。

12 月,《黑屋》入选李健等主编《爝火集·东南诗与散文选(1937—1949)》,江西省社科院赣文化研究所编辑出版。

本年,郑超麟改写莫洛的《绿叶上的诗》为旧诗并收入《史事与回忆——郑超麟晚年文选》第三卷,由香港天地图书有限公司出版。

1999 年　83 岁

1 月,骆寒超的《新诗主潮论》作为“中国现代文学研究丛书”之一种由上海文艺出版社出版,书中对莫洛 1940 年代的诗歌创作予以高度评价,称其为苏浙皖根据地诗群中“成就最高”的诗人。

2 月,发病住院。同月,为诗集《我的歌朝人间飞翔》作后记之二。

3 月,《追思伯永》收入张桂生主编《雁荡莹峰——郑伯永纪念文集》,由线装书局出版。

5 月,诗集《我的歌朝人间飞翔》由四川人民出版社出版。

7 月,再次因病住院。

9 月,诗歌《静夜抒怀》、散文诗《睡与醒》收入浙江作协诗创会、浙江诗人之家选编的《新篁诗雨——浙江诗坛五十年》,由浙江文艺出版社出版。《世纪老人郑超麟》收入吉狄马加等主编《百年烟雨图》卷二,由中国文联出版社出版。

本年,浙江省作家协会授予其“浙江当代作家 50 杰”称号。

2000 年　84 岁

1 月,《鹰和鹅》、《蜜蜂和乌龟》入选刘绍本主编《百年儿童文学精品库·寓言卷》,由知识出版社出版。

7 月,作《回忆·爱情·散文诗》,作为散文诗集《闯入者之歌》的后记。

9 月,《读书》、《播种者》分别入选尹世霖主编的《中国初中生诗歌阅读指导大全》和《中国高中生诗歌阅读指导大全》,由山西教育出版社出版。

12 月,《对范泉的回忆和悼念》收入钦鸿等主编的《范泉纪念文集》,由中国三峡出版社出版。

2001 年　85 岁

1 月,散文诗集《闯入者之歌》由中国文联出版公司出版。

8 月,《烂漫的梦魂永在梅雨潭》收入董宁文主编《多彩的旅程》,纪念好友赵瑞蕻。

2002 年　86 岁

1 月,《时间》入选张德强编著的《名家抒情哲理诗集萃》,由浙江少年儿童出版社出版。

《人》入选王尚文等主编《新语文读本·小学卷12》，由广西教育出版社出版。

8月，作《致亡友心谷兄》。

本年，浙江省文联授予其"浙江省有突出贡献的老文艺家"称号。

2003年　87岁

11月，应邀出席由中国当代文学研究会和温州师范学院联合主办的21世纪中国现代诗研讨会暨唐湜诗歌创作座谈会。

2004年　88岁

1月，《常春花（外一章）》发表于四川的《散文诗世界》。

3月，《莫洛短诗选：中英对照》由香港银河出版社出版。《睡与醒》两章入选耿林莽、海梦主编的散文诗选集《冰凉的花瓣》第五辑《芦苇闪烁》，该书由成都时代出版社出版。

11月，《圣火》发表于湖南的《散文诗》月刊。

2005年　89岁

1月15日，作《我和陈适先生》，追忆高中时代老师，发表于《乐清日报》。

1月28日，挚友唐湜因病逝世，亲撰挽联哀悼，之后在《文学报》、《温州晚报》撰文纪念。

5月，《老人三题》发表于四川的《散文诗世界》。《大爱者的祝福》、《播种者》、《生命树》入选王光明、孙玉石编《二十世纪中国经典散文诗》，由长江文艺出版社出版。

8月，参加温州市文学艺术界联合会第六次代表大会并荣获温州市第六届文学艺术创作特别贡献奖。

9月，为卞茵的散文集《美在无语的空间》作序《遥致祝福》。

2006年　90岁

1月，《老人与白蝴蝶》入选邹岳汉主编的《中国年度散文诗·2005》，该书由漓江出版社出版。

3月，《黎明，在天安门广场上——少女和老妇的对话》发表于四川的《散文诗世界》。

5月14日（阴历4月17日），《温州日报》瓯越副刊以《诗歌老人　九十华诞》的专版纪念其90华诞。

2007年　91岁

7月20日，因呼吸道严重感染住进温二医呼吸科监护室，两天后病情稍加稳定，口述他在病榻上构思好的五首，招呼身边的大儿子马大观拿来笔和纸张逐一记录，题名《病房滴墨》，分别为《病魔》、《爱，无处不在》、《小蚧蝶》、《解差》、《生病的老人》等五章，表达自己蔑视病魔、同病魔抗争，赞美人间的"爱"和大自然的"美"的，抒发自己在病榻上强烈的求生愿望，这是诗人留给人间的最后诗篇。

9月，北京《诗探索》作品卷和理论卷分别辟专辑纪念其90华诞，作品卷在"探索与发现"栏目下设"专题论诗"刊出其1940年代代表作《黑屋》组诗和孙良好的赏析《被囚禁者的自由之歌》，理论卷设"关于莫洛"专栏刊发吴红涛的《大爱者的歌咏——莫洛论》和孙良好、吴红涛的《莫洛先生访谈录》。

2008年　92岁

1月，《孤独者》、《生命树》、《珍珠与蚌》入选王幅明主编的《中国散文诗90年（1918—2007）》，由河南文艺出版社出版。

5月，《珍珠与蚌》入选《散文诗精读》，该书系刘海涛主编的《百年经典：青少年美文阅读》丛书之一种，由南京大学出版社出版。

2009 年　93 岁

8月,《老人与白蝴蝶》入选王宗仁、邹岳汉主编的《60年散文诗精选》,该书系王蒙主编的《新中国60年文学大系》之一种,由长江文艺出版社出版。

2011 年　95 岁

6月15日,年迈辞世,安然行完人生之旅,带着诗与美的追求泊往彼岸。

6月18日,在温州基安山殡仪馆举行遗体告别仪式,温州各界人士闻讯参加,《温州日报》"瓯越·风土"刊发纪念专版《马骅:风雨人生 大爱永恒》。

（本年谱2006年前部分经莫洛先生亲自审定）

图书在版编目(CIP)数据

中文学术前沿.第 5 辑/《中文学术前沿》编辑委员会
编. —杭州：浙江大学出版社，2012.10
　ISBN 978-7-308-10681-8

　Ⅰ.①中… Ⅱ.①中… Ⅲ.①社会科学—丛刊
Ⅳ.①C55

　中国版本图书馆 CIP 数据核字(2012)第 232274 号

中文学术前沿（第五辑）
《中文学术前沿》编辑委员会　编

责任编辑　宋旭华
出版发行　浙江大学出版社
　　　　　　（杭州市天目山路 148 号　邮政编码 310007）
　　　　　　（网址：http://www.zjupress.com）
排　　版　杭州大漠照排印刷有限公司
印　　刷　杭州杭新印务有限公司
开　　本　889mm×1194mm　1/16
印　　张　13.5
字　　数　372 千
版 印 次　2012 年 10 月第 1 版　2012 年 10 月第 1 次印刷
书　　号　ISBN 978-7-308-10681-8
定　　价　45.00 元
